编辑学

在新中国茁壮成长

邵益文——著

| 第 一 辑 |

中国书籍出版社
China Book Press

图书在版编目（CIP）数据

编辑学在新中国茁壮成长. 第一辑 / 邵益文著. ——
北京：中国书籍出版社, 2020.7
　ISBN 978-7-5068-7555-4

　Ⅰ. ①编… Ⅱ. ①邵… Ⅲ. ①编辑学—中国—文集
Ⅳ. ①G232-53

中国版本图书馆CIP数据核字(2019)第257480号

编辑学在新中国茁壮成长：第一辑

邵益文　著

责任编辑	叶晨露　尹　浩
责任印制	孙马飞　马　芝
封面设计	闽江文化
出版发行	中国书籍出版社
地　　址	北京市丰台区三路居路97号（邮编：100073）
电　　话	（010）52257143（总编室）　　（010）52257140（发行部）
电子邮箱	eo@chinabp.com.cn
经　　销	全国新华书店
印　　刷	河北省三河市顺兴印务有限公司
开　　本	787毫米×1092毫米　1/16
总 字 数	1580千字
印　　张	30.5
版　　次	2020年7月第1版　2020年7月第1次印刷
书　　号	ISBN 978-7-5068-7555-4
总 定 价	580.00元（全四辑）

作者简介

邵益文，男，汉族，1931年11月生。浙江省绍兴市沥海乡人。1949年5月上海解放后，于9月考入震旦大学附属高中部。1949年10月入团，曾任团支部宣传委员和团总支宣传委员。1950年9月入党。1951年调入团上海市嵩山区委宣部任干事。1953年调共青团上海市委组织部干部科任干事。1954年秋调到北京中央团校学习，任班支部组织干事。1955年秋，团校毕业后，留北京工作，分配到直属团中央的中国青年出版社做编辑工作。1984年1月，调文化部出版局筹建中国出版发行科学研究所，任筹备组副组长。

1985年研究所成立，被任命为副所长并主持全面工作。创办了《出版与发行》杂志（后改名《出版发行研究》），建立中国书籍出版社。1987年研究所领导班子配齐后，分管科研、党务、人事和行政等工作，1988年研究所党委成立，兼任党委书记。同年，开始筹建中国编辑学会，为筹备组两召集人之一。

1992年，中国编辑学会成立，任第一届、第二届常务副会长兼秘书长、第三届常务副会长。先后兼任《中国编辑研究》年刊编委会主任、主编。参与创办《中国编辑》杂志。其间曾任第四届中国出版工作者协会理事。历任助编、编辑、副编审、编审，曾任《出版词典》编委、《编辑实用百科全书》副主编。

1999年，经新闻出版署批准，被署教育培训中心聘任为兼职教授。

著有《编辑学研究在中国》《一个编辑出版者的自述：为编辑研究和编辑学学科建设尽一份力》《出版学编辑学漫谈》《20 世纪中国的编辑学研究》《编辑的心力所向——编辑工作和编辑学探索》《一切为了读者》等文集，并分别与一些同志合编过几本编辑学研究文集。

2006 年夏，受第四届学会领导邀请主编《普通编辑学》一书，桂晓风会长同意他邀请中国人民大学出版社总编辑周蔚华同志相助，同时获得国内有关学者名流赵航、王振铎、范军、余翠玲等执笔支持。由于邵益文同志和周蔚华同志两位主编以及其他撰稿者的努力，《普通编辑学》一书终于在 2011 年 9 月由中国人民大学出版社出版。在中国编辑学会的领导下，和出版社的宣传推荐，此书逐渐成为我国不少高校编辑学专业和研究生教育的教材。

邵益文同志为我国编辑工作和编辑学研究作出了贡献和努力。1992 年起享受国务院颁发的政府特殊津贴。

《编辑学在新中国茁壮成长》序

我非常敬佩益文同志的勤奋。他和我同年。我因年老体弱，已搁笔多年。而他却不停地抱病工作。前不久，他出版了一部厚重的口述出版史。马上又要出版这部同样厚重的《编辑学在新中国茁壮成长》。看到这部书长长的目录，我肃然起敬。

益文同志投身编辑出版专业的丰富经验和深入思考，为这部书的宝贵价值奠定了坚实基础。

首先，这部书有很高的理论价值。几十年来，益文同志不但为推动编辑出版研究做了大量的组织工作，而且自己也认真投入研究活动。在编辑出版研究的重要节点上，都可以看到益文同志的贡献。从"编辑"概念的广泛讨论，到编辑理论框架的深入探讨，莫不如此。益文同志和蔚华同志主编的大部头《普通编辑学》的出版，既是编辑出版学科建设的重要成果，也是益文同志个人科研征途达到的高峰。所有这些，构成了这部书理论价值的基础。

其次，这部书有很高的史料价值。益文同志从事出版社编辑工作几十年，从事编辑出版研究也有几十年。他是中国编辑学会的创建者，是中国编辑学会最初十多年实际主持工作的领导者。他还是编辑出版专业教材编撰工作的主持者。他每天都要面对许多大大小小的各类问题。他要研究、要回答、要处理。他认真负责，深入细致。可以说，没有人比他涉及更广，没有人比他介入更深。在这个长达几十年的过程中，他留下了大量文字。所有这些，构成了这部书史料价值的基础。

这部书所收的文章，都是发表过的。再次汇集出版，意义在于积累。文化需要创新，需要传播和积累。创新、传播和积累文化，本来就是编辑出版的本质。在这个意义上，我衷心祝贺益文同志《编辑学在新中国茁壮成长》的郑重出版。

当前，面临经济全球化和信息网络化的新形势，编辑出版业正在转型。这是浩大的历史性工程。转型，是承先启后、继往开来。毫无疑问，需要大力研究新情况、新问题。同时，也需要研究基本理论和历史经验的新运用。在这个背景下，中国新闻出版研究院抓编辑出版的理论研究和历史研究，是非常明智的。益文同志这部书的出版，正逢其时。我估计，研究编辑出版理论的人会予以重视，从事编辑出版实务和编辑出版教育的人会予以重视，研究和关心文化的人也会予以重视。其他各界的读者，随意看看也会受益。

恭祝益文同志健康长寿！

刘杲

2019 年 9 月于北京

编辑学的理论建设与实践
——写在邵益文同志的文集出版之际

邵益文同志（以下简称邵老）的文集付梓出版在即，他打来电话，要我为他的文集作序。其实，我的文字欠账债务颇多，一些属于国家出版规划的重要书稿甚至仍在搁浅，仅就作序而言，也是欠账多笔，不在少数。但邵老的要求我不便婉拒。原因有三：

其一，邵老推进、参与了中国新闻出版研究院的前身——中国出版发行科学研究所的创立，是第一届所领导班子的主要成员，为中国出版科学研究所（后改为中国新闻出版研究院）的奠基、诞生、发展，走出了开头几年十分艰难的路程。我作为中国出版科学研究所的最后一任所长、中国新闻出版研究院的首任院长，现在已是前任院长，和邵老有承上启下、继往开来的工作关系，研究院是从他们那个时代走来，还要走下去，且这种要求又体现着对我的信任与期待，我没有理由不接受。

其二，邵老参与了中国编辑学会的筹建、诞生与发展。他是中国编辑学会第一、二、三届领导班子的成员，担任常务副会长，在刘杲同志的领导和主持下，做了大量的开创性、开拓性的工作，使得中国编辑学会成为我国出版传媒界一个重要的社会学术团体，为党和政府领导、指导我国的编辑出版事业，为服务于我国广大编辑出版从业者朋友，为推动我国社会主义出版事业的繁荣发展，和社会主义出版强国、文化强国的建设作出了积极的贡献，奠定了良好的基础。中国编辑学会经过桂晓风同志为会长的第三届、第四届历史，一直到我们接手的第五届，现在正在迈向第六届。能有这么积极的工作态势，能有这么较好的业内外口碑，这和刘杲老、邵老他们在前三届奠定了良好的基础、坚实的基础是分不开的，是源和流的关系。我做为第五届中国编辑学会会长，作为他和他的团队的后来者、继承人，不能不接受他的要求和希望。

其三，邵老作为中国出版科研所的前任领导，作为中国编辑学会的前任领导，在他离开领导岗位以后，继续关注、关心着先是研究所后来是研究院的事业发展，继续关注着、关心着中国编辑学会的事业发展，让人难以忘怀，每每历历在目（感动不已）。我在研究所所长、研究院院长的岗位上，每年春节总要到他的寓所，代表全所、全院同仁去看望他，向他请教；我在中国编辑学会会长的岗位上，每年春节总要代表学会同仁去看望他，请他指教。他对所里、院里、学会的建设总能提出一些针对性很强，操作性很强的建议或忠告。他是出版科研的过来人，也是学会工作的前驱者。我和同事们对他的佩服是发自内心的。不仅如此，还邀请他为研究所、研究院的科研人员、亲自授课或开设讲座。尤其是他已"米寿"，但仍在笔耕不缀，谈起中国编辑出版事业的发展与前景，思维敏捷、谈吐清爽，见解深厚，让人叹服。正是在这些文字和思想的长期交往中，我们和他，我和他建立了深厚的友谊，成为"忘年交"，这份情谊让我不能不接受，而且在我的心底里升腾起一种呼喊：向邵老学习！

从邵老的文集中，我以为至少有三个方面值得学习。

第一，学习邵老对党和人民编辑出版事业的高度忠诚、长期忠诚。

仅浏览文集第一集你就能看到他作为资深出版人、资深编辑家，在这个领域的辛勤耕耘及不懈的付出。他在全国书市上，因为没有看到编辑学、出版学、图书发行学方面的图书，而心情沉重起来。他为研究所学术刊物《出版与发行》（现为《出版发行研究》属多核心刊物）写发刊词，提出了这份新办刊物的背景、缘由、使命，为其定编刊方向、定研究内容、定服务对象，甚至提出了认真的文风要求。你能感受到他的情之笃深和用心之切。他出席由中国编辑学会主办的首届及后来历届出版科学学术讨论会，你从致词中能够发现他对我国编辑出版科研事业发展的历史、现状和成就与问题，目标与任务了然于胸，娓娓道来，绝无空泛议论，多为务实之作。他在出版局和一些同志的领导下主编《出版辞典》，负责该书的前期调研、工作规划、队伍组建、人员分工、总体设计、分步部署，包括特色追求与学术规格的确立，无不体现了他们细致的作风与科学的态度。他出席国际出版学、编辑学会议，扎实准备，不卑不亢，胸有底气，侃侃而讲，展现了中国编辑出版人的学术追求及文化形象。他是业内诸多文集策划者、编辑者、审读者，这些已经成为我们已往工作的重要积累和未来发展的重要前提。他们对业界新人和新人的作品不遗余力地投入，创作时的扶持，成作后的推广，在尽可能场合的鼓励，所有这些都让我们记忆在心。这是党在编辑出版战线上培养出来的一位老共产党人和一位真正的资深编辑家。

第二，学习邵老孜孜不倦地、坚持不懈地醉心于出版学、出版管理学学术研究，为我国编辑学、出版学的学科建设作出了自己的力量和贡献。

仅从文集第一辑的目录看，75 个篇目中，其中竟有 55 篇是关于出版学、编辑学的内容，占到总篇目的百分之七十以上。从《编辑无学乎？》到《图书编辑学的性质、对象和基本内容初探》，到《评我国 12 种编辑学著作》《80 年代的编辑学研究》《80 年代出版理论研究的一些回顾》《关于建立编辑学概念系统的问题》《这是一种开拓》《从个案入手是编辑学研究的又一条新路子》《把编辑学、出版学推向世界更广阔的地区》等。列举这些文集中文章的题目，主要是想说明，与那些只是从边缘地带研究编辑出版学问题的文章相比较，与那些只是直接或间接地研究编辑学、出版学的情形相比较，与那些断断续续、时冷时热地光顾出版学、编辑学的人们相比较，邵老研究编辑学、出版学是胸襟坦荡、君子风度、实事求是、直扑问题的。邵老研究编辑工作和编辑学决非一时心血来潮，而是一以贯之，"开弓没有回头箭"的。他没有给自己留下后路，只是一往无前和韧性的战斗品格。

就研究内容而言，他讲到了图书编辑学的基本理论原理。考虑到它属于思想上层建筑的范畴，应该以马克思主义作为建立图书编辑学的指导思想，应该以马克思主义的世界观和方法论作为构建图书的基本论证工具和基本框架体系。他讲到图书编辑学的基本遵循，应该把党和国家长期领导编辑出版工作的、已被实践证明的行之有效的方针、政策纳入进来。考虑到编辑出版业务与其他业务的特殊性，他提出图书用编辑学还应包括图书编辑史，编辑工艺学、编辑管理学、编辑美学和编辑人才学等。同时他也对分类编辑学提出比较深入的思考。正是在他和其他老一辈编辑者的倡导与支持下，我国编辑学方面的著述在较短时间内，涌现出了多个版本，极大地推动了我国编辑学学术成果的丰富与编辑学教学的规范化。他们为中国编辑学的建设与走向完善所付出的心血，所贡献的智慧都是我们今天和今后编辑学学术研究并继承发展的重要财富。我们应倍加珍惜它。

第三，邵老在忠诚于党的编辑出版事业，在孜孜不倦对编辑学、出版学学术探讨进程中所表现出来的理论素养和理论追求，值得我们认真地学习，永久地学习。

为什么他们如此忠诚于党的编辑学、出版学科研事业，有如此清醒的文化自觉？为什么他们在我国编辑学、出版学的研究探讨中有如此丰富的和珍贵的成果？其中一个重要的原因就在于他们有比较深湛的理论素养，特别是马克思主义的理论素养。可以说他很早就特别看重和特别投入马克思主义哲学、政治经济学，科学社会主义的学习和研究，这既是他们经历的那个时代的社会要求，也是个人不断努力，长期积累的结果。文集上卷的第一篇就是《主客观的对立与统一——读毛主席"重要的问题在善于学习"的笔记》，在文中他谈到主客观的相统一及其条件，谈到主客观的相对立及其原因，最后谈到主观对于客观也不是一味地服从、依从，而是存在着主观对于客观能动的反作用，认识客观以后对客观世界的改造问题，这即是辩证唯物主义的主客观关系之理论。

在《毛泽东同志编辑思想初探》一文中，他追溯了毛泽东同志关于编辑出版工作为革命和建设服务；关于编辑文稿要注重导向，要通过编辑评述、序、跋等来使文稿的立场、观点更加鲜明，更加有力，从而更实际地影响并指导实践；关于对作者要团结老作家、扶持小人物；关于改进文风，追求生动，加强注释，体察读者；关于精雕细刻、苛求文字正确准确的史实、案例与思想，等等，这里既有思想的反映，又有理论的魅力。

在关于讨论《出版物的党性是编辑思想的客观反映》一文中，他谈到了党的出版事业与党和国家整体事业的本质关系，谈到了出版物是学校，读者是学生的功能理论，谈到了既要满足读者正常的精神文化需求，又不能迎合有些读者客观存在着的低级趣味和不良需求，这里充分体现了他对社会主义编辑出版理论的根本性原则、社会性原则、辩证性原则的坚守和创新。

读着邵老的文集，你还能读到他对马克思主义经典作家重要论述的引用。比如在谈到主客观关系时，引用了列宁所说：马克思主义便是共产主义从人类认知总和中产生出来的标本。马克思之所以能够创立无产阶级革命的学说，就是因为"马克思凭借了人类在资本主义制度下所获得的那些知识的坚固基础；……借助于充分领会以往科学上所贡献的全部知识，才证明了这个结论"。说到感觉时，他引用列宁的语录"除了经过感觉，我们既不能知道任何物质的形态，也不能知道任何运行的形态。"谈到理论认领的形成，他引用毛泽东同志的论述，认识的真正任务在于经过感觉而到达于思维，到达逐步了解客观事物的内部矛盾，了解它的规律性，了解这一过程和那一过程的内部关系，即达到理论的认识，"指挥员的正确的部署来源于正确的决心，正确的决心来源于正确的判断，正确的判断来源于周到的和必要的侦察，和对于各种侦察材料的连贯起来的思索。"

在谈到出版工作的党性原则时引用列宁的论断：出版社和发行所、书店和阅览室、图书馆和各种书报营业所，都应当成为党的机构和向党报告工作。说到出版物的功能时，引用毛泽东同志在《〈中国工人〉发刊词》中所讲：《中国工人》应当成为教育工人、训练工人干部的学校，读《中国工人》的人就是这个学校的学生。这就进一步明确编者的职责，应该更好地为读者服务。

是为序。

郝振省

2019 年 11 月 11 日

自 序

一

中华文化源远流长，光辉灿烂。历朝历代都有写书、写诗、写文章的人。把这些文化成果堆积起来，可能高于喜马拉雅山。

现在我们不说别的，只说编辑学的成长和发展。

在新中国成立以前，中国虽有一本《新闻编辑学》，作者是广东国民大学新闻系教授李次民先生，他在 1947 年，在讲授新闻编辑学以来，仅于 1949 年 3 月在讲稿的基础上由广州自由出版社出版了这本书。但由于当时大学里新闻系不多，只有 8 所，所以印数很少，闻者寥寥。

新中国成立以后，情况就不同了。出现了一片阳光灿烂的好时光，首先是 1983 年 6 月 6 日，中共中央、国务院发布了《关于加强出版工作的决定》。明确提出中国历史上从未有过的"中国出版发行研究所——加强出版、印刷、发行的研究工作"①。由于过去在出版研究方面基础比较薄弱，虽然出版人天天说的是"编辑""出版"，但对编辑、出版这些概念，并没有一个基本统一的说法，各说各的，并不统一。所以新中国成立后，一开始就组织老一代出版人收集资料，先编词典，中宣部首先是抓建立中国大百科全书出版社，并成立了以许力以同志为主编，倪子明、戴文葆同志为副主编的编委会，抓紧工作，使《中国大百科全书出版卷》很快于 1994 年 12 月出版了第一版。文化部出版局也抓紧编撰《出版词典》，成立了以边春光同志为主编，朱语今、宋原放同志为副主编的编委会，1992 年 12 月由上海辞书出版社出了第一版。边春光

① 《关于加强出版工作的决定》，《编辑实用百科全书》中国书籍出版社 1994 年 12 月版 695 页。

同志还以这个班底为基础还编了一本《编辑实用百科全书》，在 1994 年 12 月出了第一版。与此同时，为了摸清出版行业的人才情况，方厚枢同志还和某些省局有过接触，想编一本出版人物词典，后来得到河北省出版局的支持，成立了包括边春光、方厚枢、冯玉墀、宋孟寅等同志牵头的《中国出版人名词典》于 1989 年出版。这对于掌握出版科研的人才的情况大有好处。此外，我们翻译出版了日本的《简明出版百科词典》和苏联的资深编辑塔·波·伏尤科娃的专著《八十五次喜与忧——一个编辑的思考》。这本书是专门讲她在编辑实际工作中碰到什么样的问题，后来是怎样解决的，这些都是为了掌握人才的情况，便于加强相互交流，启发研究者更好的思考。

同时，为了扩大交流的队伍，似乎形成了一个不成文的规矩，从研究所开始一直到中国编辑学会，都是这样搞的。

凡是中国出版研究所的学术讨论会和中国编辑学会的年会等，一般都要在事先征集论文，先发通知向大家说清楚本次会议的主题（相关的内容），并在会前送到各省出版局和相关的出版社，广泛地征集论文，等论文全部集中后，先组织少数人分组阅读论文，然后进行小组评议，评出一部分较好的论文，再由各小组讨论、比较，确定一个可入选的论文名单，最后由刘杲会长主持，正式召开评委会，决定可以入选的论文，并决定邀请该作者出席会议。再请主办方的负责人，再次审稿，进入出版的程序，论文就成为出版社的稿件，这样做主要是为了出好论文集。但有时也会遇到一些问题，如需要出版的稿件太多，那只好忍痛割爱，压缩文集的篇幅，并请求谅解。同时写一篇"后记"说明会议的主要情况，如会上主要讨论的情况，会议规模和出席的人数，这样来扩大会议的影响，并让未参加者了解情况，鼓励他们争取今后参加会议。从而扩大研究队伍，更重要的是体现上级规定①，执行专业和业余相结合的方针，并可以了解业余研究人员的情况，从而扩大研究队伍。由于中国研究编辑学发展很快，消息已传到国外。当时由日本和韩国轮值主办的国际出版学研讨会，已经办了三届，到第四届他们了解了中国的一些情况，通过外交途径从第四届开始向中国提出征求论文的要求。当年有两位中国研究者向他们送了论文，去应征，结果都被录取。这些论文都见之于该会印发的文集。从第五届开始，每次都邀请中国代表参加会议。这也使中国研究者了解一些国外研究的情况，开阔了视野和思路，有利于我们的科研工作。

当时编辑学研究相当活跃，据有关方面统计，仅以中国知网的"新闻与传媒""出版"两个文献分类检索得到的论文数是9万多篇，如按编辑学研究分类，历年发表过论文的研究人员总数在4万人次以上②，其中2017年发表过编辑学论文（全年发表4616篇）的研究人员就超过3000人。③

同时，编辑出版方面图书和期刊，也迅速增长，据统计：当时全国公开出版专业期刊就有26家，至于不公开的内部出版物，差不多各省都有，至今活跃于学术舞台的大概还有19家。这些就为编辑学、出版学提供了传播、研究的平台。④

还有部分高等学校，也发表了不少论文，如《河南大学学报（社科版）》（1984年创办），该刊设立有"编辑学研究"专栏已有多年，它每期都

---

① 中国出版发行研究所成立之时，文化部出版局召开了专门的局务会议，由宋木文同志主持，他在讲研究所方针任务时，如百花齐放、百家争鸣……由于出版研究的专业人员不多，又特别强调了，专业队伍要和业余队伍相结合的方针，所以在研究开展工作时，非常注意贯彻这个方针，目的在于扩大出版研究的专业队伍，使出版研究专业发展得更快更好。
② 这里所引的是其他有影响的专业刊物的材料，至于是4万人，还是4万人次，这一点确实可疑，很可能是4万人次。但这一点一时里确实难以查清，估计4万人次比较合理，所以特别加以说明，也不过一种参考而已，所以特别加注说明。
③ 转引自黄新斌：《编辑学合法性考察——基于学科评判标准视域》。见《中国编辑》2019年04期，总第112期第29页。
④ 转引自黄新斌：《编辑学合法性考察——基于学科评判标准视域》。见《中国编辑》2019年04期，总第112期第29页。

有编辑研究的文章①，1985 年被教育部评为优秀专栏。

还有一件可喜的事，由于出版科研的发展，出版社需要人才，已成为当务之急。领导上也早已看清了这一点，1985 年，胡乔木同志亲自给教育部写信，要求北京大学、南开大学和复旦大学承办编辑学的专业教育。时间不长，到九十年代，不光三所大学已有相当规模、在国内外产生了良好影响，这引发了另一些大学紧紧赶上，不几年，清华、武大、科技大、北师大和四川联大等都成立了编辑学专业。有的大学还办了研究生班，到了 1995 年，已有 50 多位研究生毕业，成为出版系统的高级人才。这种高校的编辑学专业，最多时，估计全国有 60 多个。这是新中国教育方面又一亮丽风景线，这种势头，今后一定还会进一步发展，这是因为实际工作的需要。

二

在习近平新时代中国特色社会主义思想指导下，编辑学研究应该怎么走？在不忘初心，牢记使命的学习中，我学习了习总书记于 2016 年 5 月 17 日《在哲学社会科学工作座谈会上的讲话》，使我深受教育。他在讲到哲学社会科学等，体现系统性、专业性时，他说"我国哲学社会科学学科体系已基本确立，但还存在一些亟待解决的问题，主要是一些学科设置同社会发展联系不够紧密，学科体系不够健全，新兴学科、交叉学科建设比较薄弱。下一步，要突出优势、拓展领域、补齐短板、完善体系。一是要加强马克思主义学科建设。二是要加快完善对哲学社会科学具有支撑作用的学科，如哲学、历史学、经济学、政治学、法学、社会学、民族学、新闻学、人口学、宗教学、心理学等，打造具有中国特

---

① 转引自黄新斌：《编辑学合法性考察——基于学科评判标准视域》。见《中国编辑》2019 年 04 期，总第 112 期第 29 页。

色和普遍意义的学科体系……"。① 在这里，他虽然没有提到编辑学，但提到了新闻学。如果要加强新闻学，就一定要加强编辑学。实际上，上述所有学科，都不能不讲编辑。现在看到的编辑学正是前面提到的新兴学科，它正是属于补齐短板，完善体系中的一种比较薄弱的主要学科。没有编辑学，如何成书，如何传播，如何坚持和加强马克思主义在意识形态方面的指导地位，要解决这个问题，关键在于创新，现成的教科书是没有的，只有在实践中去摸索才能找到解决问题的答案。如果把编辑学搞好了，就可以使一些高水平的哲学社会著作更好地认识世界、改造世界。如果我们现在到图书市场看一看，就可以看出什么是精品，什么是平庸读物，就一目了然了，其中重要原因，与是否加强编辑学研究，不断加强和完善学科的理论体系有很大关系。习近平总书记明确指出：新形势下，我国哲学社会科学地位更加重要、任务更加繁重。同时，他提出了需要"面对"的五个矛盾，迫切需要哲学社会科学更好发挥作用。总之，坚持和发展中国特色社会主义，统筹推进"五位一体"总体布局和协调推进"四个全面"战略布局，实现"两个一百年"奋斗目标、实现中华民族伟大复兴的中国梦，我国哲学社会科学可以也应该大有作为。

编辑学虽然是一门新兴学科，但它又是一门应用性很强的学科。它对文化选择，文化传播，文化积累，有特别重要的意义。它可以选择推广优秀读物，也可以批判不好的作品，保证优秀文化占领文化阵地。所以，编辑人必须坚持以马克思主义为指导，多出精品，为读者服务，反对反马克思主义的言行祸害读者，这是对编辑的起码要求，所以编辑人必须认真学习，全心全意、认真细致地做好工作，团结广大人民，砥砺前进，自觉遵守学术规范，逐步构建和完善编辑学的理论体系，完成党和人民交给的重要任务，实现人类命运共同体。

---

① 习近平总书记《在哲学社会科学工作座谈会上的讲话》，2016 年 5 月 17 日。

三

说到最后，我还想提一点小小的建议。人们常说编辑工作是出版工作的中心环节。实际上这里的编辑工作，应该包括校对工作在内，校对工作看似简单，可是一字之差，有时可能造成重大损失和严重的问题。但是在我国现行编辑职称评定的等级中，许多编辑人，最后都可以当编审，但规定校对工作者最高只能评为副编审。当然这样规定，在当时可能有它的原因。但这个规定沿用到现在，似乎于理不顺，最近听说，我国有两家大的出版社，已将校对的最高职称改为"高级编辑"，我觉得这个改变应该说是合理的。所以，我这里也把这一问题提出来，如有不当，请原宥。

邵益文

2019 年 11 月

目　录

主客观的对立与统一

——读毛主席"重要的问题在善于学习"的笔记

"重要的问题在善于学习"是《中国革命战争的战略问题》一书中的一个小节，它是毛主席在 1936 年底写成的。在这本书当中，毛泽东同志系统地总结了第二次国内革命战争的经验，验证了中国革命战争的特点，批判了"左"、右倾机会主义者错误的军事路线。因而它"是世界共产主义运动中最优秀的马克思主义的军事著作之一"[1]，但是，由于毛泽东同志在这本著作中以中国革命战争本身的规律为对象，精辟地论证了马克思主义的认识论和战争的辩证规律，因而，它就不仅是一本军事著作，而且是"一部重要的马克思主义哲学著作"。[2] 而"重要的问题在善于学习"这一节，更是充分地发挥了马克思主义认识论关于认识原理的重要问题，特别是对于主客观的对立和统一，以及正确地发挥主观能动作用的问题，做了创造性的、极为精辟的论述。

一

人们在日常工作中，往往碰到这样的事情，如不能得手应心地完成任务，如愿以偿地做好工作，或者是成绩不多，缺点倒有一大堆，甚至有干脆就把工作搞坏的。这是什么缘故呢？我们说，这是人在主观上犯了错误。那么，人为什么会在主观上犯错误呢？毛主席在"重要的问题在善于学习"这节文章中，很明确地回答了这个问题，他说，这就是因为"主观的指导和客观的实在情况不相符合，不对头，或者叫做没有解

---

[1] 胡乔木：《中国共产党的三十年》，人民出版社，1952 年 6 月版，第 41 页。
[2] 胡乔木：《中国共产党的三十年》，人民出版社，1952 年 6 月版，第 41 页。

决主观与客观之间的矛盾"。① 主观与客观之间的矛盾，说得确切一些，就是主观认识与客观存在的矛盾，也就是存在和意识的矛盾。这一问题的实质就在于我们人类的认识是否能如实地反映客观存在的问题，换句话说，就是客观世界及其发展规律是否可知的问题，解决它对于理论和实践都有重要的现实意义。

辩证唯物主义者和唯心主义者相反，认为主观与客观是一个矛盾的统一体，世界及其发展的规律是可知的。世界上没有不可知的东西，只有尚未知道的东西，而人类的社会实践正在日益获得对于这些尚未知道的东西的全部真知。这即是说，社会实践特别是生成实践是人们认识世界的基础，人们对于目前世界的科学认识，是依靠社会实践来获得的。社会实践是人们认识世界的唯一途径。正是通过有史以来千百万群众的社会实践，在螺旋式地认识道路上积累了无数的真知才获得了现代人类对于宇宙、自然和社会的认识，从而凭借自己的正确认识，去改造客观世界。正如列宁所说："马克思主义便是共产主义从人类认知总和中产生出来的标本"②，马克思所以能够创立自己无产阶级革命的学说，就是"因为马克思凭借了人类在资本主义制度下所获得的那些知识的坚固基础……借助于充分领会以往科学上所贡献的全部知识，才证实了这个结论"。③ 马克思主义者从来就说自己的学说"是人类在十九世纪所造成的那些优秀成果，即德国哲学，英国政治经济学和法国社会主义的当然继承者"。④ 就以自然科学来说，也是这样。比如苏联连续发射人造地球卫星的成功，决不是偶然的事，也不仅是苏联科学某一个方面取得空前成就的结果，而是苏联科学的各个方面取得巨大成就的总结，是苏联劳动人民和科学家亲勤劳动的成果。再说，在近代科学上把唯物主义

---

① 见文件汇编（第一辑）第 906 页。
② 见文件汇编（第一辑）第 866 页。
③ 见文件汇编（第一辑）第 866 页。
④ 见文件汇编（第一辑）第 1060 页。

生物学发展到新的高级阶段的米丘林学说——伟大的实验家米丘林创造的有意识地支配植物生命和在实践中改造生物界的科学方法，也是在科学的达尔文主义生物学的基础上飞跃式地发展起来的。这就是说人们在社会实践的过程中，由于不断地与客观事物相接触，因而充分地理解了事物发展的固有规律，从而认识了这些事物的本质；尽管这种认识过程不是直接的，而是曲线的，但是它毕竟还是可以认识的，而认识的基础就是实践。

既然说，实践是认识世界的基础，主观与容观的矛盾是可以统一的，世界是可以认识的，那么，到底是怎样统一、怎样认识的呢？或者说，人们认识客观世界是怎样开始的，人是怎样在社会实践中开始自己的认识过程的呢？我们说人的认识过程是从感觉开始的。所谓感觉，就是外界事物和现象作用于人的感觉器官所引起的结果，是物质世界在人的头脑中的反映，它是人认识外部世界的首先的、必需的步骤。列宁同志说得好，感觉是客观世界的主观印象，是意识和外界真正直接的联系，"除了经过感觉，我们既不能知道任何物质的形态，也不能知道任何运动的形态"。[①] 这就是说，主观反映客观的第一个回合就是感觉。客观世界的事物和现象是通过视觉、听觉、味觉、嗅觉和触觉五种感觉来反映给人的大脑而形成意识的。由于外界事物对这些器官的刺激，人就对这些事物有了粗浅的印象和认识。这种认识，按认识过程来说是感性的认识，这种认识只能是片面的和表面的，它还不了解事物现象的内在联系，还不了解它们的本质，这是认识的初级阶段。这种认识如果以主观和客观统一的要求来衡量的话，那么，一般说来，距离是比较大的，这种距离就是主观与客观矛盾的一种表现。

当然，人的认识并不就停留在这一阶段，这种感性认识是要经过思维抽象，即概念、判断、推理的过程而上升到理性认识的。毛泽东同志

① 列宁：《唯物主义与经验批判主义》，人民出版社，1956 年 8 月版，第 809 页。

在他的名著《实践论》中写道："认识的真正任务在于经过感觉而到达于思维，到达于逐步了解客观事物的内部矛盾，了解它的规律性，了解这一过程和那一过程间的内部联系，即到达于理论的认识"[①]的地步。这种理性认识和感性认识不同，就不仅是认识了事物的各个片面，而且认识了事物的全体；不仅认识了事物的表面现象，而且认识了它的本质，这就是认识的高级阶段，是认识过程的飞跃。毛泽东同志说："概念同感觉不但是数量上的差别，而且有了性质上的差别"[②]，"概念、判断和推理的阶段，在人们对于一个事物的整个认识过程中是更重要的阶段，也就是理性认识的阶段"[③]。

由此可见，理性认识比感性认识已经有了质的不同，它是已经了解了事物和现象的本质，发展的规律性的认识。那么，人在一定阶段，对一定事物所达到的理性认识，是否就是绝对正确的呢？主观和客观的矛盾是否就完全克服了呢？我们说，是克服了，但是又没有克服。这也就是说：即使在获得理性认识之后，人的认识与客观存在也还是有距离的。这是因为人在一定的条件下，是很难一下子完整无遗地、绝对正确地认识某一客观过程和矛盾总体的全部情况的。要做到这一步，就需要有许多条件。

那么，这些条件是什么呢？

客观世界和现实生活是十分复杂的，人们要想认识这种复杂的对象，就需要具有在社会实践的基础上，积累起来的丰富的知识和生活的经验，特别是科学技术的高度发展以及它所提供的认识事物的科学工具，才能保证人们更快更准确地去认识客观事物。一个具有丰富的生活经验和科学知识的人，他在观察事物的时候，往往可以互相渗透，融会贯通。俗语说"一通百通，路路通"，就是这个道理。如果没有这种足够的条件，

---

① 见文件汇编（第一辑）第 914 页。
② 见文件汇编（第一辑）第 914 页。
③ 见文件汇编（第一辑）第 914 页。

那么，人们要想洞悉这一无所有、包罗万象的物质世界，也是困难的。

另一个重要条件就是需要具有辩证唯物主义的——即符合客观事物发展规律的立场、观点和方法。人们从不同的阶段、集团利益出发的不同立场和观点，不同的观察问题的方法，就可能对同一个问题得出不同的结论，这在对待社会问题上特别是在阶级斗争的社会里对待社会问题的态度上表现得非常突出，就是在对待自然科学问题上，也是表现得非常明显的。虽然，由于自然科学本身没有阶级性，煎熬，它不会像社会科学那样表现得那么强烈，但是，由于每一个自然科学家，他不是置身在真空当中，而是生活在具体的阶级社会里，与一定的人们结成了社会关系。因而，就不管他自觉和自愿与否，仍然免不了要为这个或那个阶级服务，免不了要直接或间接地服务于阶级斗争的事业，所以也就不可能不带上阶级斗争的烙印。既然在阶级斗争中人人都要明确地站在这一边或那一边，那么他就不可避免地要本着这样或那样的观点去认识问题，因而就有可能不是按照科学的符合客观规律——即辩证唯物主义的观点去看问题，而是抱着反科学的形而上学的唯心主义观点去认识问题，而把问题看错了。再说，确实也有一些人，他们是愿意按照辩证唯物主义的观点去认识问题的，但单有这种愿望并不就等于已经掌握了科学的辩证唯物主义，存在我们思想上的主观主义就是很好的证明。当然也有一些人由于他们的出身和经历的关系，可能具有朴素的唯物主义，但是他并不是自觉的科学的辩证唯物主义者，而在错综复杂的现实生活面前，没有科学的理论和方法，是很难达到正确的认识的。必须随时地深入实际，了解群众，掌握情况，熟悉生活。具备了正确的立场、观点、方法，还只是提供了正确认识事物的可能，如果就此认为可以"秀才不出门，能知天下事"，那就无异于掌握了利刃而束之高阁，久而久之也是要生锈的。所以，要把这种可能性变为现实性，就需要深入实际，了解情况，掌握群众的脉搏，并进行认真的分析研究，才可能使我们正确地认识客观事物。

存在决定意识，意识落后于存在，是主观与客观矛盾的一个根本问题。辩证唯物主义告诉我们，意识决定于客观存在，但是这个客观存在不是死的、静止的、停滞的，它是在不断地发展着变化着的，因而就往往会和人的认识发生距离。当然，客观事物在发展变化，人的认识也可以发展变化，但人们却不能认识在实际当中还没有出现的新事物，只有当客观实际中出现了新事物之后，人们才能认识它。这样说来，认识也必然要落后在实际后面的，主观与客观的矛盾也就很难完全地、绝对地统一起来。正如毛主席说的，主观和客观"统统相符合的事……是极其少有的"。① 当然这样说并不排斥人在一定条件下，是可以认识或基本上可以认识客观事物、了解它的本质的。同时，这样说，也并不否认人们在认识了事物之间最本质最主要的联系、它的客观的发展规律之后，可以预见事物的将来、事物发展的客观进程。这是因为事物发展的客观规律是不依人们的意志为转移的，不管人们是否发现它，认识它，它总是在按照自己的道路前进着。因而我们只要认识事物发展的客观规律，就可以预见事物发展的客观途径。必须具有对客观事物发展的预见和远见，这是一个十分重要的问题，也是每一个领导者和革命工作者所必须具有的革命品质。要做到这一点，其基础就在于必须求得主客观的一致。毛泽东同志在《论持久战》一书中如此精确地预见了抗日战争的客观发展进程，给我们树立了光辉的典范，这就是毛主席掌握了事物发展的客观规律，做到了主观与客观高度一致的具体体现。

总之，辩证唯物主义者认为：世界是可知的，人们在一定的条件下，对于一定的事物，是可以达到符合或者基本上符合客观实际的认识的，但是，这不等于说，主观与客观的矛盾就会完全消失。相反的，从上述情况看来，这种矛盾是表现在整个认识过程的任何的阶段，表现在全部认识过程的各个方面的，虽然这种矛盾在人们认识发展的过程中，是可以逐渐得到克服的，但是，这不是说可以不顾主、客观的实际情况，就

---

① 见文件汇编（第一编）第 906 页。

能够轻易地得到实现的。这里的问题就在于我们必须通过实践去认识事物、熟悉事物，达到主观和客观之间的一致。从而达到在工作中减少缺点，避免错误的目的。

二

正由于主观认识和客观实际之间存在着矛盾，所以，我们的工作计划、对问题的看法，往往发生错误和偏差，这就是因为人在主观上犯了错误，就是因为主观认识"不适合当时当地的情况，主观的指导和客观的实在情况不相符，不对头，或者叫做没有解决主观和客观之间的矛盾"。[①] 他接着又说："人办一切事情都难免这种情形，有比较地会办和比较地不会办之分罢了……这里的关键就在于把主观和客观二者之间好好的符合起来"。[②] 是的，关键在于克服主观和客观之间的矛盾，那么，到底怎样才能克服主、客观之间的矛盾呢？毛主席在这一名著中以作战为例告诉我们说："指挥员的正确的部署来源于正确的决心，正确的决心来源于正确的判断，正确的判断来源于周到的和必要的侦察，和对于各种侦察材料的连贯起来的思索"[③]，这就是说，必须强调深入实际，认真地从事实践。并用辩证唯物主义的科学方法去调查了解情况，分析研究客观事物。同时，他又教导我们对于客观事物的各种材料，要用"去粗取精、去伪存真、由此及彼、由表及里的思索"[④]，然后再将自己主观的情况估计进去，即达到"知己知彼"的境界，以保证主观与客观的正确统一，从而做出全面的工作计划或者对问题的看法等等。而且，毛主席还特别指出，即使是计划执行的过程中，即使已经制订了计划，而

---

① 见文件汇编（第一编）第 906 页。
② 见文件汇编（第一编）第 906 页。
③ 见文件汇编（第一编）第 906 页。
④ 见文件汇编（第一编）第 907 页。

且这个计划是正确的，也不等于在执行过程中就一定可以完全符合实际情况，还必须时刻注意客观实际的发展变化，以对于原订计划做重新的检查，并按新的情况给予修正。

这就是说，我们在做工作的时候，要既注意客观情况，又注意主观条件，并力图充分地发挥主客观双方的有利条件，互为作用，取长补短，克服其不利条件从而做到主、客观的一致或基本一致。要能够很好地做到这一点，那就需要我们艰苦认真地学习和实践，因为，只有实践才能够使我们获得正确的认识。毛主席说，革命工作"是民众的事，常常不是先学好了再干，而是干起来再学习，干就是学习"。[1] 又说："读书是学习，使用也是学习，而且是更重要的学习"[2]，学习和实践，在这里已经辩证地统一起来，实际上已经成了一回事，实践就是学习，学习的主要方法必须依靠实践，这就是毛主席所说的，使用是比读书更重要的学习，而且是学习的主要方法。这些话，当然不能告诉我们学习的方法问题，而是告诉我们学习的目的是什么。学习就是为了实践，为了革命地改造世界，反过来说，要革命地改造世界，就必须进行认真的学习，特别是从革命的实践中学习，也正是这样，毛主席才教导我们"重要的问题在善于学习"，这就是告诉我们，我们的学习就是为了"认识客观实际中的发展规律，并按照这些规律去决定自己行动"[3]，达到改造客观世界的目的，这就非需要学习和实践不可。他并且鼓励我们说："'世上无难事，只怕有心人'，入门既不难，深造也是办得到的，只要有心，只要善于学习罢了"。[4] 由此可见，只有学习，只有实践，才能了解客观实际，也只有了解客观实际才能够做到知己知彼，求得主观和客观的一致或基本一致，只有在这种一致的基础上，我们才能够预见事物的将

---

[1] 见文件汇编（第一编）第 908 页。
[2] 见文件汇编（第一编）第 908 页。
[3] 见文件汇编（第一编）第 909 页。
[4] 见文件汇编（第一编）第 908 页。

来；也只有在这种一致或基本一致的基础上，又照顾到客观条件的可能，才能积极地发挥主观能动作用，达到改造客观世界的目的。

三

在认定存在决定意识的前提下，在客观条件许可的情况下强调意识对存在的反作用，从而得出必须积极地发挥主观能动作用的理论是马克思主义哲学的重要原理之一，也是它区别于旧唯物主义的一个主要标志。马克思以前的旧唯物主义的主要缺陷就在于不认识或者不能完全地认识人的意识对于客观存在的能动作用，他们不是把意识看成和现实无关，就是仅仅机械地承认意识决定于存在，而否定它对于存在的能动作用。这是因为旧唯物主义者不懂得辩证法，因而也就不懂意识和存在两者可以互相作用的辩证规律。所以，马克思说：从来的"哲学家们只是用不同的方式证明过世界，而问题却在于要改变世界"。① 只有马克思主义哲学才破天荒第一次公开地承认了哲学作为思想武器可以被人们所掌握而成为改造客观世界的工具。

有人认为辩证唯物主义既然肯定存在决定意识，意识来源于实践，那么就不应该再倡导什么意识对于存在的能动作用，显然，这完全是机械的和片面的看法。辩证唯物主义者所以认为意识可以起改变客观世界的能动作用，其原因也正在于承认存在决定意识，意识来源于实践并接受实践检验，因而获得日益的深化，而具有真理的性质。所以也就保证了这种意识必然会符合客观事物的发展规律，成为正确的思想，这种思想一旦被人们所掌握，并自觉地把它作为指导自己行动的准则的时候，就必然要化为雷霆万钧之力，去改变世界的面貌。这就是说，客观事物的发展规律，虽然是不以人们的意志为转移的，人民既不能增加也不能

---

① "马克思恩格斯文选"两卷集（第二卷）第 404 页（苏联外国文书籍出版局 1955 年莫斯科中文版）。

减少客观事物本身所固有的规律，但是，人们在规律面前，也不是丝毫无能为力的，问题是我们必须发挥主观能动作用。

发挥主观能动作用问题，归根到底就是要强调人的作用，要发扬人区别于其他动物的特点，就是让我们懂得并在实际工作中注意贯彻人民群众创造历史的唯物主义原理。我们的党和领袖毛主席是从来就十分重视发挥人的作用的，还在 1927 年的时候，毛主席在描述农民运动时，就说过，在"很短的时间内，将有几万万农民从中国中部、南部和北部各省起来，其势如暴风骤雨，迅猛异常，无论什么大的力量都将压抑不住。他们将冲破一切束缚他们的罗网……"[1] 在抗日战争时期所写的《论持久战》一书中，他又告诉我们说："抗日战争是要赶走帝国主义，变旧中国为新中国，必须动员全中国人民，统统发扬其抗日的自觉的能动性，才能达到目的。坐着不动，只有被灭亡，没有持久战，也没有最后的胜利。"[2] 并且一再强调兵民是胜利之本，要胜利，就离不开动员老百姓。至于人在我国社会主义建设大跃进中的作用，毛主席更是做了极其充分的估计，他说："除了党领导之外，六亿人口是一个决定因素。"[3] 由此可见，毛主席是无时不刻不把人的特殊作用，人民群众的自觉的能动性看成是一切力量的源泉的。而且作为党的根本路线和领导方法的原则方面在我们党内形成了群众路线的基本思想，从而也就为中国革命的节节胜利提供了最重要的保证。

可是我们有些同志，他们不懂得人的特性，看不见群众的力量，因而，非但不注意人的能动性，而且反过来压抑这种能动性。他们"像一个小脚女人，东摇西摆地在那里走路，老是埋怨旁人说：走快了、走快了"。[4] 所以，才在农业合作化运动中，发生了粗暴地解散"自发社"；采取了

---

① 《毛泽东选集》（第一卷）第 13 页。
② 《毛泽东选集》（第二卷）第 440 页。
③ 毛泽东："介绍一个合作社"，《红旗》1958 年第 1 期。
④ 见文件汇编（第一编）第 577 页。

所谓"坚决收缩"的方针，犯了右倾错误。

可惜的是，这种抹杀人的作用的现象不仅在合作社运动中发生过，而且在当前社会主义建设大跃进的形势下，也仍然存在着。他们迷信教条，崇拜"洋人"，妄自菲薄，漠视人民群众的创造精神，似乎在洋人书上找不到"根据"的事我们就不能想；凡是外国人没有做过的事我们就不能做；凡是孔夫子没有说过的话我们就不能说；他们不承认"土专家""泥博士"，把明明是从实践中获得而且又经过检验的科学，看成了胡闹。因此必须来一个思想解放。打破那种崇拜洋人、迷信死人的思想束缚，反对甘居下游、萎缩不振的奴隶心理，提倡敢想、敢说、敢做的大无畏精神，积极地发动人民的自觉的能动作用，才能够使我国的科学技术和工农业生产在不很长的时间内压倒一切资本主义国家。应该相信，我们既有伟大的中国共产党和毛主席的精明领导，又有六亿解放了的劳动人民，就一定能够搞出更多、更好的创造发明来！一定能够形成多、快、好、省地建设社会主义的高潮。而事实证明：这种建设高潮现在早已形成，而且正在蓬勃地向前发展着。许多在几天、几个月时间内所得到的超过过去几年、几十年发展结果的成绩，许多过去连想也不敢想的问题现在已经变成了事实，许多过去认为只有几十年、几百年才能实现的事情，现在已经办到了。这种高潮在我国之所以能够如此迅速地到来，那就是毛主席在深刻地认识当前中国社会的内部矛盾，而开展的整风、反右、双反运动的基础上给全国人民指出的鼓足干劲，力争上游，多、快、好、省地建设社会主义总路线的光芒照耀的结果。这一事实正好说明了人民群众在掌握了客观规律之后，能够发挥主观能动作用的重要意义。

但同时，我们也必须反对那些不问客观事物的发展规律，不问当前实际的具体条件，而一味凭"血气"、靠"蛮劲"的盲动主义者，因为，他们这样做不仅对实际工作不可能带来好处，非但不是尊重人的作用，而且会损害人们的积极性。

由此可见，辩证唯物主义所倡导的主观能动作用，既与"听天由命"

的宿命论完全相对立，也反对那种以"稳步前进"为借口的右倾保护主义者，咱又不是忽视事物的客观规律和实际条件的盲目"乱干"和"蛮干"，而必须以正确的思想为指导，又以这种思想及其所指导的行动是否符合客观事物本身的发展规律为准绳的。这也就是说，一切正确的主观能动作用必须建筑在辩证唯物主义认识论的基础上，而一切按照形而上学、机械唯物主义办事的人，一定要在事实面前碰得头破血流。

既然，我们要求的是要把工作做好，或者做得比较好，从而推动事物的向前发展，不是要把工作做坏，去阻碍社会的前进，那么就要求发挥正确的主观能动作用，要求这种正确的主观能动作用，就必须要求有正确的思想做指导，而这种正确的思想就只能通过人们的学习和实践到客观事物的本身中去寻找。这就是说辩证唯物主义所倡导的主观能动作用不仅不忽视客观事物的发展规律和具体条件，而且认为只有这些规律和条件，才对事物本身的发展起到决定性的作用，而正确认识这些规律和条件就是正确的主观能动作用的思想基础。人们只有获得了这些基础以后，才能发挥巨大的力量，而这种力量却可以成为事情好坏成败的决定性因素，可以达到改造客观世界的目的，这就是"人定胜天"的道理所在。毛泽东同志在最后仍然以战争为例教导我们说："战争胜负，主要地决定于作战双方的军事、政治、经济、自然诸条件，这是没有问题的。然而不仅仅如此，还决定于作战双方主观指导的能力。军事家不能超过物质条件许可的范围外企图战争的胜利，然而军事家可以而且必须在物质条件许可的范围内争取战争的胜利。军事家活动的舞台建筑在客观物质条件的上面，然而军事家凭着这个舞台，却可以导演出许多绘声绘色的话剧来。因此，我们红军的指导者，在既定的客观物质基础即军事、政治、经济、自然诸条件之上，就必须发挥我们的威力，提挈全军，去打倒那些民族的和阶级的敌人。"在客观条件可能的情况下，以正确的思想为指导，用自己最大的努力，去出色地有效地完成我们的任务，这就是辩证唯物主义关于主观能动作用原理的基本实质。也是毛泽东同志这篇"重要的问题在善于学习"的主要精神之所在。

1958 年 3 月

《学习毛泽东著作·第一辑》P185，中国青年出版社 1958 年 7 月出版

编辑无学乎？

当一本亲手编辑的新书放在自己的面前，面对它你可以深深地呼吸油墨的异香，尽情地翻阅其中任何一章一节，虽然书的每一句话，本来已经读过了不止一遍二遍三遍……它对你而言是如此熟悉，犹如天天见面的老朋友，但仍然使人感到新鲜、亲切、有味。有人曾经用好像生了一个孩子一样的高兴，来比喻一本亲手编辑的新书诞生时的心情，这恐怕是许多编辑工作者共有的体会，这心情是喜悦的、是甜蜜的。

今天在天安门附近举行的全国书展的大厅里，面对着我国近几年来出版的几万种图书，我的这种作为编辑的喜悦感、甜蜜感更是油然而生。开始我是用到书店买书时的老习惯，想一本一本地翻阅，可这在人挤人的当时是不适时宜的。于是改为浏览，也不行。最后只好远远地瞭望，向书们行注目礼。人流汹涌，目不暇接；书籍琳琅，美不胜收。京华的春色是令人陶醉的，书展的春光更令人神往。朱熹的《春日》在我的脑海中泛起，"胜日寻芳泗水滨，无边光景一时新。等闲识得东风面，万紫千红总是春"。这里如果把"泗水滨"改成"天安门"，那该多么像专为"书展"而作的赞歌。想到这，我过去那种面对新书的喜悦、甜蜜心情不禁变了，我的视野开阔了，我好像变得渺小了。面对着当代的书山智海，我感到作为一个编辑出版工作者的自豪，以前碰到有些同志觉得编辑社会地位不高的说法，我也曾为之怅然。可今天面对着那书、那人、那心，我曾经有过的惆怅，一时间似乎已经荡然无存了。

我国是出版历史悠久的国家，历代出版的图书，如果放在一起，高胜五岳，浩如烟海。这是伟大中华的宝贵财富，但这毕竟是几千年积累的成果。平心静气地想一想，在几千年的历史上，有哪一朝、哪一代曾经像今天这样出版了如此众多、如此精美，可以传诸后世的图书？当然，今天的成就是过去的继续，今人的起点，总是在前人的终点上开始的。只要不是历史虚无主义者，这一点是不该忘却的。

在大厅里，走着走着，一些人来去匆匆，似乎在奔向某一个目标！这个情景也感染了我，我自觉不自觉地似乎也在寻找什么。找来找去，我的心情忽然沉重起来。同行者亲切地问我："怎么了？"我久久沉默不语。良久，我忍不住反问：你看到有编辑学、出版学、图书发行学这类书吗？伙伴们也愕然了。作为一个编辑、一个出版工作者，眼看着出了那么多书，可是有几本是讲我们自己这一行的？"为他人做嫁衣裳"是一种崇高的情操，是编辑出版工作者应有的品格。可是，我们如果把我们这一行的经验，加以研究，加以提炼，加以系统化、理论化，反过来再指导实践，不是可以更好地"为他人做嫁衣裳"吗？摆在我们面前的是那么多典籍、佳作、大系、套书、工具书，编辑出版工作者向人们推出的是一个巨大的知识宝库，展示的是一个无比深广的智慧海洋。他们贡献了什么？精神产品生产者怎样生产精神产品，"彼君子兮，不素餐兮！"何苦硬要给他们戴上一顶"编辑无学"的帽子？其实，历史和实践已经告诉我们，"编辑无学"不是一种科学论断，也不成其为一种学术观点。质言之，除了编辑的自谦以外，无非是把编辑工作看成修修补补、涂涂改改、剪剪贴贴的雕虫小技，说到底不过是轻视、鄙视编辑工作的一种说法罢了。知识激增，学问靡已，这样那样的议论，有时也有好处，它可以成为激励人们前进的力量。爱国诗人陆游在诗中说，"校雠心苦谨涂乙""九译旁行方著录"。前人已经开始的事业，今人有责任做进一步的探索。广大出版工作者似乎有责任向下一届全国图书展览推出一些关于编辑学、出版学、发行学方面的图书。这正是那书、那人、那心的呼唤。

《出版工作》1984 年 9 月号；《一切为了读者》P87，首都师范大学出版社 2010 年 7 月版

关于建立出版学的思考

现在，有些高等学校，正在计划设立编辑专业。这对出版界来说，无疑是一件新事，也是一件好事。这样，对编辑干部的培养工作，局部或全部地结束多少年来师傅带徒弟的手工业方式，代之以科学的、现代化的教育和培训，就将成为可能；对于我国出版事业的发展，必将产生日益明显的作用；对于推动我国出版科学的理论研究，建立我们自己的出版学，也将起到催生的作用。

目前，从绝对出书量来说，我国已成为世界上当之无愧的出版大国。但是，从物质条件、科学研究和印制技术等方面看，我国的出版事业与先进国家相比，仍然是落后的。而要改变这种落后状况，就有一系列的工作要做。建立出版学的理论体系，应该是这一系列工作中的一个重要工作。

现在的问题是，我们究竟需要建立什么样的出版学。在这个问题上，我们既没有现成的"版本"可以沿用，也不能简单地搬弄外国的模式，只有在总结我们自己经验的基础上，不断探索，逐步完善。

我们的出版学既然是为建立具有中国特色的社会主义出版事业服务的，是这个宏伟事业的一个组成部分，那么，我们就必须从我国的实际出发，把出版学建立在探索我国整个出版事业内外关系总和的基础之上，建立在寻求我国出版事业固有的发展规律的基础之上。它应该源于实践而又高于实践。它应该是我们运用马克思主义的立场、观点、方法，考察我国出版事业的宏观世界和微观世界的结果，是马克思主义的普遍真理和我国出版事业的具体实践相结合的产物。

邓小平同志提到，我们的现代化建设，必须从中国的实际出发……把马克思主义的普遍真理同我国的具体实践结合起来，走自己的道路，建设有中国特色的社会主义，这就是我们总结长期历史经验得出的基本结论。毫无疑问，这个结论，也是我们建立我国出版学应该遵循的方针。正因为这样，我们要建立的出版学，必然要从根本上区别于资本主义出版商的出版学说，也不同于外国的社会主义出版学。

以马克思列宁主义、毛泽东思想为指导，这是我们建立出版学理论体系的基本指导思想。列宁说："出版物应当成为党的出版物。与资产阶级的习气相反，与资产阶级企业主即商人的报刊相反，与资产阶级写作上的名位主义和个人主义，'老爷式的无政府主义'和唯利是图相反，社会主义无产阶级应当提出党的出版物的原则，发展这个原则，并且尽可能以完备和完整的形式实现这个原则。"列宁的教导不仅明确地指明了党领导下的出版物的社会属性——党性，也为我们建立出版学指明了方向：这就是为了"发展这个原则，并且尽可能以完备和完整的形式实现这个原则"。这个尽可能完备和完整的形式，应该包括以党性原则为核心的整个马克思主义的出版学的理论体系在内。正因为这样，可以明确地说，从思想体系来看，我们要建立的出版学，就是马克思主义的出版学。

马克思主义的出版学的理论体系，应该包括什么？这方面，目前大家正在讨论、求索。从我国实际情况出发，似应包括：从理论到实践，从历史到现实，从出版方向到出版管理，从研究服务对象到研究服务手段，从基础理论到应用工艺，从研究整个出版事业在各个革命阶段的地位、作用，到一社一店一书的客观发展规律。其中若干部类还可以分门别类，根据自己的特点，做专门的研究。拿编辑学来说，除报纸以外，还有图书和期刊。图书当中还可以按各类读物来研究，如百科全书学、辞书编辑学、儿童读物编辑学……它们之间有共性又有个性，彼此都有不同的特点。还有古今中外的出版史、印刷史、发行史。由此看来，出版学不能不是一门多层次的系列学科。

但是，我国在出版科学的研究领域中，除了印刷技术等起步较早、图书发行学已经有了一个良好的开端以外，编辑学、出版管理学、读者学和出版史等，基础都很薄弱。许多方面，我们不能不从头开始。在这种基础上，要建立一门多层次的学科，当然不能一蹴而就，也不能眉毛胡子一把抓，而只能实事求是地根据客观条件，分清先后主次，一件一件地去做。我们的态度应该是积极的，工作应该是扎实的，在困难和失败面前应该是坚韧不拔、毫不动摇的。望崦嵫而勿迫，恐鹈鴂之先鸣，靠着出版界内外许多有心人的"闻鸡"读书、"秉烛"治学，我们的进展仍然会是可观的。

要着重提到的是，关于出版史料的抢救工作。随着时间的推移，有的材料可能流失，要马上动手，及时抓紧。还要随时掌握中外出版科研的信息、动态和成果，从中吸取可资借鉴的东西。

开展出版发行的科研工作，当前需要建立一支科研队伍。这支队伍可以包括两个方面：一是专业队伍，为了整个出版事业的现代化、科学化，要集中一批有真才实学又有志于此道的骨干，要选调一批年轻人作为培养的苗子，让他们坐下来、钻进去，专门从事研究工作；一是业余的或者兼职的科研队伍，主要是出版界内外许多从事出版发行科学研究工作的人，尤其是广大从事编辑、出版、发行工作的在职人员和大量离休、退休人员。他们有的在某一方面已经作出了令人可喜的成绩；有的目前虽然尚无成果，但是他们有兴趣有条件也有可能在一定时间内取得某种研究成果。如果把这支力量组织起来，有计划地加以引导，他们的作用将是难以估量的。在目前条件下，从某种意义上说，他们是一支真正的出版学的科研大军，是出版科研战线上不可缺少的组成部分。他们既有丰富的经验，又占有大量的材料，是一支不容忽视的力量。

把出版科研这两方面的队伍建立起来，充分调动他们的积极性，发扬他们的长处，在实际工作中互相配合、互相促进。这样，出版科研舞台上才有可能演出一幕幕的好戏！

《出版工作》1984 年 10 月号；《编辑学研究在中国》P172，湖北教育出版社 1992 年 1 月版

试析图书的特点和作用

编者按：此文分析了关于图书的各种传统定义的缺陷，对图书的特点和作用进行了比较全面的理论概括。同时对图书的独立性、稳定性、系统性、文体划一性，以及在信息传播、文化积累、思想成果继承等方面的作用做了论述。

一

在探讨图书的特点和作用以前，我想先就图书的定义做点探索。

什么叫图书，不少人对它做过概括。比较有代表性的有如下几种：

一曰"著于竹帛谓之书"。这个定义出现于我国东汉前以竹简、缣帛作为制造书籍的基本材料的时代。这个定义，有历史局限性。随着书籍的发展，特别是纸被作为制造书籍的主要材料以后，就不符合实际了。

二曰把手写的或印刷的许多散页集合为一个整体谓之"书"。这种概括既包括简帛，又包括纸书。比前一说法全面了些，不足的是，除了把图书局限于手写本和印刷物之外，更重要的是它只注重书籍的形式，忽视了书籍的内容。因为人们是不会把随便拣一些写或印有文字图画的废纸装订起来就称之为书的。

三曰"图书，指由许多页码连结成一册的著作（和）或图片的出版形式；一个版次的图书，通常印刷多册"。这个解释既指出图书的形式是许多页连结成册，又指出内容是著作和图片，还指出图书的印刷是有版次的，其中自然包含版权的意思，这一说法较前者又全面了些。不足的是没有把图书和期刊、杂志区别开来。

与此相类似的是，国外有人主张，49页以上的非连续性出版物叫作

"书"。这个说法看起来似乎界限清楚，但这个界限的正确性，却令人怀疑。因为，同样的字数，用六号字排和用三号字、一号字排，页数就大不相同；从开本说，同样的字数，印成 16 开本或者 64 开本，它的页数就会相差好几倍；如果说确定 49 页是为了考虑书籍的厚度，那么，用 200 克的纸或 80 克的纸，厚度岂不相差太大？所以，从这几方面来给图书下定义，似乎过于偏重图书形式的某些方面。但是，这个说法所指出的书是"非连续性出版物"，从而把它和期刊、报纸区别开来，这一点则是可取的。

四曰图书是精神产品的物质载体。这种概括比较简练，也考虑到图书既是精神产品，又是物质产品这两个方面。但是，按照这个定义，岂不把图书以外的许多精神产品，诸如影片、艺术雕塑、画幅等都包括进去了？这未免失之过宽。与此相类似的另一种说法是："书籍是一定思想内容和一定物质形式（文字、纸张等）相结合的特殊商品"。这个说法虽然把书籍具有的思想内容和作为特殊商品的性质包括进去了，但是它同样没有解决上面提到的问题。

五曰"图书是以传播知识为目的而用文字和图画记录于一定形式的材料之上的著作物"。或曰"图书是以文字或图画记录下来的知识"。这种概括与前几种相比，其长处是不仅从书籍的形式来加以考虑，而且着重于图书的内容、性质的说明，但是也有两个不足之处。一是，这个概括同样存在不能区别图书和报刊的不同，尤其是我们现在有些书，好几万字，而开始往往是先作为文章发表在报刊上的，有的则是采用连载的形式出现的，有的还是增加报纸的篇幅来刊登的。但是这些长篇巨著，当它发表在报刊上的时候，毕竟还不成其为"书"，只有在印成专册的时候，才能称之为"书"。二是，现在已经发现，古代有的经文是刻在许多块石碑上的，字数不少，应该承认它是一种著作物，即符合这个定义的"记录于一定形式的材料之上"这一点。但是，却很难承认它们就是书。

再有一种极其类似的说法是："书籍是人们为了传播知识，有意识地用文字写在或印在具有一定形式和制度之上的著作物。"这种概括是在前者的基础上发展起来，加了"有意识"和"制度"等字，比原先的说法更充实了些，但是，这里的"一定形式和制度"显得过于笼统，同样不能把书籍和报刊区别开来。

以上种种概括，各有侧重，各有长短。那么，图书定义究竟应如何概括？可不可以这样说：图书是根据社会的需要，以传贮为目的，通过一定的物质材料，用文字、图像、符号和声音按照一定的结构、体系，集中地记录某种思想、文化、科学技能，便于个人携带使用的非定期连续性出版物。具体说，图书是一种物质产品，它不是一般的物质产品，是一种工具，是一种以传播和贮存思想文化科学知识为目的的物质产品，也就是承载精神产品的物质产品。它传贮知识的方式是依靠记录文字、图画等来实现的。这些字画又不是任意组织起来的，而是根据一定的思想体系来排的，不是零散的、片断的，而是相当集中地以反映出某种社会意识形态为条件的。在具备上述各种要素以后，它还必须是便于个人携带的，从而区别于固定的石刻、壁画等等作品。这个概括，能否说比较符合历史和现状，切合图书的基本特点。

二

我们从探讨图书的定义中可以看到，图书具有以下的基本特点。

第一，它既是精神产品，又是物质产品。但是具有决定意义的、反映图书本质特点的则是精神产品。物质产品只不过是这种精神产品的承载工具，离开了精神产品就不成其为图书了。反之，没有一定的物质形式。精神产品失去了承载体，也不成其为图书。当然，具有精神产品和物质产品两重性的不仅仅是图书，报纸、杂志、唱片、影片等也都具有这种两重性。

第二，图书是思想、文化、科学的一种传贮工具，在大众传播网中，它是一种重要的传播渠道。但是，大众传播体系中的重要渠道，也不限于图书。报纸、杂志、电影、电视和唱片等，也都是这个体系中的重要渠道。

第三，在阶级社会里，图书和报纸、杂志、唱片、影片等一样，都是代表一定的阶级利益的。科学技术作品本身虽不具有阶级性，但归谁掌握，为谁服务，同样反映了一定的阶级利益。这些是许多精神产品的共同特点。

下面我们要探讨的是图书区别于报纸、杂志的具体特点。

（1）图书的独立性。图书是独立存在的非定期连续性出版物，它不像报纸、期刊，总是每天、每周、每旬、每月，或以其他一定的时间周期甚至不规则的时间周期连续出版。而图书不是这样，它不以某种时间为周期前后连续出版，即使是丛书、套书，也不是这样。

（2）图书的稳定性。图书的内容不像报纸、期刊那样有很强的新闻性和信息性，必须及时传播。作为报刊，有些东西明知闪瞬即逝也必须及时通报社会；有时随着客观形势的变化，报刊的内容也必须跟着改变。而图书不是这样，它所反映的内容，在一定时间内要求相对的稳定。那些很快失去时效的内容，应该努力避免。

（3）图书的系统性。图书不应该像杂志，内容很杂；也不能像报纸，各方面的内容都有，即使是一张专业性报纸，它在一定的专业范围内，内容也是相当广泛的。而图书则是根据一定主题、一定的观点，比较系统地来叙述有关的内容；有的书，尽管内容相当庞杂，但仔细观察，从头至尾，它仍然是根据一定的指导思想来建立自己的内容体系的，从而反映了图书内容的某种系统性。

（4）文体的划一性。在文字表达方式上，图书也和报刊不同。同一张报纸，同一本杂志，每一篇文章的体裁可以不同，古文、今文、论文、散文、诗歌、报告文学等，可以应有尽有；而一本书，从头到尾，必须是一种文体。尽管有的书，也有两种文体，如论著中附有调查报告、信件等，但统观全书，它仍以一种文体为主。有时，有的汇编书，如某人的文集，也可能一本书内出现二种或二种以上的体裁，但它仍然不可能像报纸、杂志那样多种文体并存，总是按照一定的规格，在全书范围内，分门别类，使之相对地统一起来。

每一种事物不同于他事物的特点都是相比较而存在，在矛盾中发展的。图书不同于报刊的特点也是这样，是在一定的时间、地点、条件下发生和发展，因而是相对的，不是绝对的、一成不变的。所以，我们也不应该把它绝对化。

三

由于图书具有上述的特点，所以它对人的影响极为深远。历史上的许多巨人，都十分重视书对人的影响。列宁说过，图书是巨大的力量，有着重大的作用。莎士比亚曾经把书比作"全人类的营养品"。著名的作家们，还用各种比喻来说明好书和坏书对人的影响，俄国作家别林斯基认为，"好的书籍是最贵重的珍宝"。英国小说家菲尔丁则说："不好的书好像不好的朋友一样，可能会把人戕害。"事实正是这样，图书的价值，不能只看它的定价、它的码洋，它在流通过程中的交换价值，而在于它作为精神产品所焕发出来的力量。它所宣传的思想、理论，一旦被人们所掌握，就会变成巨大的物质力量。它可以影响人们的政治观点、思想意识、道德情操、文化知识，可以从根本上改变人的精神面貌。有人说，一本书可以拯救一个人，也可以毁坏一个人；可以鼓舞一个人前进，也可以使一个人沉沦、颓废、堕落。可见，图书的作用不可低估。一般说，大体可以分为三个方面。

首先，图书是人类传播信息和知识的重要工具。人类社会的物质生活和精神生活异常丰富，人类在社会实践中获得的知识无限广泛。人类在探索自然、社会和思维等各个领域的信息无穷无尽，瞬息万变。有人估计，由于现代科学的发展，知识更新的周期越来越短，出版的书籍越来越多。据联合国教科文组织统计：1952 年全世界发行的图书约 25 万种。到 1980 年全世界发行的图书上升到约 70 万种。这些图书，一经出版，不胫而走，广泛流传，可达社会名流，可及黎民百姓，可入现代化大城市，可到穷乡僻壤。它帮助人们扩大眼界，增长见识，获得广泛的知识。不用时束之高阁，需用时随手可得，它的触角所及，不仅范围大，而且影响深。所以有人把图书作为人类历史上知识和信息的主要传递工具，是现代社会中知识和信息传递的基础，甚至称它为"知识之母"，不是没有原因的。

有人认为，由于新的信息载体的出现，图书作为知识和信息的传递工具的传统地位已经动摇。换句话说，图书传递方式，将被其他新的传递手段所代替。我们认为这种忧虑是没有根据的。就说电子计算机在社会生活中的应用，可以用编码储存图书，有传递之功、检索之便。但是，它不能没有图书，不然，它就失去依据，也就无法存贮，更谈不上检索。就算电子计算机控制的资料馆，可以储存大量资料，但它毕竟不能把所有的图书全部储存起来，而必须根据一定的需要，有选择地加以储存。而且在时间上也不可能像图书那样，保存几十年、几百年，甚至更长一点时间。从这些方面看，最先进的传贮手段，也不能取代图书的作用，图书是不可能被淘汰的。

第二，图书是积累和贮存人类思想、文化、科学等一切认识的宝库。认识来源于实践，一切知识都是人们社会实践的结果。人们在社会实践中获得知识，虽然可以师徒相传，但在时间和空间上，毕竟是很有限的，而且，难免有中断的危险。所以，人类的知识，要在时间和空间上广泛传播，必须加以贮存，这就需要取得一种贮存手段，一种贮存工具，使人的知识不仅在空间上能够无限制地扩大，而且在时间上能够传之百代万世。从社会实践结果看，能够实现这种目的的理想工具就是图书。图书留下了人类社会发展进程中的每一个脚印，它记录了人类认识的总和，积累了无所不包的人类认识的成果，它是有史以来一切民族伟大智慧的结晶。

它是人类认识的宝库，是人们取之不尽、用之不竭的知识海洋，而每一本图书正是这个无边大海中的一贝一藻。

第三，图书是人类进步的阶梯。摆在我们面前的物质世界是无限的，新事物是层出不穷的。人类认识的发展是永无止境的。当然，这种认识的发展，由低到高，由简单到复杂，是螺旋形上升的，是在一代人又一代人不间断积累的基础上形成的，而图书正是总结社会实践经验，汇集各个历史时代人们用自己的聪明才智造就的成果，并用文字、图画等把它表达出来，并且不断地加以提炼的结果。在整个人类社会认识发展的进程中，图书就是前人的终点，后人的起点。高尔基说：书是人类进步的阶梯，"每一本书是一级小阶梯，我每爬上一级，就要脱离畜牲而上升到人类，更接近美好生活的观念。……"任何科学的发展，都离不开前人的成就。任何认识的深化，都离不开已有的经验。这一点，牛顿说得再透彻不过了。他说："如果我所看到的、我所发现的要比笛卡儿和培根远大一点的话，那是因为我是站在巨人肩上的缘故。"这说明在牛顿看来，他对万有引力的研究不是从零开始的，前人在这方面已经做了许多工作。改变人类命运的伟大学说——马克思主义的诞生也是如此，正是马克思、恩格斯亲身参加工人运动，总结了无产阶级斗争的历史经验和19世纪自然科学三大发现及其他新的成果，研究了人类2000多年思想、文化发展中的精华，特别是批判地吸收了黑格尔唯心主义辩证法中的"合理的内核"和费尔巴哈形而上学唯物主义中的"基本内核"，才创立了马克思主义哲学。批判地吸收了英国古典政治经济学和法国的空想社会主义学说，从而创立了马克思主义的政治经济学和科学社会主义学说。外国有一位作家曾经说过这样一番话：书，这是这一代人对另一代人精神上的遗言。这是将死的老人对刚刚开始生活的青年发出的忠告，这是准备下岗的哨兵向前来接班的哨兵写下的值班记录。这些都充分说明了图书是人类思想文化发展过程的历史印证。图书为人们积累和储存了前辈的智慧和才能，为我们指出了继续前进的方向，提供了攀登新的高峰的阶梯。人类正是依靠这个阶梯，才一步又一步地登上新的高度，开辟新的基地，始终不停顿地日益接近着绝对真理的高峰。

以上所说，是图书的一般作用，主要是从精神产品承载手段这个角度来考虑的。当然，图书的作用十分广泛，还可以从其他角度来加以考察。如作为宣传教育的工具，思想文化斗争的武器，艺术的表现手段等。至于各类图书，代表社会各阶级要求的各种图书，都有自己不同的特殊作用。这些都有待于进一步加以探讨。

《出版工作》1985 第 12 期；《编辑学研究在中国》P33，湖北教育出版社 1992 年 1 月

《出版与发行》发刊词

　　《出版与发行》今天和读者见面了。这是一个学术性和资料性的内部刊物，由中国出版发行科学研究所主办。

　　《出版与发行》的创刊，是我国出版体制改革的需要，是总结我国出版工作丰富的实践经验的需要，是开展出版科学的理论研究、加强国内外学术交流、探索出版工作客观规律的需要，是实现我国出版事业现代化、科学化的需要，是寻求建立具有中国特色的社会主义出版事业道路的需要。

　　我国出版事业历史悠久。我们党历来重视出版工作，许多老一辈无产阶级革命家都直接参加过革命书刊的编印工作。建国以后，发展起来的社会主义出版事业，从根本上改变了旧中国出版事业的面貌，在我国出版史上写下了新的一页。党的十一届三中全会以来，出版事业又有了重大的发展，呈现出了空前繁荣的兴旺景象。目前，我国已有出版社400多家，杂志4000余种，书刊印刷厂170多所。在图书发行方面，仅新华书店就建有门市部7300多个。出版战线人员总数已达23万余人。各种专业出版社纷纷建立，一个门类比较齐全的出版系统已在全国范围内基本建成。图书质量不断提高，作为一个正在向社会主义现代化迈进的文明古国所必须具备的若干基本图书，正在陆续问世。近几年来，我国出版的图书在品种和印数上，都有较大幅度的增长。1984年我国出版的图书品种已超过4万种，总印数超过62亿册（张），对宣传马列主义、毛泽东思想和党的方针政策，传播科学技术和文化知识，丰富人民精神文化生活，加速我国社会主义现代化建设事业，都发挥着极为重要的作用。但是，也存在不少迫切需要解决的问题，这里，既有理论方面的问题，也有实际方面的问题。诸如，如何切实贯彻《中共中央、国务院关于加强出版工作的决定》，使我国出版事业跟上社会主义现代化的步伐，更好地为四化建设服务；出版战线如何进一步贯彻党的十二届三中全会精神，改革开放，增强出版、印刷、发行事业的活力，使体制改革更有利于加强党和国家对出版事业的领导，有利于掌握出版方向，贯彻出版方针，提高出书质量，增加图书品种，如何通过改革促进出版领域内部编辑、出版、印刷、发行各个部门的协调发展；在对外开放、对内搞活经济的新形势下，出版工作应该如何为"两个文明"建设服务，进一步开展国际合作出版；出版事业的各个部门、各个环节应该如何正确认识和处理出版物社会效果和经济效果的辩证关系；在科学技术飞速发展的今天，作为传播信息的出版事业，应该如何采用现代技术、实现科学管理。这些已经成为促使我国出版事业继续向前发展必须解决的重要课题，必须经过认真的探讨，并在实际工作中作出正确的回答。

当然，为了进一步促进我国出版事业的发展，要研究和解决的问题还很多，而且随着时间的推移、事业的发展，还会出现许多新情况和新问题。但是，我们相信，只要我们从中国的实际出发，把马克思主义的普遍真理和我国的具体实践结合起来，走自己的路，认真总结我国出版事业丰富的历史经验、积极吸取国外出版发行工作中对我们有用的经验，并且把总结新经验、研究新问题的工作，扎扎实实地做下去，建设具有中国特色的社会主义出版事业的目标就一定能达到。

《出版与发行》是广大出版工作者自己的园地。它将发表出版科学的研究成果、学术论文、专著辑要、专题调查以及翔实可靠的史料和资料；刊登从事编辑、出版、发行工作的业务人员以及有关管理人员的心得体会、经验总结、历史回忆、工作笔记和札记；它还将有选择地介绍国外的出版动态、出版信息、有关的史料和资料，以资借鉴和参考。

本刊坚持以马克思列宁主义、毛泽东思想为指导，坚持党的四项基本原则，坚定不移地贯彻百花齐放、百家争鸣的方针，坚持理论和实际相结合的学风。凡属从实际出发，占有详细材料，经过认真研究，言之成理、持之有据的文章，不管其学术观点如何，本刊都予以刊登；有创见、有新意的文章，有价值、有说服力的资料，都优先予以发表。

本刊提倡朴实、生动的文风，追求活泼多样的形式，文章长短不拘，但求言之有物，力戒冗文空话。

值此本刊创办之际，谨向广大同行和读者致意，切望得到支持、帮助和赐教，以便集思广益，共同培育这株刚刚破土而出的幼芽，使其茁壮成长。

1985 年 7 月 20 日

《编辑学研究在中国》P194，湖北教育出版社，1992 年 1 月版

全国首届出版科学学术讨论会开幕词

全国首届出版科学学术讨论会现在开幕了。这次会议是在中央出版领导机关的领导下，在老一辈出版家的亲切关怀下，在各级出版发行部门的积极支持下召开的。也是我国广大热心于出版科研事业的科研、教育和出版界人士共同努力的结果。

这次学术讨论会的指导思想是：以马克思主义为指导，坚持四项基本原则，贯彻百花齐放、百家争鸣的方针，交流出版科研成果，推动出版战线以及其他从事出版科学研究的同志，共同为发展出版科研事业、为建立具有现代科学形态的出版科学作出努力，为发展和繁荣我国社会主义出版事业服务。

党的十一届三中全会以来，我国出版事业有了很大的发展，出版科研事业也有了新的进展，出现了令人可喜的好形势。

建国以来，总结我国的出版工作历史经验和新鲜经验，探索客观规律，一直为我国许多老一辈出版家所关注。1983 年 6 月，中共中央、国务院《关于加强出版工作的决定》，创造性地作出了要建立出版发行科学研究所，要加强出版发行科研工作的决定，为我国出版科研事业的发展指出了明确的方向，提供了可靠的保证，激发了出版界内外广大有志于从事出版科研工作同志的积极性。全国各地出版科研工作，从此走上了迅速发展的道路，开始了我国社会主义出版科研事业的新世纪。1983 年和 1984 年，中国出版工作者协会在阳朔和峨眉山率先召开的两次出版研究年会，为组织和发动我国出版工作者积极开展出版研究做了开创性的工作，起了重要的带头作用。此后，群众性的出版研究机构、装帧艺术研究会、连环画研究会等，如雨后春笋，迅速发展。今年年初，上海市编辑学会，以及湖南等地的编辑研究会、出版研究会、图书发行研究会都相继成立。近几年来，有关出版专业的各种刊物和图书也日益增多，更可喜的是，前不久，湖北省召开了一次具有相当规模的出版发行科学学术讨论会，在一个省的范围内，征集了 70 余篇论文和文章，这说明我国出版科研工作，正在以出人意料的速度，迅速地向广度和深度发展。今年 3 月，国务院正式批准成立了我国第一个从事出版科研事业的专门机构——中国出版发行科学研究所。在中央负责同志的倡导下，已有 4 所大学先后设置了编辑专业，加上原来设有图书发行专业的 8 所大学，目前，至少有 12 所大学已经设置或正在创办编辑专业或图书发行专业，可以预期，在我国建立一支完全由我们自己培养起来的从事出版科学研究的专业队伍，已经为期不远了。总之，在中央决定的指引下，出版科学的研究工作，正在引起我国出版界和整个社会的重视。我国出版科研事业已经出现了前所未有的大好形势，而且正在不断发展，日益向上。

为了使我国出版事业更好地适应我国社会主义现代化事业的需要，适应社会主义精神文明建设的需要，出版科研事业必将得到进一步的发展。摆在我们面前的任务是光荣而艰巨的，我们需要加强对我国出版工作中实际问题和理论问题的研究，对实际工作中各种现象，包括在出版改革中出现的新情况和新问题，加以认真的探讨，揭示它的本质，探索它的规律，作出理论上的回答。为制定和执行正确的方针、政策和措施，提供必要的理论基础，使出版事业得到更好的发展。

在新的历史时期，在科学技术飞速发展的今天，实现我国出版事业现代化和科学化，已经成为一个突出的课题，为了加速科学技术的传播，加强信息交流，我们的出版发行工作要采用先进技术，实行现代化的科学管理，就需要有计划地加强出版队伍的思想建设和组织建设，更新业务知识和提高技术水平，认真提高出版队伍的素质，加速建立一支知识、年龄结构合理的编辑出版队伍。为此，需要我们每一个热心出版科研事业的同志，在总结前人经验的基础上，同时吸收国外有用的经验和科研成果，建立我国自己的出版学、编辑学、图书发行学、出版管理学、出版经济学、读者学、图书艺术论和古今中外的图书史、出版史、编纂史和图书贸易史等一系列具有现代科学形态的出版科学的各种学科。为了达到这个目的，我们要注重调查研究，广泛搜集材料，加强学术探讨，开展学术交流，以期早日取得丰硕的成果。

为了我国社会主义出版事业的繁荣，为了我国出版科研事业的发展，为了实现我们共同的目标，我们期待老一辈出版家、长期从事出版工作具有丰富经验的老同志，也期待出版界内外有志于出版科研工作的中青年同志，都来为出版科学这棵幼苗，培土、施肥、浇水，让它在祖国科学事业的百花园中早日放出异彩。

出版科学这个课题，不是从天上掉下来的，也不是人们头脑中凭空想出来的，这是出版事业发展的客观需要，是出版工作者在实践中提出来的。出版学、编辑学、图书销售学这些名词，在国外都已存在，有的已有著作。在我们国内，现在也有越来越多的人对这门学科发生了浓厚的兴趣。他们从历史到现实，从宏观到微观，从国内到国外，进行了广泛的探索，取得了很好的效果，尤其是近几年来，我国出版科研事业的迅速发展，许多学术性著作、论文和重大问题的研究资料的问世，对出版学的对象、任务，以及基本规律的研究，各种理论体系的提出，令人信服地证明：出版学、编辑学、图书发行学等这些学科的基本内容和基本规律是客观存在的。所谓"出版无学""编辑无学"等，只是说明过去我们对这些客观存在的事物，缺乏必要的探索和足够的认识。许多新的学科都是在人类社会发展的过程中才逐渐被人们所认识的，是人们认识发展过程中逐渐形成的。某种客观规律在被人们认识和掌握以前，不等于它根本不存在。目前，具有现代科学形态的出版学、编辑学……虽然还没有被多数人公认的理论体系，但这不等于出版学、编辑学就根本不存在。

一些同志持有"出版无学""编辑无学"的观点，并不奇怪。在我国出版史上，编辑工作虽然早已有之，图书的流通和交换也有漫长的历史，从出书方面说，校雠学在我国很早就出现了，"校雠"二字最早见于刘向《别录》，这本书说，"校雠，一人读书，校上下得谬误为校；

一人持本，一人读书，若怨家相对，故曰雠也"。这个说法，符合于当时秦火以后书简缺脱，需要兼对众本，刊定脱误的状况。当然，汉初刘向父子等人的工作不限于此，同时也由于出书事业的发展，后来对校雠学有狭义广义之说，统称为治书之学，它实际上包括现代意义上的许多编辑工作、一些图书研究工作和著述工作。有的学者认为"目录版本校勘皆校雠之事"。或曰校雠学是"研究与图书有密切关系的各种学问"。"举凡一切治书事业，均在校雠学范围之内"，都说明校雠学内容的广泛，是我国一门古老的学科。这种情况表明，在我国历史上，很长时期，图书的著、编、校通常是合一的，著者往往既是编者，又是校者，像现在出版社编辑部范围内的专门工作，那时既没有完全形成，也没有从整个治书之学当中分离出来，因而也不可能产生具有现代科学形态的编辑学。正如人类社会第三次大分工之前，脑力劳动还没有从体力劳动中分离出来，当然也谈不上对文学、艺术、教育等的研究。编辑学只有在近现代以他人书稿为对象，专门从事编辑工作的出版单位大量出现，编辑工作成为一种专业性劳动独立存在以后，编辑学的研究和建立才有迫切的需要。社会在前进、出版事业在发展，与之相应的科学研究工作也需要跟上。我们应该从实际出发，走自己的路，把马克思主义的普遍真理同我国出版工作的实践结合起来，建立具有中国特色的社会主义出版科学。

无愧于后人，是当代人的责任。我们只有团结协作，艰苦奋斗，敢于创新，敢于攀登科学高峰，才能开创出版科研事业的新局面。我们相信，在马克思主义的指引下，本着理论和实际相结合的原则，依靠我国广大出版工作者，特别是有丰富实践经验和一定理论修养的老同志，以及出版科研积极分子，包括在座的同志们的共同努力，具有中国特色的马克思主义的出版学、编辑学一定能够建立起来。

1985 年 12 月

《全国首届出版科学学术讨论会论文选集》P1，重庆出版社 1987 年 2 月版

祝《出版科学》创刊

全国首届出版科学学术讨论会，于 1985 年 12 月下旬在山城重庆举行。来自全国各地的 146 位同志参加了会议，交流了 119 篇论文、文章和科研资料。会议遵照"百花齐放，百家争鸣"的方针，对出版工作中的实际问题和理论问题做了认真的探讨，展示了科研成果，与会者各抒己见，畅所欲言，一些同志的反映是思想活跃，学术气氛很浓。会上还交流了如何开展出版科研工作的经验，完成了"加强学术交流，推动出版科研活动开展"的任务，达到了预期的目的。

参加这次会议除了一批中青年同志以外，还有大量年近花甲，甚至年逾古稀的老同志，他们早在几个月以前就查阅了大量资料，回顾总结了以往的切身经验，进行了理论上的探索，写出了很有分量的论文。然后又根据会议的要求，背着几公斤的论文打印稿，在寒冷的冬天，千里迢迢来到西南山城。有的还冒着弥漫大雾，飞机不能降落的风险，匆匆赶来重庆参加六七天会议。这，究竟为了什么？是为了游山玩水吗？遇到的许多同志，说起来都已经不是初到重庆了，有的到过五六次，甚至还有更多的。是图什么名利吗？说得寒碜一点，写一篇论文，一没有奖金，二没有稿费，如果为了钱，大可不必赶这个热闹，还不如随便写点什么东西，在报刊发表一下来得"实惠"。有的同志不但拿不到稿费，还要自付稿件打印费。个别的甚至旅费都由自己掏"腰包"，再说写一篇论文，也出不了名，有什么名利可图？那么，目的何在？一位年近古稀的老先生说得好，自己从解放以前就开始当编辑，从摸索着干开始，处理过的书稿不下几百种，一辈子不遗余力为他人做嫁衣，编辑工作中的甜酸苦辣也尝够了。但是，越干越是觉得编辑这个行当不那么简单，学问多得很，可是到现在还没有一本编辑学。马克思给我的时间不多了，可我总觉得还有一个任务没有完成。

所以，我要写，哪怕两眼昏花、双手颤抖，我也要写，不然对不起后来人。听了老先生的这一番话，我不禁为他的崇高思想和艰苦奋斗的精神所感动，脑子里涌现出了爱国诗人陆游的一首诗：

归老宁无五亩园？读书本意在元元。

灯前目力虽非昔，犹课蝇头二万言。

我想，这样的老先生不是离休退休，肯定也是退居二线了，虽然，不可能有几亩地，但安度晚年肯定不成问题。像他这样本来完全可以用一张"神仙作息表"来安排生活，早晨打打太极拳，白天把所有的报纸看完，午后睡上一觉，傍晚带着小孙子溜溜腿，晚上把电视看个够。何必还要去写什么编辑学。但是，人总是要有一点精神的，这位老同志也正因为有这点精神，才令人起敬。重庆会议以后，我们又收到许多来信，一些老同志表示要竭尽余力，要在出版科研战线上写"老兵新传"。说：自己虽然已经离休，但"干了一辈子编辑工作，只要一息尚存，仍愿为自己曾经为之奋斗的共同事业贡献微力"。一些中青年同志也表示："心甘情愿地从零起步，献身于祖国的出版科研事业"，"甚至不惜做一个殉道者"。

多么坚定，多么热忱！

这也许就是出版科研事业的希望所在！

我们有这样一批富有经验和理论修养的老编辑、老出版家，又有如此众多甘愿献身出版科研事业的中青年干部，何愁出版科研事业没有光辉灿烂的明天。

一篇篇论文、一封封来信、一颗颗竭诚的心，我仿佛看到出版科学繁花似锦的春天即将到来，它已经不是一种可望而不可即的幻影，而是"站在海岸遥望海中已经看得见桅杆尖头了的一只航船，它是立于高山之巅远看东方已见光芒四射喷薄欲出的一轮红日，它是躁动于母腹中快要成熟了的一个婴儿"。有人曾经这样估计，从近年来的形势看，出版科研工作的发展，出版学、编辑学等科学体系的建立，也许会比我们现在预料得要快一些。这个看法，看来不无道理。

　　光明在前，不等于没有困难，面对现实，我们的出版科研事业还是落后的。我们的出版社，每天要出版这个"学"、那个"学"好多个本子。但是，我们自己却没有一个出版学、编辑学、读者学的本子；我们的编辑，每天要接触数不清的教授、学者。但是，我们自己却没有一个出版学、编辑学的教授、学者；我们在全国建立了400多家出版社，但独独没有建立起一个出版有关编辑、出版、发行业务书籍的专业出版社。这些都为出版科研事业的发展带来了一定困难，造成这种情况的原因主要是我国出版科研事业起步较晚。近年来，虽然发展较快，但是毕竟需要一个过程。问题在于我们应该尽可能缩短这个过程。

　　当前，发展出版科学，必须走专业队伍和业余队伍相结合的道路，而且要坚定地依靠业余科研队伍，调动各种积极因素。坚持理论联系实际，运用辩证唯物主义的立场、观点、方法，去观察和处理出版工作的实际问题和理论问题，是加速出版科研步伐，建立出版科学的基本方法。同时必须贯彻"百花齐放，百家争鸣"的方针，在学术问题上，只要坚持四项基本原则，凡是有利于学术研究，有利于早出成果、快出成果的学术性探讨，都应予以鼓励。对于其他科学领域内已经取得成果的行之有效的某些方法，用来对出版科学进行试验性的探索，应该予以欢迎。当然，这种探索同样需要结合实际说明问题，防止生搬硬套，无助于解决实际问题。

　　《出版科学》的创刊，为出版战线开辟了一个新的学术论坛，为出版科研的积极分子提供了一个新的园地。它的诞生，有助于学术交流和学术争鸣；有助于团结更多的出版工作者，来参加出版科研活动；有助于培养新的出版科研工作者。《出版科学》的问世，必将促进我国出版科研事业的发展。

　　在《出版科学》创刊的日子里，借这篇短文，表示祝贺并寄以希望。

　　《出版科学》试刊号1986年春；《编辑学研究在中国》P210，湖北教育出版社，1992年1月版

图书的内容和形式

和世界上一切事物、一切现象都有自己的内容和形式一样，图书也有它自己的内容和形式。研究图书的内容和形式，应该注意到图书既是物质产品又是精神产品的这种特点。图书作为物质产品，有它自己的内容和形式，这种内容就是图书的物质构成，而形式则是反映这种构成的物质形态。图书最本质的属性是社会精神产品，是作为人类精神财富而存在的。这是我们考察图书的内容和形式的基本方面。

作为精神产品的图书，构成它的内容的就是思想和知识，而形式主要是指思想、知识的表达方式、艺术手段，以及精神内容的物质载体。

图书的内容和形式，是人类物质文明和精神文明发展的结果，是社会物质生产条件决定的。有什么样的社会物质生产条件，就有什么样的图书内容和形式。从图书的内容说，古书中有许多祭祀和占卜的记录，正是说明当时人们对许多自然现象无法进行解释和预测；亚里士多德是古代伟大的思想家，但在他的作品中，仍然认为一些人依附另一些人，一些人奴役另一些人，是理所"当然的"，这是由于当时奴隶占有制的社会条件决定的。从图书形式说，竹简木牍是我国早期生产力水平很低时期的产物，由于养蚕业和丝织业的发展，才出现了帛书，雕板书则是印章和碑拓发展到一定水平的结果。这表明，图书的内容和形式，是和社会生产发展水平相一致的，它随着社会的发展而发展，随着社会形态的改变而逐步改变。所以，一切图书都是一种打有各种时代印记的历史产物，是一定历史阶段的社会物质生产水平的反映，是特定历史阶段的经济基础以及与之相适应的社会意识形态的反映。这说明图书的内容和形式不是一成不变的，而是发展、变化的。

用马克思主义的观点看，作为精神产品的图书，它的内容和形式固然取决于社会物质生产的发展，但是，精神的东西可以反作用于物质，上层建筑可以反作用于经济基础。图书既然是精神产品，它必然会推动或者阻碍社会物质生产的发展。革命的、进步的图书内容和形式可以推动社会发展；反动的、落后的图书内容和形式则将阻碍或延缓社会的向前发展。马克思主义的纲领性著作《共产党宣言》的出版，在资本主义世界里，第一次旗帜鲜明地宣布了同一切私有制和私有观念实行最彻底的决裂，大大推动了国际工人运动的发展。通过社会实践，《共产党宣言》提出的纲领性主张，终于在 70 年以后，逐步地变为现实。相反，在封建社会里大量出版宣扬封建礼教、束缚人们思想的图书，都或多或少延缓了封建制度的灭亡。图书的内容和形式，对社会发展的推动或者阻碍作用是十分明显的。过高地估计图书的作用当然不好，看不到图书的巨大作用，则应该说是错误的。

图书的内容和形式的关系，是互相依存、互相促进的辩证关系。图书的内容，反映了这本书不同于另一本书的特征，决定了这本书的本质，或者说是质的规定性。图书的形式则是图书本质的表现形态，或者说是某一图书诸多特征的组织结构。一般说，图书的内容和形式是统一的、密不可分的。图书的内容总是要通过与之相适应的形式来表现自己，而图书的形式终究是反映特定内容的形式。不存在只有内容没有形式的图书，更谈不上只有形式而没有内容的图书。因为没有内容就不成其为图书，而没有一定的形式，图书的内容也无法体现。当然，图书的内容和形式的统一，不是绝对的。在一定条件下，图书的内容不变，图书的形式是可以改变的，同一形式也可以用来为不同的内容服务，即所谓"新瓶装旧酒"和"旧瓶装新酒"的关系。比如解放前党的出版机关为了在国统区出版发行革命图书，往往采取伪装和夹杂印装的办法，或者在字里行间有意冲淡革命图书的革命色彩，遮人耳目，以逃避国民党当局的书刊检查。再说，有一些阐明社会政治主张的著作，在同一个国家里，对一些人来说，可能当作行动的指南，在另一些人中可能视作学术思想的研究材料，而在某些人看来可能视作批判对象。正是由于各人的目的和用途不同，因而同一内容的书籍就可能出现完全不同的外观形式。相反，用同一种形式，如百科全书、词典、文摘等这样一些相对稳定的形式，来出版各种不同内容的图书，如《大百科全书》《科技百科全书》《医学百科全书》《少年百科全书》以及各种辞书词典，比比皆是，不可胜数。这就说明了图书的内容和形式之间的辩证关系。

图书的内容决定图书的形式，图书的形式依赖、服务于图书的内容，并且随着图书内容的改变而改变。但是，图书的形式决不是消极的，它可以反过来影响内容，至少可以在一定程度上影响内容。比如一本对幼儿讲游戏的书，如果不考虑它的特定的内容，要求相适应的形式，诸如字大、本薄、图多、色鲜，偏偏抽去插图，用六号字密排、绢面线装去出版，或者有意无意地造成图书形式上的成人化。那么，这本书的内容，即使讲的句句都是儿童爱听的话，它仍不能为儿童所接受；反之，连环画的形式也很难反映一部词典需要表述的内容。可见，图书的形式对于图书内容的重要意义。俗话说"量体裁衣"，图书也是这样，凡是图书的形式能够与内容相适应，它可以促进内容的发展，比如有的图书的封面和装帧设计搞得好，就可以对图书的内容起到画龙点睛的作用。如果图书的形式不能与内容相适应，则会削弱甚至损害图书内容的应有作用。一本很有价值的学术著作，如果设计不当，引不起有关读者的注意，就不可能有好的效果。作为出版工作者，首先必须注意图书的内容，着力提高图书的质量。同时又要根据内容的需要，善于选择与之相适应的能够充分表达内容的最好形式，以促进图书内容的发展，使之发挥应有的作用。

图书内容和形式的发展，往往是从内容开始的。图书内容所反映的意识形态、知识技能，总是和科学技术、社会生产发展相联系的，它和图书的形式相比，是一种远为活跃的因素。一般说来，图书形式的发展总是落后于内容的。我国的书籍，从竹简、木牍，帛书到纸书，从韦编、轴卷、线装到今天的现代化装印，虽有许多变化，但经历了漫长的岁月，而且形式上的变化终究是缓慢的、有限的。可是，古今书籍内容的发展，那就天地悬殊了。当然，图书内容的发展，不会永远受到旧形式的束缚，在一定条件下，它可以冲破旧的形式，创造新的形式，使它与自己相适应。如有些电子知识在儿童读物中的反映，使原来静止的平面画变成了立体画或有声读物的形式就是一例。当然，这并不排斥在另一种条件下，新的图书内容也可保留或者利用旧的形式来表现自己。正像我国许多图书，从思想内容上来说，无疑是先进的。从表现手法来看，也有很高的艺术价值。但由于物质、技术条件的限制，就其形式来说，与其他国家有些内容平庸而装潢精美的图书相比，形式上仍然是落后的。从这个意义上说，图书物质形式的发展，更不能离开整个社会生产力的发展。当然，利用旧形式的目的，显然是为了最终改变旧的图书形式。不过，这种新形式代替旧形式的过程，只能是生产发展和社会实践的结果，也是图书内容发展的必然结果。

社会主义时期图书的内容和形式，是一个具有重大现实意义的问题。社会主义社会的图书，是社会主义文化的重要组成部分，它和整个社会主义文化一样，是由社会主义物质生产条件决定的，是社会主义社会的政治和经济在观念形态上的反映。《中共中央、国务院关于加强出版工作的决定》明确指出：社会主义出版工作首先是宣传教育工作，又是一项科学文化工作。出版工作者要自觉地运用四项基本原则指导自己的工作，为社会主义的思想建设作出贡献。书刊出版应当有力地促进马克思主义的理论研究、发展和普及。要把持久、广泛、深入地宣传爱国主义和共产主义的思想、反对封建主义、资本主义的腐朽思想，作为书刊出版的主要内容。它要积累和传播科学、文化知识，为文化建设作出贡献。它要为最广大的人民群众服务，提供多方面的适应各种不同文化程度读者的、丰富多彩的图书。中央的这些指示，为我国社会主义时期图书的内容做了原则的规定。告诉我们，在新的历史时期，我们的图书应该具有鲜明的思想性，有很强的知识性和科学性，它应该是宣传马克思主义、宣传爱国主义和共产主义思想，传播一切有利于人类进步、有益于经济和社会发展的科学技术和文化知识，丰富人们的精神文化生活，它应该不断地为促进我国的社会主义制度的发展和完善，为培养有理想、有道德、有文化、有纪律的社会主义新人服务。同时，把广泛深入地、坚持不懈地反对资产阶级自由化和封建主义的遗毒，作为自己的一项长期任务。这也是我国社会主义时期图书的基本内容。

社会主义时期图书的内容，决定了图书的形式，既然图书的内容是为进行"四有"教育，为"四化"建设，为提高全民族的科学文化知识服务，为最广大读者的需要服务，所以图书内容的表达形式必须是民族的、大众的形式，应该是为各种不同文化程度的读者提供多种层次的各类读物，根据各种不同读者对象出版的图书都应该有自己鲜明的特色。这样，它必然是有深有浅、有雅有俗，也有雅俗共赏，为广大群众所喜闻乐见的图书。这里的"俗"，不是庸俗，不能去迎合不健康的低级趣味。"多层次"也不等于可以迁就一部分读者的落后意识。

从图书的物质形式来看，也必须和我国当前的造纸、印刷、印刷机械和其他物质水平相适应。从国外引进一些先进的设备、材料，固然是必要的，但也需要和我国整个社会购买力水平相适应，才能得到顺利的发展。

社会主义时期，是全党全国人民正在轰轰烈烈地进行四化建设的宏伟事业的伟大时代，我们的出版物是不是和这个伟大的时代相合拍，是不是和全国人民的心息息相通，这是每个出版工作者都应该严肃考虑的问题。值得注意的是1985年有一段时期，有些地方过于集中地、印数过大地翻印了新武侠小说，占用了许多纸张和生产能力，在社会上产生了严重的消极影响，这是和社会主义时代气息格格不入的，是和社会主义时期图书内容的主要要求不相一致的。新武侠小说不是都不能出，但应该看到，它的思想内容，总的说起来，仍旧停留在封建主义和资本主义文化的范畴，其中大多数作品的艺术水平，也并非上乘之作。这本来是比较容易辨别的。只是它的形式的某些方面，如章回小说的体裁，以及某些表现手法，包括故事情节曲折、对人对物的描写一般说比较简洁，而且语言通俗，反映了我国古典文学作品的某些传统和民族特色。正是这些适应了一部分读者的欣赏习惯和阅读心理，使它比较容易接近某些层次的读者。反过来说，如果一本思想修养读物，尽管观点正确，教育意义很大，但到处是训人的口气，也可能影响读者对图书内容的接受程度，就好像是烧煳了的糖饼，使人还没有上嘴就犯嘀咕。这也说明社会主义时期图书的形式对图书内容的作用。可见，图书内容和形式的关系，在社会主义时期同样具有十分重要的意义。

《出版与发行》1986 年第 1 期；《编辑学研究在中国》P42，湖北教育出版社，1992 年 1 月版

中国书的起源和发展

图书是一种工具，它可以表达思想、传播知识、交流经验、积累文化。人类从蒙昧状态进入文明社会，在这漫长的历史发展中，图书的功绩是伟大的，不能忽视的。

由于印刷术的发展，现在图书已成为人们日常生活中常见的不可或缺的伙伴，可是图书并非一开始就像现在这样，它从内容到形式，经过长时期的发展，有了重大的变化。

中国书始于何时？要研究这个问题，必须考察中国文字的形成和发展；因为只有把许多文字根据一定的意识有组织地排列起来，形成著述，然后才能转化为书。

文字是各民族在发展过程中历史地形成的。以汉字为例，它的形成和发展，有一个漫长而复杂的过程，靠一篇文章是连其大概也无法说明的，这里只能围绕文字和书的关系做些简述。

汉字是怎么形成的？古时候有仓颉造字的传说。我们姑且不说这个传说的真实性若何，但有一点可以肯定，只靠某一个人来创造文字，肯定是不可能的。我们知道语言是人类在劳动中产生的，可以用来直接交流思想。最早的人类，只能发音，没有语言，互相间的接触，只能靠手势、声音，后来在不断交往中经验增加，从声音的高低扬抑、顿挫快慢中，代表了一定的意思，并且逐渐地被越来越多的人所认可，于是就形成了语言。人类发展过程中，也从有声无言的阶段进入有言无文的阶段。

语言的产生是人类发展过程中的一个重大进步。但语言只有声音，没有形象，没有符号，所以，它有局限性：如超越了声波到达的范围，和声音完结的时间，就会失去交流思想的作用。为此，必须依靠记忆。把听到的话牢牢记住，然后再向别人转达、复述，由一地传向另一地，由上代传向下代。当时，口传就是交流思想的基本形式。但是记忆力毕竟有限，口传有许多缺点，容易出现差错和遗漏。所以，就要求把语言用某种形式记录下来，便于送向远方传给后来者，以避免辗转口传中出现错漏。所以，就有了原始先民结绳记事的办法。所谓结绳记事，就是用在绳上打结来记事。以绳结的大与小，多与少，紧与松，以及结与结之间距离的长和短，或者涂上一些自然色，来表达不同的意思。结绳是一个重大进步，它可以把人们的思想通过一定的物质形式记录下来。但这种办法很难表达复杂的事物。于是，我们的祖先又开始用画图来记事和达意。如果说结绳记事与文字的形成没有直接关系的话，那么画图记事与文字的起源关系就很直接了。可以说图画是文字最原始的形态。这些记事的图画，开始可能是具体的形象的。牛就像牛，羊就像羊。后来不断概括、简化，逐渐脱离具体事物的描绘，符号化的程度逐步提高，图画逐步发展成为示意画，慢慢地终于变成符号。成为事物意象的代表，这就是文字的雏形，也就是文字画。与此同时，也出现了采用图画式的记号来表示抽象的概念，如划一道杠代表一、划两道杠代表二等，从而数的记号也逐步形成。有时候需要把两个或两个以上的意思，统一在一个符号里来说明另一个新的意思，于是就出现了较为复杂的字形。最早期的汉字大概就是这样形成的。从山东大汶口出土的5000多年前的陶器上就有象形符号来看，最初的汉字大概在原始社会就出现了。这一切都说明，文字只能是人们在生产和生活中共同创造的，而不是某一个人的创造。当然，不排除某一个人由于他的职业或者聪明才智，对当时流行的单字做了整理、加工、定型等许多对当时、对后世有深远影响的工作。如果古代真有仓颉其人的话，也许他就是在汉字的发展过程中起过上述类似作用的人。

开始的图画和记号，也就是后来我们称之为文字的符号，最早也许是画在地上、树上和石上；后来可能是为了便于携带和易于雕刻，把龟的腹甲、牛羊猪及其他野兽的肩骨，甚至人的头骨，都被用来作为刻字的材料。这些刻在甲骨上的文字，统称为甲骨文。文字内容都很简要，多为纪念性或记录性文字，或是关于占卜的记实。甲骨文是 1899 年在河南省安阳县小屯村发现的。据考证，小屯村是 3000 年以前殷王朝首都的遗址，所以被称作"殷墟"。这里出土的甲骨文叫"殷墟甲骨"，数量已达 16 万片以上。其中刻字最多的一片有 93 个字，这是我们现在能看到的我国最古老的长篇原著。从这个意义上说，甲骨文可以说是我国历史上最原始的书的雏形，算来距今已有 3500 多年了。

　　"殷墟甲骨"使我们看到了商代的文字。但商代不仅在甲骨上刻划文字，也已开始在青铜器上铸字或刻字，后者人们称之为"金文"。从现在出土的文物看，商代青铜器上铭文的字数也不多，一般是铸造者的名字，或表示某种区别的符号，也有将一些认为需要永久保存的文献刻铸在上面，形式上没有一定的规格，文字也没有特定的体裁。到西周成王时，一件"金彝"上的铭文，已有 187 个字，西周康王时的"大盂鼎"铭文，有 291 个字。字数更多的"金文"作品，当推西周末年宣王时期（公元前 827 年起）的"毛公鼎"铭文，它一共有 497 个字。这当然是稍后的事情了。这些铭文为我们保存了许多研究古代史的原始材料。还有所谓"石书"，就是刻在石头上面的文字。石头质地坚硬，不易腐蚀，又便于取用，它是古代人当然的刻字材料。《墨子》中有"著于竹帛，镂于金石"之说，可见在春秋战国时期已经流行。刻石一般分二种：一种是直接刻在山岩上，叫"摩崖"，也就是我们现在常说的"摩崖石刻"。另一种是刻在经过修饰的石头上，长方形的叫"碑"，圆头的叫"碣"。也是以纪念性的为多，还有就是刻儒家的经典，所谓"石经"。现在能够看到的最早石刻，要算春秋时代秦国的石鼓文，此石刻大约刻于秦襄公八年（公元前 771 年）。此后，石刻不断发展，著名的有汉代的"熹平石经"，这是东汉熹平四年（公元 175 年），灵帝降旨，要当时最著名的书法家蔡邕和其他一些学者校订儒家的七部经典，即《易》《书》《诗》《仪礼》《春秋》《公羊传》和《论语》。然后写在石碑上，请刻工精刻，到光和六年（公元 183 年），先后 9 年完成，共 46 块。由于它只用一种字体书写，即隶书，后世称为"一字石经"，因为它立于太学门前，供读书人传抄，即为"石书"。《正始石经》是三国时魏明帝正始年间，刊刻在洛阳太学门前的几部石经，原因是当时的尚书古文学派和尚书今文学派发生争论，而《正始石经》全以古文尚书为根据刊刻，表示朝廷支持古文学派。它包括《尚书》《春秋》全部和《左传》的一部分（未刻完），共二部半。每个字用古文、小篆、汉隶三种字体书写，又叫"三体石经"。

石经后来历代都有，即使到印刷术发明以后，也还有不少。到了两晋、隋唐，以刻佛教、道教的经文为多。比较重要的有唐《开成石经》，它是以楷体书写的儒家经典，目前仍基本完好地保存在陕西西安的碑林中，这部石经的意义，在于它成为后来流传的儒家经典的祖本。因为时隔不多久，雕板印刷开始发展，后唐时代开始以雕板印刷儒家的经典，而当时的雕板者都是以《开成石经》作为标准文本的，史称五代印本，也是后世刊刻儒家经典的依据。此后，后蜀主孟昶从广政之年到二十八年（公元 938—965 年）刻了儒家九经及《春秋左传》的前 17 卷。蜀亡后，由宋人续完，又刻了《公羊》《穀梁》《孟子》，共称十三经，特点是有注文，很为宋代学者所重视。北宋的《嘉祐石经》也很有名，从庆历元年到嘉祐七年（公元 1041—1062 年），用了 21 年时间，用篆文和楷书，刻了儒家 9 部经典，称为"二体石经"。还有清朝的《乾隆石经》也是比较有名的。

由于甲骨不易收集，青铜难铸，且又昂贵，石头笨重，慢慢地为竹简、木牍和缣帛所取代。用竹片、木片作为书写文字的材料，是我国古代广泛运用的一种形式，称为竹简、木简和木牍。把许多简编串在一起，谓之"策"或"册"。《尚书·周书·多士》称："惟殷先人有典有册。"可见殷商时期已经有了简策书籍了。简是用竹或木制成的狭长条片，一根叫一"简"。竹简多取材于玉竹，其制作方法是先将竹截成一定长度的圆筒，再劈成一定宽度的竹片。但竹子潮湿易蛀、易变形，而竹表皮面不易吃墨，所以先要在火上烘干，谓之"杀青"或"汗青"。木简的材料一般是松、杉、柳树，把它锯成条片，磨光，干燥后即可用来书写。由于我国很早就发明了养蚕，因此丝织品也很早被用作书写材料，当时称这种丝织品为"缣帛"。用它来书写经典、著述或其他文件，称为"帛书""缣书"，也叫作"素"。《韩非子》中说："先王寄理于竹帛。"《墨子》中称："书之竹帛，传之后世子孙。"可见周代的书写材料不仅有竹，也已经开始用帛了。帛书的优点，携带轻便，可以写长篇的文字，便于折叠卷束，但价钱昂贵，所以一般多用于皇宫贵族。简策帛书并行，在我国历史上为时很久，从春秋战国或更早一点开始，直到魏晋南北朝，流行 1400 年之久。许慎在《说文》中曾经说过，"著于竹帛，谓之书"。如果以书写在竹简、缣帛上专供人阅读的著作物，作为我国成册书籍的起源的话，那么，我国的书，起码有 3200 多年的历史了。

这里要简单说一下编辑工作始于何时，照理说，既然有书，就应该有图书生产者，也应该有编书的人。只是编辑工作的内容，由于不断发展，和现在人们所理解的、看到的不相同而已。如张玟、林克勤先生在他们的《图书编辑学简论》中就说："我们认为，只要出现了书，即使是原始形态的书如甲骨文，就会出现编辑工作。把文章或文件（包括甲骨卜辞等）按一定的次序编列成册，就是编辑工作，尽管最初的比较简略。"由此，他们得出结论："我国的书籍编辑工作已有 3000 多年的历史。"

在我国古代，图书的著、编、校工作通常是统一的，在相当长时间里，三者很难分开。所以，在我国早期书籍上，缺少图书编辑工作的单独记载。这也为我们今天研究编辑工作的起源带来了困难。史书上说，商周以前，"学术统于皇宫"，"史官主书"，"小史掌邦国之志"。可见，那时候编书的工作是由史官负责的。直至西周末年，才有"宣王大夫正考父者，校商之名颂十二篇于周太师"的记述，这是今天我们所知道的我国关于编校工作的最早记载，时间应在公元前 827—前 782 年，差不多与著名的金文作品——毛公鼎铭文同期。但目前不少人根据《论语》《庄子》的记载，认为孔丘定"六经"，"述而不作"应是我国历史上第一个编辑工作者。其时间大概比正考父（孔子七世祖）校商颂要晚200多年。此后，著名的编辑工作者当推吕不韦和刘向、刘歆父子了，有关他们的记载就比较多了。

让我们再回到图书的载体上来，前面说过竹简、木牍、帛书有很多优点，比过去是一大进步。但简牍笨重，缣帛昂贵，影响了早期书籍的广泛流传。书写材料纸的发明和书写工具笔墨的发展，使书的形式开始从简策向手写纸本逐步转变，开创了我国图书史上新的一页。旧说东汉蔡伦造纸，秦代蒙恬制笔，西周邢夷作墨。根据新的考古发现，又丰富了这些认识。

先说造纸吧，造纸术和印刷术一样，同为我国古代四大发明之一。如果说，雕板印刷的发明者，迄今尚无资料可以考查，那么，造纸术的发明者是东汉宦官蔡伦，则是古书上有明确记载的。范晔著《后汉书·蔡伦传》中说："自古书契多编以竹简，其用缣帛者谓之为纸。缣贵而简重，并不便于人。伦乃造意用树肤、麻头及敝布、鱼网以为纸。元兴元年，奏上之，帝善其能，自是莫不从用焉，故天下咸称'蔡侯纸'。"这样，后来许多中外学者，都承认蔡伦是纸的发明人，并把他奏明汉和帝刘肇的时间，即公元105年，作为纸的诞生年。

但是，随着考古的发现，有几件事引起了研究者的兴趣。第一，1933年，我国已故考古学家黄文弼，在新疆罗布淖尔发现了一片西汉中叶的古纸。第二，1957年5月8日在陕西省西安市东郊灞桥砖瓦厂工地古墓中，又发现了88片叠在一起的古纸残片，这些残片是用来垫三面铜镜的，垫得很高，发现时已成为碎片，但纸边并没有完全腐烂。经考证，专家认为这座古墓的死者，应在汉武帝元狩五年（公元前118年），而这个时间比"蔡侯纸"诞生的年代要早220多年。第三，1973—1974年，考古工作者在著名的甘肃汉居延遗址，又发掘出二张西汉后期的麻纸，有人也认为这是西汉时期已经有造纸术的证据。

此外，还有人拿出古籍中的一些记载，来说明蔡伦以前已经有纸的论点。（一）古籍《三辅旧事》说，卫太子刘据是个大鼻子，汉武帝讨厌他，他的谋士江充给刘据出主意，教他晋见武帝时用纸把大鼻子挡住，谓"当持纸蔽其鼻"。后来刘据真的这样做了，武帝见了大怒。这是公元前 91年的事，比蔡侯纸早了几乎 200 年。（二）《汉书·赵皇后传》记载，赵飞燕的妹妹赵昭仪，要害死女官曹伟能，派人送去毒药和"赫蹏书"，赐曹伟能死。而"赫蹏"就是"薄小纸也"，后来也有人称作"丝棉纸"。这事也发生在西汉武帝在位期间，当然比东汉早。（三）《后汉书·贾逵传》记载，汉章帝建初元年（公元 76 年），贾逵奉旨选 20 人教授《左传》，并"给简、纸经传各一通"。这也比"蔡侯纸早"近 30 年。

以上这些，对蔡伦作为造纸术发明者的结论提出了疑问，引起了讨论。

一种意见认为：造纸术是西汉劳动人民发明的，东汉劳动人民继承了西汉的技术，又加以改进和提高。和帝时，蔡伦任尚方令，负责掌管皇家工场，监制各种器械，他组织人力、物力，监制出优于前代纸的精品，献给皇上，因而得到了推广。

另一种意见认为：蔡伦是我国造纸术的发明者，毋容置疑。理由是根据许慎《说文解字》中有关纸的解释，蔡伦以前，古代文献中曾提到过纸，都属丝质纤维所制，是漂丝的副产品，不是专门制造的纸。他们认为：古代造植物纤维纸，都要经过剪切、沤煮、打浆、悬浮、抄造、定型、干燥等工序。灞桥纸的麻质纤维很长，基本上未经剪切；结构松、厚薄很不匀，而且纤维成束，同向排列，交错少，这表明未经悬浮和抄造。由此认为灞桥纸不是纸是麻絮、麻屑的堆积物，久压成片。同时，蔡伦以前的纸，质地粗糙不便于书写，也未见有用于书写的记载，因而只能说是纸的雏形。而蔡伦和他的工匠们从造纸原料到工艺操作，总结出一套造纸技术，更重要的是他造的纸能用于书写。这就是造纸术的创造发明。

这套造纸术虽不能说是蔡伦一手制作，但他既是"造意"又是监造，所以把他作为我国造纸术的发明者或代表人物，是当之无愧的，不然，历史上不会有"蔡侯纸"之说。再说，在范晔的《后汉书》以前，刘珍的《东观汉记》已记载此事，而刘珍和蔡伦是同时代人，应视为信史。因此，坚持蔡伦是中国造纸术的发明者。

对上述两种意见经过分析，可以肯定这样两点：（一）应该认为纸在西汉已经出现，但质地粗糙，不便用于书写，也没有形成一套操作技能。这是没有分歧的。（二）在中国，作为有史书记载的造纸术，发明在东汉。它的出现是随着生产的发展、科学技术的进步，逐步形成的，是劳动人民智慧的结晶。但当时，作为主管王室工场的尚方令蔡伦，加以总结提高，形成一套技艺，造出可以用于书写的纸，并且加以推广。从他的这种作用和功绩看，完全有理由肯定蔡伦是中国造纸术的发明者。

再说毛笔，起源于何时？新石器时代彩陶上的花纹，现在看有可能是毛笔描画的；商代残存的甲骨上，有未经镂刻的文字，显然也是用毛笔书写的。到了春秋时代，已经出现了将文字书写在竹片和木板上的简策和木牍，开始可能是用竹挺点漆写的，由于天然漆黏度很大，写在竹木片上的文字，往往头粗尾细，即所谓"蝌蚪文"，后来才改用毛笔醮墨书写。可见早在蒙恬之前2000多年，就有毛笔了。解放后，湖南长沙左家公山和河南信阳长台关的战国楚墓中，都发现过竹竿毛笔，这是目前可以见到的最早期的毛笔实物。明代罗颀《物原》中说："舜作羊毛笔，秦蒙恬始作兔毛笔。"这至少说明：（一）蒙恬以前，早已有笔；（二）蒙恬把造笔事业推向了一个新的发展阶段，对毛笔的改进作出了贡献。

墨起于何时？据现在所知，早在殷商甲骨上和新石器时代的彩陶上，已经都留有墨色了。所谓"邢夷作墨"之说，如何理解？据有关专家研究认为：古人在龟甲上刻字，是用石墨先写而后再刻的。所以有黄帝时田真造墨的传说。近代出土的殷代虎纹石磬表明，其正面为虎纹浮雕，背面有用朱砂描绘的虎形，但未雕刻。可见，在3000多年前已开始用朱砂这样的矿物原料了，虽然石墨、朱砂的颜色不是很浓很黑。但是，现在看到的战国竹简上的字迹，却是漆黑的。由此可以肯定，战国以前，至少是战国时期肯定有人为提高墨的质量做过努力，并收到了效果。所以我们相信，有些史书说，邢夷做松烟墨，这只是说他做的墨，质地好，名声大，并不一定说做墨是由他开始的。因为邢夷是周宣王时代（公元前827—公元前782年）的人，前战国四五百年，邢夷时代如果做成了好墨，我们今天看到的战国出土文物字迹漆黑，那就非常合理了。至于说李廷珪做油烟墨，李是唐代人，他所以能留名青史，很可能是制造了更好的墨。

砚的出现也不比墨晚，目前所见最早的石砚出土于秦墓。但西安半坡村原始社会遗址出土的石质研磨器，留有研磨颜色的遗迹，这种研磨器有可能是早期砚的坯体。

笔、墨、纸、砚，特别是纸的产生，对中国书的发展，有着重要的意义。从此手写纸本书就逐渐流传开来，克服了简策和木牍笨重和不便携带的缺点，也避免了缣帛的昂贵和难以普及的弱点。由于纸张书写方便、携带简便、价格低廉，过去一般读书人不敢问津的帛书，现在可以用纸书来代替，从而知识得以普及。所以纸书的出现，是世界文化史、图书史上的一大进步。

手写纸书对竹简、木牍和缣帛来说，固然是一大进步，但从它本身来说，又有很大的局限性。一个人抄一本书，往往要很长时间，几天、几个月，甚至几年。我国历史上有的人科举不第，当一个专门抄书的小吏，一辈子埋头抄书，往往也抄不了几部书。即便经过长时间的奋斗，就算抄成了，也只有一本，能够读到的人很有限；而且写本经过转辗传抄，容易出错。这不仅限制了读者的数量，而且影响了书籍的质量。

在这种情况下，适应当时生产发展水平和社会需要的雕板印刷术就出现了。雕板印刷是在印章、石刻和拓印的基础上发展起来的。印章和石刻在我国历史上很早就有了，春秋战国时期已经流行。只是印章上的字数较少，大都刻在玉器和石头上；石刻是由印章发展来的，每件上面的字数比较多。印章上的文字，包括铸和刻的都是反文，印出来才成为正文。先秦古印有铜的有玉的等，一般印在泥土上，称为封泥。纸发明以后，才印在纸上。但石刻的文字，原先都是凹下去的阴文，直到北魏太和二十三年（公元498年）洛阳老君洞石刻，才出现凸起的阳文，成方格大楷字。这种石刻、印章上的阳文、反书的出现，为创造雕板印刷带来了巨大的启示。

中国在汉代就佩戴印章，一般是用金、玉或桃树做材料，刻成长三寸、宽一寸、四方形的大印，以避邪驱鬼。葛洪在《抱朴子》一书中也谈到古代道士用枣树木刻符印来驱赶野兽、水怪，叫作"黄神越章之印"，并且提到有一种符印，"其广四寸、其字一百二"。枣木是后来刊刻书版的常用材料。不过迄今尚未发现葛洪所说的字数多到120字的符印，究竟是否在纸上印过，目前难以判定，如果真的在纸上印过的话，那可以成为雕板印刷的先行者了。

宋代洪适在《隶释》（卷一）中曾说汉末兴平元年（公元194年），益州太守高眹，把修建周公礼殿的经过，全文200余字，刻在殿东南的一根方木柱子上。明代的陈继儒在《太平清话》（卷二）中也记载了有人在杉木板上刻字，"吴赤鸟二年（公元239）八月十日武昌王子义之船"的简单字样。这些在木板上刻字的记录，说明有较多字数的阳文、反书的玉石印章和木刻，当时已经存在。

另一方面，早已存在的在古代文化教育上发挥过重大作用的石经，由于供读书人抄写对照，实际上成了儒家经典的标准文本。抄本纸书比起简帛来当然是重大进步。但许多人围在几块石碑前抄写，毕竟不大方便。于人有人创造用石碑墨拓的方法录取碑文（就是后来的拓片），这样既迅速又避免了抄写的错误。碑拓方片的出现，成为中国纸书印刷的源头。

这时候，雕板印刷产生的两大基本条件，即字数较多的印章和纸、笔、墨等物质条件和阳文、反书、印"封泥"和石碑墨拓的经验均已经具备。正是在这个基础上，才发明了雕板印刷术。从此，中国书开始由手写纸本逐渐向刊印本转变。雕板印刷术的发明，大大加快了书籍生产的数量，促进了文化技术的传播和交流，是我国文化史、图书史上的一个重要里程碑，也是我国图书印刷史的开端，在世界文化史上也是一项了不起的贡献。

雕板印刷始于何时？学界对此一向众说纷纭。大致有东汉说，晋代说，六朝说，隋代说，唐代说，五代说，北宋说。即使是认定开始于同一个朝代的人中，也还有时间先后的不同说法。古今中外的学者在这方面都已经做过许多探讨。现在看来，大多数的意见，或者说论证比较充分而有说服力的意见，是隋代说和唐初说。唐朝已有雕板印刷，这一点是有充分根据的。《旧唐书·文宗本纪》称：唐太和九年十二月初六日（公元835年12月29日），皇帝同意当时东川节度使冯宿的奏请，下令禁止民间私置历日版。冯宿在奏本中说，当时剑南、两川、淮南等地，每年在政府颁布历书以前，就用版印历日出卖。这是我国史书提到的最早印刷事件。这里说明两点：第一，印刷术已在民间流行；第二，用印刷术的地区已普及到四川、江苏、安徽等地，这表明印刷术已发明了一个相当的时期。

1900年，在敦煌发现的《金刚经》（后被英人斯坦因盗骗），末尾注明"咸通九年四月十五日王玠为二亲敬造普施"。这是目前世界上有年代可查的最早印刷物。此印刷品图、文各占一半篇幅，清晰美观，刀法熟练，文字一律为楷书，图中有20个左右人头、人像，还有动物，神情自若，绝非发明印刷术的初期作品。实物现在大英博物馆。咸通是唐懿宗年号，咸通九年为公元868年，即在冯宿奏禁历日版后33年。这是晚唐说的最好证明。

初唐说目前未见实物，它的主要根据是史书上的记载。明代史学家邵经邦著《弘简录》说："太宗后长孙氏，洛阳人。……遂崩。年卅六。上为之恸。及官司上其阶撰《女则》十篇，采古妇人善事……帝览而嘉叹。以后此书足垂后代，全梓行之。"《资治通鉴》194卷中也提到"后尝采自古妇人得失事为《女则》三十卷"，现存《旧唐书·经籍志》中提到《女则要录》10卷，并说长孙皇后自撰序文。这些应可作为信史。长孙皇后死于贞观十年（公元636年）六月，时间很具体，而《女则》又非一篇短文，李世民当时既能下旨"梓行"即雕板印刷，可见当时雕板印刷已发展到相当水平，在工艺上是有绝对把握的。但从时间上看，当时离隋亡（公元618年）不过18年。而这18年，又是战争不止的年代。因此，像雕板印刷这样的工艺，从发源发展到能刻整部书，在当时的生产条件下，只经过十几年时间就能做到，这种可能性很小。所以，有人认为，雕板印刷始于唐贞观中叶之说，也还可以商榷，似乎还应该往前推溯。

有人说，李世民纵然下旨雕刻《女则》，然而现在并无实物可资证明。值得提到的是1966年在南朝鲜东南部庆州佛国寺释迦塔内发现的汉字译本《无垢净光大陀罗尼经咒》。据外国学者说，这本经咒应该是公元704—751年的刊印品，也就是，相当我国唐代武后长安四年至玄宗天宝十年这47年之间。应该说，这是迄今为止发现的世界上最早的印刷物，是有实物可以做证的（影印品见上海《书林》杂志1979年第2期）。这件印刷物虽然晚于唐贞观中期100年左右。但要考虑到雕板印刷术在中国从发明、发展到流行，再传到朝鲜，大概也需要一个相当长的过程，绝不是10年、十几年甚至几十年就能够完成的。南朝鲜《无垢净光大陀罗尼经咒》汉字译本的发现，比19世纪末在敦煌莫高窟发现的唐咸通九年（公元868年）刻本《金刚般若波罗蜜经》要早100余年。这就为上述隋代说提供了一个有力的佐证，是我国出版史上的一个重要事件。日本称德天皇在公元764年（唐代宗光德二年）下令造木质小塔百万座，公元770年完成，分别存放十大寺院，每个小塔中存放印在麻黄纸上的《无垢净光大陀罗尼经咒》，是木版印还是铜版印看法不一，主张木版印的是多数，没有印制时间。日本有的学者认为这是目前世界上可以看得到的最早的整版印刷物。如果这种看法可以成立，那么也是中唐说的佐证。因为，从唐初情况看，日本的文化完全是从中国传入的，一切文化、制度、宗教、艺术等等，无不效法中国，雕版印刷当然也不能例外。从历史发展情况看，当时，中国的新思想、新事物、创造发明传到日本，往往要经过 50 年左右。所以，日本在公元 770 年出现雕版，可以反证，在中国应不晚于唐玄宗时期（公元 713—755 年）。此外，下述史料对隋代说也是有利的。成书于唐代的《隋书》和《北史》两书中的《艺术列传》都记有隋代卢太翼目盲后，"以手摸书而知其字"。隋末王仁俊据此认为：隋时"书有板甚明，故知所摸为书板"。当代也有学者认为，摸书知字的"书"是"隋代雕刻的书板"。反对隋代说的一些学者，也不能遽然否定，只说史文简单，不知卢氏摸的究竟是什么书，尚"无法断定"。既然"无法断定"，当然不能就此得出隋代无雕板书的结论。但是，必须看到，这种书既然盲者可摸，当然不能是手写书；既然不是手写书，那就只能是甲骨文、金文或石刻。但这些刻或铸的文字，远在一两千年至少是几百年之前已先后问世，殷商甲骨在隋代虽然尚未被当时的人们所发现和认知，但在简帛、纸书早已存在的情况下，知识分子即便失明也不至于再把甲骨、金石刻之类当成"书"去摸了。也没有必要郑重其事地去加以记述。可见，说卢氏摸的书是雕板这种看法，也不能说毫无道理。

雕版印刷的发明，大大加速了图书生产，到唐朝末年，雕版印刷在民间已逐渐流行起来。五代时，政府就用它来印儒家经典，北宋以后，政府刻书、私人刻书和书坊刻书已蓬勃发展，有力促进了我国的文化教育事业。但雕版必须先写版再雕刻，一个字一个字，费力又费时，而且刻好以后，印过一次，只好长期存放，下次再印这本书时才用。不然只好长期搁置或者报废。所以，后来就发明了活字，用一定材料制成单个字体，然后根据文稿，排组成版，涂上油墨，再印在纸上，印完可以拆版，拆下来的单个字又可用来排印其他文稿，比起雕板来，当然是又快、又方便、又经济的办法。

　　如果说，发明雕板的时间，学界争论不休，各持一说，那么，活字印刷的发明，比较起来，看法是相当一致的。这应该归功于与活字印刷术发明者毕昇同时代的沈括，沈括（公元1031—1095年）在《梦溪笔谈》中曾明确记载："〔北宋〕庆历中（公元1041—1048年）有布衣毕昇又为活板。"并且具体记述了胶泥活字的制作、排版和印刷的方法。据此可知，毕昇发明活字印刷术的时间不能晚于公元1048年。这样就比德国人谷登堡在1450年前后发明铅活字排版印刷术要早400年。而且毕昇还试验过木活字印刷，只是没有成功。前面说活字印刷始于毕昇"相当一致"，也就不完全一致，或曰还有异议，持异议者的根据是：明杨宋陈在《朱氏经义考》中引宋岳珂《九经三传沿革例》说："魏太和有石经，晋天福有铜板九经，皆可纸墨摹印，无庸笔等。"（按"天福"为五代后晋高祖石敬瑭的年号，时为公元936—940年），从这段行文看，天福铜板是一整块或若干块，而九经共有40余万字，要把这些字都雕刻在几块、几十块铜板上，是很不容易的。据此，有人怀疑天福铜板是铜活字，但这只是有此可能而已，由于没有足够的证据，目前还只能存疑。于是，这个问题就成为印刷史上一个有名的悬案。

　　据有关文字记载，创造木活字印书术的是元代人王桢，时间是元成宗大德一、二年（公元1297—1298年），并且著有《造活字印刷法》一书，这是世界上最早讲活字印刷工艺的书籍。到了明代，又有了金属活字。到清代，各种活字印刷都已经使用，清雍正四年（公元1726年）用铜活字印成《古今图书集成》，乾隆四十年（公元1775年）开始用木活字印《武英殿聚珍版丛书》，这些都是中国古代史上有名的出版活动和巨大的印刷工程。

　　关于套色印刷术的发明问题。我国的图书很早就不止一种颜色了。早在竹简和木牍上，就已经用朱色和黑色来书写了。到写本时代，也就是手抄本时期，抄书者也是用不同的颜色来区别书中不同作用的文字的，如注释、标点用红色，正文用黑色。也有标题和正文用不同颜色来加以区别的。但是，一到雕版出现，这个问题就不好解决了。所以，人们后来发明了套色印刷术，就是现在所说的套印。简单说，就是把需要用不同颜色的部分划在版面的某个部位上，然后分刻在一样大小的两块版上，然后分别涂上不同的颜色，先后印在同一张纸上，使它出现不同颜色，达到一张纸有不同颜色的效果，称为套版印刷或套色印刷。

从现有材料看，套印大体上发明于元末，现存最早的套色印品是元顺帝至元六年（公元 1340 年）中兴路（今湖北江陵）所刻的无闻和尚的《金刚般若波罗密经注解》，有图有字，颜色有朱、黑两种。套印开始是两色，慢慢地发展到多色。至明中叶，套印流行，吴兴的闵齐伋、凌濛初，归安的茅元仪，都大量印制套色书籍，用纸和印刷质量都比较好，受到社会的欢迎。这种套印本直至清代都还陆续出现。

至于我国的图书贸易、发行，从现在可以看到的记载，最早起于西汉。汉景帝时（公元前 156—前 141 年），河间献王刘德以赐金帛的方式，广为收购民间书籍，以致"得书多，与汉朝等"（见《汉书》）。汉武帝时（公元前 140 年—前 87 年），京师兴太学，遂有了以贩书为业的"书肆"。即使从武帝时算起，中国书的贸易发行史也已经有 2000 多年了。

综上可知我国图书出版发行的历史是悠久的，这已为世界各国所公认。

前面已经说过，铅活字印刷术是 1450 年前后，由德国人谷登堡发明的，当时正值我国明代中叶，比元代王桢发明木活字晚 150 多年。清代中期，谷登堡发明的铅活字印刷术输入中国，是我国出版印刷史上又一划时代的大事。1807 年，英国传教士马礼逊为了传教的需要，首先在澳门筹备中文铅字，1814 年他派人在马六甲设立印刷所，1819 年印出第一部中文圣经。此后，法国、美国、英国的宗教势力，也先后在澳门、巴黎、新加坡刻模铸中文铅字，建立印刷机构，刊印的几乎全是宗教书籍。同时，他们还出版以传教为主要任务的新闻性、知识性杂志。1833 年外国传教士在广州创办的《东西洋考每月统计传》，应是在我国国土上出版的最早的铅印杂志。

鸦片战争后，我国逐渐沦为半封建半殖民地社会；我国的政治、经济、文化发生了急剧的变化；社会政治斗争错综复杂；各党派、各阶层，各种关心国事的人，纷纷著书立说，开出种种"救世药方"，以宣传争取群众。书刊的大量出版促进了出版事业的发展。在当时的出版物中，翻译书籍占有重要地位，宗教读物更是与日俱增。外国资本和宗教势力还在中国组织了一些专门从事编辑出版的团体。鸦片战争结束后，英国传教士台约尔把他开设在新加坡的出版机构——英华书院迁来香港。1843年传教士麦都思在上海设墨海书馆。1845年美国人谷立也把澳门的花华圣经书房改名为美华书馆，迁入宁波。后来，又有益智书会、格致书院和颇具影响的广学会等出版机构，纷纷在上海成立，它们都是代表列强在华利益，在我国扩大宗教势力的影响，推崇资本主义的思想文化，但同时也把资本主义国家先进的科学技术介绍到我国来。

在这种情况下，中国政府也开办了专门的翻译机构。1862年在北京成立的"同文馆"、1867年上海江南制造总局开设的翻译馆，先后成书几百种。稍后，又成立了"强学书局"和"译书院"。同时，私人译书和办出版事业也日益增多，1897年建立的商务印书馆和1902年建立的文明书局，是当时中国人经办的较大的两家出版企业。这时新式的印刷厂也陆续创办起来。到20世纪初，仅上海一地已有新式出版企业40多家，形成旧中国出版事业的中心。

我们党历来重视出版工作。许多革命先辈和党的领导人，都直接做过出版工作。早在党成立以前，李大钊等同志除了编辑1918年12月在北京创刊的《每周评论》外，还是1915年9月创刊于上海的五四时期著名革命刊物《新青年》杂志的主要撰稿人，又参加了北京《晨报副刊》的工作。毛泽东同志主编过1919年7月在长沙创办的《湘江评论》，1920年8月又在长沙创办书刊发行机构"文化书社"，在传播马克思主义方面起过重大作用。周恩来同志不仅主编过1919年7月创刊的《天津学生会联合报》，而且是 1920 年 1 月创刊的革命刊物天津《觉悟》杂志的积极写稿人。邓中夏同志当过 1920 年创刊于北京的《劳动者》周刊的主要编辑人员。1920 年春，恽代英同志在武昌创办的利群书社，大概是我国最早的传播马克思主义的书报发行机构。

党成立以后，进一步加强了对出版工作的领导。当时，除了"文化书社"继续积极活动以外，1921 年起在上海成立了人民出版社，翻译出版马克思主义书籍和其他革命书籍。1923 年，党又创办了上海书店，通过门市部经售革命书刊，并向全国各大中城市的进步书店供应书刊，还在巴黎、香港设立特约经销处。上海书店曾发行过《向导》《中国青年》《新青年（季刊）》《前锋》等党、团主办的刊物。

第二次国内革命战争时期，人民出版社成为党在保定、北平的秘密出版机构，并曾用北国书社、新生书社、人民书店、新光书店等名义出版图书。1929 年起，党还在上海设立秘密出版机构华兴书局，印行马克思主义著作；为了避免反动派迫害，该书局曾以启阳书店、春阳书店等名义出版书籍。

随着井冈山革命根据地的建立，中央苏区政府、红军总政治部等先后出版图书 200 余种，报刊 70 余种。1931 年闽西还建立过列宁书店，出版发行《识字课本》等书。即使在红军长征途中，党仍坚持了出版工作，印发了《战士课本》和宣传党的民族政策的小册子。在国统区，从 1932 年 7 月起，生活·新知·读书三个革命书店在上海相继成立；在革命战争年代，起到了党在国统区的出版发行机关的作用。

抗日战争时期，在党中央领导下，1938 年在延安成立了解放社，在条件十分困难的情况下，大量编辑出版马列主义经典著作和党的政策文件，一直坚持到解放战争初期。解放社的大部分出版物，曾以中国出版社名义在国民党统治区出版，并广泛发行。

1937 年 7 月，作为党中央委员会领导下的图书出版、印刷、发行机构——新华书店在延安成立。1939 年 9 月，新华书店正式开设门市部，设立分店。后来，华北、华中、山东等许多抗日革命根据地也先后设立了新华书店。

随着解放战争的节节胜利，革命出版事业得到迅速发展。到新中国成立前夕，全国已建立新华书店支店 735 处，职工队伍达 8100 余人，加上当时设在各大城市的生活·读书·新知（三联）书店，使解放以后出版发行事业很快地得到发展。

全国胜利以后，党对出版工作的领导进一步加强，1949 年 2 月，成立了出版委员会。在新中国诞生的同时，中央人民政府出版总署也建立了。从此，我国出版事业的面貌，开始发生了根本的变化，从而奠定了我国社会主义出版事业的基础，为我国逐渐成为世界上少数几个出版大国创造了初步条件。

党的十一届三中全会以来，遵照坚持四项基本原则，坚持改革开放的方针，我国出版事业得到了新的发展，写下了我国文化史上崭新的一页。

目前，我国有出版社 502 家，刊物 5751 多种，职工约 8 万人。承担书刊印刷任务的印刷厂有 181 家（其中千人以上的企业有 45 家）职工人数约 15 万人。据 1989 年统计，年排字 12 亿字左右，照排已发展到 26.4 亿字；年印装能力 3840 万纸令。全国有新华书店门市部约 1 万个，职工约 10 万人。此外，还有供销社售书点 54590 处，还有相当数量的集体书店。全国销售图书的点码洋已达 68.7 亿元。我国有图书进出口贸易公司 5 个，还有一部分省市设立了分公司。出版理论研究和专业培训工作也得到了加强。全国已建立了中国出版科学研究所、中国印刷技术研究所等科研机构 19 个，并有出版、印刷、发行等专业院校 18 所，还在 10 余所高等学校设立了有关出版的专业。总之，一个门类比较齐全的出版系统已经基本形成。

据 1991 年统计，1990 年我国共出版图书 80224 种，其中新书 55254 种，总印数为 564000 万册（张）；1990 年出版杂志为 5751 种，总印数为 179000 万册，平均每天出书约 200 种。

少数民族文字图书的出版得到了很大的发展，目前在全国 12 个省、市、自治区已有 20 多家出版社可以出版少数民族文字的图书，文种达 20 余种，少数民族的一些重要古籍，如藏族英雄史诗《格萨尔王传》藏文版也已经整理出版。

建国以来，我国的图书出版事业，取得了巨大的成就。现在，无论在宣传马列主义、毛泽东思想方面，在传播科学技术和文化知识方面，在丰富人民的精神文化生活方面，在促进国际文化交流、发展同各国人民之间的友谊方面，都发挥着极为重要的积极作用。

1986 年 1 月

《出版与发行》1986 年第 1 期；《编辑学研究在中国》P11，湖北教育出版社，1992 年 1 月版

《全国首届出版科学学术讨论会论文选集》附记

全国首届出版科学学术讨论会于1985年12月21日至26日在重庆举行。

学术讨论会由中国出版发行科学研究所主持召开。参加会议的，有来自全国各省、市、自治区的各出版机关、出版社、书店以及有关高等院校、学术科研单位的代表共146人。大会召开前后，陆续收到论文260余篇，提供大会交流的119篇。

会议期间，代表们精神饱满、思想活跃、各抒己见、畅所欲言，从各个方面就如何建立出版学、编辑学、发行学等的科学理论体系以及当前出版实际工作中的有关问题，进行广泛的有益的讨论和探索，对我国出版科研工作和出版事业的发展，将起到一定的促进和推动作用。

会议期间，四川省、重庆市的党政领导同志对会议极为重视和关怀。重庆市人大常委会主任张文澄、市委宣传部长刘文权、宣传部常务副部长王先高、市出版总社社长张弓、重庆出版社社长秦志如、市记者协会主席、新闻学会会长雷勃等均莅临大会，并先后在开幕式和闭幕式上做了热情洋溢的讲话，给大会以良好的祝愿和评价。

原重庆市顾问委员会主任孙先余同志，副主任段大明同志也出席了开幕式。

四川省出版总社聂运华同志，四川人民出版社社长梁燕也由成都赶到重庆参加了会议。

1986年2月

见《全国首届出版科学学术讨论会论文选集》P603，重庆出版社1987年2月版

《全国首届出版科学学术讨论会论文选集》的编辑说明

一、为了进一步推动我国出版科学研究工作的广泛展开，在现有基础上取得较好的新的成就，中国出版发行科学研究所特编辑了这本选集，由重庆出版社出版，供有志于出版科研事业的同志参考。

二、本书收入的论文，系从去年12月下旬在重庆召开的全国首届出版科学学术讨论会上提出的大量论文中选辑而成，包括21个省、市、自治区的作者和论文，内容大致分为出版、编辑、发行三个部分，目录系按论题相近者依序排列。

三、在编辑本书时，我们以四项基本原则为指导思想，本着"百花齐放，百家争鸣"方针的精神，尽量让选入的论文能够较为全面地反映近年来我国各地区、各出版机关、各出版社、各书店（发行所）以及各有关大专院校、学术科研单位在出版科研工作上所取得的成就，所达到的水平，以期做到各抒己见、交流经验、沟通思想，促进出版科学学术的繁荣和发展。因此，对论文的观点不强求一致，尊重各种不同的、有争议的，甚至相反的意见，只要言之成理，有参考价值，都可同时并存。

四、选入的论文，就科研角度看，显得有些参差不齐，说明发展不平衡，条件有优劣，事功有深浅，这或许就是当前出版科研工作的基本状况。据此以编辑本书，或可为我们起步不久的出版科研工作，提供一些有益于探索的资料。

五、本书篇幅有限，而选入的论文较多，势必商请作者对原稿进行适当的精简或压缩。我们非常感谢作者们的谅解与合作，给予大力支持，并承信任、授权，使本书得以顺利出版，但亦难免有负厚望。

六、有些论文内容丰富，有研究价值，但因不属这次组稿范围，故未收入；有些论文也有一定质量，论述较好，但以论题或内容近似者较多，故只得割爱，酌收二三篇，对于作者有两篇论文以上的，原则上只收一篇。凡此，做来未必恰当，未能尽如人意，我们深以为歉。

七、参加本书选编工作的，有蒋伯宁、何鸿钧、冯春元等同志。

八、由于我们水平有限，时间仓促，在大量论文中选辑本书，其中错选漏选、缺点错误以及不当之处，在所难免，希望作者鉴谅指正，并请广大读者提出意见和批评。

1986 年 4 月

见《全国首届出版科学学术讨论会论文选集》P1，重庆出版社 1987 年 2 月版

图书编辑学的性质、对象和基本内容初探

图书编辑学的性质

编书这件事在我国已经经历了一个漫长的历史过程，并且正在经历一个新的过程。它的工作范围和性质也是随着时代的变迁，不断演变、发展的。在《说文解字》中，许慎说："编，次简也。"段玉裁对这句话的解释是："以丝次第竹简而排列之曰编"。汉书的解释更简明："编谓联次之也，联简牍以为书。""辑"，《汉书·艺文志》释为"集也、聚也"。可见，编辑这项工作在简牍时代已经存在，它的工作范围，也就是收集材料，编联成书。所以，《辞源》把"编辑"解释为"收集材料，整理成书"。这是符合古义的。那个时候，著编校是合一的，编辑并不是一种专业工作，更不是一种独立的社会职业。随着生产的发展，社会分工日趋精细，编辑工作也逐渐从著编校的综合性工作中分离开来，成为一种专业性很强的工作，它的工作范围也更加扩大，内容也更加繁多。所以《辞海》在解释"编辑"一词时，出现二义：一是"指从事编辑工作的人员"。这说明已经有一批人专门从事这个工作了。二是"指新闻出版机构从事组织、审读、编选、加工整理稿件等工作，是定稿付印前的重要环节"。这说明它的工作范围已经不限于收集材料，编联成册了。近几年来编辑学研究的兴起，对编辑工作的性质和范围，又有许多新的见解，有的是很有价值的。今后，随着电子出版物的问世，电子计算机排版的普及，编辑概念的含义还有可能发生变化，或者增加新的内容，也是不奇怪的。以上说明，古往今来，编辑工作的范围、内容、特点，不是一成不变的，"编辑"这个概念的含义，也是不断发展的。

这里，我们可以看出，编辑是适应时代的要求，以开发、记述、传播、

积累人类文化科学知识为目的，通过设计、选择、审读、美化等专门手段，完成作品原稿等精神产品转化为物质产品前的一系列创造性工作。而图书编辑学就是把图书编辑活动作为一种社会文化现象，研究它的起源、发展、特征和作用，并揭示其固有规律的一门学问。

图书编辑学是一门综合性的边缘学科。编辑活动是人类社会最普遍的文化活动之一。在人类社会中凡是有文化知识传播的地方，都离不开编辑活动。无论是自然科学还是哲学社会科学，或者思维科学，从数理化到天地生，从文史哲到政经法，哪一门哪一科能够离得开编辑活动？更不用说目前世界各国一年出书数量的总和，早已超过全世界人口总数的好几倍。书籍这种文化现象已经遍及全人类。正因为这样，我们可以说编辑活动已经成为文化知识领域中的一种最普遍的活动。可惜的是有些人视而不见，见而不怪，甚至断言"无学可究"，"无规律可探"。其实并非叫化子身上无虱，而是虱多不痒，习以为常罢了。

任何一门学问，任何一种学科，任何一类读物都有编辑活动，都有客观规律，也都有术有学。所以编辑学不能不是一门涉及面很广的综合性学科。换句话说，编辑活动的规律支配着各类读物的编辑过程。当然，我们在这里说的是编辑各类读物的共同规律。这些规律，在实际生活中，在各类读物之间，又或多或少地交错在一起，或多或少地指导着各类读物的编辑过程，为各类读物的编辑活动服务。从外延看，图书编辑学和新闻学、视听传播学有着密切的联系。所以，从这个意义上说，编辑学又是一门边缘学科。

图书编辑学属于社会科学范畴，是一门社会科学。图书编辑学是一门综合性的边缘学科，它的固有规律不仅在社会科学读物中起作用，同样也在自然科学读物中起作用。图书编辑学的研究对象是作为社会现象之一的编辑活动，具有突出的社会性，这是它属于社会科学范畴的根本依据。

图书编辑学的研究对象

图书编辑学作为一门专门的学科，它的研究对象是图书编辑活动中反映出来的特殊矛盾，就是图书编辑活动的特殊规律。毛泽东同志曾经告诉我们，科学研究的区分，就是根据科学对象所具有的特殊的矛盾。因此，对于某一现象的领域所特有的某一种矛盾的研究，就构成某一门科学的对象。各种事物都是因为具有不同于他事物的"特殊的矛盾和特殊的本质""才构成了不同的科学研究的对象"。毛泽东同志的这个论断，从理论上说明了各门学科所独有的特定的研究对象，也指明了图书编辑学固有的研究对象——图书编辑活动中特殊的矛盾以及这些矛盾运动的发展规律。

问题在于如何捕捉图书编辑活动中不同于其他事物的特殊矛盾，如何揭示其矛盾运动的特殊规律。

矛盾的普遍性寓于矛盾的特殊性之中，矛盾的特殊性中间包含矛盾的普遍性。为了考察图书编辑活动中的特殊矛盾，我们应该把图书编辑学与其相邻近的学科放在一起来加以比较、分析，从而找出它们之间彼此不同的矛盾特殊性。

编辑学既然是一门综合性的学科，诸凡一切依赖载体获得传播的视听工具，都离不开编辑活动。换句话说，也都应该有编辑学。所以编辑学的门类很多，诸如图书编辑学、报纸编辑学、杂志编辑学、电影编辑学、电视编辑学、广播编辑学等。诸凡一切需要传递或贮存信息的学科，都应有自己的编辑学。根据矛盾普遍性和特殊性关系的原理，各种门类的编辑学都会有它们的共性，也应有各自的个性。

它们的共性主要表现在：（一）都应完成把原料或半成品（稿件）变成适应大众传播需要的精神产品的精神生产过程；（二）都应根据一定的指导思想、特定的读者对象，为塑造并坚持自身特色，注入必要的创造性劳动；（三）坚持科学知识上的准确性和艺术上的不断创新；（四）

坚持党性原则，反映一定的社会需要，为一定的社会利益服务。

说到它们各自的个性，可以通过分析报纸、杂志、图书不同的编辑活动来观察它们之间的区别。

拿报纸编辑工作的要求来说，它和图书编辑要求的区别在于：报纸是以新闻报道为中心的具有连续性的出版物。作为传递工具，它具有强烈的新闻性，它应该报道最近发生的群众普遍关心的重要事实，也就是要时间新、内容新、角度新、语言新、形式新。同时要求反映事实的准确。作为舆论工具，它既要有一定的指导性，又要有一定的群众性、社会性，反映人民群众的意见和建议。根据报纸的这种特点，报纸编辑活动要讲究稿件的组织、选择、配置和修改，注意见报的时机，要精心制作标题——它是文章的"眼睛"、报纸的"眉目"。同时要安排和设计版面。应该说，作为一张报纸它是编辑部的集体制作，编辑工作对报纸的面貌有决定意义，而且在很大程度上反映了报纸对各种社会政治问题的态度。所以，寻求报纸编辑活动的规律，主要要从报纸的特点、面貌以及形成这种面貌的各种手段上去探索。这大概就是报纸编辑学的研究对象。

期刊编辑工作的要求，不同于报纸，它是以一定的读者为对象的综合性出版物。期刊一般称为杂志，它的特点是"杂"，其内容也相当广泛。但是，任何一本杂志的"杂"，又总是服从于一定的对象、专业或者某种特定的需要，是在特定方面或一定范围内的"杂"。它也是连续性出版物，但其间隔的时间一般要比报纸长些。它是传递信息的工具，但在时间上并不要求同报纸那样快。它的信息既有传播性，又具有某种贮藏性。作为舆论工具，它要反映某一方面读者的正当要求，也负有指导和引导读者的任务。期刊也需要精心安排版面，但和报纸相比，并不具有同样高的灵敏度。根据期刊编辑工作的特点，探求期刊编辑活动的规律，必须从它既不同于报纸，又不同于图书的实际出发，抓住"杂"中有"专"，"专"中有"杂"的特点。所以寻求期刊编辑活动的规律，主要要从期刊的这种特点，以及形成这种特点的各种手段上去探索。这是不是可以成为期刊编辑学的研究对象？

再说图书编辑工作的要求，它既不同于报纸，又不同于期刊。图书，总的说来是以一定的读者为对象的专业性出版物。图书的内容和形式是历史的，一本书，即使是全书、丛书、类书都只能是以一定的读者为对象的读物。图书要求它自己所阐明的观点、文化科学知识、资料，都应该具有一定的系统性和相对的稳定性。它不同于报纸，今天的新内容可以代替昨天的旧内容。也不同于期刊，每一期都可以新的面目出现。图书一经出版，就很难更改，即使修改再版，也需要时日。而且已经印出的书籍，除了全部销毁，既不能修改，也不能消灭。因此，作为图书，它的内容必须经得起时间的考验。它的有效期越长，使用价值就越大。图书作为传播知识、传递信息的工具，它在空间和时间上，都可以起重要的作用，虽然在及时、迅速方面它不及报纸和期刊，但在时间的延伸方面，它有不可低估的功能。实际上现代人了解祖先、研究历史，主要依据之一就是书籍——自古以来各种形式的书籍。书籍也是一种舆论工具，但这种舆论工具往往不是战术性的，而是战略性的。因而有人把报刊上的文章比喻为利剑——战术武器，而把书籍比喻为重武器——战略武器；或者把前者比喻为前哨战，而把后者比喻为阵地战。这些比喻当然未必完全恰当，只是从不同的角度，形象地说明报刊和书籍各自在意识形态领域中的独特地位和不同作用。书籍的出版，时间性虽然不像报纸刊物那么强，但总的仍然是适应时代的要求，是一定历史时期的产物。可见，寻求图书编辑活动的特殊规律，主要应从图书的有关特点，以及形成这种特点的手段中去探索图书编辑活动的特殊性，这是否就是图书编辑学的研究对象？

图书编辑学的基本内容

为了确立图书编辑学的基本内容，是否需要先解决这样四个基本原则？

一、界定图书编辑学的内容，必须是既要考虑编辑工作的宏观方面，又要考虑编辑工作的微观方面，把图书编辑活动的宏观方面和微观方面结合起来。所谓宏观方面，主要是从一个出版社的编辑部、一套丛书的编委会的角度，考虑出书的方针、范围、总体设想和一定时期内的出书规划、选题计划、编辑人员的配备、组织管理、培训，以及编辑计划的实施等。所谓微观方面，主要是从一本书具体的编辑活动、编辑的工作方法等方面来探讨。

二、要考虑图书编辑学的理论和实践，即既要考虑图书编辑工作已有的实践经验，包括工艺方面的经验，注意它的实用价值，更要考虑把实践经验上升到理论，概括出这一学科的基本原理，它的客观规律，使它具有普遍的指导意义。总之，要把理论性和实用性有机地结合起来。

三、要吸取外国的有用经验。把外国的有用经验和中国经验结合起来。在总结我国历史经验的基础上，放眼世界，吸收国外有用的经验，以资借鉴。这是我们建立具有现代科学形态的出版学、图书编辑学、图书发行学、出版管理学等学科所必需的。

四、既要考虑图书编辑学的内涵，也要考虑它的外延，把两者结合起来。也就是一方面要考虑图书编辑学和报纸、期刊、电影、电视编辑学的严格区别；另一方面也要考虑各类图书编辑学的共性，把带有普遍意义的东西提取出来，成为图书编辑学的基本规律。

如果这四条能够确立的话，那么，图书编辑学的基本内容，似乎可以包括：

一、图书编辑学的基本理论原理。图书编辑学作为一门科学，它应该有自己的基本原理，这是构成这个学科体系的最重要的组成部分。

独立的理论体系的形成，是一门学科得以建立的基本条件，也是一门独立的学科是否已经建立起来的根本标志。阐明图书编辑学的基本理论原理，完成独立的理论体系，就是要以图书编辑活动为对象，从宏观到微观，从历史到现实，并从其内外联系的总体上作出全面系统的研究，找出基本的规律，阐明基本的概念、范畴，界定其定义，才能形成一个完整的学科体系，从而真正立足于科学之林。

研究图书编辑学必须依靠图书编辑活动的实践，这是发展图书编辑学理论的源泉。不然，就是无源之水，无本之木。当然，实践经验和理论不同，经验不等于理论，从经验到理论还必须经过一个升华的过程，即找出图书编辑活动全过程中内在的、本质的和必然的联系。使之成为理论，又反过来指导实践，并在实践中不断得到丰富、发展和完善。

研究图书编辑学应该研究党的编辑出版方针、政策。但二者又不是一码事，应该有所区别。图书编辑学既然是一门科学，它的任务是要揭示图书编辑活动的固有规律。这种规律是客观的。它是不以人的意志为转移的，不管人们是否自觉地认识它、运用它，它总是在哪里发挥着自己的作用。而党的编辑出版工作的方针、政策，是国家发布的，虽然它也是客观实际在人们头脑中的反映，但它是政府部门根据一定的需要制定出来的，它是领导者根据党和国家的需要和多数人的意志确定的，它具有法律和制度的效力，它是人们认识、掌握客观规律，并且根据一定的需要运用客观规律的反映。由于方针政策的制定往往受到一定的物质生产条件的限制，只能有条件地反映客观规律，所以和客观规律还是有区别的。

图书编辑学既然是一门社会科学，它应该和其他社会科学一样，把自己置于马克思主义的指导之下。以马克思主义作为建立图书编辑学的指导思想，从而明确了图书编辑学的哲学基础，解决了世界观和方法论的问题。根据马克思主义关于存在决定意识和经济基础决定上层建筑的基本原理，正确理解图书编辑活动与整个社会的各种现象，主要是经济的、政治的……种种关系及其性质，认识编辑活动特定的目的、性质和意义，以奠定建立图书编辑学的理论基础，从而保证图书编辑学成为一门真正的科学。

二、图书编辑史。我国图书编纂活动的历史悠久，经验也十分丰富，这是一笔宝贵的财富，我们应该加以总结，加以阐发。温故而知新，吸取和学习历史经验，是我们建立具有中国特色的图书编辑学的重要依据。

三、编辑美学。图书编辑学是一门实践性很强的科学，也是一门富有艺术性的学科，赋予图书编辑学以民族的美和时代的美，美化图书，使图书从内容到形式都富有美感，给人以美的享受。这是图书编辑学作为研究精神产品的学问所应有的品格。

四、编辑工艺学。主要研究编辑活动的全部过程和全部方法，阐明它的规律性。编辑工艺学是图书编辑学中的主要组成部分，占有很重要的位置，但不是具有中国特色的图书编辑学的全部。

五、编辑部的组织和编辑工作的管理。它探讨编辑部内部工作的合理性和科学性，包括机构设置、人力调配、设备的使用、信息的收集、利用、反馈、经验的总结和运用。

六、编辑人才学。研究编辑的条件，怎样才算是一个合格的编辑，他的理论水平、政策水平、知识结构；他的文字水平；他的思维能力、组织能力和社会活动能力，以及这些能力的正常发挥。探讨编辑的基本修养，职业道德。探讨编辑人才的培养，包括基础知识、编辑专业知识的培训，以及在实践中培养。

以上是图书编辑学所包括的大致内容。而图书编辑学本身又可分为各类读物编辑学。

图书编辑学有自己的特殊规律，但这些特殊规律，对各类图书编辑活动来说，则又是普遍规律，各类读物还应该有自己特定的规律。这是形成各类读物编辑学的基础。

各类图书的区分，主要从这样一些方面来考虑。一是从图书的内容，诸如理论、文艺、历史、科技等。二是从图书的读者对象的不同层次，诸如学术著作、知识性读物、通俗读物、低幼读物、连环画等。三是从图书的规模，诸如大型丛书、系列书、成套书等。各类图书都有自己不同的特点，也有各不相同的编辑工作的特殊性，进而形成不同的分类读物编辑学。

1986 年 7 月

《编辑学刊》1986 年第 4 期；《编辑学研究在中国》P1，湖北教育出版社，1992 年 1 月版

编一部有中国特色的《出版词典》

——在《出版词典》第三次编纂工作会议上的讲话

《出版词典》第三次编纂工作会议今天在东北边陲延吉市召开，我们很高兴，出席这次会议的有出版界的许多老同志和兄弟民族的许多编辑出版工作者，这是我们开好这次会议，编好《出版词典》的重要保证。

我代表《出版词典》编委会，代表中国出版发行科学研究所向大家表示热烈的欢迎。今天要讲的有些问题，我在前两次编纂工作会议上已经讲过。这次由于许多同志是第一次参加《出版词典》的编纂工作会议，我把有关情况再向大家做一个简单的汇报。

一、《出版词典》的缘起

编《出版词典》的问题，是上海辞书出版社于 1984 年下半年提出来的。同年底他们向文化部出版局组稿，出版局认为这个想法很好，就把这个任务交给了正在筹备中的中国出版发行科学研究所，让我们来筹办这件事情。我们一方面着手调查了国内其他类似词典的编纂计划、体例，翻译国外几个《出版词典》的词目作为参考；另一方面开始广泛征求意见，落实具体的编纂工作。

1985 年 1 月 24 日，我们先找了几位老同志，在边春光同志的主持下，进行了第一次酝酿。2 月，我们派人到上海听取上海出版界一些同志的意见并和上海辞书出版社的同志进一步交换了看法。同志们都希望国家出版局①的领导同志能够出面抓这件事。3 月到 4 月，为便于听取一些老

---

① 1985 年 7 月 25 日，经国务院批准，原文化部出版事业管理局改称国家出版局。

同志的意见，我们和上海辞书出版社的同志草拟了《出版词典》编纂计划初稿。4月，朱语今同志亲自去湖南做了调查，5月，我们和湖南、湖北、上海以及几个中央一级出版社的一部分领导同志，编辑、出版、发行工作者，就编写《出版词典》的有关问题，进一步交换了意见，许多单位都表示愿意承担一部分编写任务。在这个基础上，我们在北京开了一个小会，在边春光同志主持下，再次进行了酝酿。这次会议，确定了《出版词典》的10个分支和各分支的筹编单位，并且正式开始了收词工作。11月，在北京召开了《出版词典》第一次编纂工作会议，主编国家出版局局长边春光同志，副主编上海编辑学会会长宋原放同志，副主编国家出版委员会委员朱语今同志和各分支的负责同志参加了会议。会上讨论了《出版词典》的规模、特色、编纂计划、编写要求、体例，并且集中讨论了8个分支提出的7500多个词目，还讨论了民族出版史和地方出版史分支的工作计划和初步设想。商量了8个分支的工作进度，要求在1986年2月底以前提出修改词目和一部分释文试写稿。各个分支对这项工作抓得很紧，基本上都按时完成了任务。在这期间，我们还向各省市通报了第一次编纂工作会议的情况，发出了要求编写各省出版史词目的信件和材料。1985年11月，国家出版局在太原召开全国出版社总编辑会议，我们利用这个机会，又分头和各省市、自治区的同志谈了编写地方出版史词目的问题。

就在这个会上，得知许多省市已经按我们发出的信函开始了这项工作。1986年3月，我们根据同志们的意见，在主编和两位副主编的亲自参加下，分头在北京和上海对8个分支的词目，逐个进行了讨论。4月，国家出版局正式发文，批准成立了《出版词典》编委会。5月，在北京召开了第一次编委扩大会议，也就是《出版词典》的第二次编纂工作会议。会上着重讨论了8个分支（除民族和地方外）提出的8019条词目，并且对他们提出的301条释文试写稿进行认真讨论。最后确定7651个词目。开始转入组稿编写工作，现在正在积极地进行中。预计，今年年底，多数的分支可以拿出初稿。我们想从明春起，开始按分支逐个定稿。

编纂《出版词典》这个问题提出以后，引起了我国出版界同志的广泛兴趣和深切的关怀。许多同志都认为编纂《出版词典》是发展我国出版事业的一件大事，是出版科学研究的一项基本建设，是我国出版界的共同任务。有关的单位都从人力、物力上给予大力支持，民委为编纂民族分支的需要拨出专款，科委的中国图书进出口公司承担了世界部分，需要从国外购买资料，有些条目还要请外籍人员编写，或请他们提供资料，需要花不少钱，他们也主动承担了。商务、中华、三联驻香港办事处积极承担了港澳方面的条目。国家出版局还向100多个驻外使馆的文化参赞，发了所要国外出版资料的函件，目前也正在陆续寄来。这些都是保证我们这部《出版词典》的编纂工作能够顺利进行的重要条件。

二、为什么要编《出版词典》

从根本上说，目的是两条；一是为了向出版战线的同志们，向有关的读者、作者提供一本工具书。过去，我们许多出版部门自己编印过《编辑手册》《校对手册》等，这些书都在不同范围内发挥了自己应有的作用，但是也存在着各说各的，在一些重大问题上不够规范化的现象。一些高等学校的编辑专业、图书发行专业的师生也曾经为没有一本专业的工具书而犯难。这说明编辑、出版、印刷、发行部门的同志，迫切需要工具书，特别是需要比较规范化的工具书。值得注意的是，党的十一届三中全会以来，我国的出版工作迅猛发展，出版队伍成倍扩大，目前已达25万人。大量的新鲜血液补充到我们的队伍中来，这当然是一件大好事，但同时也提出了一个培养队伍、提高队伍素质的问题。面对这种情况，过去那种师傅带徒弟的手工业的培养方式已不能适应新时期新形势的需要。因而迫切需要教材、工具书和其他业务知识书籍。这都说明编纂一部有一定分量的《出版词典》，编出一套编辑专业、图书发行专业的教材已经刻不容缓，这是摆在我国出版工作者特别是老同志面前的一项不可推诿的任务。一句话，为了适应当前出版工作的实际需要，这是我们编《出版词典》的第一个目的。二是开展出版科学研究的需要。三中全会以来，尤其是1983年6月，中共中央、国务院作出《关于加强出版工作的决定》以来，开展出版科研的问题提到了议事日程，出版界许多同志有兴趣也有积极性参加这个工作。但是，也碰到了不少问题，首先是一些基本的名词、概念，没有明确的定义。比如说"编辑""出版"这些词，国内外的工具书就有多种不同的解释。更不要说对出版学、编辑学、图书发行学等学科的名词，解释上有各种不同的见解，有的甚至生造一些名词概念。这种情况势必影响出版科学研究的深入，影响出版科研事业的顺利发展，也会影响出版科研更好地为出版事业发展服务。而这些问题的解决必须以出版科研为基础，通过编写《出版词典》这样一类基本的工具书或教材来解决。所以边春光同志曾经明确指出，要把编纂《出版词典》作为研究出版科学的突破口。《出版词典》编好了也就为出版学的研究奠定了良好的基础。

三、我们设想编一本什么样的《出版词典》

这个问题我们征求过许多同志的意见，和一些同志反复议论过，《出版词典》的几次编纂工作会议也不止一次地谈过，比较共同的想法是：编一本具有中国特色的、代表80年代中国出版科研水平的、能够与国际上已经出版的几部《出版词典》相媲美的中国的《出版词典》，它要兼有理论性和实用性的特点，预计字数为130万字左右，不超过150万字的中型词典。

首先，说中国特色，要有中国特点，就要从中国出版工作的实际出发，不是从外国的实际出发，我们现在看到的几部外国《出版词典》，它们也是从各自的实际出发的，如有的重在商业性，图书的流通、推销、广告方面的词目，在全书占有很大的比重；有的片面地从工业角度来看出版工作，把出版当作一种工业，而不是突出编辑出版工作是一种精神生产，他们把印刷机械、材料、技术作为出版工作的最重要环节。我们不是说不要讲究印刷技术，根本不看外国先进的印刷技术，而是印刷技术的发展、现代技术的采用和印刷设备的更新，必须和我国整个生产发展水平、整个四化进程相适应。所以我们应该从我国自己的实际出发，使《出版词典》更具有实用价值。

如何体现中国特色，我们想有这样几个方面。

1. 要反映我国出版工作的性质、任务、方针、政策、体制、法规和制度。

2. 体现我国编辑出版工作的历史。我国出版工作历史悠久，造纸、印刷术都是中国发明的，这在全世界是少有的，是许多国家所不能比拟的。恰到好处地反映出中国的出版史，如实地反映出我国在世界出版史上的成就和地位，是体现中国特色的一个重要方面。

3. 要充分反映中国民族的特点。中国是一个多民族的国家，许多民族在中国出版史上作出了重要的贡献，藏族很早就有手抄本。有宏观巨著《大藏经》，蒙古族有《蒙古秘史》《蒙古黄金史纲》，满族有《大清历代帝后室谱》，回纥文有《金光明最胜王经》，等等，都是珍贵的历史文献。历史上，许多民族用它们各自的文字记录了本民族的发展史和当时社会的各种文献资料，为发展民族文化，为沟通各民族之间的文化交流起过重要作用，在我国出版史上占有自己的位置。

4. 要有地方特色。中国幅员广大，在我国历史发展的各个不同时期，不同的地区起过不同的作用，山区和平原，干旱的北方和南方水乡，沿海和内地，经济、文化比较发达的地区和其他地区，它们在图书的出版发行上都有不同的特点，四川、福建、浙江是古代史上雕版印刷比较发达的地区，上海是近代出版工业的中心，湖南、湖北、江西、陕西、广东留下了党领导的革命出版工作的许多史料，桂林、重庆又是抗日战争时期出版单位的荟萃地。又比如说，江苏历史上曾经出现过发行图书的"书船"，而有些山区在解放以后曾经出现过著名的"背篓精神"。这就是不同地区反映出来的不同特点。

以上四个方面，能不能得到充分的反映，可以说是《出版词典》是否具有中国特色的重要根据。特别是民族和地方的词条，在反映中国特色这一点上，应该有很大的作为，这是我们所以要开这样一次会的根本目的。

要达到这个目的，就是要依靠同志们认真地去进行发掘，这方面有的地区做得不错，我们希望大家在会上来交流经验。

第二，是反映80年代中国出版科研的水平问题。出版工作在我国有悠久的历史，编辑出版研究也是很早就已经开始了的。但是提出来，把它作为一种专门的学科来研究，这还是建国以后特别是党的十一届三中全会以后的事。所以，这方面我们和有些国家比起来，还是落后的。但是，我们正在努力赶。实际上，近三年来，我们在出版科研战线上，是有很大成绩的。比如说，我们的国家在精简机构的当口，正式批准成立了中国出版发行科学研究所，我们在高等学校开设了编辑专业和图书发行专业，目前已不少于10个，更不用说还有许多中专和职业学校。我们还开了一些出版研究会和学术讨论会，先后交流了300余篇论文，创办几个学术性刊物，已经公开发行的有：上海的《辞书研究》《编辑学刊》《杂家》山西的《编辑之友》，内部发行的还有本所的《出版与发行》、湖北的《出版科学》、上海的《出版史料》等。特别值得提到的是目前已有一些同志正在编写一些学术性专著或教材性的读物，这些都是几年前所没有的。特别是由于我们采取了专业队伍与业余队伍相结合的正确方针来开展出版科学的研究，已经开始取得成效。目前，我国出版科研队伍的群众性和涉及问题的广泛性可以说是其他国家所少见的。同志们，建立一门新的学科是不容易的，图书馆学、新闻学已经有了几十年的基础，而我们从《中共中央、国务院关于加强出版工作的决定》公布开始，仅仅只有3年时间，目前出版科学研究正方兴未艾，形势很好，这是其他邻近学科所少见的，也是其他国家所少见的。为了保证我们《出版词典》能够代表我国 80 年代的水平，我们还准备邀请一些有研究的同志，专门就一些理论性的条目开些学术讨论会、座谈会。广泛听取各方面的意见，力求反映目前我国出版界的研究水平。另一方面，这部词典的出版，它所提供的观点和材料，它的结构体系，本身也将是我国出版界的一项科研成果。

第三，是力争达到目前国外已经出版的几部《出版词典》的水平。目前，我们已经知道的国外出版的同类书已有五六本，为达到它们的水平我们正在有选择地把它们翻译过来，作为我们有关分支编写释文的参考。从目前接触到的情况看，这些词典有一部分的条目的释文是很有水平的。总起来说，只要我们认真努力地去做，达到或基本达到目前国外已经出版的同类书的水平是完全可能的。

这是我们对于《出版词典》的一些设想和措施。由于目前毕竟还只是一堆条目，释文的初稿没有出来。所以我们不能把话说得太绝对，应该留有余地，免得将来有人说我们"放空炮"。

四、关于民族出版史、省出版史方面的编纂工作

前面已经说过，民族和各省的词目，是体现《出版词典》中国特色的重要方面，也是整个词典不可缺少的组成部分。所以，从酝酿《出版词典》编纂工作的开始时候起，从国家出版局领导同志、编委会到词典编辑部，就一直把这方面工作放在重要地位。除了词典编辑部曾经发过一些有关编纂工作的材料以外，国家出版局曾在 1985 年 12 月发过〔85〕出办字第 614 号文件，1986 年 6 月又发过〔86〕出办字第 524 号文件，都强调了要做好民族和各省收词和编撰工作问题。

到目前为止，民族分支已提出 27 个民族（包括古代少数民族）共 700 余条词目，基本上反映了我国少数民族出版事业的历史和现状，内

容非常丰富，收词范围也很广泛，从词典的要求看，大部分条目是成词的。

各省收词，截至 6 月底，从 13 个省市自治区提出的 3000 多个条目来看，收词范围极为广泛，内容十分丰富，相当部分条目可以成词，其中有一部分，编写出来，可以具有一定的学术价值。

从已经开列的民族和各省词目，可以清楚地看出，同志们做了认真的发掘工作，其中有的条目带有浓郁的民族和地方特色。如前面已经提到过的江苏的"书船"、山西的《平阳经籍所》、湖北的"汉口统一街"、湖南的"东鼎丰兄弟事件"、福建的"长汀四堡乡"（乡民以刻书为业），"福藏"（开创了梵夹装的装订形式）。黑龙江的《东省出版源流考》，陕西的《华岳全集》（李自成农民政权刻本）；云南的李公朴"北门书屋事件"，有的省还发现了明代有关出版工作的文件档案，民族词目中有"白桦皮书""金书""银书""竹笔"等，更是丰富多彩，有许多是过去闻所未闻、见所未见的，都是非常珍贵的。

从现在已经开列出的条目看，有这样几个问题。

1. 民族和民族之间，省和省之间存在着不平衡，现在有的省开列了几百条，最多的是 900 余条，有的只有几十条，甚至几条，各民族各地区在历史上发展不平衡是客观事实，但现在多寡如此悬殊，这是不是符合客观实际，是一个值得考虑的问题。

2. 重复。地区之间、各省和古代、近现代出版史之间都有若干重复，这在开始是不可避免的，也不可怕，我们现在把古代、近现代出版史的条目（初稿）印发给大家，通过这次会议的讨论，经过一段工作，我们相信这个问题可以解决。也许有的条目，由于从不同角度出发，各有需要，也可能还有重复，特别是各地同志，这次经过翻箱倒柜挖掘的材料，很可能超过过去一般史书上的记载，可以弥补过去我们掌握资料的不足。所以我们不赞成轻易地从各省的条目中删去多少词目，各地可以根据各自掌握的新材料来收词编撰。将来可以通过释文合并、"参见"或"一义""二义"甚至"多义"的办法来解决。

3．在收词范围方面，一般比较重视机构、著作，至于历史事件，相对来说少了一些。同时有的地区还收了报纸、刊物，而根据前两次编纂工作会议精神，我们这部词典一般不收报纸，对于刊物著作也只收编辑、出版、发行、印刷业务性的刊物，即所谓的"书之书"。不然，历史上的著作、报纸、刊物实在太多，势必收不胜收。

4．还有某些词目"不成词"的问题。比如有的词目，像一个文章的标题，如"元朝××省书坊工作的基本特点"。这样的词条所包含的内容可能很好，但是词头不符合词典体。类似的问题也还有一些，上海辞书出版社副总编辑严庆龙同志、文教编辑室主任张诚濂同志将专门讲这个问题。

所以存在上面这些问题，主要原因是：

1．我们最早给各省发的《出版词典——各省选词要求和编纂计划及体例说明》，原是一份供讨论用的初稿，现在看这份材料有些地方比较笼统，有些问题是后来逐步明确的。此后，我们也没有主动和各省联系，及时交换看法。所以有的地方对收词原则等不很明确，比如出版家、编纂家、藏书家、著作家，又如出版机构、藏书楼、图书馆，又如李白、刘向、冯玉祥、张元济、张之洞等作为《出版词典》来说究竟应该收哪些，不该收哪些。有的人既是作家，又是编辑，有的藏书楼同样也刻书、印书，又怎么办？这些虽然有了原则的说法，以"出版"为中心，应该收姓"出"的，这都是对的，是应该坚持的，但具体到某个条目时，究竟怎么对待，还有个标准问题，如知名度、贡献等，如何求精，具体的还可以在这次会上讨论。我们在讨论8个分支词目时，也碰到这个问题，经过讨论，才逐步统一起来的。

2．收词的不平衡，是和各地的出版科学研究发展不平衡，地方志、出版志编纂工作的发展不平衡分不开的。现在看，凡是出版研究搞得比较早的地方，地方志、出版志编纂工作做得早的地方，《出版词典》收词也比较容易，因为已经有了一些同志专门摸过一下，有了基础，有了条件。所以，希望各省的同志能够和本省的出版研究部门、地方志编纂部门取得联系。

3. 最主要的是领导的重视，人力的配备问题。到目前，大多数省比较重视，有的成立很有分量的编纂工作领导小组、编纂小组，很快发动了各方面的力量，发掘了一批富有特色的词目。但也有一些地方，还没有把人组织起来，没有具体人来做这个工作。这样就发生一个问题，如果到了明年，8 个分支释文基本完稿大多数省的释文也基本完稿，还有少数的省出不来，怎么办？等吧！就拖了全书的编纂进度；无限度的等待也不是办法。我们不要求各省几百条，实际上也不可能，如果每个省都 100 条，总数近 3000 条，量就不小。恐怕不能那么多。真正反映民族和地区特点的，有几十条就很不错了，当然各族各省不可能平均主义，大家一样多。大家有力量能多搞出一些好东西，我们也欢迎。能不能上词典的条目，关键在于有没有本省本民族的特色，有没有新的资料。

五、要迎难而上，知难而进

在座的许多同志是编词典的行家，比我们有经验。但是，这个问题还是要讲一下，因为编词典确实是一个苦差使，甚至是一个很苦的差使。千万不要看落实到自己头上，没有几条，似乎很轻松。如果要真正搞出有质量、有特色的精品，还是很不容易的。从线索的调查、资料的积累、卡片的摘录、词目的设置、释文的形成、资料的校对，要求可能是十分苛刻的，有时为了一个人名、地名、年月，就可以在图书馆里呆上半天、一天，甚至几天，整个工程更可能出现很大的难度。特别是编《出版词典》，在中国是一件新事，过去从来没有过，在外国也不多。尤其是出版学的研究，在世界范围来看还是一门新的学科。在我国，目前还刚刚起步，许多概念还有待界定，许多理论上的问题还有待研讨。所以，比起一些老学科来，难度肯定会更大，可能会搞得很苦。外国有一位学者，叫 J·J.

斯卡利格曾经说过"十恶不赦的罪犯既不应处决，也不应判强制劳动，而应判他去编词典，因为这项工作包含一切折磨和痛苦"。这段话说得很俏皮，但也告诉我们要有足够的思想准备，希望大家迎难而上，争取早一点"刑满释放"，表现好的能"提前释放"，当然更好。

六、这次会议要讨论的问题

1. 《出版词典》的性质、规模、编纂目的，收词原则、体例，这方面在会议上还可以和上海辞书出版社的同志详细讨论。

2. 民族和各省两个部分，我们准备分两摊开：一摊是各省；另一摊是民族分支，这个分支是由民族出版社主持编纂的，会议也请民族出版社委派的韩寿山同志主持。

3. 讨论释文试写稿。

4. 工作进度，民族分支什么时候交初稿，请民族出版社同志和大家商量，各省词目的释文初稿，年底交，行不行，请大家讨论。

今天，国家出版局局长，《出版词典》主编边春光同志特地来参加会议，等会他将要向大家做重要讲话。同时，我们也很高兴，中宣部出版局局长许力以同志今天也应邀来参加我们的会议，我们也请他给我们做指示。

最后，我们这次会议是由延边人民出版社同志负责组织的，一切会务工作都是请他们代劳的，他们给大家做了很好的安排，这是我们开好这次会议的重要条件。我在这里代表大家，代表《出版词典》编委会，代表中国出版发行科学研究所向东道主表示深切的感谢。也向东道主吉林省出版总社，以及为开好这次会议付出劳动的其他有关单位表示衷心的感谢。

1986 年 8 月 18 日

《编辑学研究在中国》P197，湖北教育出版社 1992 年 1 月版

第二届全国出版科学学术讨论会开幕词

第二届全国出版科学学术讨论会今天开幕了。中央出版机关的领导同志和许多老一辈出版家、编辑家、教授和学者，不辞辛劳，长途跋涉，前来参加会议，指导我们的学术讨论。这说明出版科研事业适应时代的需要，正在日益发展；也为开好这次学术讨论会提供了可靠保证。我们对来自全国各地的出版界、教育界、文化界的同志们表示热烈的欢迎。

这次会议的主要议题是讨论编辑学的基本规律、基本理论和基本内容。同时，还要讨论正在编写的《出版词典》中一部分条目的释文试写稿。我们相信，经过与会同志的共同努力，一定能够顺利地完成这次学术讨论会的任务。

在党和国家的关怀下，我国出版事业发展很快。据统计，建国以来，到 1985 年为止，我国共出版各类图书 706162 种，印数达 968.18 亿册。以 1985 年为例，我国共出版图书 4.56 万种，印数为 66.7 亿多册。出版各种杂志 4785 种，印数达 25.59 亿份。表明出书品种数已超过我国历史上的最高水平。图书的绝对印数已跃居世界第一位。这一年我国平均每天出版图书 125 种，超过了号称"出版洪水"的日本（1985 年日本每天平均出书 120 种）。

更重要的是，党的十一届三中全会以后，我国出版事业以经济建设为中心，为我国社会主义现代化事业服务，为社会主义物质文明和精神文明建设服务的指导思想已日益牢固地树立起来。马克思主义的经典著作在出版物中占有重要地位，老一辈革命家的著作包括"选集""文选"正在陆续出版。探讨体制改革的经济理论和其他哲学社会科学读物，包括反映世界上各种新思潮的学术著作，正在成为改革热潮中的畅销书。探索新领域的科技读物和推广科技成果的科普读物，已占我国全部出版物的三分之一。文艺创作、少年儿童读物和古籍整理等各方面图书的出版也有了新的进展。

近几年来，我国图书结构的重大骨干工程，相继"上马"，除了前面提到的重点图书外，还有 75 卷的《中国大百科全书》、180 卷的《当代中国》丛书、60 卷的《中国美术全集》、卷帙浩繁的《祖国丛书》等都在陆续出版。各种分类百科全书、文库、工具书，正在竞相出版。当今世界上收汉字最多的《汉语大字典》和《汉语大词典》已经开始发行。汉译《简明不列颠百科全书》也已经全部出齐。这几年来，我国出版工作的发展表明：出书多样化、系列化的趋势，正日益成为我国图书构成的显著特点。

我国的出版改革正在积极地、有步骤地进行。从体制上说，国家出版局已经成为国务院的直属机构，这是我国出版体制改革中的一件大事。图书发行体制的改革，也在不断总结经验的基础上继续前进。各种书市所呈现的"买书热"，反映了读者对图书的迫切需要。这些都说明，我国的出版事业需要发展，而且必将有新的、更大的发展。

在我国出版事业迅速发展的同时，党和国家十分重视出版科研事业的发展。从去年 12 月全国首届出版科学学术讨论会以来，发展的形势很好。首先是党和国家制定了《出版专业人员职务暂行条例》，这个条例把总结出版工作、编辑工作的经验，撰写出版学、编辑学的论著、教材列为评定高级技术职务的基本条件。今年 9 月，还批准成立了我国第一个以出版有关出版业务知识读物和出版论著为主的专业性出版社——中国书籍出版社。成立这样的出版社，在我国出版史上是第一次。这些对广大出版工作者，特别是热心搞出版科研的同志来说，无疑是一个很大的鼓舞。由于党和国家的关怀，出版界内外积极从事出版科研的热情越来越高。各地出版科学的学术性会议相继召开。辽宁、吉林、黑龙江和天津等省市，联合召开了出版科学研究会，湖南、山东等省也相继召开出版科学论文讨论会。为了参加这次学术讨论会，湖北省出版领导机关决定，根据自愿和可能的原则，邀集 35 位同志，举办了为期 1 个月的读书班，学习理论、研究政策、认真读书，在总结经验的基础上，共写出 40 多篇论文，大部分已提交本次大会交流。总之，过去的一年中，在各级学术讨论会上正式交流的论文已超过 200 篇，其中不少篇有一定质量。目前，全国已有四套有关出版知识的丛书，即《编辑丛书》《出版知识丛书》《编辑与出版丛书》《出版教育丛书》，正在陆续出书或将要出书。出版研究方面的学术性、资料性刊物也增加了。湖北创办了《出版科学》杂志，中国出版发行科学研究所也承担了恢复出版《国外出版动态》的任务。《出版工作》《出版与发行》从明年第 1 期起，都将公开发行。连同原已发行的《杂家》《编辑之友》《编辑学刊》《辞书研究》《出版史料》等，出版专业性刊物已不下 10 种。加上各省市业务性的内部刊物，总数超过 20 种。一些高等学校的编辑专业、图书发行专业的教研工作正在顺利发展，出版专业的大学本科毕业生即将充实到出版战线上来，培养编辑专业研究生的问题也在积极酝酿中。

近年来出版科研工作呈现一些明显特点，业余科研队伍得到了进一步发展，出版界内外热心出版科研的人越来越多。他们之中，有一批富有实践经验和较高理论水平的老同志，也有一批朝气蓬勃、善于学习，在实际工作中肩负重担，而又积极钻研出版科学的业务骨干。从中央领导机关到一些省、市出版系统，领导同志亲自写论文的情况也日益增多。大部分论文坚持了理论联系实际的原则。更可喜的是，我国出版界研究出版科学的学术气氛越来越浓，互相探讨、彼此切磋的情况正在不断发展。

我国出版科研的目标，是要探索建立具有中国特色的社会主义出版事业的道路，是要建立具有中国特色的社会主义出版科学的理论体系。为此，必须坚持以马列主义、毛泽东思想为指导，坚持四项基本原则，从实际出发，在实践中不断开辟认识真理的道路。党的十二届六中全会通过的《中共中央关于社会主义精神文明建设指导方针的决议》（以下简称《决议》）告诉我们："新时期我国马克思主义理论工作的任务，就是要从经济、政治、文化、社会各方面，研究社会主义现代化建设和全面改革的新情况、新经验、新问题，探索建设具有中国特色的社会主义的规律；同时研究当代世界的新变化，研究当代各种思潮，批判地吸收和概括各门科学发展的最新成果。"在实践中坚持马克思主义，发展马克思主义。

理论联系实际是发展马克思主义哲学社会科学的根本方针，也是发展出版科学的根本方针。出版科学作为一门新的学科，或者说是一门应用性很强的学科，更需要强调理论联系实际。只有密切联系实际，才能使社会主义出版科学不断向前发展。

我国的出版工作在取得巨大成就的同时，也存在着一些问题。我们要加强对我国社会主义出版事业现代化建设中的重大理论问题和实际问题的研究，探索客观规律，为解决实际问题提出科学的依据。同时，要致力于研究建立出版学及其分支学科的理论体系，使出版学、编辑学、图书发行学等及早成为具有现代科学形态的新学科。这就要求我们按照理论联系实际的原则，对出版工作的历史和现状做周密系统地调查研究，详细地占有材料，科学地总结经验，扎扎实实地做好基础工作。这是能够拿出科研成果的基本条件。

现代社会生活的变迁，使人们的认识也发生了相应的变化。由此萌生的新学说、新思想、新观念，日新月异。以出版科学研究来说，国外已出版了一些有关出版业务知识读物、学术著作和资料性图书。初步了解，美国、苏联、日本以及其他一些国家，都出了一些。我国从建国以来，也出了一些。但是，我们对国外有关著述中提出的观点还缺少研究。历史的经验和社会主义现代化的要求都告诉我们，必须加强信息的交流和研究，建立出版科学的信息网络。不仅要促进国内的信息交流，而且要注意掌握国外的信息和动态，为发展我国的出版事业、出版科学服务。党的十二届六中全会决议指出："闭关自守只能停滞落后"。我们除了要加强研究马克思主义关于出版工作的理论、悠久的中国出版史以及党领导的出版工作的经验以外，对世界各国的出版学说，包括国外不同学派的学术观点，也应该接触、研究，汲取其中有用的东西。我们要了解和掌握当代世界各国先进的出版、印刷等方面的科学技术、有用经验和有益的学术成果，结合我国的出版实践加以研究，使之适合我国的国情，并为我国社会主义现代化事业服务。

遵照党的十二届六中全会《决议》精神，发展我国的出版科研事业，必须坚持四项基本原则，贯彻"百花齐放，百家争鸣"的方针。社会主义现代化和全面改革，是极其复杂的创新事业，理论上和学术上的不同意见是不可避免的。我们应该积极开展马克思主义指导下的出版科学的学术讨论，促进出版界内外的横向联系，提倡开展各种专题性的学术讨论，要发展各个层次、各种形式的，尤其是集体形式的科研活动。只要遵守宪法规定的原则，在学术问题上应该认真讨论，既有批评的自由，又有反批评的自由。

鉴于我国的出版科研刚刚开始，对于坚持四项基本原则，积极探索、开拓和创新的精神，要大力支持；要努力增强出版界的学术空气，以利学术研究的开展。真理愈辩愈明。只有通过讨论，才能把出版科学不断引向深入，才能建立具有中国特色的社会主义出版科学的理论体系，才能使我们的研究工作充满生机，才能使出版科研事业得到更加迅速的发展。

实践呼唤理论，理论指导实践。加强出版工作中实际问题和理论问题的研究，揭示出版工作中的固有规律，探索出版学、编辑学、图书发行学的理论原理，对于实际工作的重要意义，已经被越来越多的人所认识、理解。一些单位已经从初步开展理论研究中尝到了甜头。他们觉得，通过科研活动"许多想法容易一致了"，"贯彻执行党的出版方针顺手了"、"编辑干部坚持书稿质量的自觉性提高了"。事实证明：出版科学的研究和探讨，有利于统一思想、明辨方向，提高执行党的出版方针的自觉性；有利于进一步理解社会主义出版工作的性质和任务，把自己的具体工作和崇高理想，以及整个社会主义物质文明和精神文明建设联系起来，提高自己的社会责任感；有利于总结经验、掌握出版工作的客观规律性，从而改进出版工作；有利于培养干部，提高出版队伍的素质和水平；有利于出版工作的现代化和科学化。同志们的辛勤劳动、不懈努力，是有成效的。昭昭之明，源于冥冥之志；赫赫之功，始于惛惛之事。只要我们专心致志，努力开拓、敢于攀登新的高峰，我们一定能够把出版科研事业不断推向前进。

1986 年 11 月

《出版与发行》1987 年第 1 期；《编辑学研究在中国》P153，湖北教育出版社，1992 年 1 月版

当前出版科学研究工作的几个问题

一、出版科学是社会主义精神文明的一个组成部分

坚持以马列主义、毛泽东思想为指导，是我国社会主义现代化事业的根本，也是社会主义精神文明建设的根本。我国出版科研事业，是社会主义精神文明的组成部分，是社会主义物质文明建设的重要条件，也是提高人民群众思想道德觉悟的重要条件，是为社会主义的物质文明和精神文明建设服务的，是为社会主义现代化服务的。我国的出版科研事业是一种科研事业，又是出版事业的一个重要方面，所以毫无疑问是社会主义精神文明的一个组成部分，是社会主义物质文明建设的一个不可忽视的条件。出版科研事业搞得好不好，将直接关系到出版事业为两个文明建设服务的质量，这一点现在已为越来越多的人所理解。

社会主义的重要特征之一，就是它的精神文明是以马克思主义为指导的。在社会主义社会里，人们的思想建设、道德建设、文化建设、民主法制观念的建设，都离不开马克思主义的指导，离不开马克思主义的理论建设。我们的出版事业、出版科研事业同样离不开马克思主义的指导，离不开马克思主义的理论建设。开展出版科学研究，归根到底是为了用马克思主义关于出版和出版工作的理论来武装我们的队伍，任何时候都能够注意掌握社会主义出版工作的正确方向。为了提高我们队伍的素质，树立起崇高的理想，提高他们为人民服务、为社会主义服务的自觉性，提高他们的思想、政治、法制和道德水平，提高他们的业务和管理水平，共同为发展出版事业而努力。不重视出版队伍的理论建设，而把出版科学研究、出版队伍的理论建设当作可有可无的额外负担，结果只能是辛辛苦苦，到头来可能事倍功半。以马列主义、毛泽东思想为指导，开展

出版科学研究，不仅要在科研工作中遵循这个指导方针，并且要研究这个指导方针在出版工作中的贯彻，要研究马克思主义关于出版和出版工作的理论，善于用马克思主义的立场、观点和方法，来回答当前出版工作中重大的实际问题和理论问题，回答出版改革中出现的新情况和新问题。要把马克思主义的普遍真理与我国出版工作的实际结合起来，为发展和繁荣出版事业、探索我国社会主义出版事业现代化服务，为逐步建立起具有中国特色的社会主义出版科学的理论体系服务。

二、关于理论联系实际

堅持理论联系实际的原则，开展出版科研事业，是我们的根本方针。这个问题今年第 6 期《出版工作》上已刊有《出版科研工作要注重理论联系实际》的短文，不再赘述。这里只想做一点补充。

这几年来，由于坚持了理论联系实际的方针，我国出版科研形势喜人。回想 3 年以前，或者说 80 年代初，当时如果主要是大家积极呼吁开展出版科学研究的话（当时确有一些同志根据时代的需要，及时提出开展出版科研问题，向全国出版界发出呼吁，引起大家的重视，开始做这方面的工作，他们的功绩，人们是不会忘记的），那么，今天的情况不同了，现在出版科研在我国出版界内外已逐步展开。这种变化主要是：（一）一支包括业余和专业的科研队伍正在逐步形成，一批热心的同志已经身体力行，开始了出版科研的实践；（二）我国已经有了全国性和地方性的出版科研机构；（三）出版教育已经在十几个高等学校里设立了专业；（四）一批学术性专业性书刊正在陆续出版。根据这种状况，可不可以说，我国的出版科研活动，正朝着组织起来、活跃起来的方向发展，有人形容现在的形势是"枝间新绿一重重，小蕾深藏数点红"。我们和一些同志分析目前情况，认为当前的要求应该是：在注重理论联系实际的前提下有条件的同志要认真实干。首先要坐下来、钻进去，力争在科研或教育方面拿出一些东西来；广大出版工作者，尤其是各级各部门的领导要满腔热情地始终不渝地支持热心搞出版科研的同志，珍惜他们哪怕是很小的一点积极性，要给他们提供必要的方便；要大力促进那些还没有把出版科研工作放到议事日程上来的地区和单位，把这项工作切实开展起来。当前的重要问题是：要实干，要支持，要有更多的地区把这项工作真正抓起来。只要普遍深入地开展起来，即使出现某些问题、某些缺点，也并不可怕。对于刚刚出土的幼苗，我们首先希望它苗壮成长，评头论足，或者害怕这个，担心那个，忧心忡忡，顾虑重重，这种心情即使主观愿望是好的，也是不必要的。更何况出版科研在理论联系实际上，总的发展是健康的，主流是好的，这是客观存在的事实。

至于目前有些地区、有些同志，对出版科研不够重视，认为"远水救不了近火"。有这种想法并不奇怪，原因也是复杂的。首先是长期以来，出版战线缺乏对自己的工作进行理论研究的习惯；近年来出版科研事业虽然发展很快，毕竟还是起步不久，队伍尚在建立形成的过程中，方法也还在摸索中；实际工作中亟待解决的问题很多，搞实际工作的同志工作繁忙，很难要他们再去做理论上的探讨；有兴趣专门从事出版理论研究的同志，也由于这样那样的原因，很难要求他们通过理论研究去解决一个个实际工作中的重大问题……正是由于这样一些情况，使得一些同志把出版科研工作看成可有可无的事，这是不难理解的。但是我们不应该因为有些研究课题一时解决不了实际工作中的困难，从而得出出版科研中存在理论脱离实际倾向的结论。事实上很难想象，如果真的理论和实际脱节，而且已经成为一种倾向的话，出版科研事业还能在很短的时期内，形成目前这样的发展势头？

当然，我们不能忽视出版科研在理论联系实际的问题上，还存在这样那样的不足。需要在马克思主义指导下，进一步贯彻理论联系实际的方针，坚定地为建立具有中国特色的社会主义出版事业服务，使我们的出版科研事业发展得更快更好。

三、关于"百花齐放，百家争鸣"

坚持四项基本原则，反对资产阶级自由化，在马克思主义指导下，开展"百花齐放，百家争鸣"，是发展文学艺术、学术理论问题的重要方针。出版科学研究无疑应该执行这个方针。《中共中央关于社会主义精神文明建设指导方针的决议》指出："中国和世界已经和正在发生巨大的变化，一方面证明马克思主义的伟大生命力，一方面要求我们运用马克思主义的基本原则和基本方法，创造性地解决新问题。"马克思主义所以成为放之四海皆准的普遍真理，就是因为它是不断发展的，它不但没有结束真理，而且要人们不断地创造性地去解决新的问题。"新时期我国马克思主义理论工作的任务，就是要从经济、政治、文化、社会各方面，研究社会主义现代化建设和全面改革的新情况、新经验、新问题，探索建设具有中国特色的社会主义的规律；同时要研究当代世界的新变化，研究当代各种思潮，批判地吸取和概括各门科学发展的最新成果"。社会主义现代化建设和体制改革是极其复杂的创新事业，没有也不可能有现成的答案。学术上和理论上的不同意见是不可避免的。真理愈辩愈明，这就是我们必须坚持"百花齐放，百家争鸣"方针的原因。我国出版事业历史悠久，实践经验十分丰富，但是过去缺乏系统的整理，提出出版科研问题的时间也不长。所以，出版界内外的学者多认为这是一门源流很长，但研究不够的学科。正因为这样，目前，出版科学的学术研讨中对一些基本理论问题的看法，众说纷纭，莫衷一是，许多观点不能一下子趋于统一，这是很自然的现象。我们应该把它看成好事而不是坏事。如果一讨论就统一，那么出版科学在多少年以前也许早就已经建立起来，也用不着留到今天再来进行讨论。如果讨论还没有展开，就可以由某一个权威来一锤定音，那就谈不上学术研究、科学发展了。社会在不断地发展，马克思主义在不断地发展，出版科学当然也要不断发展，不能要求一锤定音，结束真理。学术思想上的"统一"总是相对的，争论是不可避免的。我们只能要求在一定条件下的相对的、暂时的一致，而这种一致中又会包含着不一致。决不能要求永恒的、绝对的一致。否则，就不符合辩证法，不符合历史发展的客观规律。

我们贯彻执行"百花齐放，百家争鸣"的方针，不是为了无休止地争论，不是离开四项基本原则，想写什么就写什么，想发表什么就发表什么，而是为了发展正确的东西、先进的东西，克服错误和落后的东西。根本的目的是为了繁荣和发展有益于社会主义的学术；是为了使我们的认识接近真理、认识真理；是为了促进社会主义现代化出版事业的发展；是为了建立一支由马克思主义理论武装起来的出版队伍和出版科研队伍。要达到这个目的，就要求"百家争鸣"必须在马克思主义的指导下进行。社会发展到今天，新思想、新学科，层出不穷，既有形形色色的"理论"，也有五花八门的"学说"，令人眼花缭乱。我们如何鉴别这许多思想、学说和理论的真伪，哪些是科学的，哪些是非科学的，哪些是反科学的，标准只有一条，就是实践。马克思说："人的思维是否具有客观的真理性，这并不是一个理论问题，而是一个实践的问题。"① "社会生活在本质上是实践的。凡是把理论导致神秘主义方面去的神秘东西，都能在人的实践中以及对这个实践的理解中得到合理的解决。"② 实践是检验真理的唯一标准，一切不科学、反科学的东西，都将在社会实践面前显出原形。我们研究出版科学的目的，不是为了装潢门面，给自己的行业涂上油彩，贴上科学的标签，而是揭示出版工作的客观发展规律，保证它能够在科学的发展轨道上前进，促进社会主义出版事业得以适应现代化建设的需要。因此，必须得到马克思主义的指导，因为只有马克思主义才是唯一科学的认识世界和改造世界的锐利武器。马克思说，过去的哲学家们只是用不同的方式解释世界，而问题在于改造世界。离开了马克思主义的"争鸣"，就意味着离开改造世界的目的，离开实践的目的，最终只能回到

① 《马克思恩格斯选集》第 1 卷第 16 页。
② 同上书，第 18 页。

某种神秘的"绝对观念""宇宙精神"中去，变成脱离实际的经院哲学。这是从思想理论上说的。从社会制度上说，我们是社会主义社会，我们的社会主义制度是根据马克思主义原理建立起来的，我国的政治、经济、教育、文化、新闻、出版和学术等各个领域都是以马克思主义为指导的，出版科研事业的发展，当然也毫无例外地要以马克思主义为指导。

坚持以马克思主义为指导，用马克思主义的世界观和方法论研究出版科学，这是我们出版科研事业能够顺利发展的根本保证。现在，有的同志也尝试用某些自然科学的研究方法来观察我国的出版实践。从不同的角度，得出某些思想材料、数据和资料，目的也是为了丰富我们的学术研究。但要防止把起码的常识神秘化，使人堕入云里雾中。值得注意的是，我们曾经发现过有那么一二篇"论文"，它们不是以实践经验为基础，也不是用马克思主义的方法去观察我国出版事业的过去和现在，预测它的未来，得出合乎客观实际的认识，而是搬用那些连论者自己都尚未真正掌握的所谓自然科学的新方法，套用一个又一个费解的名词和概念，既无补于实际工作，又无助于出版科学研究。当然，在中国诺大的土地上，在出版科学的百花园中，出现一二个费解的名词，也无伤大雅。极而言之，即使出现一二株毒草，也不值得大惊小怪。只要我们大家都能够本着为人民服务、为社会主义服务的明确目的，正确对待争鸣中出现的错误思想和非马克思主义观点。认真贯彻马克思主义指导下的"百花齐放，百家争鸣"的方针，用马克思主义的批评与讨论的方法，完全可以得出正确的结论，从而促进学术思想的顺利发展。

四、关于认真总结我国历史经验和吸收国外有用的学术成果

我国是文明古国，具有世界上最悠久的书史、编纂史、印刷史、造纸史和出版史，这是世界所公认的。历史遗留下来的经验和资料十分丰富，大都散见在浩如烟海的书刊之中，包括党领导的革命出版工作经验都缺

乏必要的总结和整理。在过去漫长的岁月中，虽然也出现过一些有关的图书，可是品种很少、印数不多，现在即使想买也买不到。这种状况十分不利于我们总结历史经验，探索客观规律，丰富现代出版科学的理论体系。现在需要有更多的人坐下来、钻进去，进行系统的研究，保证我们能够有效地继承十分丰富的历史遗产。如果我们今天再不认真研究自己的历史，那就不仅不能建立具有中国特色的社会主义出版科学，并且会被国外的某些人有意无意地歪曲历史，篡改历史。这将有负于我们祖先的光荣业绩。

新的历史时期是改革、开放的时期，是科学技术迅猛发展的时期，我们的出版事业和出版科学研究，也不能束缚手脚，囿于国内。我们应该重视国内外的学术交流，积极掌握国外的出版信息，了解国外出版科学的学术成果，包括现代技术，新的思想、学说和管理经验，以对我国有益有用为前提，有选择地加以吸收，作为我们的借鉴。

在现代社会里，我们对于外国的东西，既不能拒之于国门之外，也不能不顾我国国情，照搬照抄，更不能顶礼膜拜，而必须有分析地对待，真正做到洋为中用。我们的出版理论研究，也需要了解资本主义，这是为了更深刻地认识社会主义，我们需要研究外国，这是为了更好地概括中国特色。知己知彼，百战不殆。了解别人，是为了进一步对照自己，参考别人的经验和教训，尽可能使自己少付学费，使我国的出版科学研究得到更迅速的发展。

五、关于专业研究和业余研究相结合

坚持专业研究和业余研究相结合的道路，是我们出版科研工作的特定方针。出版科学研究作为一个方面的工作提出来，还是近二三年来的事，我们研究所正式成立到明天才满 2 年。出版发行的专业研究力量还很薄弱，全国加起来（包括高等学校有关专业的教员在内）充其量不过

100 余人。队伍的素质、年龄结构，也不很理想，不可能担负出版发行战线迫切需要解决的科研任务。退一步说，若干年以后，专业研究队伍发展壮大了，力量雄厚了，它也不可能全面担负起社会主义现代化建设中不断提出的各种各样新的任务，包揽研究改革开放中出现的许多新情况和新问题。另一方面，全国出版界人才济济，可以说各种各样的人才，应有尽有。尤其是近几年来，相当一部分老同志退居二线，他们有丰富的实践经验，有较高的理论、政策水平，也有一定的精力和浓厚的兴趣，希望做一点理论研究工作，这是一支不应该忽视的力量。因此，发展出版科研必须坚定地走专业研究和业余研究相结合的道路，坚定地依靠既有丰富经验又有相当理论修养的同志。这不是一个权宜之计，也不是临时措施，而是一个长期的方针。

我们希望各地都把出版科研活动搞起来，普遍深入地开展下去。如果有几个既懂得马克思主义，又富有实践经验的积极分子，我们的事业就大有希望。

六、关于科研的目标和工作重点

出版科研的基本目标是要探索建立具有中国特色的社会主义出版事业的道路，研究建立我国社会主义出版科学的理论体系。这个目标当然不是在 1990 年以前所能达到的。但是，我们必须以这个总目标为方向进行不懈的努力。

有的同志说，出版科学的理论研究，在我国长期未被人们所重视，迄今仍是空白一片，资料缺乏，条件很差，在这样的基础上要想建立体系，岂非空中楼阁？不经过几十年的艰苦努力，只能是不切实际的幻想。建立一门学科不容易，这是事实，我们基础很差也不无道理。但是，我们必须开始工作，我们必须从头做起。我们不能被一片空白所吓倒，如果我们今天不做，那么几十年以后，仍然只能是一片空白，我们的理论体系永远也建立不起来。当然建立出版科学的理论体系，不能一蹴而就，不能要求一锄头就挖出一个金娃娃，按照科学本身发展的规律，需要有一个相当的过程。但是，我们希望尽量缩短这个过程。我们起步已经晚了，我们应该向前赶。事实上，这几年出版科研迅速发展的势头证明，比我们原来预料的要快得多。从 1983 年 6 月 6 日，《中共中央、国务院关于加强出版工作的决定》提出加强出版科研工作以来，仅仅 3 年多时间，我们已经有了几百篇论文、十几个内外刊物，在十几个高等学校开办了编辑、出版或发行专业，而且出了几十种新书。这些在 3 年以前几乎是不可思议的。当然已有的这些和要建立一个现代学科的需要来比较，还是很不够的，这一点我们必须有清楚的估计。而且，当前的困难不少，条件也不那么称心如意。但是我们有悠久的出版历史、丰富的经验，有一支能够撰写著译的专家队伍，有比较有利的出版条件，这些决定了出版学的建立，可能会比其他学科来得更快一些。

我们的工作重点。从现在起，到 1990 年末还有不到 4 年时间。我们的任务很多，我们必须紧紧地抓住重点。重点是二个方面：一是对当前出版工作中重大实际问题的研究，这方面问题很多，也不能什么都抓，全面铺开，只能选择一二个问题，组织力量，进行调查研究，积累资料，力求从理论上做些回答。二是加强出版学的理论研究，力争搞出几本教材、概论、专著和工具书。在坚持质量的条件下，有一本算一本。如果全国通力合作，搞出几本教材应该是有可能的。哪怕是一个省或几个省搞一本，我们也要艰苦奋斗，搞出几本来。不然，我们对不起高等学校出版方面专业的师生。说搞几本教材是有可能的，这不是一句空话，现在有的地区、有的单位、有的高等学校已经开始这样做了。我们希望出版界和高等学校合作，共同来完成这个任务。彻底结束所谓"出版无学""编辑无学"的历史。

要建立出版科学的理论体系，使它成为一门崭新的学科，首先离不开人。要有一批努力学习、刻苦钻研、敢于立言立说的人；要有一批勇于拼搏、富有开拓精神、不怕别人议论讥笑、善于奔波呼喊的人；要有一批愿意为建立出版科学献身的人。

除了人的因素之外，还必须具有物的因素，就是要花一些钱。实际上无论哪一个学科的建立，都是要花钱的。因为开展理论研究，免不了要办刊物，要出书，要开学术讨论会，要编印国内外资料，这些都要花钱。否则，就谈不上建立学科。从"生意眼"来看，这些都是亏本的买卖，实在划不来。这就需要那些对发展出版事业有高度责任感，有胆识、有战略眼光的出版工作者的支持，心甘情愿地为建立出版科学"亏本""赔钱"，为发展出版科研事业、建立出版学的学科尽自己的一份力量。对于这些同志、这些单位，我们应该向他们表示敬意！相信历史是不会忘记他们的。

要坚持出版科研成果的质量。科学研究是一件严肃的事情，科研成果应该有相当的质量，出版科研虽然是一件新事，但在坚持科研成果的标准这一点上，不应该例外。究竟怎么办？应该是既要坚持科研成果的标准，又要从实际出发。我们说要坚持科研成果的标准，是因为科学有它自己的含义，恐怕不能把凡是列入科研规划的，不管搞成什么样子，统统称为科研成果。

科学是建立在实践基础上，经过实践检验，具有严密逻辑的，关于客观事物或现象的本质、特性、必然联系或运动规律的理性认识和知识体系。它是人类认识世界和改造世界的经验总结。简单些说，科学是对客观事物本质的揭示，是对偶然中必然的揭示，是对运动过程中规律性的揭示，是系统反映事物真相的客观真理。科学首先应该具有客观性，它必须从客观实际出发，即使科学家的世界观是唯心主义的，但他的科学成果必然是唯物主义的，真正的科学是与一切唯心主义、主观主义、片面性相对立的；科学的知识必须具有实践性，它是实践经验的系统总结，不是凭空想出来的，不是纯粹思维的自由创造。它是与脱离实际的经院哲学、玄学相对立的。科学必须具有理论性，它不能停留在经验的阶段，科学知识的形成，是要通过一定的思维方法和手段，对实践中获得的大量经验、感性认识进行概括和总结得来的，它作为一种理性认识和感性经验是有区别的。科学应该具有逻辑的系统性，它不是局部的、个别的理论知识，而是系统的理论知识；它不是零散的、混乱的、毫无内在联系的一堆知识拼凑，而是一个整体系统，是一种不可分割的有机联系。科学具有真理性，或者说是相对的真理性，它和迷信、盲从和谬误相对立。最后，科学应具有发展性，它随着事物的发展而发展，从来不堵塞进一步认识真理的道路，事实上一定历史条件下形成的定义、概念、范畴、理论，都要由后人来补充、修正，甚至取代。所以，它是和保守、僵化、停滞不前的思想观念完全对立的。

我们的出版科学也是这样，作为一项科研成果，我们应该要求它有丰富而坚实的专业知识，贯穿着严谨的科学方法论，它应该对未知领域有新的探索，它应该是经过实践检验确实证明能够解决实际问题的理论知识的系统概括，它应该在某一方面、某一环节作出新的、创造性的、较有价值的贡献。

有的同志可能会说，这个要求太高了。是的，作为科学研究，我们应该坚持一定的标准，我们不能把什么都说成是科学，什么都往科学这个口袋里装。不然，人家会说你这一套不是科学，或者说降低了科学价值，说你是挂羊头卖狗肉，甚至败坏了科学的名声。

我们说从实际出发，是因为我们必须看到，出版科学研究刚刚起步，基础薄、资料少、条件差，所以必须从实际出发。那些有条件的同志，完全可以写书写文章。写出来的东西，可以根据情况，加以区别。有的可以列为科研项目，有的就作为一般的文稿书稿。作为一般的文稿书稿，只要符合发表水平、出版水平，都应该发表和出版，但不能列为科研项目。比如有的作者用演绎或移植的方法，把其他学科的原理原则，引入自己的书稿，构成自己的书稿体系，或者从国外同类著作中，搬用合理的一部分，组成自己的篇章。稿子可能写得很有条理，完全可以出版，甚至是一本受人欢迎的好书，但能不能说作者已经完成了一项科研项目，或者说因为群众欢迎，就可以列为科研项目，这恐怕是值得商量的。究竟达到什么样的水平，才能称作科研成果，这里既不能自封，也不能对他人的劳动成果妄加非议，应该让具有权威性的学术委员会来加以评议。

出版科研方兴未艾，已经有了一个好的开头。在党的领导下，在中央和地方出版领导机关的领导和支持下，经过出版界内外一大批积极分子的努力，相信我国出版科研的形势一定会越来越好。

《出版与发行》1987年第4期；《编辑学研究在中国》P180，湖北教育出版社1992年1月版

研究编辑劳动　揭示编辑规律

毛泽东同志说过："不论做什么事，不懂得那件事的情形，它的性质，它和它以外的事情的关联，就不知道那件事的规律，就不能做好那件事。"做图书编辑工作也是这样，我们应该懂得它的情形、它的全过程、它的性质，它和它以外事情的关联，从而得出它的客观发展规律，并且运用这种规律来指导编辑工作的实践，把编辑工作做得更好。

什么是规律？规律是不以人的意志为转移的客观过程的反映，是客观事物在运动过程中内部各种关系之间最本质的、必然的联系。列宁曾经对规律做过最简单明了的阐述，他说："规律就是关系……本质的关系或本质之间的关系。"这表明规律是客观事物和现象在运动过程中所固有的、某种不可改变的发展趋势，它为同一类事物和现象所共有。只要具备了一定的条件，规律将毫无例外地在同类事物、相同的范围内普遍地表现出来，发生它自己应有的作用。所以斯大林曾经概括地说："马克思主义把科学规律——无论是自然科学规律或政治经济学规律都是一样——了解为不以人们意志为转移的客观过程的反映。"

揭示图书编辑的规律，首先要了解图书编辑的性质和特点。书刊的本质是一种精神产品，是思想文化科学的主要传播手段。社会主义的出版工作，首先是宣传教育工作，具有鲜明的思想性和革命性，同时又是一项科学文化工作，具有很强的知识性和科学性。正因为如此，《中共中央、国务院关于加强出版工作的决定》中对编辑工作曾经做了明确的论断，指出："编辑工作是整个出版工作的中心环节，是政治性、思想性、专业性很强的工作，又是艰苦细致的创造性劳动"，"应当肯定编辑人员的重要作用和贡献，尊重编辑人员的创造性劳动"。这些论述是对社会主义社会书刊编辑工作性质、特点和作用的科学的简洁的概括，也是我们揭示编辑规律的理论根据。

编辑的创造性劳动，表现在有目的地组织出版能够适应和促进社会发展的精神产品；可以在原稿基础上进一步提高精神产品的质量；美化图书（包括它的形式和内容），给读者以美的享受；增强它作为传播和积累手段的效能。这种劳动，是一种再创作，所以它同样创造使用价值和价值，但这种劳动创造的价值往往融合于作者劳动创造的使用价值和价值之中，最后还要通过工人劳动生产的产品才能体现出来。因此在很大程度上，编辑的劳动成果与作者劳动的成果，统一在一个成品中，具有不可分性。

编辑活动是一种社会文化现象，具有客观性，编辑劳动作为一种社会职业，具有独立性，编辑以他人原稿为基础，贡献自己的智慧和才能，并把自己的劳动成果融于他人的劳动成果之中。一般说来，作为一种精神产品，一部图书的问世，编辑并不是全部劳动的主要承担者，主要劳动者应该是图书的作者，所以编辑劳动具有辅助性。但是，这种劳动的辅助性，并不影响编辑劳动崇高的社会职责，以及编辑在图书生产过程中的重大作用。编辑劳动在图书诞生过程中的辅助性只说明编辑和作者社会分工的不同，并不是社会地位的不同。因为编辑劳动在图书生产过程中不仅是一种不可缺少的劳动，而且"是整个出版工作的中心环节"。在我们社会主义国家里，编辑必须在自己的工作中，坚持党和国家的方针政策，宣传群众，教育群众。这些方面，编辑甚至比作者有更大的责任。编辑这种既负有重大责任，又属于辅助性劳动的性质，正是编辑不同于学者、作家、演员、导演、设计师、教员、雕塑家、画家等其他精神产品生产者的地方。

编辑的劳动过程，充满着各种各样的矛盾，最本质的是编辑以自己的知识和才能作用于图书的生产过程，从而创造出相应的财富的过程。编辑劳动的这个过程，主要是一种脑力劳动的过程，但由于它的对象和作用的不同，也显示了它自己的特性。分析编辑劳动的这种特性，正是我们揭示编辑规律的基础。

那么编辑劳动究竟有哪些特性呢？是否可以从以下几个方面来加以阐述？

一、总体设计和字斟句酌精雕细刻的统一

从宏观来说，一个出版社，一个编辑部，或者是一套大型丛书，一部规模宏大的大百科全书；微观地说是一本书、一期刊物，作为一个编辑，事先都应该有一个总的设想，我们不妨就叫它为总体设计，或总体构思。这种总体设计应该包括图书的精神方面，诸如主题思想和基本内容、框架结构、文字布局和装帧插图等各个方面的考虑，一般就称之谓"编辑方案""编辑计划"等。总体设计当然也包括形式方面的考虑，包括用纸、开本、排版以及其他印刷装订等。

这种总体设计是编辑人员根据出版方针、出书的指导思想和一定的专业分工范围来考虑的。它要适应整个社会经济、政治、思想、文化、科学技术发展的需要（在阶级社会里，毫无疑问，还必须适应阶级斗争的需要），要适应整个社会前进的总的步伐，又要根据生产发展的可能。总之，编辑要想大事，世界大事、国家大事、社会生活中的大事，他们可以踱踱方步，想想形势，然后来提出自己的出书思想。

这种总体设计来源于编辑人员对客观状况的周密调查和充分研究，包括各种不同层次读者的调查、多方面的信息、市场的预测、作者队伍的分析、著译力量的估量、同类书出版的特点及其销售状况……基于以上各个方面情况的了解，编辑人员才能按照当前和长远的需要，主客观力量的实际可能，深思熟虑，作出判断，最终形成总体设计。这种总体设计就可能比较符合实际，经得起历史的检验。

编辑不仅是图书的设计师，要绘制出一张一张宏伟的蓝图，还应该是这种设计的施工者、建筑师。图书的总体设计形成以后，就要付诸实施，

编辑工作的各个过程，都是为了实现这个总体设计。总体设计既是编辑过程的一个重要组成部分，又是编辑"施工"的基本蓝图。

编辑工作除了有宏伟的总体设计以外，还需要做许多十分细致的工作。如果说总体设计是构筑一座伟大工程的沙盘模型，那么字斟句酌、精雕细刻就是完成一项微雕艺术。它要求编辑在每个环节上都要逐字逐句、精工细作。这将关系到图书出版以后，是否符合社会发展的需要，适应一定层次读者的要求，能高质量地为社会服务的大问题。这就要求编辑从图书的思想内容、政治倾向、知识面的宽窄与内容的正确，一直到遣字用词，包括每一个标题、每一标点符号都要一再琢磨，反复推敲。有时为了一个数字、一句引文、一个古代帝王的年号……不惜一次又一次跑图书馆去核对，真正做到认真负责。所谓一字一句都要对人民负责，一点一逗都要让读者放心，这里就要求编辑做琐事、做杂事、做那些看上去不起眼的小事。

没有编辑对每本书稿的精雕细刻，任何一位伟大作家的手稿都不能成为传播于大众的图书。没有编辑的精雕细刻，任何一种美好的总体设计都不能成为现实。

所以想大事、制订图书的总体设计与做琐碎的小事，认真地字斟句酌、精雕细刻，在编辑手上，异乎寻常的统一。编辑除了从作者那里取得合乎自己需要的手稿以外，大都是要请作者理解编辑部的总体设计，根据他个人的条件来撰写稿件。或者编辑与作者共同商定著述的基本设想。这与房屋的设计师与具体的施工工人不同，设计师以提出图纸为完成自己任务的标帜，工人则根据图纸施工，两个工序，界限十分清楚。它和电影导演根据已有的剧本进行拍摄前的形象设计，现场导演，然后由摄影师加以拍摄也不相同。编辑工作要求对图书总体设计和对原稿精雕细刻的具体加工紧密地相结合，由编辑统一来完成设计和加工，既解决宏观问题，又解决微观的问题，做到想大事与做琐事的高度统一。这不能不说是编辑劳动的一种特性。

二、催生和把关的统一

编辑是图书的设计师，是出书全景的构思人。一本书，甚至是一套书，出不出、如何出、在什么时候出，这些都取决于编辑，他对出书方向、出书面貌、书稿的命运，具有决定性的意义。从这个意义上说，他是出书事业的设计者、组织者和决策者。但他又不是图书生产全部劳动的承担者，他在图书生产过程中负有重大的责任，但又属于辅助性劳动的性质。这种情况就决定了编辑在自己的工作中，必须正确处理催生和把关的关系。

编辑从调查研究，获取各种信息开始，直到总体设计的形成，选题的制定，作者的物色，以及通过耐心地、多次地和作者交谈、通信、交流思想，贯彻编辑意图，解决作者提出的困难和问题，向作者提供各种有关的信息、资料，介绍必要的情况，审读作者的写作提纲，为作者写作提供各种方便，帮助作者写作计划的逐步实现，包括以后审稿、加工、读校、美化……凡此种种，编辑的作用就是一条，为图书的分娩催生。

编辑的职责不仅是催生，而且要优生，就是要保证书稿的质量，努力出好书。所以编辑又必须做好把关工作。

编辑把关，首先就要注意图书作为影响人们精神世界和指导实践活动的社会效果，把社会效果作为图书编辑工作的最高准则，始终注意图书的政治性、思想性、科学性和艺术性，要注意宣传马克思列宁主义、毛泽东思想，传播有益于经济和社会发展的科学技术和文化知识，丰富人民的精神文化生活。

编辑把关，关系到一个出版社的出书面貌，甚至关系到出版社的声誉。任何一个编辑，一个编辑部，不要认为只是"我出这本书"，或者"我只出了这本书"，而应该把自己出的每一本书，都看成是社会的一项活动。试想，如果在一定时期内，从一个编辑的手里，从一个出版社，接二连三地放出坏书，那就绝不是某个编辑、某个出版社的问题，这是显而易见的。从这个意义上说，一个编辑的责任，绝不亚于建设一栋大楼、一条铁路、一个原子能发电站的总工程师。所以一个出版社出什么书、不出什么书，在众多的稿件中，如何取舍，首先要遵照党和国家的出版方针，按照社会发展的需要，根据各个层次读者的不同要求来进行抉择，对于那些优秀的精神食粮，要全力支持它出版，对于那些宣扬封建迷信、诲淫诲盗、黄色下流、格调低下、粗制滥造、有害无益或害大益小的东西，要坚决拒之于门外，对于那些无益无害、可出可不出的东西，也要严格把关，降到最低限度。因为一本反动的书稿、一张淫画，虽然很坏，但是它的影响毕竟是有限的。如果一经出版，予以传播，它的社会效果，不仅在于危害直接阅读者，还危害了社会主义国家的出版声誉，除了政治性、思想性问题需要把关之外，知识性、科学性问题的把关也非常重要，这方面的错误，一经流传，不仅会贻害读者，而且会危害经济建设乃至人民生命财产的安全。所以编辑把关，反映了编辑的社会地位和作用，绝不能以一年出几本书、为出版发行单位挣得多少利润、向国家上交多少税收来衡量编辑的作用，谈论编辑的社会地位。

把关是编辑最主要的任务，这是社会赋予编辑的神圣使命。一本书的把关，重要的是政治把关。但不仅如此，编辑把关是多方面的，有重大问题，也有细节问题，有时看上去是细节问题，又可以转化为重大问题。所以把关应该和催生一样，贯彻于编辑工作的各个环节。作为一个编辑，他的一切工作都是为了出书，催生是他义不容辞的责任；同时又必须把关，把关是为了把书出好，在某种意义上来说，把关也是为了催生，是催生的继续。

编辑既要催生，又要把关，这就是编辑劳动的另一个重要特性。

三、学与用的统一

一个科学院的研究人员，他应该在一个专业，或者在一个专题，甚至是一个专题的某一个环节上，深入钻研，得出新的见解，有所发明、有所创造，从而作出新的贡献。举例来说，史学家为了一个历史人物、一个历史事件、一部重要的著作，皓首穷经，刻苦钻研，孜孜矻矻一辈子的有之；学天文的为了某个行星的运行，观察分析、一瞬几十年者也有之。但是，一个编辑则不同，他不能局限于某个历史人物、某个难以观察的星星，虽然他同样需要某一学科的专业知识，但他更需要在比较广博的知识领域中多方涉猎。因为世界上有几百门学科，还有人说有几千门学科，但出版社绝不能为每一个学科都设立一个相应的编辑。这是不可能也不必要的。如果有一个学《明史》、专门研究李自成的编辑，他要处理的稿子，不可能全是明史，很可能有元史、宋史、两汉史、隋唐史，甚至包括整个中国历史，还可能完全越出历史范围，去处理法学、经济学方面的稿子。更何况一部著作往往涉及到许多学科、很多方面，所以编辑人员必须学习，不断地学习、充实自己。扩大自己的知识领域，就成为自己职业的不可缺少的特殊需要。比如一个编辑，他一年编发 5 部书稿，那么，他在这一年中，就需要环绕这 5 部书稿的内容，认真地读书学习，了解有关学科的内容，掌握有关的材料，为自己组稿、审稿以及加工稿件，做好知识和材料的准备。不然他就不可能做好有关书稿的编辑工作，也不能担负起编辑的责任。推而广之，一个老编辑，几十年往往要经手处理几十部、几百部书稿，而一部书稿，很少只限于一门学科，往往是跨二个学科、三个学科，甚至更多的学科，而作为编辑都需要有所接触，有所了解。由此可以想象他的涉猎面将是多么广泛。再说，一个亲手处理过许多书稿的编辑，其中这本书和那本书，很可能在学术观点上是互相对立的，文字风格也迥然不同。但是编辑遵照百花齐放的原则，述而不作，他不但不能影响作者的学术观点和艺术风格，而且要设法去适应各种不同作者的观点和风格，鼓励作者在学术和艺术风格上的创造性。编辑除了读书学习以外，还要向社会学习，向实践学习，以适应书稿中提出的不断总结社会实践所取得的最新成果。因此，编辑的学习是无止境的，他需要知道的东西是非常广泛的，所以有人把编辑说成好像是"兼儒墨，合名法"，无所不包的"杂家"，似乎不无道理。但是，现在越来越多的人都承认编辑是一种专业，只是它的实践经验没有总结上升成为理论而已。这里顺便说一句，随着编辑学的建立，编辑的"杂家"称号，将被"编辑家""编辑专家"这样一类称号所代替。这大概是可以预见的。

可见，编辑的学与用是紧密地结合的，他的学就是工作的一个组成部分。不学，他就做不好编辑工作，要做编辑工作，就要围绕一本一本书稿，进行不断的学习，即使是几十年的老编辑也在所不免，因为他不是万宝全书、百科大词典。编辑学习，从某种意义上说，也贯彻着为用而学、学用结合的原则。学和用的不可分性，两者异乎寻常的统一，这是编辑工作的性质决定的。

这大概是编辑劳动的又一个特性。

编辑过程中，各种内外联系十分广泛，相当复杂。就其内部来说，有书稿内容是否适应社会需要的问题，框架结构是否合适的问题，有书稿质量问题，有政治性、思想性、科学性是否正确的问题，有不同学术观点的争论问题，有艺术风格和表现形式问题，有辞章语法问题……不一而足。就外部来说，有编辑和作者的关系，和读者的关系，和出版、发行的关系，和领导机关、兄弟单位、图书馆甚至财务的关系，有编辑与编辑的关系。总之，有编辑和社会各个方面的关系，真是应有尽有。但是，编辑劳动过程中所有的内外关系，归根到底，无不通过对图书的总体设计和字斟句酌、精工细作，摧生和把关、学和用的紧密结合这三种关系表现出来，这也说明了这三种关系是编辑劳动过程中各种关系最集中、最本质的表现，它们在编辑劳动过程中是普遍存在的，是不断反复出现的。无论何人、何时、何地，只要从事编辑劳动，他就必然会经常碰到这三种关系，迫使你去处理这三种关系。当然，其中某些内容，其他精神产品生产者也可能碰到。但是，它在编辑劳动中像前面谈到的那种特殊表现形式，却不是其他精神产品生产者都能碰到的。这就是编辑劳动的特殊性。总之，在编辑劳动中，这些关系是避不开、躲不过的。因此，也可以说它是一种客观存在的特殊规律。人们承认它也好，不承认它也好，它都在那里发挥自己的作用。编辑工作的实质，就是如何把这些关系处理好。

编辑规律问题的讨论，是很有意义的。问题的实质，在于我们自觉地掌握在我们的工作中，究竟有哪些东西客观地经常地在那里起作用，促进或者延缓着我们的工作的发展。这是我们编辑学研究中理应弄清的问题。这个问题今天能够提出来讨论，正反映了这几年我国图书编辑学的理论研究，正在不断深入。如果在前几年，不要说讨论编辑规律，即使想提出这个问题，也缺乏必要的基础。笔者所以愿意提出自己的浅见刍议，主要是表示赞成编辑规律问题的讨论。如能抛砖引玉，则将超过奢望多矣。

《编辑学刊》1987 年第 4 期；《编辑学研究在中国》P49、湖北教育出版社 1992 年 1 月版

我们的目标：建立具有现代科学形态的编辑学

一

由河南省社会科学联合会、河南大学、河南省出版工作者协会召开这样一次编辑学学术讨论会，这件事本身具有十分重要的意义，它突破了以往主要由我们出版界人士来研究书刊编辑学的格局，发展到了由学术界、教育界、出版界一起，共同来研究书刊编辑学。仅仅这一点，将在我国出版科研史上写下新的一页。这种状况的出现，表明了近几年来我国编辑学研究的迅速发展，已经引起了社会和学术界的关注。编辑学的研究，已经不只是出版界的事情，已经成为学术界、教育界、出版界的共同事业，这个发展是值得我们重视和珍惜的。

河南所以能够召开这样一次会议，除了近几年来我国出版事业的发展，出版科研事业的兴起，编辑学研究的不断前进，提供了必要的气候和条件之外，也和河南的出版界、学术界、教育界作出的许多努力分不开的。比如河南大学对编辑学的研究有了相当的重视，已经做了不少工作。河南省社会科学联合会已经把编辑学研究提到议事日程上来。河南省出版工作者协会前不久还召开过省出版论文研讨会，据了解这次会议不仅征集的论文多达90篇以上，而且是在版协所属的出版、编辑、印刷、发行等各个研究会，分别召开研讨会的基础上举办的，其论文涉及出版工作中许多理论和实际问题。这些都说明这次会议事先有了比较充分的准备；说明河南有了一批出版科研的积极分子；说明河南的出版科研工作正在迅速发展，行将成为全国几个较为活跃的省市中的一个。这是我们应该感谢河南的学术界、教育界和出版界的。

我国的出版科研事业、编辑学的研究，这几年来发展相当快。这不是少数几个人心血来潮的产物，也不是天上掉下来的。它是党的十一届三中全会以来，贯彻改革开放方针的结果；也是我国现代出版事业发展过程中的客观需要；这是社会分工日益专业化的必然结果。

还应该说明的是：多少年来，对编辑出版的理论和业务研究，不仅仅是我国一个国家所独有的，在其他国家也同样存在，当然研究的角度、深度和重视的程度是不同的。在日本、韩国有出版学，在欧美有"出版概论""编辑业务概论"等，情况不完全相同。

据我们初步掌握的不完全的材料看，情况大体上是这样的。

先说美国，早在 1926 年就出版了迄今较有影响的《出版概论》，作者是斯坦利·昂温。初版时的内容是比较简单的，以后不断修订再版，1974 年作者做了重大修订。现在我们可以见到的是它的第 8 版。据说已有 10 多种文本在世界流行，被西方有的人誉为"出版圣经"，我国也即将出版这本书的中文译本。在同一时间里，还出版过其他一些书。从近一点看，美国出版了下面一些有关编辑出版方面的图书。

1975 年出版了《科技编辑》（作者为班捷明·维尔）。

1977 年出版了《编辑业务概论》（作者为吉尔真·珍妮、鲁特·罗伯特）。

1980 年出版了《电子时代的编辑工作》（作者为季普森·马丁）。

《编辑艺术》（作者为巴斯克特·弗洛伊德）。

《讯息编辑》（作者为布鲁斯·威斯特科）。

1982 年出版了《杂志编辑》（作者为伯那·恩·托马斯）。

1984 年出版了《编辑工作要素》（作者为普勒尼克·约瑟）。

《联结编辑论》（作者为斯德瓦尔·詹姆斯）。

1985 年出版了《编辑论编辑工作》（作者为格洛斯·吉洛尔德）。

英国从 70 年代起，也先后出版了《图书编辑》《图书设计的编辑》《出版词典》《袖珍出版词典》《印刷与出版双用词典》等。

在日本，没有单独的编辑学这个名词，但有"编辑论"，属于出版学的一部分。它们在这方面的著述较多，举其要者有：

1970 年翻译出版的法国斯坦利·昂温著的《出版概论》；

1971 年出版了《出版事典》（布川角左卫门主编）；

1972 年出版了《现代出版学》（清水英夫著）；

1973 年出版了《什么是出版》；

1976 年出版了《翻译出版业务》；

1978 年出版了《出版规划》；

1979 年出版了《出版革命》；

1980 年以后，又相继出版了《现代的出版》《出版社特色研究》《作为信息的出版》《作为消费的出版》《作为历史的出版》《出版的思考》《电子出版》等。

在社会主义国家里，对报刊图书出版工作当然更为重视，马克思主义的经典著作家，在革命和建设时期，都做过许多论述，著名的有：《党的组织和党的出版物》《论我们报纸的性质》《与晋绥日报编辑人员的谈话》。此外，还通过党的组织，国家机构做过许多重要的决议、规定。这些在马克思主义的编辑出版史上都具有重要地位。比如苏联，早在 50 年代就在大学里设有编辑出版方面的课程，编印过《书刊编辑学教学大纲》（倍林斯基教授编，国立莫斯科大学出版社 1954 年版，中国人民大学出版社 1956 年曾正式出版中译本）。此外，还出版过《书籍编辑技术》《报纸的文字编辑》《手稿校读》《表格的编辑》《校对员手册》《校对技术》。捷克斯洛伐克也在 1963 年出版过《词典学概论》。

再说我国的情况，这里只说新中国建立以后的。1959 年原来的文化学院曾经开办"出版发行研究班"。这个班的出版组曾经集体编写过《图书出版工作概论》（初稿），8 万余字，可惜 1961 年文化学院停办，没有来得及完稿出版。从已出的书来看，研究编辑工作比较早的书是：《报纸编辑学》，作者梁兴、施史明等（人民大学出版社 1982 年版）。最近几年来，这方面出书有很大进步，曾先后出版了《马克思恩格斯关于出版的言论》（1986 年展望版）、《列宁和编辑出版工作》（1986 年中国

书籍版）、《出版业务知识》（1984年文化艺术版）、《词典学概论》
（1983年商务版，译自捷克）、《辞书概要》（1985年福建人民版）、
《百科全书编纂概要》（1985年山西人民版）、《实用编辑学》（1986
年中国书籍版）、《编辑工作二十讲》（1986年人民版）、《编辑学论集》
（1987年中国书籍版），还有编辑学论文选多种。

此外，香港早在1965年就出版了《杂志编辑学》。我国的台湾省
也在1979年出版了《新闻编辑学》，1980年还出版过《现代杂志编辑学》。

从上述有关这方面的著述情况看，我们似乎可以得到这样几点印象。

（1）有关编辑工作的著述，大体上有这样一个发展过程：早期出
版的主要是编辑工作具体经验的总结，技术性、方法性的业务知识。总
的说，70年代以前的著述，给人这方面的印象比较突出。而从70年代
开始，带有理性思维的著述逐渐增多并且出现了书名上冠有"学"字的
著作。这种情况说明，现代编辑工作的研究，已经由经验总结发展到理
论的研究、学术的探讨。

（2）美国、日本、英国、德国、苏联等国家都出版了"出版"词典、
事典、小百科等辞书、工具书，这对编辑学、出版学研究有某种开路或
启迪的作用，值得注意。尽管这些国家出版这些工具书的读者对象不完
全相同，但都不可避免地对一些基本概念、定义作出自己的解释，这就
加强了出版研究的理论性和学术性。我国的《出版词典》、大百科全书
中的"新闻出版卷"和其他工具书、教材的编写出版，也将为出版学、
编辑学的研究和理论体系的建立带来促进的作用。

（3）更重要的是我们可以看出编辑出版研究目前已经成为一种国
际现象。我们所以要强调这一点，主要是要说明人类文明发展到今天，
出版事业已经成为一种重要的社会文化事业在人类社会发展中起着越来
越大的作用。试想，全世界每年出版的图书报刊的品种，已经达到几
百万种，多少亿册、张。在这种情况下，编辑学的研究不可能不被提到
时代的议程上来；它的理论体系也必然会在不同的国家、不同的条件下

逐步形成，这是毋庸置疑的，也不是任何人所能逆转的。难道全人类如此巨大规模的自觉活动，就没有客观的东西在起作用，就没有规律可以研究？事情就是这样，出版事业的发达兴盛，带来了出版研究的活跃兴旺。这一点在世界上发达国家和发展中国家的区别，在国内这些省和那些省的区别，已经表现得相当明显。没有出版事业的繁荣，出版理论研究就没有基础；没有出版理论、学术研究的活跃，出版事业的进一步发展也就缺乏科学的理论指导。这也已经愈来愈被不断的实践所证明。

二

既然编辑出版理论研究已经在世界不少地方风行起来，出版学的研究已经在东方一些国家出现，编辑学的研究也已经在我国提到了议事日程，那么，我们究竟要建立什么样的编辑学呢？答案是：要建立具有现代科学形态的编辑学。具体地说，这个编辑学应该是：

首先，要体现我们的时代特点，即冷战已基本结束，和平和发展已成为世界的主题；科学技术迅猛发展，传播媒体正在向多样化发展，出版手段现代化已经引起人们日益的重视；各国间的思想、文化、学术交流越来越频繁，互相激荡也更加明显。

其次，要紧密结合当前国内外的编辑出版实际，从现在的实际工作中提出问题，把历史和现实的经验上升为理论，用以回答问题。

复次，这个学科的研究，应以马克思主义辩证唯物主义为基本方法，同时吸收已经成功地应用于自然科学研究并取得成功的各种科学的思维方法和方法论。正确的方法论在学科研究中有重要意义，这一点不能忽视。

再次，学科的知识结构必须具有独立的科学性和严密的逻辑性。它的概念系统、理论原理、基本范畴、客观规律，必须经过实践检验，符合科学的原则。从内涵上说，它要能够回答编辑实践中提出的各种问题，是一门完整的科学；从外延上来说，它可以吸收、引进其他学科的某些观点、结论，但必须经过消化，成为编辑科学自己的有机部分，它必须旗帜鲜明地与其他邻近学科"划清"界限。

最后，在中国建立起来的编辑学，应该具有中国特色，也就是要反映中国编辑出版工作的特点，也就是中国社会主义编辑出版工作的特点。不是说，这个编辑学只能适用于中国，它当然应该普遍适用于各种、各类的编辑出版工作。但是从个别到一般，只有深入研究、解剖特定国家或地区的编辑出版工作，才能为更多的国家所适用。

三

如何认识编辑学的性质，这是目前许多同志都在思考探讨的问题。现在从大的方面来看，有两种提法。一种说法是建立马克思主义编辑学；另一种说法是建立社会主义编辑学。这两种提法，可以理解为一回事，也可以理解为有所不同。问题是如何理解"社会主义"四个字。如果把"社会主义"理解为一种思想、学说，那么两者就没有什么区别。因为科学社会主义思想，本身就是马克思主义的一个组成部分。另一种情况是把"社会主义"理解为社会发展阶段、社会形态。那么就牵涉到编辑学究竟应该以思想体系来划分，还是以社会形态、社会发展阶段来划分的问题。有的认为编辑学既然是一种学说，它在客观上必然要从属于某一种思想体系。所以，以思想体系来划分似乎是顺理成章的事。不然是不是会出现封建社会编辑学、资本主义编辑学、社会主义编辑学这样一类问题？由此而产生的另一个问题是：是否从古到今，由简帛到现在的电子出版物的编辑工作中，都存在一种普遍的编辑规律，换句话说，是否存在一种从古到今都适用的编辑学。涉及这样一些问题，意见当然是很分歧的。同时也还有一些其他的问题。这些只有秉着百花齐放、百家争鸣的方针，通过学术研究来解决，只要真正做到从实际出发，编辑学的研究就会前进，而不必一开始就忙着贴上什么标签。

四

经过这几年的研究，许多同志同意这样一种提法：就是要建立具有中国特色的编辑学。这就要求我们从中国的实际出发，既不照搬资本主义国家的东西，也不照抄其他社会主义国家的东西。其实，从我们现在接触到的为数不多的国外的编辑学"本子"来看，无论是资本主义国家还是社会主义国家，它们也是从各自国家的实际情况出发的。西方有些"本子"中，图书商品化这一点是不言而喻的，字里行间，无所不在。其中，有的把流通、推销、广告当作出版概论、编辑概论的主要内容，而把审读等放在可有可无的地位。有的则把出版业当作一种工业，过分地强调印刷、机械、材料和技术，把这些看作出版事业发展的主要标志，图书作为精神产品这一点，反而在不同程度上被忽视。印刷对出版事业来说是重要的，我们也要发展印刷工业。但是，不能忘记我们现在还是社会主义初级阶段，生产力的水平不高，而印刷技术的发展不能超越整个国家现代化的进程，不可能去做目前还难以做到的事情。另一种情况是在苏联等国家，往往通过组织手段分配编写任务，落实发行数字。当然，这些目前也在改革中。新的格局如何？我们也很难"参照"。

总之，如何体现编辑学的中国特色，只有走自己的路。这里可以探索的东西甚多，现在看有几点似乎应予注意。

（1）如何理解编辑工作是出版工作的中心环节。编辑工作是出版工作的中心环节，这在《中共中央、国务院关于加强出版工作的决定》中已有明确的阐述。但近年来由于图书订货萎缩，有些编好的书不能付印，不得不取消选题，改变编辑计划。因此，有些同志对上述结论有所忽视。特别是在有计划的商品经济不断发展的条件下，图书市场对图书生产的影响日益增强。如何认识这个问题可以开展讨论，这是因为是否以编辑工作为中心，直接关系到编辑学的理论基础，确立编辑格局的前提。

再说，如何理解以编辑工作为中心，也直接关系到编辑学和出版学的关系。在我国出版界，比较普遍的看法是：编辑学是出版学的一个分支，或者说是一个重要的分支。也就是认为编辑学是出版学的一个组成部分。但是，近年来也有同志认为既然编辑工作是出版工作的中心，为什么不能设想以编辑学为主体、为中心，而把出版学作为编辑学的一个分支、一个组成部分。他们认为这样有利于突出图书作为精神产品的应有地位，有利于揭示社会效果是精神生产的最高准则这个思想的客观真理性。持这种意见的同志还认为我国古代出书都是先编撰了书稿，然后付梓刊刻，仅有刻工、作坊，没有书稿的编撰，是无法刊刻印行的。他们还认为出版界有些同志所以把出版学作为主体，主要是根据我国目前的行政管理，因为行政机关主要是从出版的角度来进行管理的，诸如出版物的合法、非法，限制和鼓励，以及定价、发行体制、物资供应、印刷周期等等。行政管理虽然也抓宣传思想，审批选题计划。但大量的工作是前者而不是后者，因而突出了出版，实际形成了以出版为主体的格局。但是，从本质上看，我国出书的指导思想、编辑方针，仍然是由社会主义社会的性质、制度决定的，是党的路线、方针、政策决定的。所以，编辑工作仍然应该是中心，是主体。这个问题很大，是我们研究编辑学应该解决的。

（2）要充分考虑我国丰富的历史经验。我国图书编纂工作的历史十分悠久，经验非常丰富。这是我们不同于许多其他国家的特点。我们应十分珍惜，认真加以总结。从孔夫子到鲁迅，他们的图书编纂思想是什么？我国历史上几次书厄，以及图书的多次复兴、繁荣和发展，它的历史背景、政治经济条件如何？我国历史上一些巨著、名著编纂出版的基础、条件和经验怎样？各个历史时期编纂者的社会地位的演变，以及图书所积累的社会财富对社会发展的影响，对整个中华民族形成和发展的意义如何？都应该加以考察和总结。总之，我们要以我国历史上丰富的图书编纂经验为基础来构思编辑学，这是我们的编辑学能否体现中国特色的重要方面。

（3）要充分考虑建国30多年来正反两方面的丰富经验。新中国成立以来，出版事业飞速发展，和旧中国的出版业相比，不可同日而语，经验也极为丰富，特别是党的十一届三中全会以来，编辑工作的新鲜经验十分宝贵，我们应该认真加以总结。如果回顾一下，几十年来我们走过的路程。比如我们的编书出书工作，曾经跟着运动转，我们也曾经采用过办报的方法编书，想一想我们在五六十年代编了多少书？出了多少书？留下来的有多少？能够重版的有多少？编辑工作中的这种状况，根源何在？再如近几年来，我们的一些编辑出版工作者，曾经热衷于出那些武侠、侦探、言情、新武侠之类的书，掀起这个"热"和那个"热"。这种状况的根源又何在？一般认为是"向钱看"，这当然无可厚非，但恐怕也不是唯一原因。还应该看到除了"向钱看"这种思潮以外，还有其他各种错误思潮的影响。可见，无论过去和现在、编书和出书，都和一定时期的政治形势、社会经济条件分不开的。这里有没有客观的东西在我们的编辑工作中起作用，有没有规律可循，难道不能加以总结研究吗？退一步说，前几年曾经一度出现的这个"热"、那个"热"，难道是图书出版中所独有的吗？不是，这些在文艺、电影、电视、广播中无不同样存在，甚至有过之而无不及。那么为什么独独在图书中就显得如此触目呢？这是因为图书在大众传播系统中影响的持久性和广延性，它的作用不同于其他传播工具的缘故。也可以说，这正是图书的特殊性所使然。这正是我们研究图书编辑学所应该着重加以总结探讨的问题。

建立编辑学如何体现中国特色的问题，有许多东西可以探讨。这篇短文涉及的不一定是主要问题，而且十分浮浅，仅供有兴趣的同志研究思考。

1987 年 6 月

《20 世纪中国的编辑学研究》P107，河北教育出版社 2000 年 1 月版

出版科研工作要注重理论联系实际

理论联系实际是我们党的三大作风之一，是党的优良传统。中国革命的胜利，是马克思列宁主义普遍真理与中国革命实际相结合的胜利。中国社会主义建设的胜利，同样是马克思主义与中国建设实际相结合的胜利。我们出版科研事业要前进，也必须坚持理论联系实际的原则。

近年来，出版科研事业发展很快，从根本上说，是坚持以马克思主义为指导，理论联系实际的结果。一批有实践经验又有一定水平的老同志起了带头作用，积极分子、热心人也越来越多。由于出版科学研究是从实际需要中产生的，搞研究、写论文的，绝大多数是富有实践经验的老同志，所以，许多论文有理有据，都是在总结实际工作经验的基础上升华起来的，具有理论与实际相结合的长处。许多同志反映，这样的论著对实际工作有指导意义。有的处在领导工作岗位上的同志，也认为许多论文有情况、有数据、有分析、有见解，从理论的高度回答问题，使人开阔思路，给人启示，对解决实际问题有帮助，比搞调查、开座谈会，仅仅了解一点情况，提一点措施，要好得多。有的同志认为，抓了出版科研，进一步明确了出版工作的方向和它在社会主义物质文明和精神文明建设中的意义；提高了贯彻党的出版方针的自觉性，有利于培养队伍，把出版工作做得更好。

但是，我们又不能不看到，出版科研工作在贯彻理论联系实际的原则方面，还存在不少问题，归纳起来，大致有这样几种表现：

1. 有一些文章还停留在工作汇报、经验总结或者资料罗列的水平上，没有用马克思主义的理论对客观事物进行深入的分析研究，没有形成言之成理、持之有据的观点，因此，缺乏理论色彩；或者说是观点和材料没有融为一体，多少有些两张皮的感觉。

2. 有些论文不是从总结自己的实际经验入手，形成本学科的理论观点，而是从别的学科搬用一些原理、原则，套到出版科学头上；或者从国外的著作中挑选一点、借用一点，拼凑起来，没有与本国、本学科的实际很好地结合。我们说，其他学科的成果，国外的成果，不是不能借鉴。这种情况在一门新的学科产生初期，几乎是不可避免的。但仅仅这样是不够的。真正做学问，需要做艰苦的工作。必须经过全面的调查、深入的研究、周密的思考、认真的消化，从而形成适合于我国国情和出版工作实际的见解。

3. 我们有极少数同志，他们写文章，搞研究，洋洋数千言，既无实际，又无经验，只是搬弄一些新的名词、概念，甚至生造一些连百科全书里都查不到的怪词，把本来很普通的常识、很浅显的道理，弄得难以捉摸，使很多人感到不好理解。我们认为这种做法至少不是从实际出发，学风应该改变。

当然，这些问题并不是主要的，更说不上是什么偏差。我们所以提出来，目的在于防微杜渐，是希望大家都能用马克思主义做武器，有的放矢，来解决出版科研中存在的问题，使出版科研工作能够更好地向前发展。

出版科学研究必须贯彻理论联系实际、解决实际问题、为发展出版事业服务的原则，这是不能动摇的。主要要从根本上、总体上对出版事业发展的战略，党的出版方针政策的制定、调整，体制、结构的改进，重大实际问题的形成和解决做出理论上的回答，对出版工作的历史经验和新鲜经验做出理论上的概括，使之形成符合我国出版工作实际的出版科学理论体系。它并不要求就一个一个的具体问题去"答记者问"、去"立竿见影"。出版科研需要研究和回答出版工作中重大的实际问题和理论问题，探索出版工作的发展规律，但它有别于一般的政策研究，它不具体回答什么可以做、什么不可以做等政策界限问题，否则就会越俎代庖。也不能因为当前实际工作中问题很多，因而要求出版科研只研究实际问题，而不去研究理论问题，或者认为没有联系人们普遍关心的问题，就是脱离实际。更不能把有的老同志埋头苦干，总结实际工作中的经验，研究解决理论体系问题一时出现的不够完善说成是不从实际出发，是主观想象，是脱离实际的幻想。至于个别一度认为马克思主义似乎已不那么行时，而现在又热心地来反对理论脱离实际的同志，我们应该把这看成一种进步，不必过多地责怪他们。

我们认为出版科学是一门实践性很强的学科，应该充分地估计它所具有的"应用学科"的属性。但是，不能因为强调它的应用性，而忽视它应该有的理论体系。这种理论体系是用马克思主义的立场、观点、方法研究我国悠久的出版史，总结丰富的出版工作的实践经验来完成的，是在坚持马克思主义普遍真理与中国出版实践相结合的基础上完成的。理论体系的形成，是出版学作为一门独立的现代科学站立起来的根本标志，没有自己独立的理论体系就不成为一门学科。过分地强调出版学、编辑学的应用性，忽视它的理论性，有可能使出版科学的研究沦为一种工艺的整理，从而离开理论研究的轨道，甚至可能忽视马克思列宁主义、毛泽东思想关于出版方针和出版理论的研究，这是我们应该努力防止的。结论应该是：既要重视实践，又要重视理论。把两者认真地结合起来，任何时候都不要偏废。总之，学习马克思主义、坚持马克思主义，用马克思主义的世界观和方法论去研究我国出版事业的历史和现状，求得符合实际的结论和科学的见解，这是我们出版科研事业得以发展的根本保证，也是指引我们前进的唯一方向。

《出版工作》1987 年第 6 期；《编辑学研究在中国》P176，湖北教育出版社 1992 年 1 月版

出版规律探索

党的十一届三中全会以来，我国社会主义出版事业得到了很大的发展，取得了初步的繁荣。我们不仅在出书的绝对数量上跃居世界前列，许多图书的质量也是其他国家所不能比拟的。我们不仅形成了自己的图书结构，而且建立了我国独立的社会主义出版事业的体系。这些充分说明了这一时期是建国以来出版事业发展的最好时期之一。

与此同时，我们也应该看到从 1980 年开始，自发形成的侦探、公案小说"热"，武侠小说"热"，新武侠小说"热"，港台言情小说"热"，直至最近的淫秽读物、色情小说，充斥街头巷尾，泛滥流行。出版领导机关虽然一次又一次地进行行政干预，加以控制，但是 7 年多来，这个"热"那个"热"，此起彼伏，一次又一次地成潮成流。尽管花样翻新，但低格调的倾向没有改变。这究竟是什么缘故，有没有客观的东西在起作用？是一个很值得研究的问题。它也许涉及我国社会主义出版工作中一些最基本的思想理论问题。我们应该认真地总结经验，探讨其客观规律，把出版工作搞得更好。

从实际情况看，当前有这样一些问题值得认真研究。

一、图书究竟是什么？

提出"图书究竟是什么"这样一个常识性的问题，似乎是一种笑话。其实，这关系到对许多问题的理解。我在这里这样提出问题，并不是要给图书下定义，而是要强调图书的本质。关于图书的本质问题，这几年来议论纷纷，弄得一些本来自以为很清楚的同志，现在也模棱两可、含糊其词，变得模糊不清了。

　　我们说图书是一种承载精神成果的物质产品。因为作者写书，编辑编书，完全是通过自己的脑力劳动来反映思想观念、科学技术、文化艺术等精神成果，尽管它为了传播要经过物质生产的过程，需要一定的物质载体，成为一种物质产品。然而从本质上说，它是一种精神产品。任何图书生产者，包括印制部门，生产图书的根本目的是发挥它的精神作用；人们所以要书，也只是因为他们可以从中接受教育，学习知识技能，陶冶思想情操，而不是它那个用以承载精神内容的物质载体。尽管有的人买书是为了陈列，也仍然是借托它的精神内容。不然他为什么不去买电冰箱，或者组合家具呢？这不是更堂而皇之吗？图书不同于茶杯、桌子这样一些物质产品，图书的使用价值主要在于传贮思想知识、科学技术、文化艺术。换句话说，主要在于发挥它的精神作用。出版界同仁，过去在一些问题上争来争去，如亏本的书为什么还要出？社会效益和经济效益两者关系究竟如何处理？还有所谓出版家和出版商之争。仔细一想，无不出于对图书的本质是精神产品这一点理解上的不同，或者说是在多大程度上承认图书的这一本质属性所引起。可见，强调认清图书的本质，对出版工作者有重大的理论意义和现实意义。

　　正因为图书的本质是精神产品，所以，出书要讲求精神作用、社会效果。特别是在我们社会主义国家里，包括社会主义初级阶段，都十分强调坚持以社会效益作为衡量精神产品的最高准则。在经济效益和社会效益发生矛盾的时候，经济效益必须服从社会效益。这是做好编辑出版工作的一条基本原则。忽视图书是精神产品这个本质，不把社会效益作为出书的最高准则，出书就可能成为某些人单纯地牟取私利的手段，甚至成为腐蚀人们思想、贻害社会的罪恶行径。所以，在这样一个原则问题上，作为编辑出版工作者，在任何时候、任何情况下，都不可疏忽大意，不能有丝毫含糊，更不应该有片刻的动摇。

　　图书的本质是精神产品，出书要讲求社会效益。但是在商品经济社会里，包括以商品交换作为主要流通手段的社会主义社会里，图书需要传播，就必须通过流通的渠道进行交换，因此，图书又具有商品的属性。当然。图书的商品属性只存在于以交换为目的的生产和流通过程之中。交换过程的结束，它的商品性也就终止。那些不以交换形式进入流通渠道的图书，诸如分发、赠阅的图书、宣传材料、学习资料，无论它的形式多么精美，内容多么丰富，花的成本有多大，都不具有商品的属性。这是近几年出版学术研究中多数同志所持的观点。

正因为图书具有商品的属性，所以在图书的生产流通过程中，在交换过程中，价值规律的作用必然要表现出来。这是不以人的意志为转移的。但是，由于图书是精神产品，它的内容的好坏、质量的优劣都会影响人们的思想和行动，有的有好影响，有的则有坏影响。如果坚持以社会效益为最高准则，就必须在图书的生产和流通过程中，明确地反对只讲经济效益，不讲社会效益的倾向。这就要限制价值规律的自发作用，不能让它像无缰的野马，为所欲为，否则，就有悖于出版的根本目的，有悖于出版改革的根本方向。

二、出书能不能只按照经济规律办事？

有人认为既然承认图书的商品属性，那么书籍的出版，就是商品生产，就应该完全按照经济规律办事，就应该任凭经济规律支配图书的出版和发行。我觉得这种观点是不够全面的。

如果图书仅仅是一种通过交换进入流通过程，以满足人们某种需要的物质产品，那么，毫无疑问，它应该按照经济规律办事。可是，事实是图书不仅仅是一种物质产品，而且是一种精神产品，或者说，就其本质来说是一种精神成果，它有自己特定的精神内容，包括思想、知识，有一定的意识形态。既然是精神成果，它应该属于上层建筑的范畴。如果承认这一点，那么，作为上层建筑，它就应该有自己的发展规律。这种规律与经济规律有联系，但决不就是经济规律，也不能简单地说它等于经济规律。恩格斯说：上层建筑的发展是"以经济发展为基础的"。但是政治、哲学、宗教、艺术等"它们又都互相影响并影响到经济基础。实际上并不是只有经济状况才是积极的原因，而其余一切都不过是消极的结果。不，这里始终是由在经济必然性基础上发生的交互作用归根到底为自己开拓道路"。恩格斯在这里强调了上层建筑各个方面的互相影响，以及它对经济基础的影响。强调了在一定条件下上层建筑对经济基础的反作用，可见上层建筑的发展有它自己的客观规律，而且是不同于经济规律的发展规律。只承认经济规律，不承认上层建筑有自己的发展规律，绝不是历史唯物主义。

这就是说，文化、教育应该有自己的发展规律，出版也应该有自己的发展规律。那么，社会主义社会的出版规律是什么呢？是不是可以这样概括：以一定的物质生产为基础，以社会效益为最高准则，以传贮思想观念、科学技术、文化艺术为目的，选择、整理原稿，并把它复制成各种形式的书刊，保证最大限度地满足人们建设社会主义精神文明和物质文明生活的需要。

这样概括出版规律是否适当，可以讨论，可以研究。但是，图书的出版不能只按照经济规律办事，而必须把它作为上层建筑来考虑，这应当是无疑的。我们必须花力气加以研究。只有正确地认识和掌握出版规律，我们的出版改革才能比较顺利地进行，我国的出版事业才能健康地发展。

马克思主义认为基础是社会发展的一定阶段上的社会经济制度，也就是人们的生产关系的总和。上层建筑则是社会的政治、法律、宗教、艺术、哲学观点以及和这些观点相适应的政治、法律等机构，这里需要区别的是基础即生产关系，或者说是人们生产关系的总和而不是生产。也就是说经济基础和上层建筑的关系，是基础即人们生产关系的总和决定上层建筑，不是生产直接决定上层建筑，区别这一点十分重要，它可以避免这样一种误解，认为既然图书是商品，那么出书就是生产商品。这种看法的结果就会把出版和生产商品完全等同起来，进而要求把出版社的体制、管理、出书结构、图书内容，统统转变到商品生产的轨道上来。其实，这正是犯了生产直接决定上层建筑的错误。事实上，生产不能直接决定上层建筑，它必须通过经济基础即人们生产关系的总和——这个枢纽才能决定上层建筑。一切不适应生产关系的上层建筑，或者破坏这种生产关系的上层建筑是不能存在和发展的。这就是我们的社会为什么不允许出版那些坏书和不健康的读物，必要时可以进行行政干预；为什么我国的法律要追究那些淫秽书刊传播者的责任的理论依据。当然在有计划商品经济不断发展的社会里，像图书这样的精神产品，大多数不能不以商品的形式进行流通，因而它不能不受到价值规律、市场竞争的影响，忽视这一面是不科学、不实事求是的。但是，如果仅仅看到"票房价值"，价值规律起作用的一面，而忽视了作为上层建筑，它有自身发展的客观规律的一面，有受到生产关系限制的一面，也是不科学、不实事求是的。可见过分强调图书是商品，出书是商品生产，必须完全按照经济规律办事，只能受价值规律支配的一面，在理论上是片面的，站不住脚的。

当然我们也不能把经济基础和生产力截然分开，因为经济基础即生产关系必须适应生产力的发展，而生产力又归根到底决定着生产关系的变革。所以，在当前出版工作中，必要的体制改革，出版发行部门的管理制度、机构组合的改变，包括分配制度的改革，是必要的、应该的。这也是我们必须进行出版改革的原因。应该说，这些生产关系方面的变革，在一定范围内，是可以促进生产力的发展，也相当有利于调动人的积极性，这是无论如何不能忽视的。不过生产力当中的最积极最活跃的因素是人，生产力的发展不仅要调动人的积极性，而且要提高人的技艺，一个训练有素、精通业务、熟练地掌握生产技能的劳动者，才是生产力当中最重要的因素，这应该是最根本的。试想一个思想水平很低，不懂得出版方针，不知道出书究竟为了什么，或者不懂编辑业务，缺乏职业道德的人，即使积极性再高，他能出得了好书吗？也许他的积极性越高，出的坏书也会越多。所以提高生产力的关键，是要用当代社会主义初级阶段的理论，党和国家的出版方针,教育培训干部,向编辑出版干部讲清一些最基本的,但是现在已经模糊了的思想理论问题。要加强出版理论的研究,把编辑、出版、发行真正看成是一门科学,并且用它来武装我们的队伍,提高出版队伍的素质。要坚决反对把出版事业当作纯粹的商业,当作一门生意经,当作摇钱树,这是出版工作中必须解决的问题。否则就会在片面地按经济规律办事的轨道上越走越远,低格调的出版物就会越来越多。如果什么书能赚钱就出什么书,不管是糟粕还是垃圾,都可以纷纷出笼,沉渣会泛起;这个"热"、那个"热"就会不断出现,有人也许会把废品回收站"变废为宝"的口号,当作他们出书的指导思想,只要能赚钱,管它什么国家、民族、后代,一切都置之脑后。结果振兴中华,提高全民族的文化素质,积累文化财富,统统成为一句空话。

三、怎样看待出版工作的经济效益

有人认为:在目前大多数出版社在经济上自负盈亏的条件下,纸张涨价,印刷工价涨价,税收又不能减免,出版社的经济相当困难。因此,不能不降低出书格调,以迎合一部分人的需要;或者认为只有"打一些擦边球",也就是把出书的格调降低到不犯法、不挨罚的程度,搞那种所谓"边缘政策",以"度过困难";或者干脆认为所以出坏书就是因为经济困难造成的。当前有一些出版社经济困难是事实。但是,有三种情况值得引起我们的注意。一是有的单位、有的地区,近10年来,出书的格调并未降低,没有或者基本上没有卷入所谓几次冲击波,或者这个"热"和那个"热",但是仍然获得了较好的经济效益。二是有的出了坏书或不健康图书的出版社,也并不见得就有多大的经济困难。当然,如果把利润指标定得很高,想一镢头就挖出一眼井来,那是另一回事。三是有些出版社经济确实很困难,职工的福利待遇很低,但他们也没有去赶浪头,搞那些格调不高的东西。平凡社在日本是一家很有影响的出版社，图书的质量不错，但几年来经济一直很困难。然而，他们宁愿卖掉办公大楼，也不出影响出版社声誉的不健康读物。可见，把出版淫秽、黄色和其他不健康读物，仅仅归因于经济困难，是难以服人的。形形色色的思想影响决不能低估；对出版工作的一些基本思想理论问题缺乏明确认识，也不可忽视。

这里有一个问题值得提出，就是应该如何看待出书的经济效益。是保本薄利，还是想赚大钱，发大财？从历史上看，由于从事编辑出版事业，成为学者、文化人的不少，但通过出版工作发大财，成为富翁的并不多。像五代时后蜀宰相毋昭裔刻书出卖因而致富的人，毕竟是少数。当然在近现代史上，真正由于搞出版业而穷到饿死的也未曾听说。可见，把出版当作摇钱树，希望通过出书来赚大钱、发大财的想法是不现实的。但是按照保本薄利的方针，以求维持生计，有时也以小丰补小歉，做到略有盈余是完全可能的。作为一个出版工作者，恐怕应该有这样一种思想准备，就是既已下决心在出版界干一辈子，就不要想发财，想赚多少钱，不要被万元户、百万元户所诱惑，去干那些违心的事。如果想通过出版把自己变成多少万元户，那是自找烦恼，就非出问题不可。

如果我们从实际出发，来正确估计出书的经济效益，这样就可以把我们的出版工作做得更好一些，至少可以减少许多品种重复和过多的消闲书，这实在是极大地浪费了出版行业的人力和物力。再说，堆积如山的学生复习资料、消闲书，品种重复的生活用书和积压多年的连环画，还不仅是一个浪费的问题，也增加了其他出版物的生产成本（包括流通费用），起码这些书所需资金的利息和存放这些书的存仓费，早已转嫁到其他书的成本当中。实际上增加了读者和出版业者的负担。这种状况实在不能不引起编辑出版工作者的思索了。大量出版这些东西，究竟对中国文化的发展，对出版事业的发展有多少好处？这里，我们不能不想一想，出书究竟为什么？搞出版究竟是干什么？以及应该如何坚持出版方针，坚持以社会效益为最高准则，正确看待经济效益，出版事业究竟应该如何发展，等等。出版工作中的一些基本问题，很有必要从根本的思想理论上来划清界限，从出版改革的目的和方向的高度，来正确地解决这些问题，实在已经是当务之急了。虽然问题可能是出在几个编辑室，几个出版社，或者是几本书、几类书上。但是，它提出的问题是带有根本性的，它造成的后果（有些是令人难以估量的恶果）却是要由整个出版事业，包括广大读者来共同承受的，甚至可能影响几代人。这种损失有的是有形的，有的是无形的，但却是广大出版工作者所不能忽视的。

四、出书应该怎样发展生产力？

自从提出"生产力标准"问题之后，一些地方也提出了提高出书生产力的问题，认为出版工作应该考虑盈利、赚钱。应该放开出书范围，扩大品种，以增加利润，从而扩大再生产，改善设备，以改变目前我国出版生产力落后的状况，达到振兴出版事业的目的。这样做，出版事业的积累增加了，确有可能引进一些国外的先进设备，从而提高出书生产力。如果真能做到这一点，既有社会效益，又有经济效益，当然是皆大欢喜。因为在我国目前的投资政策和税收政策条件下，出版事业如果不依靠自身的力量求生存、求发展，似乎也缺少良策。

但是，我们也不能不看到，在我们国家里，像出版这样一个部门生产力的提高，必须有强大的社会经济力量做后盾。比如，我国印刷工业在60年代后期和70年代前期的较快发展就是这个原因。否则是不容易的。国内外的经验表明，出版事业的发展，只能与整个社会生产同步发展，只能是整个社会经济、教育发展的结果。国外有的出版学者研究，现代世界主要国家出版业出现飞跃性发展（在日本叫起飞）的时期，一般都是在这个国家生产发展到一定的水平，国民收入得到的持续增长和教育事业相应发展的时期。比如英国出版业的飞跃，是以1820年英国产业革命为背景的。美国则是在独立战争与南北战争的间隙期间，以美国的产业革命为背景的。其他国家大体也是如此。这种情况可能有一定的规律性。

从而就提出一个问题，为了出版事业的飞跃发展，我们出版工作者主要应该干什么？是埋头赚钱，增加积累，致力于提高出版生产力呢？还是坚持社会效益，不断提高图书质量，去促进整个社会生产力的发展，也就是投身到实现四化的大合唱中去，在社会生产发展的同时求得出版事业的发展呢？

图书作为一种精神产品、上层建筑，它应该为发展我国的社会主义生产力服务，为实现四个现代化服务，而不在于要它多出几万种书，不在于它能赚多少钱。实际上社会生产力、国民收入达不到一定的水平，要完成这种目的也是困难的，更何况像《玫瑰梦》这样的书，即使出得再多，难道能看作是生产力的提高吗？能够为实现四个现代化服务吗？出书要为发展社会生产力服务，为实现四化服务，关键在于它用什么思想引导人，传播什么样的科学技术知识，积累什么样的文化，用什么样的精神、情操陶冶人。用一句老话，但却是一个颠扑不破的真理，就是"要多出好书"，为促进科学技术的发展，为提高全民族的文化水准而奋斗，应该主要在于以质取胜，而不在于以量取胜，这是我们搞出版改革的一个根本目标。作为一个 10 亿人口的大国，我们应该有一定数量的品种。但是，关键在于质量。我们应该特别突出地、不厌其烦地、始终不渝地强调不断提高图书的质量，这是图书的生命、文明的标志、国家的荣誉、民族的尊严，也是出版工作者落实振兴中华的关键所在！

《新闻与出版》1988 年第 6 期

编辑学的研究需要深化

一

最近一个时期以来，先后收到几位研究编辑学同行的来信，不约而同地提出了编辑学研究如何深化的问题，有的同志还认为近几年来刚刚掀起的研究编辑学的热潮，在近来似有"冷却"趋势，希望一起来探讨一下"深化编辑学研究"的问题。无巧不成书，《编辑学刊》今年第 1 期发表了一个"编后记"，也有这样一段话："1986 年前后，编辑学的讨论在全国范围内开展，比较热门，但从 1988 年起，似乎略有冷落"。接着编者提出："编辑学的研究，在我国还刚刚起步，许多方面许多专题有待我们深入探讨"。应该说问题的提出是十分及时的、有益的。

如何看待当前编辑学研究的形势，如何深化编辑学研究，确已成为目前编辑学界许多同志深为关切的问题，是值得加以探讨的。

近年把来，编辑学研究是否"趋向冷却"，这个问题可以研究，但是《编辑学刊》编者提出的"本刊收到的研究编辑学方面的论文也相对减少"这一点，我从日常工作的接触中，也颇有同感。造成这种状况的原因是什么？根据我和一些同好的交谈，不外乎是这样几点：

（一）一些同志认为，在我国参与编辑学研究的绝大多数人都是有多年实践经验的老同志，他们从总结经验开始上升到理论，这对于保证我国编辑学研究一开始就植根于实践，做到理论与实际的紧密结合，是一大长处，也十分重要。但另一方面，由于他们长期以来都从事实际的编辑工作，有的目前仍担负着许多重要图书的编辑任务。因此没有时间去从事系统的资料积累工作。如果说，开头他们可以总结自己的经验，撰写论文。那么现在，随着编辑学研究一步步深化，单靠有限的个人经验，已嫌不足，必须充分掌握国内外的资料，而要这样做，就会受到各种条件的限制，因而在一时里，他们写的文章可能相对地减少。

（二）一些同志原来就希望编辑学的研究能够立竿见影，马上解决编辑工作中一个一个的实际问题。由于这个目的不易达到，总觉得编辑学的研究与解决当前编辑工作中的实际问题衔接不紧。再加上近年来出版改革开展以后，编辑工作中出现许多情况和新的问题，也有不少新的做法。面对这种情况，有的同志认为原来的一套似乎已经不那么适用，是否还要继续加以总结，更加心存疑虑；而对于新的做法，又觉得还不那么配套、定型。是否可以马上加以总结，上升到理论，用以指导实践，也拿不准。因此，也影响到总结经验、研究理论的热情。

（三）对一些同志来说，可能还有一个客观原因，就是一些出版社实行承包责任制以后，由于工作上安排不适当，有的编辑骨干肩上的压力很重，包括经济压力。他们经常考虑的是如何完成品种、字数和经济指标，很少有时间再去从事理论探讨工作，当然也影响学术成果的形成。

从上述情况看，说近年来编辑学研究的发展势头，没有 1986—1987 年那样迅猛，说"论文相对减少"，不是没有道理的。但是，仅仅看这一方面还不够，还有另一方面。

这就是近年来编辑学研究也出现了一些可喜的现象，主要表现在：

（一）研究编辑工作中实际问题的人多了。由于出版改革的发展，给编辑工作带来了许多新的要求和新的情况，而这些问题又迫切需要解决，因而必须去研究工作中的实际问题。如在新的历史条件下如何不断提高图书的质量，出版文化与出版价值，社会主义社会出版规律的研究，出版改革的目的、方向和任务，社会主义时期的出版方针和经济政策，等等。这些问题的研究虽然并不直接构成编辑学的理论体系，成为编辑学的原理原则。但是这些问题的研究和解决，必将为编辑学研究打下良好的基础，提供丰富的营养，创造有利的条件。

（二）近一二年来，一些同志埋头苦干，潜心研究，取得了不少成果。

目前几部专著已经完成，有的已经或即将出版。如《马克思恩格斯的书刊出版活动》《列宁与编辑出版工作》《图书编辑学简论》《杂志编辑学》《科技编辑学概论》《百科全书编纂概论》《百科全书及其编纂研究》《编辑出版学》，还有《中国书史》《中国出版史》《中国出版史概要》《中国书籍编纂史》《中国古代书史》《中国古代出版史》《中国古代印刷史》等，这些书籍的编撰出版，有的本身就是编辑学研究的成果；有的直接丰富了我国的图书结构，填补了缺门，对我国编辑学研究的深化，也是一种有力的推动。

（三）一批国外的专业著作，正在被译成中文，有的已经或即将出版。其中有英国的、美国的、日本的、苏联的、波兰的等等。如《出版学概说》《出版概况》《漫谈日本出版社》《图书出版的艺术与科学》《书的故事》《85 次喜与忧——一个苏联编辑的体会》等。这些书的出版，对于我们了解国外的学术动态，借鉴其有用的东西有一定好处。

（四）一批出版专业方面的工具书、资料书正在编纂、印制，有的已经出版。中国出版发行科学研究所组织编纂的中型工具书《出版词典》正在定稿，《编辑实用辞书》和《编辑须知五百条》也正在编纂中。他们还翻译了日本《出版事典》，准备以"简明出版百科词典"为书名出版。与此同时，大百科全书"新闻出版卷"中的"出版部分"已经定稿，《当代中国丛书》中的《当代中国的出版事业》一书，编写工作也已接近尾声。此外，两本小型工具书《简明编辑出版词典》《实用出版词典》已经与读者见面。这些书的编撰，不少本身就是一种科研工作，有的也为科研工作的开展提供了条件。很明显，它将有力地促进编辑学的理论研究。

（五）近一二年来，出版界、教育界、学术界一些同志就如何建立编辑学框架，理论体系，深化编辑学的研究包括编辑学研究的方法等问题，先后发表了不少有价值的见解，对最近五六年来编辑学的研究和发展，做了回顾和概括，提出了许多富有启发性的论述。这些对于今后大家深入研究编辑学，将具有重大意义。这又是一个方面。

综合以上情况，是不是可以这样说，近年来，我国编辑学的研究，虽然不像开头两年论文多、议论多，但在纵深方面似乎又有所发展。这种情况，恐怕也是科学研究、学术探讨向前发展的规律性态势。它不能总是轰轰烈烈，而是要做许多艰苦的扎实的工作。这有点像 1985 年以前，许多人写文章，奔走呼吁建立出版学、编辑学，而到 1986 年前后就开始转入撰写论文，进行理论上的探讨一样，出现了一个明显的转变，走出了前进道路上有意义的一步。

至于这一时期编辑学论文相对减少，这可能与这个时期以编辑学为主的学术研究活动组织不多有关。因为 1986 年的武汉会议——《第二届全国出版科学学术讨论会》、1987 年的乌鲁木齐会议和郑州会议，都是以编辑学和编辑理论为主题的，也确实提出了一批论文，但到 1988 年大体上都已先后在报刊上发表，而 1988 年没有组织类似的活动，因而显得少了一点。这个情况告诉我们，会后以编辑学和编辑工作为中心的学术活动需要加强。

二

编辑学研究需要深化，这是许多热心人的一致意见。但究竟如何深化，当前应该先考虑哪些问题。根据一些同志的议论，大致是：

（一）要加强编辑工作中实际问题的研究。当前，我国正处在改革开放时期，出版改革正在逐步推进，编辑工作中的新情况、新问题层出不穷，新的经验也在不断涌现，我们要研究的课题很多。比如，在有计划商品经济迅速发展的条件下编辑工作的新特点，编辑应该如何正确对待社会效果和经济效益，新时期图书结构的设计和读者构成的分析，新时期编辑工作者的社会地位、职责和职业道德等。这些都需要我们加以研究和总结。任何科学研究，都是为了指导实践，编辑学当然也不例外。因此，有志于编辑学研究的人，必须时刻关注实际编辑工作的发展，让实践中的新经验来丰富编辑学的理论，使编辑学研究任何时候都不脱离实际，都能有效地指导编辑实践。

（二）要认真总结基本经验。我国编辑工作历史悠久，自古至今经验十分丰富，我们应该认真总结历史经验和新鲜经验。据统计我国从先秦到清末，共出书 181755 种（部）2367146 卷，现存书也在七八万种，从辛亥革命到中华人民共和国成立，出版的图书也有 10 万多种。从新中国成立到 1987 年底，共出图书 818144 种（其中初版书 566787 种）。这几十万种书是怎么出来的，编辑在其中究竟付出了什么样的劳动，做了什么样的工作，起了什么样的作用，其中的经验，特别是基本经验究竟是哪些？我们应该加以总结，这是研究编辑学所必需的。有的同志提出：研究编辑学理论要跳出实际工作经验的框框。研究理论，建立学科的理论体系，无疑不能停留在感性经验的阶段。但是，目前，我们不能不考虑到的是，现在在进行理论探讨时，在许多问题上意见不一，甚至在一些最基础的问题上也争论不休。造成这种状况的原因可能很多，但其中重要的一条，是不是与基本经验总结不够有关？我总觉得，我们对自古以来编辑工作的基本经验的总结，不是多了，而是少了。虽说编纂史、出版史、书史都有一点，但不能说很丰盛，甚至连编辑工作究竟起于何时这样一个问题，看法也不一致。其原因就关系到什么才算是编辑工作的问题。如果说到建国以来，社会主义书刊的编辑工作经验，那就更加丰富多彩了，更有许多东西可以总结。这里，所以一再强调认真总结基本经验，不仅是实际工作的迫切需要，而且因为归根到底，理论来自实践，实践经验是形成理论的基础，没有实践经验做基础的理论，只能是无源之水、无本之木，想建立编辑学也无从谈起。

（三）要加强编辑学基础理论的研究。编辑工作和编辑学要研究的问题很多。当前，我们能不能集中抓一抓编辑学的基础理论，主要是它的基本原理，包括一般规律。这对于当前深化编辑学的研究可能是十分重要的，或者说是编辑学研究能不能更上一层楼的关键。现在，许多学者、专家各自从不同层次、不同角度来概括编辑学的理论，这对于启发思考、扩大视野很有好处。但从另一方面看，也显得零碎分散，各说各的，互不相关，有的明明讲的是一个问题，但是出发点不同，层次不同，也很难扯到一起。关于基础理论的研究，当前似可从两个方面入手。一是抓普通编辑学，或曰理论编辑学。重点是从编辑工作的特殊性出发，进一步弄清编辑学的性质、对象、任务，它的基本原理，有哪些规律。同时，还要弄清楚编辑学与邻近学科的关系。比如，编辑学与出版学、新闻学、社会学、传播学、读者学，等等。研究的目的，应该是确立编辑学的性质、地位，找出规律，并且用它来武装队伍，指导实践。二是抓各类读物编辑学，或曰部门编辑学的研究。这也同样需要从各类读物的编辑工作的特点着手，找出规律，用以指导各门类读物的编辑工作。不过，部门编辑学的研究，与普通编辑学相比，要更注重实用。普通编辑学与部门编辑学的研究，两者是相辅相成的。如果部门编辑学研究能够取得丰硕的成果，就能为普通编辑学的研究提供肥沃的土壤，而普通编辑学的研究成果，也必将推动部门编辑学研究的发展。

（四）要注意研究国外的学术资料，善于吸收国外有用的学术成果。我们从本国的国情出发，下决心走自己的路，披荆斩棘，摸索前进，这是十分重要的，没有这一条就不可能得到成功。但是光有这一条还不够，还要善于吸取有用的国外经验。比如，1984 年前后，正当电视开始普及的时候，我们有些人曾经议论图书的地位和作用是否可能被削弱，甚至被电视所取代的问题。其实国外在 20 年以前，就已经有了比较明确的结论。又比如编辑学和传播学的关系，现在也是许多人议论的热点。但是，细心的人可能会发现，这在国外也早已不是新鲜的话题。当然，我们研究国外的资料，不是为了照搬照抄，有的国外的情况和一些国外学者的看法，也不一定符合我们的实际情况，也许还可能得到完全不同的结论。但是，我们加强这方面的研究，就可以使我们少走弯路，也有利于我们编辑学研究的发展。

（五）要加强基本资料的收集和整理。资料是基础的基础，任何科研工作都离不开资料。这方面，长期以来注意不够。近几年来，已经有一些部门、一些同志开始做这方面的工作，也取得了一定的进展。但是，历史的、现实的、国内的、国外的，需要收集整理的资料实在太多，靠少数部门、少数人是很难完成的。这方面看起来也需要大家来做。这里既要靠几个公开的专业性刊物，更需要依靠各地专业性的内部刊物，还要依靠各个有关的单位和广大有兴趣的积极分子。做这件事，很艰苦，有时甚至枯燥无味，需要有一股子韧性，才能取得某种成果。但是，对这件事，如果说我们过去顾不上，或者说注意不够，那么现在无论如何不能再等闲视之了。

三

深化编辑学的研究，在当前要处理好几个问题：

（一）要坚持理论联系实际，这是我们研究编辑学的基本原则。过去许多同志曾经反复地讲过，这里不想重复。需要注意的是，自改革开放以来，国内外各种各样的学科，形形色色的学术观点大量涌入，这对于加强学术交流、启迪思路，提供了有利条件。但是，要防止有的人采取简单化的办法，他们搬套个别原理，甚至硬拉一些新的名词概念，或者改头换面生造一些新名词，把本来比较清楚的问题搞得很玄，似乎高深莫测。说一句不好听的话，恐怕连他本人也未必弄得很清楚。这样，要提高别人的研究兴趣也就很困难了。这种情况，在1986年前后曾经出现过，当时许多人不赞成，后来有所改进。可是，最近一个时期来，在个别地方似乎又有些"回潮"。虽然还不能说已经形成一种倾向，但仍然应该引起我们的注意。

（二）编辑学的研究要发展与多方面的联系，要加强出版界与学术界、教育界的结合。在我国，长期以来，编辑研究、出版研究，主要是在出版界内部进行的（有时也有一些高等学校参加）。现在，这种局面有了变化。这大概是从 1987 年末河南大学、河南省社会科学联合会和河南出版界联合召开图书编辑学研讨会开始的，这是一个良好的开端。现在，出版界以外研究编辑学的人逐渐增多，而且已经发表了不少有质量、能启发思考的文章。这种结合对编辑学研究来说是一种发展。它有助于出版界研究编辑学的专家、行家，得到更多其他学科的信息，扩大视野，开拓学术研究的领域，防止囿于局部经验，保证编辑学的研究进一步与时代同步，也有助于出版界以外研究编辑学的专家更好地从编辑工作的实际出发，防止脱离实际，隔靴抓痒。出版界、学术界、教育界……结合起来研究编辑学，十分必要。这样做，可以使编辑学研究发展得更快一些。我们应该十分珍惜这种正在发展的局面，并促使这种结合更加扩大、更加紧密、更加发展。

（三）要进一步坚持百花齐放、百家争鸣。有人说，编辑学的研究，这几年来，发展很快。但不同观点的交锋不多，所以提出要加强争鸣。这个意见当然不无道理。目前，我国编辑学研究各自为战的状况，是与我们研究工作起步不久有关系的。为了促进编辑学学术研究的发展，我们应该积极提倡百花齐放、百家争鸣。也有人担心，现在可能"争"不起来，或者"争"了以后，可能产生这样那样的副作用。现在看，能不能"争"起来，首先取决于学科本身的发展。学术研究的深化，大批资料的积累和学术成果的形成，这本身就是一种百花齐放、百家争鸣的局面；更重要的是只有资料掌握多了，成果积累多了，不同学术观点的争鸣，才有可能进一步发展起来，各自为战的状况才有可能得到改变。至于说到出现副作用问题，这种担心是不必要的。只要我们真正从繁荣学术着想，秉着坚持真理、修正错误的原则对待学术讨论，严格要求自己，彼此尊重对方，正面阐明观点，又不强加于人，就可以做到有利于学科的发展，而减少所谓的副作用。事实上，我们已经开过的几次研讨会和报刊上发表的许多文章，在不少问题上是有争论的。从后果看，基本上是好的，即使有些文章口气比较"尖锐"，彼此也是谅解的。当然，要争鸣也要创造一些气氛和条件，比如多开一些不同形式的研讨会、座谈会，提供一些发表论文的园地。

总之，编辑学研究发展到今天，提出了一些新的问题，需要深化。同时，也告诉我们，在这个领域里，只要认真搞下去，是大有可为的。问题是需要进一步辛勤耕耘，需要大家付出更多的劳动。

相信汗水是不会白流的。

《编辑学刊》1989 年第 3 期；《编辑学研究在中国》P112，湖北教育出版社 1992 年 1 月版

编辑学研究应开展争鸣

——致 ××× 同志的信

您在《编辑史研究的几个问题》（载于本刊 1989 年第 1 期——编者注）一文中提议的问题是重要的，需要解决的。在我的印象中，刘国钧先生在他的《中国书史简编》中也谈到过类似的问题。张召奎先生在写《中国出版史概要》时，也是先分析"出版"的概念，然后再论述出版事业史研究的范围（张先生在这里说的是"出版事业史"，有时也称"出版史"）。可见，无论是研究出版史，或者研究编辑史，首先都有一个弄清概念的问题。本来，无论写什么史，首先都会碰到这个史所研究的范围，也不能不弄清 ×× 史这个 ×× 的概念问题。只是有些学科比较成熟，基本概念已经基本统一，没有什么大的分歧，因而比较容易交代一些。至于一些新学科，或者过去研究不多的旧学科（也包括一些老学科，本来许多概念、定义比较明确，但在新思潮涌入以后，又产生了重新探讨的问题），因对一些概念的认识暂时还没有统一起来。为此，不能不多费一些周折。

目前，对于"出版""编辑"这样一些基本概念，学术界研讨得还不够。张三、李四提出的见解，王五、赵六不一定同意。比如说，您在《论编辑的概念》一文中所提列的编辑、编纂……这样一些概念，有古代的，有现代的，有中国的，有外国的，究竟应该怎样概括，是需要大家来研究并加以解决的。

那么，在这些概念得到解决或基本解决以前，要不要研究、撰写编辑史、出版史呢？我和上海、北京出版界的一些老同志交换过意见，总的来说，大家都认为应该按照百花齐放的方针来办，有的说，没有把握，投石问路也可以。只有写出来，然后才能加以讨论。意思是可以各写各的，不必强求一律。比如写编辑史，有的认为孔子是我国历史上第一个编辑，他可以从孔子写起；有的认为雕版印刷发达的宋朝才有编辑工作，那他不妨从宋朝写起；至于有的认为比孔子早200余年的正考父校商颂，就有编校工作的萌芽，那也不妨请他从那个时候写起。实际上恐怕也很难求得一致，因为编辑工作是发展的，编辑这个概念也应该是发展的，一定要用某种固定的概念去衡量各个时期的编辑工作，恐怕也不很容易。这里不说国外，就是国内各类出版社的编辑，他们所做的工作，也有多有少，有同有异，各有特点或侧重。

当然，这样做会产生另外一个问题，就是您在《论编辑的概念》一文中说的，变成"一笔糊涂账"。是的，各拉各的套，各唱各的戏，会南辕北辙，南腔北调。不是谈不到一起，就是产生一个混血儿，或四不像那样的东西。非驴非马，变成了一匹骡子。如果真的出现这种情况，那也只能说，我们在学术的发展过程中，不得不走这样一段路。百家争鸣，只要有了若干个本本，我们就可以开展争鸣，待到瓜熟蒂落，正本清源，就一定会出来一些权威之说、传世之作。这样说，也许有的同志认为是一条"弯路"，但是，当直路不可能一下子走通的时候，碰几鼻子灰，拐几个弯，也是不得已而为之的事。这里也不排除有些研究工作者一开始就把概念、范围搞得比较准确，能够经得起时间的考验，这当然是最好不过的了。

1989 年 2 月 16 日

《编辑之友》1989 年第 3 期

要有几个一心一意做出版理论研究工作的人

　　湖南省出版工作者协会的同志要我为他们的论文集《出版科学探索》第2辑写序。我的回答和过去曾经遇到这类问题时一样，"叫我写序太不合适，说实话我没有这个资格"，这是心里话。本来我以为这样回答问题就解决了。不料过了一段时间，又接到电话，仍然坚持要我完成这个任务。并说这是湖南某位老同志的意思，没办法，恭敬不如从命，只好赶着鸭子上架了。

　　去年初，湖南省新闻出版局、湖南省出版工作者协会，曾经编过一本《出版科学探索》，由湖南科学技术出版社出版。据我所知反映不错，其中不少文章确实是经过研究，有观点有材料，也有说服力。一些对出版理论研究有兴趣的同志，认为一个省、市，一个地区的出版部门，能够为出版事业自身的思想理论建设出一些书，很有必要。我完全同意这种看法，出版部门给别的学科出了不少书，为什么不为自身事业的发展，出一些书呢？就算一二年、二三年出一本，十年二十年就可以形成一丛，那就可以记述一代出版工作者的理想、建树和经验，可以教育一代又一代年轻的出版工作者。书比人寿长，今天留下的当代出版工作者的追求、形象，肯定将对后世发生这样那样的影响。

　　湖南同志比较注意这一点，他们不仅公开地一本一本地出版《出版科学探索》，湖南出版志的编纂工作，在艰苦的细致的搜集核实材料的基础上，也已经正式竣工。湖南省新华书店、湖南省版协发行研究会还编印过《潇湘发行研究》，这样做，无论从总结经验、研究理论、积累资料各个方面来说，都是非常重要的，已经赢得许多从事出版研究工作的同志的赞赏。

　　湖南这本集子中的文章，大多数我都先后拜读过，受到许多启迪。

印象比较深的有这样三点：

首先，它从一个侧面真实地记录了湖南近两年来出版科研的成果。有的地方虽然也开展出版科学研究，也有成果，但没有编成集子、出书，随着时光的流逝，也就消失了。这种流失，在我国历史上实在太多了，太可惜了。现在湖南的同志采取编集子、出书的办法，把它记录下来。在古代也就是著于竹帛，可以用于当代，可以传诸后世，其意义就不同了。

其次，是紧密地结合本省出版工作的实际。许多文章从各个角度，广泛地探索了出版工作中的许多问题，力图从理论上作出回答，也确实提出了不少有见地的看法，有很强的针对性。无疑，对今后出版工作的发展、出版改革的深化、出版科研水平的提高，将会发生重要的作用。

最后一点，也是最重要的一点，不少论文结合历史经验和新鲜经验对出版工作中如何贯彻"一个中心，两个基本点"，坚持社会主义的出版方针，坚持把社会效益摆在出版工作首位的原则，进行了认真的探讨，对近几年来由于资产阶级自由化的影响，暴露出来的这样那样的问题，做了研究和分析，提出了一些带有普遍意义的见解，对澄清前一阶段出版界某些同行思想理论上的混乱，可以起到有益的作用。这些已经越出了一省的范围，它不仅是湖南的财富，而且是我们整个出版界的财富。

当然，细细看来，这本集子中有些文章，在观点上也不尽相同，这是不可避免的，从"双百"方针的观点来看，也是正常的。将来不同观点之间加强切磋，一定能够使出版理论研究得到进一步的发展。

近几年来，由于各地出版科研活动的开展，各种各样的出版研讨会、论文交流会，曾经征集了不少论文，有些省、市、自治区也编过一些文集、论文选集，但多数还属于内部编印，公开出版的很少。这里重要的原因，固然属于自谦。但在某些地区、某些同志的思想上，也还或多或少地存在一些认识上的问题，如出版理论研究还很幼稚，能不能公开出书，有没有必要公开出书，等等。其实，这种顾虑是不必要的。任何一个人，都有从幼年到成年的成长过程；任何一种学科，也都有一个从不成熟到成熟的发展过程。而这第一步、第二步，总是要有人走的，谁都不走，那就永远走不出一条路子。从这个意义上说，走开头几步的人，是令人钦佩的。

内部编印，做些尝试，未尝不可，不应一概摒弃。但应该说，公开出版的意义更大。因为这样可以引起全社会的重视，让大家都来关心出版事业、出版研究、出版科学理论体系的探讨。从另一方面说，公开出版，是编辑出版者一种负责的表现。实际上是把自己当作一个靶子，把自己置于全社会的监督之中，可以得到更多读者的批评帮助。把出版工作者自己念的这一卷经，公诸于众，让广大读者从社会要求的角度来加以评论，这肯定有利于出版工作的健康发展。这样做，可能给自己增加一些压力，但有时候，逼一逼有好处，它可以使我们更加审慎一些，可以迫使我们做更加深入的研究。

湖南这几年已经开过几次出版论文研讨会，出过几本集子。在出版理论研究方面做了不少工作，从全国各省市来看，虽然特色不同，但却是走在前面的少数几个省市之一。

湖南在出版理论研究方面，所以能够出现一个初步繁荣的局面，据我从外面的观察，原因大概有三点：

一、领导重视、身体力行。湖南出版界的领导对出版理论研究相当重视。一些老出版家、编辑家，对出版理论研究，不仅一般的思想上重视，工作上出题目，布置安排，也抓得很紧。而且不止一次地带头写论文，为大家作出表率。这样做，对大家无疑是一种很好的鼓励，创造了一种有利于开展出版理论研究的气氛。出版工作者应该搞出版理论研究，已经成为一种理所当然的事情。这和有的地方出版理论研究提不上工作日程，认为可有可无或者时有时无，是不一样的。

二、要发现一批一心一意扑在出版工作上，愿意真心实意做出版理论研究的人，哪怕一小批也好。这些人，他们在实际工作中，时时注意总结经验，处处用心积累资料，总是千方百计地在把出版工作搞好的同时，把自己的体会整理起来、并把它条理化，逐步形成自己的研究成果。只要能够发现这些人，并把他们联系起来、组织起来，发挥他们的积极性，我们的出版理论研究一定能够不断地得到发展。

三、要有几个认认真真、扎扎实实，做具体组织工作的人。这些人可以在版协，可以在研究室，也可以在其他部门，但是，必须有。换句话说，也就是要有人去抓。在湖南，他们主要是通过版协来做这项工作的，而且是颇有成效的。有的地方，应该说，领导对出版理论研究工作不是不重视，也不是没有想法、没有计划。但是，很少有人认真地具体地去抓落实。结果，一年一年过去，活动不多，成果也出不来。这样，也就越来越摆不到议事日程上去了。看来，有没有几个一心一意、脚踏实地做组织工作的人，具有某种关键性的意义。哪怕只有一个二个也好，专职办不到，兼职的也好。事实证明，凡是有一二个这样的人的地方，出版理论研究工作就比较有起色、有成效。反之，就很难打开局面。

此外，我特别感到要感谢那些承担出版这类集子的出版社，因为出版这些书对这个出版社来说，没有直接的经济效益可言，这和某些"向钱看"的出版者相比，风格是截然不同的，这在目前的条件下是很不容易的。

湖南的出版科研工作和其他地方一样，正在不断发展，相信它会越来越深入、越来越普及，并在这个基础上出专著、出教材、出专家、出学者，为建立出版科学的理论体系作出更大的贡献。

出版工作这几年有经验有教训，我们应该认真地加以总结，把它条理化、理论化，使它更好地指导我们今后的实践，保证我们事业顺利健康地发展。

1989 年 10 月

湖南《出版科学探索》第 2 辑序；《编辑学研究在中国》P214，湖北教育出版社 1992 年 1 月版

国际出版学发展史上的一个里程碑
——记第四届国际出版学研讨会

第四届国际出版学研讨会，于 1989 年 10 月 23 ～ 25 日在日本东京涩谷的青山学院大学国际会议厅召开。这次会议的中心议题是：汉字文化圈的出版开发和出版学术交流。整个会议学术气氛浓厚，讨论热烈。著名的出版学者、神奈川大学教授、日本出版学会副会长箕轮成男说："这次大会是世界出版学发展史上的一站，将要出版的会议记录是非常出色的文献，可以成为纪念碑式的出版物。"

二战以后 40 多年来，世界各国对图书的发展都作出了极大的努力，发展和活跃出版事业被认为是社会发展的重要因素。对发展中国家来说，尤其如此。但是，图书出版事业怎样才能得到健康合理的发展，还缺乏一个科学的理论。首先是要研究图书出版的外部影响和内部各种相互制约的关系所要求的理论框架。这是各国出版学研究者必须正视，也是责无旁贷的。

正是基于这种最根本的目的，本届研讨会分六个基本议题进行讨论，具体是：一、出版开发的历史的、文化的、社会的背景——语言、教育、学术的交流；二、出版开发的技术侧面——编辑、出版发行、著作权、新媒介等；三、出版开发的经济侧面——人口、国民收入、书价等；四、出版开发的政策问题——出版开发与政府参与；五、出版开发的理论与实践——科研、经验、队伍等。所有代表的发言正是围绕着这些问题进行的。

这次研讨会涉及的问题十分广泛，我个人感到印象最深的有以下几点：

一、首先是强调了出版的重要意义。国际交流基金会常任理事光田昭正说：儒家学说和佛教之所以在东亚以至更大地区具有极为深刻的影响，并不是许多东亚人都直接受过中国或印度文化的教育，而是通过大量的书籍出版，传播了孔孟学说和佛教思想。所以，出版工作十分重要。现在，各种传播媒介迅速发展，出版就显得更加重要了。日本青山学院院长西冈久雄教授说，从世界经济发展的趋势看，今后的 50 年中，东亚各国的经济将呈明显的开发趋势，世界经济的领导权将落到东亚各国身上。经济的发展，要求有相适应的文化。出版在过去的世界文化史上起过伟大的作用，今后也必将站到推进文化发展的最前线。因此，要求有足够的、健康的、丰富多彩的图书。他又说，不健康的出版物是目前日本青少年犯罪率很高的原因之一。为了赚钱，出版影响青少年身心健康的书，是可悲的、可鄙的。

二、注意研究出版发展的背景。著名的日本学者、日本出版学会会长清水英夫分析了日本出版发展的历史。他说，影响出版事业发展的社会原因很多，但纵观历史过程，日本出版事业有三个飞速发展时期。

（一）江户时代。日本印刷文化的历史可以追溯到 8 世纪，但以庶民为对象的出版活动的真正繁荣是在江户时代。可以推定在元禄时代初期已经出版了约 1 万种、1000 万册出版物。江户时代中期以后，庶民子弟获得了在"寺子屋"接受教育的机会，出版也得到发展。从印刷技术看，德国的铅活字技术在 16 世纪末传到日本，但在整个江户时期都没有得到普及，依然依赖木版印刷，其技术有了很大发展，所以，江户后期，日本已成为出版相当发达的国家。

（二）大正时代。明治维新被认为是日本近代化的起点，确实，维新后出现了活版印刷的普及，报纸、杂志等定期刊物得到发行，孕育着大众社会的萌芽。但真正的大众出版时代是在大正时代以后才最终到来的。

这一时代的特点是：1. 日本几乎没有介入第一次世界大战，保持了和平状态；2. 社会稳定，生产逐步近代化，经济得到了发展；3. 庶民生活水平提高，年轻一代要求获得高学历。在这种形势下，大众杂志和专刊纷纷出现，逐步形成了新的庞大的读者群。

（三）战后经济高度发展期。昭和时代以战败为线，可分为法西斯与战争时期，和平与繁荣时期。在前一段，出版界由于圆本（每册定价一圆的书）的过度竞争和世界经济危机的双重打击，经历了破产迭起的恐怖年代。战争结束初，情况也未好转，半数以上的出版社在新成立不久就销声匿迹了。出版业出现真正复苏的征兆，是在进入以教育水准迅速提高、周刊杂志等新的传播媒介大量涌现为特征的60年代以后。

他认为，70年代前末期，大学、高中的升学率出现腾飞，书籍的营业额也急剧上升。教育的腾飞直接引起了出版的腾飞。同时，妇女地位的提高，也对出版业产生了巨大的影响。现在，电子计算机的时代虽然已经到来，但对人类来说，书籍仍然是最必需的传播媒介，这是没有疑问的。

香港代表、商务印书馆总编辑陈万雄讲了香港出版业的发展背景。他说，香港出版发展可分为三个阶段。

第一阶段，50年代中叶到60年代。此前只有几家公司经营图书贸易，实际上他们都是国内一些大型出版社的分支，业务限于印刷和零售。50年中期由于书业检查制度的建立和统一的课本编辑大纲的制订，教育体制随即建立，专门从事课本出版的出版公司开始出现。课本和教育参考书的出版，为香港出版业的形成奠定了基础。

第二阶段，60年代中期到70年代末。在教育用书出版增长的基础上，一般图书开始出版，销售日趋发展。但以侦探、爱情小说居多，目的是赚钱。这一阶段出版的迅速发展，除了香港的经济发展、人口增长和教育普及等原因外，还有一个客观原因，由于内地处于"十年动乱"，使原来香港图书的一个重要来源开始枯竭，也向香港本身提出了发展图书出版业的要求。

第三阶段，从80年代初到现在。这是腾飞时期，出版业发生了惹人注目的变化，主要是：1. 图书的品种和印数，每年以百分之几十的幅度稳步上升；2. 图书从内容到印制质量大为提高，印刷技术现代化，使80年代的香港成为世界的印刷中心之一。图书竞争能力的增强，为香港挤入世界图书市场提供了必要的条件。

香港出版的发展表明：社会经济的发展和教育的普及、提高，对出版业的发展起着决定性的影响，是出版发展的可靠保证。

斯里兰卡代表尼桑卡·马都拉普路马讲了该国图书发展的情况。他说，据1981年统计，斯里兰卡的人口约为1600万，但出版的小说和非小说的数量是5000册。全部销完需要一年到一年半的时间。目前，国家正在朝着公民文化普及率达85%或更高的目标奋进，情况会有所好转。同时扫盲运动也将为出版的发展提供新的潜力和市场。

三、电子出版可能给出版业带来什么影响？在这个问题上，日本出版学会常务理事、岩波书店编集长岩琦胜海的发言颇有新意。他说，由于电子技术的发展，出现了各种新媒体，历史悠久的传统的印刷媒体将会受到何种影响，已经引起人们的关注。对此，可做三点分析。

（一）纸与计算机的比较。计算机不同于纸印，它以数字为媒介。从80年初起，纸受到攻击，说"纸上印刷太陈旧了"，"不用纸张的时代很快就要到来"。可是，几年以后人们认识不同了，这种攻击也减退了。相反的意见却多起来了。专家坂村健说："纸张具有比计算机更多的优点，夺取纸张的宝座完全是梦想。"卡普腾说："对话式的传播系统，不具备打倒纸印的力量，视频只有和纸印结合才能发挥它的作用。"这说明人们重新肯定了纸的优越性。

（二）印刷技术的迅速变化，计算机的发展迫使传统的活版等排版技术退出历史舞台。计算机排版是"印刷革命"，印刷业经百年时间确立起来的铅字排版改为键盘操作，改版时改错换字、退行倒版，如采用计算机就十分便利。制版技术也正向电子技术发展。这些技术上的演变，必将导致编辑、设计、校对也发生相应的变化。同时，CTS技术（计算机排版系统）利用磁带保存数据，这种改革不可能限于印刷方面，还可能影响其他方面。

（三）计算机排版的书籍与CD-ROM"只读存储光盘"的"电子出版"比较。辞书《广辞苑》和"CD-ROM广辞苑"本是CTS产生的双胞胎，但CD-ROM由于具有以往一切辞书所没有的特点，巨大的容量和高速检字，因此表现形式有所不同。通过两者比较，可以确认，文字比声音、图像、图形，需要的存储容量少得多，是最准确、最经济的信息手段。

根据以上分析，可以得出：1. 在纸上印刷文字，这种传统的实用的媒介，到21世纪也将充分发挥作用，继续存在；2. 由于信息系统将实现数字化，出版业可能出现全新的、迄今尚难想象的新形态的出版物；3. 从技术方面说，由于数据电子处理系统及其他电子编辑系统的发展，可能引起书籍制作体制的变化。当然，这些都需要经济的发展和科技的进一步开拓。

四、注重出版经济理论的研究。日本出版学会副会长箕轮成男发言的题目是：《图书价格与竞争》。他在这方面曾经发表过一系列论文，出版过专著。这次发言是他对这个问题进行综合研究后提出的若干见解，并且附有许多国家的数字和材料。这里只就他的主要论点做一个简单的介绍。

论点之一，一般说来，一个国家的国民收入水平越高，那么这个国家的公民购书的经济能力就越大。他认为读者购买力与国民收入水平紧密相连。个人收入的增加，用于文教信息等方面的消费可能性增大，用于购买图书的费用也随之增加。反过来又加剧了出版物之间的价格竞争，最终使其价格降低。

论点之二，读者买得起的图书数量越多，购书的能力就越大。因为竞争可以降低图书价格。同时，同类书之间的激烈竞争，一本书有可能被另一本书所代替。

论点之三，一个国家的图书要想进行有效的竞争，每年至少出版

6000 种书。在出版发达的国家，这个数字使读者能够保持很好的购买力。即使在一些年出书品种低于 6000 种的国家，由于有一部分进口书的补充，读者购买力也是相当不错的，在拉丁美洲和亚洲一些国家就是这样。

论点之四，加强零售价格控制能够帮助提高读者的购买力，即使在一些社会主义国家也是这样。

论点之五，不论政治制度如何，人口众多的国家，总是能够促进出版事业的发展，使读者的平均购买能力得到提高。反之，一个人口稀少的国家要想出版腾飞就很困难。

论点之六，一个国家为了促使出版腾飞，在一定的条件下，在保证合理的购买力水平的前提下，它至少需要 200 万左右的人口才能实现。在国民收入较低的发展中国家里，国民在图书方面的消费是相当少的。如果年出 6000 种书，每种要发到 3000 册，才能达到 180 万册。这样，即使平均每人一本，就要有 180 万人去买。而这是保证图书发展再生产的起码条件。否则，只能靠政府补贴或公共机关的集团购买力来支持。

以上只就一般而言，因为各国的情况是千差万别的。

五、出版发展与政府政策的关系。韩国代表闵丙德主要讲了政府的文教政策与出版发展的关系。他分了几个阶段说明了这个问题。当政府不关心文化教育时，出版事业无法发展。后来出版能够逐步得到发展，这要归功于教育政策。他说，二次世界大战后，韩国出版业曾有两次曲折。一次是从 1951 年开始，由于朝鲜战争的影响，使出版物锐减到 789 种，还不及 1949 年（1754 种）的一半；1976 年以后，出版发展加快，80 年代出现腾飞，1986 年出书品种达 37411 种。但到 1987 年由于大学生游行，政局动荡和总统选举风波，增长速度减慢。目前已开始进入比较稳定的发展阶段。

六、相当重视出版印刷史的研究。日本代表矢作胜美以《活版印刷技术的传播与交流》为题发言。他说，木版印刷向活版印刷的转变曾经导致了出版活动的又一次飞速发展。木版印刷始于中国，其影响远及日本、欧洲。铜活字出现于朝鲜①，李朝时将出版业收作政府事业。发明木活字的中国，在清康熙时代也开始了铜活字的制作。1592年，丰臣秀吉率军侵略朝鲜，把李朝的铜活字传到日本，德川家康铸造了铜活字并用于印刷，但未能持久，木版印刷依然是当时日本印刷的主流。铜活字在日本不能固定下来，原因是不具备使用铜活字所不可缺少的条件，如铸造方法、印刷油墨、印刷机等。

1818年，英国传教士马里逊在马六甲建立英华学院，在该院任教的代亚潜心研究汉字活字实用化，1838年美国长老会也派出传教团，于1845年在宁波开设印刷所和美华书馆。统管甘布尔作出了努力，他的业绩有：1. 制作电铸铜模，取代了冲压字模；2. 将活字定为大小7种，使其形成号数体系；3. 提出了将活字按部首分类管理，集中于活字籍中的设想；4. 将活字字体规定为明朝字体。通过里本和岸田吟香，日本和美华书馆有了联系。1869年11月在本木昌造的努力下，请甘布尔来长崎，他带来了汉字、假名、欧文活字及必要的排版器材，并用半年时间，传授了电铸字模的制作方法和所有活版印刷的技术，本木学了技术以后，于1870年创立了长崎活版印刷所，这是民间创办的第一个印刷所，后又与志同道合者一起，将其发展为东京筑地活版印刷所。经以上途径在日本稳定下来的活版技术在1883年传到朝鲜，朝鲜最早的报纸——官报《汉城旬报》就此创刊。该报的发行得到了福泽谕吉的指导和支持。福泽在此前一年创办了《时事新报》。

以上可以看出，汉字文化圈中的各个国家在掌握活版技术的问题上，是有着不同的情况的。同时，活版印刷技术的发展与各国的语言和文化有深刻的联系。进一步说，它是以综合科技的发展为基础的。所以，在今后的技术交流中也会有许多错综复杂的情况。这一点是不能不注意的。

七、令人感兴趣的日本出版学研究的一些情况。这些情况不是某个

---

① 中国研究印刷史的学者根据史实论证，认为朝鲜的铜活字是由中国传入的。参见潘吉星《中国金属活字印刷技术史》，沈阳：辽宁科学技术出版社，2001。

代表的专题发言，更多的是在会内会外，或者其他场合听到的。这次国际会议之所以在这一年召开的原因之一，正是日本出版学会成立20周年，听到这方面的情况当然要多一些。不过，日本出版学会副会长、立教大学教授林伸郎的发言，为我提供了一个比较全面的概况。他说，日本最古老的印刷品是公元770年完成的百万张的佛经——无垢净光大陀罗尼经中的一部分。它分别收藏于100万个木制小塔中，每个小塔里夹一张，因此被称为百万塔陀罗尼。11世纪至14世纪，奈良、京都等地的佛教寺院相继用木版印刷佛经。京都5所寺院的出版物被称为"五山版"，里面有很多是以中国的宋版、元版复刻的。

到14世纪末叶，记叙军事内容的读物《太平纪》以及通俗小说（当时称为"御伽草子"之类的作品），全都是木版印刷，由京都民间印的称之为町版（坊刻本）。17世纪后，出版业除京都以外，在江户（现东京）和大阪也兴盛起来，有关的法律规定也开始出现。

活版印刷传到日本，在16世纪有两个途径：一是意大利传教士带来的欧洲方法，一是出兵朝鲜的丰臣秀吉的军队带回的朝鲜方式。采用前一种方式印成的叫天主教会版，后一种方式印成的叫敕版。但不管哪一种活版印刷术在江户时代都是不定型的。活版印刷术最终取代木版印刷术是在1870年以后。

日本的出版虽已有了1000余年历史，但学者们研究出版这一社会现象却是近几十年的事。真正的出版学研究是二战结束10年之后才开始的。30年代初出版的《综合新闻学讲座》中有几篇评论某些具体出版社的文章。

有关书籍的研究最早是在某些藏书家和爱书家中开始的，多数是出于兴趣，很难说是科学研究，但却因此而产生了书志学。这方面日本最早的论文有：田中敬的《图书学概论》（1924）、植松安的《本邦分志学概要》（1929）、岳寿文章的《什么是书志学》和川濑一马的《日本书志学之研究》（1971），堪称大作。不过书志学在今天的出版学中仅占很小的一部分。

在日本，当一个新兴学科在未确立其科学的方法论以前，甚或在确立之后，不称为"学"，往往称"论""研究"，有时也作为这一学科的下位概念，即分支领域。如出版学，就包含书籍论、杂志论、出版计划论、出版产业论、出版经营论、编辑论、著作权论、书店论、读者论等等，1972年出版的清水英夫著《现代出版学》是唯一在书籍中使用了"出版学"字样的书，这是一部能将出版研究确立为一个学科的雄心勃勃的书。

日本的出版研究者，多数是在有了相当实践经验之后转入大学和研究机构的，或是在出版社工作多年、富有经验，而又接近退休年龄或已退休的人。日本出版学会成立于1969年3月14日，目的在于加强会员间的联系和协作，促进调查研究，开展国内外的学术交流、科研合作，提高出版的科学水平。经费由会员个人交纳会费和社会捐赠维持。学会的机关刊物是《出版研究》，是唯一刊登出版学术论文的刊物。1970年开始创办，已出20期。此外，每年还出版3期《日本出版学会会报》。学会还主办学术报告会、学术讨论会等活动，开展出版学的研究。

会上发言的还有：韩国出版学会名誉会长安春根、新加坡教育研究所比较研究所所长S. Gopinathan、日本一桥大学教授山本武利、韩国著名律师韩胜宪、日本著名书籍装帧艺术家杉浦康平、英国文化协会布肯女士、加拿大西蒙大学国际交流中心主任王健、奥勃基金会主任IvanKats、联合国大学出版部部长A. A. Arboleda等。

中国的四位与会者都有发言，已刊登于近期的《编辑之友》和《出版发行研究》，可供有兴趣的读者阅读，就不再赘述了。

八、加强出版学的研究，大力开展国际出版学术交流是与会代表共同的强烈的愿望。在最后一次全体会议上，日本方面提出了成立国际出版学会的建议。日本出版学会会长清水英夫还宣布：日本最大的出版社——讲坛社社长野间佐和子为了支持国际出版学的研究，决定赞助一亿日元，日本书协理事长、讲坛社会长服部敏幸还将带头在出版界募集资金，以帮助日本出版学会开展活动，与会者欢声雷动，共同就加强国际出版学研究问题进行了热烈的讨论。最后共同的意见是：（一）采用某种形式将关心出版研究的人组织起来，形成联络网；（二）由日本出版学会出面，就成立国际出版学会一事进行可行性研究。

总的感觉是这次会议的规模——到会的国家和地区、代表人数之多是空前的，是国际出版学发展史上所从未有过的。内容非常丰富，不少东西对我们是有启发的，有的是可以借鉴的。东亚各国虽为近邻，但各国的社会制度、经济、文化、语言、历史……都各有特点。我们只有遵照洋为中用的方针，对外国的学术成果进行认真的分析研究，结合我国实际，吸收有用的东西，才能促进我国的出版研究，对实际工作作出更大贡献。

最后，应该说明，我在整理这份材料的时候，除了摘用与会各国代表的发言、论文中的有关内容以外，还吸收了箕轮成男、林伸郎、吉田公彦和戴文葆等几位先生提供的有关这次会议的材料。没有各方面的合作、支持、帮助，我的任务是很难完成的，我在这里特向他们表示感谢。

1989 年 10 月

《编辑学研究在中国》P222 页，湖北教育出版社 1992 年 1 月版；《一切为了读者》P207，首都师范大学出版社 2010 年 7 月版

中国出版科研的发展

一

中国书籍编纂出版活动的历史非常悠久，是世界上公认的最早有出版活动的少数几个国家之一。我国有关编纂出版的经验十分丰富，历代先贤曾经有过不少论说，周秦之际，屡见记述，汉唐以来，不乏撰著。新中国成立以后，编辑出版工作有了重大发展，出版界有识之士，十分关心出版研究，他们身体力行，做了不少工作。1978 年，我国实行改革开放政策以后，社会主义现代化建设出现了新的形势，出版工作也被推到我国历史上前所未有的重要地位，出现了初步繁荣的局面，出版科研事业也得到了相应的发展。

1983 年 6 月，《中共中央、国务院关于加强出版工作的决定》中明确提出了"要建立出版发行研究所，充实印刷技术研究所，加强出版、印刷、发行的科研工作"。这个决定为出版科研事业的顺利发展，指明了方向、开辟了道路，它极大地鼓舞了热心出版理论研究的广大出版工作者、学者、专家和其他积极分子。出版科研工作从此正式列入国家的科研范畴，成为我国整个科研事业的一个组成部分，开始了出版科研事业的新起点。

根据上述决定的精神，中国出版工作者协会积极发动出版工作者，率先于 1983 年在桂林召开了第一届出版研究年会，并先后建立了装帧艺术研究会、连环画研究会等研究机构，为组织和发动我国出版工作者积极开展出版研究做了开创性的工作，起了带头作用，从而促进了各地出版研究工作的开展。接着又于 1985 年和 1987 年在四川峨眉和贵阳召开了第二、三届全国出版研究年会，使我国的出版研究工作更为活跃。

1985 年 3 月，经国务院批准，我国第一个专门从事出版科研的学术机构——中国出版发行科学研究所（现已改名为"中国出版科学研究所"）在首都正式成立。从此开始了我国出版科研工作中专业研究和业余研究相结合的道路，逐步形成了一支以老编辑家、老出版家为主力的出版科研队伍。在研究所和有关部门的共同努力下，从1985年到1988年，连续召开了4次全国出版科学学术讨论会，在积累资料、研究问题、寻求规律、探索理论等方面，有了一个良好的开端。

与此同时，天津、湖北、浙江、黑龙江等省市也先后成立了出版研究所（室），上海、湖南、安徽、河南、广东等地相继建立了编辑学会、编辑研究会、出版研究会和图书发行研究会等学术团体和科研组织。许多省市还召开了出版科学学术讨论会、出版论文研讨会、图书发行研讨会。据初步统计，全国大概已经有20个省、自治区、市开展过这类学术活动，其中有的省市已经举办过或即将举办第3次、第4次这样的活动。目前，各地的出版研究活动方兴未艾，有增无减，涉及的方面也越来越多，已经提出了一批有一定质量的论文和研究资料。

随着出版事业的发展和出版科研事业的兴起，为适应学术交流和经验交流的需要，从中央到地方已经涌现了一批出版研究的专业性刊物，如北京的《出版工作》《出版发行研究》（原名《出版与发行》）、《中国出版年鉴》和《出版参考》，上海的《编辑学刊》和《出版史料》，山西的《编辑之友》，辽宁的《中国图书评论》，浙江的《出版研究》，安徽的《图书发行研究》，河北的《新闻与出版》等，它们分别从理论性、学术性、业务指导性和资料性等方面，对当前我国出版工作中的重大理论问题和实际问题，开展了积极的研讨。1987年创办的《新闻出版报》还特地开辟了出版研究专栏，进一步加强了新闻出版方面的信息和学术交流。

令人高兴的是：1986年以后，我国还成立两个出版方面的专业性出版社——中国书籍出版社和书海出版社，主要出版有关出版专业的学术著作、教材、工具书和业务知识读物。目前，他们已陆续推出或正着手组织《出版知识丛书》《编辑丛书》《国外出版译丛》和《国外编辑出版丛书》。同时，人民出版社、商务印书馆等一些有影响力的出版机构，也注意了出版专业方面的学术著作和业务知识读物的出版。迄今已经出版的有：《马克思恩格斯关于出版问题的言论》（中国展望版）、《列宁与编辑出版工作》《实用编辑学》（以上中国书籍版）、《编辑工作20讲》（人民版）、《编辑出版系列讲座》《实用编辑学概论》（以上天津人民版）、《编辑学》（安徽人民版）、《编辑学概论》（四川社科院版）、《科普编辑概论》（上海科技版）、《词典学概论》（商务版）、《词典论》（上海辞书版）、《编辑工作基础知识》、《百科全书编纂概论》（山西人民版）、《图书发行学概论》（武大版）等，这些都受到了读者的欢迎。编辑出版方面专业工具书的编纂工作，也已引起各方面的重视，《简明编辑出版词典》《实用出版词典》已经出版，中国出版科学研究所所长边春光先生亲自主编的三本大、中型工具书：150万字的《出版词典》、130万字的《编辑实用辞书》和收列10000余人300万字的《中国出版人名词典》，都可望在一两年内出书。这些书的出版是出版事业本身的一项基本建设。国外有关的著作也开始翻译成中文出版，斯坦利·昂温的《出版概论》、J·P. 德索尔的《出版学概论》、小赫伯特·S. 贝利的《图书出版的艺术与科学》、多萝西·康明斯的《编者与作者之间——萨克斯·康明斯的编辑艺术》、米利钦的《编辑工作原理与方法》、出川沙美雄的《漫话世界出版社》、《创》月刊编辑部编的《日本出版界的操纵者》等书，都已与我国读者见面，有利于开阔我们的视野。据不完全统计，我国近几年来出版的出版方面的学术著作、工具书、业务知识读物和各种资料性图书已超过200种。

出版教育也有所发展。1984年7月，我国著名理论家胡乔木先生写信给教育部，提出"编辑之为学，非一般基础课学得好即能胜任"。认为编辑有学，编辑是一种专业。并且提倡在高等学校开设编辑专业，有计划有目的地培养专业编辑工作者。这封信为把编辑专业教育纳入我国高等教育系列开辟了道路。在教育部门的支持下，目前，我国已有 7 所高等学校正式开设了编辑专业，另有 6 所大学开办了出版专业、图书装帧设计专业和图书发行专业，上海还开办了一所出版高等专科学校。研究生的培养工作也已在有的大学进行，除了武汉大学的图书发行方面的研究生已经走上工作岗位以外，南京大学、河南大学和四川省社会科学院等科研机构和高等学校正在试办以培养科技或文科编辑人才为目标的硕士研究生。据 1988 年统计，高等学校出版专业在校的学生和研究生共 394 人，专职教员 118 人，各科兼职教员 112 人。至于以培养编务、设计、校对、发行等中等专业人才为目标的中等出版专科学校就更多了。总之，一个由初级到高级的我国出版教育的梯形结构，已经初具轮廓，从而为各级出版专业人才的培训开辟了有益的途径。为了进一步提高和发展当前高等学校出版专业的教育水平，保证其更加巩固、健康地向前发展。今年夏天，中国出版科学研究所受新闻出版署的委托，在山东烟台召开了"出版高等教育教材规划座谈会"，这次会议研究了当前我国出版高等教育的状况，制订了教材编写规划，落实了 10 多种教材的编写措施。

随着出版科研活动的开展，出版科研队伍正在逐步形成。据初步统计，专业队伍（包括专业研究机构和教育界、文化学术界专门从事出版教研的人员在内），目前已经发展到 250 余人。与此同时，我国出版界一批富有实际工作经验和相当理论水平的编辑、出版专家，正在夜以继日地搜求资料，从事艰苦的出版研究和出版教育工作，大体上已经形成了一支近 500 人的业余研究队伍，其中 33 人已经被中国出版科学研究所聘为特邀研究员，这是新中国历史上第一批具有研究员称号的高级出版科研人员。

总之，近几年来，我国出版科研活动发展的速度和它的普及程度，在我国历史上是空前的。

二

在出版理论研究中，图书发行研究开展得比较早，新华书店总店和武汉大学图书发行专业在这方面做了不少工作，而且取得了一定的研究和教育成果。近来，编辑学研究也赶了上来，发展也相当快。1987年9月，中国出版科学研究所在乌鲁木齐召开的图书编辑学研讨会，与会者怀着浓厚的兴趣集中讨论了编辑规律问题，从编辑工作的各个环节各个方面进行阐述，充分地交流了彼此的观点。

目前，编辑学研究的发展，已经引起我国学术界和教育界的注意。值得提出的是1987年底，在郑州召开的一次图书编辑学研讨会。这次会议是由河南大学、河南省社会科学联合会发起，并和河南省出版工作者协会联合举办的。这次会议突破了以往主要由出版界内部来研究书刊编辑学的格局，发展到了由学术界、教育界和出版界一起，共同来研究图书编辑学的局面。现在一批高等学校的教授正在积极从事出版学、编辑学、图书发行学等方面的教研工作，其中有的还相当活跃。这是一种转变、一种发展，它标志着在中国编辑学的研究已经不只是出版界的事情，而是学术界、教育界和出版界的共同事业。这个发展是值得我们重视和珍惜的。这种转变表明，编辑学的研究在我国不仅仅是编辑人员、出版工作者自身的需要，而且是广大作者、读者，甚至整个社会的需要，也说明了近几年我国编辑学研究的发展，已经取得了某种成果，而且已经开始被社会所承认。

这几年，许多人除了研究出版事业发展中的一些重大实际问题和理论问题以外，讨论得比较热烈的是编辑学的问题，包括它的对象、性质、规律，以及作为一门学科的基本内容，大家都提出了许多有益的见解。当然也存在着不同意见，如在什么是编辑学的问题上，目前主要存在着两种看法：一种认为：编辑学是研究编印书籍、期刊、报纸和图画等类出版物以及利用声音、图像等宣传手段的学问。或者说编辑学是研究编辑工作的规律和方法的科学。另一种意见认为，编辑学着重研究如何通过书刊等出版物实现社会文化导向、建立社会文化结构、进行社会文化积累的学问。在图书发行学方面，同样也存在两种不同的看法：一种认为，图书发行学是在承认图书作为精神产品的前提下，来研究图书发行领域里的矛盾运动及其规律性的科学，是着重研究图书的供求矛盾，探索图书供求规律的学问；另一种意见则认为，图书发行学是研究图书商品流通规律的科学。学术上的不同观点当然不只这些，或者说是很多的。我们认为这种现象是正常的，这是因为我们过去研究不够。目前，大家从各个方面提出问题，发表见解，正是科学得以发展的良好条件，应该看成是一件好事，而不是坏事。

对于学术上的不同观点，我们坚持以马克思主义为指导，遵照"百花齐放，百家争鸣"的方针，采取既不强加于人，也不强求一致的办法，而是通过讨论的方法，使真理愈辩愈明。我们相信，只要我们坚持四项基本原则，贯彻"双百"方针，尊重实践，尊重科学，我们一定能够发展正确的东西、先进的东西，克服错误和落后的东西，从而发展我们的出版科研事业，提高我们的出版科研水平。

三

当前，随着出版改革的深入，出版事业的不断发展，迫切要求我们加强出版改革中重大实际问题和理论问题的研究，认真探索出版发展的客观规律，这个问题已经为越来越多的人所认识。事实证明，搞好出版科研工作是推进和深化出版改革，培训编辑出版人才，加强出版队伍的思想和业务建设，改进出版工作，提高书刊质量，促进出版事业顺利发展所必需的。

许多同行认为，这几年发展起来的我国出版科研活动，有这样一些特色：

　　首先，在出版科研活动中，我们坚持四项基本原则，贯彻执行理论和实际紧密相结合的方针。这是我们工作所以能够发展得比较快的基本保证。我们出版科研的许多课题，都是根据实际工作的需要提出的，实际上就是通过理论研究来概括实际工作中经验，说明存在的问题，议论解决的办法，找出其发展规律，得出符合实际的科学的结论。所以，这种研究始终是和实际工作紧密不可分的。比如，当前许多研究人员正在认真研究中国图书结构（包括种类和层次等）的发展趋向问题、图书定价问题、出版税收政策问题以及编辑工作的改革怎样才能更好地保证出书质量，同时又提高工作效率的问题，等等。出版科研工作者如果能够正确地回答这些问题，那就不仅解决了工作中的实际问题，而且解决了理论问题，这就有利于我们掌握出版工作中的客观规律，丰富出版学的理论内容，当然也有利于深化出版改革。根据"一个中心，两个基本点"的方针，以实际问题为中心，运用马克思主义的科学方法，找出解决实际问题的答案，从而形成具有中国特色的社会主义出版工作的理论，正是我国出版科研的一个基本特征。

　　其次，是专业研究和业余研究相结合。我国出版科研的开展是由于实际工作的需要，由一些做出版工作的人从业余研究开始的，由此逐步发展起来的。直到现在，正是几百位有较高理论水平和丰富实践经验的业余研究人员，承担了我国出版科研的主要任务，是我们主要的依靠力量。出版科研机构和有关院校的专业队伍，近年来虽然有所发展，然而力量还很薄弱，他们是我国出版科研战线上的一支新生力量，目前还不是科研攻关中的主力。但是，这支新生力量虽然人数不多，所担负的任务却相当繁重。他们除了要完成一定的科研、教育任务和业务工作之外，还担负着规划科研项目，组织科研力量，收集和整理学术论著和学术资料，培训专业人才等任务，当然这些任务的完成，很大程度上又必须紧密依靠业余队伍。目前，两方面的支持、合作是很融洽的。这几年我国出版科研的蓬勃兴起，是和这两种力量的紧密结合分不开的。

再次，是把应用科学和基础理论研究紧密地结合起来，是这几年我国出版科研的又一重要特色。我国出版的历史悠久，实践经验包括历史经验和新鲜经验，极为丰富，但过去缺乏整理和总结。所以，现在许多研究工作就是从收集材料、总结经验、整理技法、规范工艺上入手的。也正是在这个基础上，进而探求带有规律性的认识，作出理论上的概括，逐步奠定我国编辑学、出版学、图书发行学、出版人才学、出版经济学等各个学科的理论基础。这样做，不仅有利于全面系统地总结经验，有利于整理和传授工艺技法，有利于培养干部，有利于建立我国出版科学的理论体系，最终有利于发展社会主义的出版事业。

以上想法是十分肤浅也是非常初步的，相信随着出版科研实践的不断发展，人们的认识将得到进一步的充实和深化，从而逐步形成我们自己的特色，找出我们自己的路子。

我国现代出版科研工作，虽然起步较晚，但发展速度比较快，究其原因，主要有三点：

首先，我国是世界上出版历史最长的国家之一，即使从雕板印刷开始算起，也已经有2000多年历史，经验十分丰富，这是世界上许多其他国家难以获得的条件，是我国发展出版科研重要基础。

其次，在中国近代100多年的历史中，曾陆续出现过一批有相当影响的出版单位，其中有些还对中国文化事业做出过巨大贡献。它们艰苦创业、惨淡经营，给中国人民带来进步和希望，在中国出版史上留下不朽的业绩。与此同时，也涌现出一批参加过重要编辑工作和进行过重大出版活动的近现代编辑家和出版家，他们同样为出版事业呕心沥血，立下汗马功劳。他们的杰出的作为和丰富的实践经验，为今天建立编辑学、出版学、图书发行学等提供了知识源泉和理论根据。有些编辑出版家，如鲁迅、韬奋、张元济等还留下了有关编辑出版方面的文章和著作，更为科研工作准备了很有价值的参考资料。

第三，我国党和政府历来重视出版工作。中国共产党从成立那一天起，就注意做出版工作，把它作为革命事业的一部分。在几十年的革命斗争中，曾经对出版工作做过许多重要的指示和决议。毛泽东、周恩来等许多老一辈无产阶级革命家，在他们的早期革命活动中，都曾经编过革命刊物。40 年代时，延安和山东的新华书店曾刊行过《书籍版式概要》和《出版工作基本知识》，作为培训出版人员的业务学习材料。新中国成立后，为使出版工作者较快提高水平，也曾经翻译出版过国外的一些有关出版方面的著作，以资学习和借鉴；60 年代，当时的文化学院，也组织出版研修班的学员编写过《图书出版概论》，这些出版研究的尝试，有利于新中国出版事业的成长和发展，它所留下的宝贵材料和这种尝试本身给人们的启示，都有利于进一步开展出版理论的研究。特别值得提出的是，1978 年，党的十一届三中全会以后，党和国家推行了改革开放的方针，出版工作也走上了改革的道路，出现了初步繁荣的局面，出版科研工作也相应地提上了日程，从此改变了过去出版研究分散而无组织的状况，开始了有领导、有计划、有组织地推进出版科研活动的新阶段。

现在，我国出版界，包括教育界、学术界一部分专家、学者，研究出版学、编辑学、图书发行学、出版管理学等，有很高的积极性，每一次全国出版研究年会，或全国出版科学学术讨论会，如果征集论文的话，都可以收到好几百篇。将在明春联合召开的中国出版工作者协会第四届出版研究年会和中国出版科学研究所第五届全国出版科学学术讨论会，已经收到应征论文 660 余篇，其中有研究实际问题的，有研究理论、学术问题的，范围非常广泛，可以发现许多人才。退一步说，如果其中有十分之一的论文有一定水平的话，这个数字也是相当可观的。这正是我国出版科研事业在短短的几年中得以发展的雄厚基础之所在。

我国的出版科研工作起步不久，有许多工作要做，为了进一步做好这项工作，加强出版学、编辑学、图书发行学等学科的研究，我们不仅要加强国内专家、学者之间的交流，而且要加强与国际出版学界的联系，积极发展国际间的出版学术交流，和国际出版学界共同前进。我们认为：

各国出版界、出版学界加强信息、资料和学术成果的交流，加强科研合作，加强友谊联系是完全必要的，是有助于出版学和出版事业的发展的。当然，各国的情况不同，我们将根据我国的实际情况吸收各国经验中有益的东西作为借鉴，走出我们自己的路子。我们坚信，在党和国家的关怀下，在马克思主义的指引下，只要有一批人坚持不懈地干下去，我们的路子一定会越走越宽。

我们是搞书的，书是人类进步的阶梯。我们研究出版学就是研究如何使这个阶梯演变成电梯，演变成飞行器，使人类前进的步伐迈得更大更快。书可以给我们以启迪，我们的一切努力又都是为了书。让我们利用书中的智慧，依靠书积累起来的丰富而宝贵的文化遗产，来研究开拓出书的事业吧！

1989 年 10 月

《编辑学研究在中国》P160，湖北教育出版社 1992 年 1 月版

评我国 12 种编辑学著作

一

我想写这篇短文已经有些日子了。还在去年夏秋，应邀参加"全国首届出版理论研究优秀图书评奖"工作时，看到评奖办公室根据《全国新书目》《全国总书目》检索所得和许多出版社推荐的种种参评图书中，有 3 本书的书名上有"编辑学"的字样，令人兴奋，觉得这是近几年来编辑学研究的成果。过了几天，细细一想，根据我平时的印象，觉得可能还不止这 3 本。为了想知道个究竟，就到处设法搜求，果然又找到了几本，有的还是作者或出版单位寄赠的。在这个过程中，各地各单位的热情帮助、积极支持令人感动。有的同志还把自己的孤本复印了寄给我；有的同志为找一本书，跑了许多路，托了许多人。这些都是我后来才知道的，而且是从别人那里听说的。他们本人根本就没有提到过这些。所以，能收集到这些书，应该说是许多同志的努力，这是十分感谢的。这样，到 1989 年底，共有 12 本。这个数字是我原来根本没有想到的，真是喜出望外。因而也更加剧了我写这篇短文的念头。

二

根据我很粗浅的印象，这些书都有自己的特点。这里就管见所及，逐一加以说明。

《书籍编辑学教学大纲》，苏联 К.И. 倍林斯基著，中国人民大学出版社 1956 年 8 月出版。这本书是苏联 50 年代初供大学新闻系编辑专业教学用的，出版时间较早。中国人民大学新闻系根据苏联莫斯科大学出版社 1954 年 10 月版译出，目的也是为了当时该校编辑出版专业的教学需要。主要内容是讲各门类书刊编辑工作的原理和方法，总的书刊编辑课程的研究对象、任务和书刊编辑学原理也有所涉及。这本书强调了"苏联的书籍是掌握人类积累的全部知识的重要因素"，是掌握马列主义学说的"非常有力的工具"。指出："书刊的发展同社会的经济和思想需要有不可分割的联系"。强调列宁的党性原则是编辑各种书刊的政治基础和方法基础。指出："编辑是担负党和国家在思想战线上的一项重要任务的政治文化工作人员"。强调"书刊编辑学是根据马克思列宁主义理论，拟定的关于出版社内书籍和杂志的主要创造过程的一套理论"。由于是教学大纲，内容比较简要，没有进一步展开。

对于这本书的中文译名，林穗芳先生有不同意见。他说："中国人民大学 1956 年出版的苏联倍林斯基《书籍编辑学教学大纲》中译本书名的译法不大准确，按照原著书名……似应译为《书刊编辑课教学大纲》。"这个意见是否正确，需要翻译家来研究。

《报纸编辑学》，郑兴东等编著，中国人民大学出版社 1982 年 6 月出版。这本书主要讲报纸编辑工作的，是作者在人民大学新闻系讲稿的基础上编著的。它开宗明义把报纸编辑学界定为：新闻学的一个分支。它是研究报纸编辑工作的规律和方法的。着重讲了报纸编辑工作的基本原理和方法。强调了报纸编辑工作的特性和任务，用较大的篇幅对报纸稿件的选择、修改、配制，版面安排、报道组织等进行了探讨，旨在反映我国社会主义报纸编辑工作的经验。涉及新闻理论方面的问题，因另有著述，没有充分展开。此书虽是讲报纸编辑工作的，但对书刊编辑学的研究、著述，也有重大的启迪。当时，一些有经验的书刊编辑工作者，积极从事书刊编辑学的研究、著述，可能多少受到过这本书的一些影响，或者说这本书对跃跃欲试的热心研究图书编辑理论的人员是一种有力的推动。

《实用编辑学》，阙道隆主编，中国书籍出版社 1986 年 10 月出版。

它是我国书刊编辑学方面的第一本专著；是党的十一届三中全会以后，我国开展编辑学研究以来的最早产物；也是中国书籍出版社成立以后出版的第一本书；是 1989 年全国首届出版理论研究优秀图书评奖中 10 种获奖图书之一。这本书的作用主要在于：①它以社会主义出版方针为指导，以实践经验为基础写成的，比较实用；②它首先提出了图书编辑学包括总论（主要是图书和出版的一般史论、编辑过程、编者与作者、读者的关系等）和分论（主要是几个重要门类读物的编辑原则和方法）的框架；③它对编辑人员的培训和编辑专业的教育起了教材的作用。

《编辑学论集》，中国出版发行科学研究所科研处编，中国书籍出版社 1987 年 10 月出版，是 1986 年 11 月在武汉召开的"第二届全国出版科学学术讨论会"的论文选集。这本论文集的许多作者以马克思列宁主义、毛泽东思想为指导，遵照"百花齐放，百家争鸣"的方针，对编辑学的对象、性质、特点、基本内容、知识体系和概念范畴等许多基本问题做了探讨，并有不少精辟的议论，也不乏创造性的见解，反映了编辑学开创时期的研究水平。在我国编辑学研究发展中具有重要的意义。

《实用编辑学概要》，俞润生编著，天津人民出版社 1987 年 12 月出版。这是我国图书编辑学著述方面的第一本个人"编著"。在这以前出版的这类图书，除译作外，主要是多人合集，至少是几个人合作写成的。本书对编辑学的理论基础做了给人启迪的探讨，对编辑学的研究对象提出了自己的看法，强调了编辑的政治理论、思想和业务修养，有重要的实践意义。这本书的重要特色在于：对我国现代编辑家鲁迅、邹韬奋、张元济、郑振铎、叶圣陶、赵家璧的编辑思想和编辑经验做了简要的但是比较系统的概述。它探讨了我国编辑学理论的重要思想渊源，对今后的编辑学研究和编辑实践将会起很好的作用。

《编辑学概论》，朱文显、邓星盈著，四川社会科学院出版社 1988 年 3 月出版。这本书研究的范围包括图书、杂志和新闻编辑工作。它着重讨论了编辑工作在整个出版工作中的地位和作用，研究了编辑工作的性质。这本书的突出特点是对中国古代编辑史、古代编辑家的经验进行了研究，并做了简要的叙述，说明了我们今天的编辑工作是古代编辑思想、编辑实践的延伸和发展，对进一步深入研究编辑学是有重要意义的。

《编辑学》，刘文峰主编，安徽人民出版社 1988 年 8 月出版。侧重于论述报纸的编辑工作，同时对各类图书、杂志的编辑工作，广播、电视、新闻的编辑工作，也有一定的论述。本书把编辑美学、读者视读心理作为编辑学的重要组成部分，并且备用专章展开论述，可以引人思索。

《图书编辑学概论》，高斯、洪帆主编，江苏教育出版社 1989 年 4 月出版。作为图书编辑的"概论"，这是第一本。因为在它以前的"概要"、"概论"，一般都包括新闻、报纸编辑工作，并非专讲图书编辑工作的。本书作者力图以马克思主义为指导，从理论上阐明编辑学的基本原理，建立起自己的理论体系，并注意理论与实践相结合，力求以实践经验为基础，高于实践和指导实践为目的。这是本书给人们的一个重要印象。本书对图书编辑学的逻辑起点和终点有自己的界定，从而使它和其他学科区别开来。它提出了编辑过程的"三段论"，对编辑学的学科体系从概念系统和结构系统两个方面做了阐述，对有关的邻近学科做了分析，表明了编辑学的内涵和外延，提到了编辑学的历史继承和横向吸收。它对社会主义图书编辑工作的方针与任务，尤其是编辑工作的特性，包括 10 个具体特点的概述，富有新意。

《编辑学概论》，萧汉生、戴志松、曹毓英、彭守权主编，华中师范大学出版社 1989 年 4 月出版。它以图书、期刊、报纸、广播、电视、电影等编辑工作为范围，提出了编辑学的知识框架，探讨了编辑学和编辑工作中的许多重大问题，试图揭示编辑工作中的规律和一些不同类型读物编辑工作的特殊规律。它对编辑学的任务、原理、原则做了概括和阐述，提出了分层次构建编辑学学科理论体系的设想，即高层次的根基理论、中层次的基础理论和低层次的具体理论。本书对编辑学与邻近学科的关系，如与美学、版本学、目录学、校雠学的关系做了简要的分析，是本书作者对编辑学理论建设做出的新努力。本书对我国前几年编辑学研究的成果，有所吸收，在一些问题上也提出了自己的见解。总的看，内容广泛，观点简明，实用性比较强。

《编辑学论稿》，刘光裕、王华良著，山东教育出版社 1989 年 7 月出版。这是两位作者的学术论文集，18 万字，篇幅虽然不算很大，但对编辑学研究中的许多重要理论问题，几乎都有涉及。作者本着"百花齐放，百家争鸣"的精神，对当前编辑学的学术问题畅所欲言，有不少独到的见解，可以看出作者在编辑学研究方面是下了功夫的。它在立论和研究方法上，也有新的尝试，是值得肯定的。这本书的特色在于它和以前的编辑学著作不同，它摆脱了编辑过程的论述、编辑工艺研究、实践经验总结的局限，从理论高度对编辑的社会本质、社会作用、社会价值做了相当广泛、深入的探讨，是近年来编辑学研究的一个重要成果。

《书籍编辑学简论》，张玫、林克勤著，中国书籍出版社 1989 年 9 月出版。它以青年编辑为对象，对一个图书编辑应该了解的一些基本问题，做了比较全面比较系统而又是比较简要的阐述。做到了三个结合，即理论与实践相结合、史与论相结合、编辑业务知识和编辑管理相结合。作者总结了我国历史上特别是建国以来书籍编辑工作的经验，对编辑工作中曾经发生过的某些倾向性问题，也有所阐述。它是作者在高等学校编辑专业讲课的基础上写成的。所以，不失为培训青年编辑人员的一本教材。

《科技编辑学概论》，王耀先主编，中国书籍出版社 1989 年 10 月出版。这是我国科技读物编辑工作方面的第一本部门编辑学著作。本书除了对科技读物编辑工作中的共同性问题做了一般的阐述之外，还对中译本及外文科技书、科技工具书、科普读物、科技教材、科技古籍整理与科技史书稿、科技丛书、科技画册和图集、科技期刊、科技报纸、科技音像出版物和其他电子出版物的编辑工作，做了分门别类的叙述。比较系统而全面地讲了基础知识，具有很大的教学和实用价值。

以上是 12 本书的大体情况，以及笔者对这些书的一些不成熟的看法。

当然，这些书不能说没有缺点和不足之处。即使这 12 本书中那些写得比较好的，也难免有不足和问题。但是，编辑学著作的出现在我国还是一种新生事物，如果过于苛求，将不利于编辑学著述的进一步繁荣，也不利于编辑学研究的进一步发展，何况这些书在不同方面的确都具有各自的特色和长处。回到笔者写这篇短文的本意上来说，也无非是两点：一是对目前已有的编辑学著作，做一番展示，说明我国编辑学界的劲头很足、潜力很大，大有可为；二是希望在现有的基础上，把编辑学著作的质量不断提高，在理论上不断深化，在体系上不断完善，在内容上不断丰富，使它更具有现代科学的形态。

三

浏览这一批书，颇有感触。

首先，这批书的出版，尤其是从 1986 年起，后 10 本书在比较集中的 4 年时间内先后出版，说明我国编辑学研究的第一个高潮已经出现，说明我国这几年在编辑学研究、出版科学研究方面是颇有成效的。原因无非是三条：一是我国出版事业有无比丰富的历史经验，也有十分宝贵的现实经验，能够总结升华的东西很多；二是我们有一支一心一意研究出版理论的编辑家、出版家、学者和专家组成的队伍。他们的政治、业务素质，理论、知识水平，苦干精神和严谨的学风，是十分难得的；三是党和国家的重视、支持。

其次，这一批书从不同的角度、不同的逻辑起讫点，做了相当广泛、相当深入的探索。有了这一批书，可以说编辑学初步形象已经活生生地摆在人们的面前。尽管它还需要成长、成熟，但有一点可以肯定，作为应用编辑学的知识体系已经初步建立起来，至少在书刊编辑方面是这样。理论编辑学的体系也正在孕育之中。

复次，这一批书的出版，可以说起了开路的作用、奠基的作用，为今后编辑学研究的发展打下了一个良好的基础。我们希望这些书的作者，整个编辑学界、出版理论界，能够很好地来总结这些书所反映的研究成果和写作的经验，使我国的编辑学研究越来越繁荣昌盛。

再次，我国出版科研自从起步以来，方向是正确的。这一批书的出版，和它们所要求的出版事业的社会主义方向、编辑人员的品德和修养，也说明了这一点。而这对于建设我国社会主义出版事业，深化出版改革，培养我们一代又一代年轻的编辑人员，将具有重要的现实意义。

四

最后，在列出这12本书之后，还需要做几点说明：

（1）港台地区也有这类书。如《杂志编辑学》《现代杂志编辑学》《新闻编辑学》等，虽为数不多，但有的早在60年代或70年代就已经出版，由于资料的关系，这里暂不列入。

（2）我国有些内部发行的图书，如《编辑学论丛》《编辑学与编辑业务》《编辑学资料》等，也未同列。

（3）有些书的内容也是属于编辑学的，如《百科全书编纂概论》《辞书概要》等，但由于门类较专，或偏重于实用性，未以"学"名之，这里也未收列。

（4）近几年来还出了《编辑出版学》《编辑社会学》《编辑写作学》等好几种，由于有的内容侧重不在编辑学方面，或是一种实用书，也暂不列入。

（5）由于目前出版周期过长，印制过程跨年度的并不少见，也许版次上为1989年的出版物而到1990年才与读者见面的也司空见惯。这些未能列入，只好抱歉了。

这些没有列入的图书，各有长处，有的质量颇佳，深受编辑学界的注意，这是大家都清楚的。当然，由于笔者孤陋寡闻，挂一漏万，也是很可能的。真有这样的情况，希望有人补充介绍。

1989 年 12 月

《编辑学刊》1990 年第 1 期；《20 世纪中国的编辑学研究》P232，河北教育出版社 2000 年 1 月版

编辑学研究在中国

编辑学的研究，或者说是书刊编辑学的研究，80 年代以来在中国相当活跃。最近五六年当中，先后已出了 10 多本书，见之于报刊的论文、资料更多。涉及的问题非常广泛，论者的认识逐渐深化，思路也不断拓宽，可以说，作为一门学科所需要探讨的问题，几乎都提出来了。我在这里只就三个问题，做一些综合性的叙述。

一、编辑学在中国的出现

关于编辑学在中国的出现，一些编辑学的研究者曾经写过一些文章。[①] 这些文章对这个问题做了比较深入的研究和探讨，发表了很多有益的看法和意见。比较一致的看法是，认为新闻学、出版学、图书学、书志学、读书学等名称，在国外很早就存在了。但是在 50 年代以前，没有发现编辑学这个术语。中国人民大学出版社 1956 年翻译出版了苏联 К.И. 倍林斯基教授编的《书籍编辑学教学大纲》，似乎编辑学这个术语在苏联，50 年代初就应该存在了。但是，国内有的学者认为，俄语也没有"编辑学"这个术语。Ре ПаКТИРОВаНИе 意为"编辑""编辑工作"、并不包含"学"的意思。《书籍编辑学教学大纲》中译本书名的译法不大准确，似应译为《书刊编辑课教学大纲》为宜。[②] 我们这里撇开译法是否准确的问题不谈，"编辑学"这个术语，毕竟在 50 年代就在中国正式出现了。

50 年代开始，我国的出版工作与过去相比，发生了翻天覆地的变化，

---

① 指胡光清、王华良、王振铎等人的一些文章。
② 见林穗芳：《关于图书编辑学的性质和研究对象》，《出版与发行》1987 年第 2 期。

有了很大的发展，但基本上还是处在建立新的社会主义出版体制的时期，大体上是仿照外国模式来进行的。主要集中在建立规章制度，研究出版业务工作，培训和发展出版队伍等方面。

70 年代末，随着改革开放方针的贯彻，出版工作出现新的形势，面临着开创适应四化建设需要的新局面的要求。总结以往经验，加强出版理论研究的呼声因而日益高涨。

1980 年 4 月，《出版工作》杂志发表了陈仲雍的《科学地编辑和编辑的科学》，提出了研究编辑学"是当务之急"的意见。80 年代初，中国人民大学出版社出版了《报纸编辑学》，香港海天书楼出版了《杂志编辑学》、台湾商务印书馆也出版了《现代杂志编辑学》。

1982 年 4 月，《出版工作》发表了尚丁的《"编辑学"小议》一文。认为"编辑学是研究各种出版物的编辑规律的科学，是一门多科性的边缘学科……是综合性学科"。对编辑学的学科性质和研究对象提出了自己的看法。

1983 年，我国著名科学家钱学森在一次讲话中，也强调"编辑工作是一门科学"，要研究它的规律，"创造出一门马克思主义的编辑学"。

1984 年，《出版工作》先后发表倪子明的《"出版学"小议》、尤明的《需要一部编辑学》和肖月生的《建立"出版学"随想》等文，认为数万名编辑人员"很需要一套切合实际的编辑学"。"已经出版的编辑业务读物中，有些已具有编辑学的雏形"。指出编辑学是出版学的重要分支学科。说在马克思主义出版学的理论体系中，拿编辑学来说，除报纸编辑学以外，还有图书编辑学和杂志编辑学。图书编辑学当中还可以建立各类读物编辑学。"如百科全书编辑学、辞书编辑学、儿童读物编辑学……它们之间有共性又有个性，彼此都有不同的特点"。这些言论表明，对编辑学的研究已经引起越来越多的人的注意。

同年 7 月，胡乔木致函教育部，要求在几个高等学校试办编辑专业。指出"编辑之为学，非一般基础课学得好即能胜任"。并且认为在我国编写编辑学这类书是有基础的。他说："在历史上，我国著名典籍的编辑经验，也有不少记载，不过需要收集整理"，贵"在有心人的努力罢了"。他的信对编辑学的研究是一种鼓励，对编辑学的产生是一种促进。

也是这一年，9 月，中国出版发行科学研究所获准筹建，根据边建所边工作的精神，立即着手组织编辑学的研究和有关书稿的编写。1986年 10 月，《实用编辑学》由中国书籍出版社正式出版。至此，由中国人自己编写的第一本实用性的书刊编辑学终于问世。此后，这方面图书的出版，陆续增多。

编辑学在中国诞生，不是偶然的，有它自己的历史原因和现实基础。

（一）我国编辑出版活动历史悠久，古籍众多（据不完全统计，我国从西汉到清末（公元前 206 年到 1911 年）的古代图书，共有 181755 部，（含 2367146 卷）。古代的刻印活动十分活跃，图书编纂和出版的经验也极为丰富，历代编辑家和书业家曾经有过不少记述，这是前辈给我们留下的一份宝贵遗产。

"惟殷先人，有典有册"。说明我国商代已有编连起来的简册。孔丘根据一定的编辑思想"修春秋""删诗书"，他不仅是古代的思想家、教育家，也是目前多数人承认的我国最早的编辑家。汉代刘向父子的《七略》《别录》，无疑是中国关于图书编校方面的最早著作，此后唐代陆德明的《经典释文》、颜师古的《五经定本》，宋代郑樵的《校雠略》、彭叔爱的《文苑英华辨证》、岳珂的《九经三传沿革例》，明代胡应麟的《少室山房笔丛》、顾炎武的《九经误字》，清代卢文弨的《抱经堂文集》、钱大昕的《十驾斋养新录》、段玉裁的《说文解字注》、章学诚的《校雠通义》、阮元的《十三经注疏校勘记》和顾广圻的《思适斋集》等许多著作都全部或部分地记述了图书编校工作的经验和体会。还有历代重大的类书、丛书、辞书编纂的实践，选学的发展，都留下了编纂、校勘、考证、辨伪、辑佚、注释等图书编辑工作方面极为丰富的思想资料，它们既是我们今天研究中国古代图书编校史、编校思想史的重要素材，也是研究编辑学理论的历史源流。

近百年来，我国出版事业的发展，同样编辑出版过许多重要的典籍和有影响的图书，涌现了一批著名的编辑出版家，如张元济、鲁迅、韬奋等，他们杰出的编辑活动、丰富的经验，特别是留下来的有关文章和著作，也是我们今天研究编辑学理论的重要依据。

建国以来，社会主义出版事业所提供的编辑经验尤为丰富。这是我们今天编辑学可能建立的最重要的思想基础和理论源泉。

这些，大概就是编辑学所以能够在中国出现的历史缘由和现实原因。

（二）中国的出版工作中，从孔子主张"思无邪"到现在强调把出版物的社会效果放在首位，都突出关怀出版物的内容和它对社会的导向作用，这充分表明编辑活动在出版工作中占有特殊重要的地位。这是中国不同于许多西方国家的独有传统。正是这种优良传统才使中国历史上许多优秀文化得以积累并留传后世。1983 年 6 月《中共中央、国务院关于加强出版工作的决定》中又明确指出："编辑工作是整个出版工作的中心环节。""编辑人员的政治思想水平、知识水平和业务能力的高低，直接影响出版物的质量。"正因为编辑工作和编辑人员在整个出版工作中的重要地位和作用，所以编辑学的研究在整个出版科学研究中比较活跃是必然的、可以理解的，也是符合实际需要的。

（三）更重要的是党和政府一再强调要加强编辑出版的理论研究。老一辈编辑出版家和广大编辑学研究者，在党的领导下，在马克思主义的指引下，坚持理论联系实际的原则，贯彻百花齐放，百家争鸣的方针，努力拼搏，使编辑学的研究日益向纵深发展。党和政府还决定成立中国出版科学研究所等学术机构，组织上海、天津等地的编辑学会、编辑研究会等艺术团体，在高等学校开办编辑专业，创办编辑理论研究的刊物，出版编辑学方面的图书，这些都极大地促进了编辑学在中国的萌芽和发展。

二、为什么要研究编辑学

历史的和现实的经验都告诉我们，编辑出版工作是生产精神产品的工作，编辑人员对于能否提供优秀的精神产品，负有重大的社会责任。为此，在编辑工作中必须坚持四项基本原则，用马克思主义的理论指导我们的实践，以社会主义的健康的有益的思想文化去占领各种阵地，丰富群众的精神生活，引导群众自觉地抵制各种错误思潮和腐朽思想的影响。既要积极吸收我国历史文化和外国文化中的一切优秀成果，又要毫不犹豫地坚决摒弃一切封建的、资本主义的文化糟粕和精神垃圾。为此，我们必须建立起符合社会主义精神文明建设需要的科学的编辑学理论。

有的同志说得好，我们研究编辑学，不是为学术而学术，而是为了使我们的书刊编辑工作能够更好地为人民服务、为社会主义服务；更好地为贯彻党的"一个中心，两个基本点"的基本路线服务；更好地为培养优秀的富有社会责任感、敢于和一切错误思想进行不调和的斗争的编辑人员服务。保证我们的出版物更好地适应社会主义精神文明和物质文明建设的需要，为培养"四有"新人作出更大的贡献。这也就是我们为研究编辑学的最根本的目的。

鉴于我国编辑工作者在社会主义精神文明建设中的重要地位和重大作用，鉴于编辑学研究在保证我国社会主义出版事业健康发展和日益繁荣方面负有的重大使命，编辑学的研究者、爱好者正在马克思主义的指导下，积极地为编辑学研究的不断深化，为马克思主义的编辑学理论体系的建立，尽我们自己的力量，负起自己的历史责任。

三、编辑学研究什么

这个问题是当前编辑学研究中争论最热烈的问题之一，也是迫切需要解决的一个重要问题。发表的各种见解，着实不少，粗粗理了一下，不下 10 种。这些定义、界说，大都富有特色，许多是经过深思熟虑的，也不乏真知灼见。也许经过若干次讨论，或者随着时间的推移，将证明其中的这一说或那一说，将成为学界之共识，或为多数人所承认。

对于见之于报章的许多说法，早在 1986 年 3 月胡光清在一篇名为《我国编辑学研究的现状和趋向》的文章中，曾经做过一番整理，把它们分为三类，大体是：

第一类认为编辑学是研究编辑活动，编辑工作规律的一门学问。也就是在总结编辑工作实践经验的基础上，进行概括、提高，上升到理论高度，揭示它的基本规律，使之条理化、系统化、规范化。认为编辑学具有很强的理论性、思想性，不是日常编辑工作的办事细则大全。

第二类认为编辑学是编印书籍、期刊、报纸和图画等类出版物以及利用声音、图像等宣传手段的学问。或者研究搜集资料、有系统地加以鉴别、选择、分类、整理、排列、组织、制作标题、表达思想，特别着重选题、组稿、审读、加工和装帧设计等环节。认为编辑学是一门应用科学，或者说应用性很强的科学，主要是概述编辑过程诸环节的实施细则。

第三类认为编辑学是研究各种出版物的编辑特征、规律和方法的科学，是一门综合性多科性边缘学科。

这三类中的第三类，似乎既包括了第一类也包括了第二类，也可以说是介于两者之间。

我觉得从这两年的学术研究情况看，似乎还可以有第四类。

这一类认为编辑学是关于人类精神生产中编辑活动的科学，是一门社会文化工程学。或曰研究"文化设计"的学问，这种看法强调编辑活动是一种社会文化现象，把编辑活动和社会文化活动和整个人类社会的文化建设、精神文明建设联系起来。着重研究编辑活动的性质、任务、作用和社会地位，研究编辑的形成、发展和变化的规律。

陆续见之于报刊的有关编辑学的定义、界说，也许还有好多种，也还会有许多高明的见解，这里姑且不说。但从前面四类，似乎就产生一个问题，也就是编辑学究竟研究什么？是研究编辑工作的业务细则，或者研究编辑工作的特点、规律，或者研究编辑活动与社会文化发展，社会主义精神文明建设的关系还是所有这些问题都要研究？这就是说，研究编辑学的着眼点应该放在哪里，瞄准的焦点应该是什么？

要解决这个问题，首先要弄清楚这样几点：

（一）要区别编辑的理论与编辑的业务技能。编辑这一行，早先被人视为雕虫小技，或谓"编辑无学"，经过这些年来大家的研究、许多论文论著的出现，不少人已经承认现实，认为"编辑有学"，有些人即使思想上不完全接受，但"编辑无学论"的市场显然大大缩小了。而"编辑有学"，编辑工作有自己的特殊规律，有自己的理论的意识，大大加强了。但是，编辑工作理论的逐步形成，并不等于说，编辑工作只有理论而没有技法，编辑过程中的学问就不要研究了，或者说可以轻视或者贬低编辑过程及其技法的研究。相反，编辑过程、编辑工作中的业务知识、技巧，同样需要认真的研究。这方面的学问，有的同志把它称为"编辑工艺学"。林穗芳同志不同意这样命名。他说："编辑过程往往被说成'编辑工艺流程'，研究这过程的学问被称为'编辑工艺学'。这种说法的科学性值得怀疑。"他认为编辑是一种艺术，"但艺术不等工艺"。把工业生产中的术语"扩大到创造精神产品的编辑工作显然不合适"。他强调"用技术手段不能解决选题、组稿和审稿的根本问题"。至于说到编辑加工，则"包括内容加工、文字加工和技术性加工三个方面，其目的不在于甚至主要不在于使稿件达到生产的工艺要求，每一本书的内容和文字都不一样"。要解决这些问题主要靠学识和文字修养，而不是靠技能和印刷工艺知识。如果一定"要用编辑工艺这样的字样，恐怕只能限于与印刷工作有关的那一部分加工技术，如批注字体、字号和版式等"。他担心"把研究整个编辑过程的学问称为编辑工艺学，会使人误会编辑学属于技术科学"。①林穗芳同志的意见很有道理，他并不否认编辑有工艺部分的工作，把研究这部分的工作的学问称之为编辑工艺学也未尝不可，但它的内涵必须严格限制在真正属于工艺部分工作的研究，不能把整个编辑过程都看作仅仅是工艺问题，并把全部编辑工作作为工艺学来研究。

至于一本书一本期刊的整个编辑过程，包括选题、组稿、审读、加工以及批字体、字号、版式设计等是必须研究的，这方面的研究应该如何命名，是否可以称之为应用编辑学或编辑流程学等，可另行研究。

总之，首先要把编辑理论和编辑实践、编辑技能区别开来。

（二）要把编辑学理论与编辑理论区别开来。这两者有无区别，有无必要加以区别，在一些人看来，认为不是什么问题，是一而二、二而一的事。其实，还是有区别的。笔者曾经读到过一种很有见地的意见②，论者认为编辑理论是以"编辑"为主体结构，谈的是关于编辑人员和编辑什么（或业务）中的各种具体问题。这是一种表述性理论，只是说明解释编辑工作中经历过的各种现象，总结经验教训，叙述心得体会，传播业务知识，进行工作研究，主要要解决工作中的实际问题，它是感性知识和说理文字的组合体。它形成不了系统、完整的学科体系。编辑学是以"学"为主体结构，谈的是关于编辑学研究范围内的各种需要探讨的理论问题。这是一种探索性理论。它把整个编辑活动放在人类社会文化生活的一定位置上加以综合研究，探讨编辑活动的性质、特征、内外部联系及其客观规律，估量编辑活动的意义、作用、对文化的深远影响。如以研究"审稿"为例，若从编辑理论角度来研究审稿，其内容不外是论述如何审稿，审稿的要求、标准、方法以及制度等等。如果从编辑学的角度来探讨"审稿"则应研究审稿在编辑活动中所处的地位和作用，如何理解审稿是编辑的一项主要生产劳动，审稿的劳动量应该如何

① 参见《编辑学论集》第 221 页，中国书籍出版社 1987 年版。
② 参见周文熙：《有关编辑学的几个问题》，（《编辑之友》1988 年第 2 期）

计算等。可见，编辑理论和编辑学理论，两者虽然都是理论，但它们要解决的问题是不相同的。把编辑理论和编辑学理论区别开来，可以避免凡是研究编辑工作、编辑业务方面的论述，统统当作编辑学理论来看待，模糊了工作研究和编辑学学术研究的界限，有利于明确两者不同的研究对象和范围，有利于编辑学在文化构成中的定位。

（三）要把编辑学或者说一般编辑学与各类读物编辑学区别开来。这里所说的编辑学或一般编辑学，是指研究各类读物编辑活动的共同规律和一般原则的科学，是研究共性的东西，而各类读物的编辑学是研究各自的特殊规律的，如科技读物编辑学、文艺读物编辑学，这种各门类读物编辑学，它们应该着重研究自己的个性，换句话说，它们不仅要姓"编"，而且要姓"科"或姓"文"。

根据以上三条，可以说，编辑学有几个层次，即一种是理论编辑学，它是从宏观的角度来研究编辑和编辑活动的，主要是通过阐明编辑活动的性质、地位、作用、规律等来研究编辑工作和建设人类精神文明的关系，编辑活动和创造社会文化的关系；另一种是应用编辑学，它侧重于从微观的角度来研究编辑和编辑工作，主要研究编辑过程的各个环节之间的关系，编辑工作的内外联系，揭示其客观规律，使一本书、一套书、一份期刊从内容到形式，实现政治性、科学性和艺术性三方面的和谐结合；再一种是各类读物编辑学，主要是研究各类读物编辑工作中本身固有的特殊规律，阐明充分发扬这一类读物的特点的原则和方法。

通过以上分析，是不是可以这样说：编辑学，或者说普通编辑学是研究如何通过视听读物开发人类智慧，创造性地构筑人类精神文明的宝库，传播和积累文化知识的科学。

这样来认识和理解编辑学是否合适，希望得到同行的指教。

《出版发行研究》1990 年第 3 期；《编辑学研究在中国》P92，湖北教育出版社 1992 年 1 月版

要不断提高出版科研水平

本刊本期刊登《第四届国际出版学研讨会》中国与会者的几篇文章。这些文章除了向国外介绍我国这几年开展出版科研的情况以外，也说明了作者对一些问题的看法，可供参考。

中国与会者的发言，引起一些国外学者的很大兴趣。有的对我国这几年出版科研、出版教育的发展，表示惊讶。有的则认为中国出版事业历史悠久、经验丰富，有很雄厚的基础。加上这几年中国重视出版研究，取得进展，是不难理解的。他们希望中国能够作出更大贡献。

这几年我国出版科研所以取得进展，主要是由于党和政府的重视；有正确的方针原则；也由于广大出版工作者、文教工作者，尤其是一批老的编辑家、出版家、发行家在马克思主义的指引下，贯彻理论联系实际，执行"双百"方针，艰苦治学、努力拼搏的结果。也是有关科研机构坚持走专业研究和业余研究相结合的道路，不搞少数人闭门造车的胜利。当然，目前的成就从总体上看还是极其初步的，离国家的要求、事业的需要，还有很大距离。我们应该用更大的勇气和毅力继续前进。当前，迫切需要的是在现有的基础上不断深化，努力提高科研水平。同时，深入发动，力求普及。

首先，要坚持从我国的实际出发，包括历史的实际和现实的实际。我们要重视研究我国优秀的出版传统和丰富的历史经验。特别要总结在中华民族出版事业发展史上起过重要作用的地区和历史时期的经验，找出其客观规律，以利今天的发展。宏扬优秀传统，阐发历史经验，是我们的光荣职责，在当前更有十分重要的现实意义。同时，要着重研究建国以来社会主义出版事业的实践经验，特别要加强改革开放10年来出版改革中重大实际问题和理论问题的研究，这更是摆在我们面前的当务之急。我国是正在进行社会主义物质文明和精神文明建设的、坚持四项基本原则、坚持改革开放的社会主义国家。我国的出版事业是坚持社会主义方向的出版事业，这是最基本的实际。出版科研如果忽视这一点，就会失去中国的基本特色，就会一事无成。

同时，我们要正确处理总结本国的实践经验和借鉴外国经验、学术成果的关系。以是否适合中国国情作为借鉴抑或摒弃的根本原则。

坚持用马克思主义的立场、观点、方法开展出版科研活动，这是决定我们工作成败的关键。这几年来资产阶级自由化对出版工作的影响不容忽视，"一切向钱看"的思潮，又冲垮了我们队伍中的一些意志薄弱者。出版科研工作者要自觉注意一时一事中可能出现的这个风那个浪，要善于明辨方向、分清是非，不能随波逐流、自误误人。才能保证出版事业为马克思主义和社会主义思想占领文化阵地服务，要像竹子那样："咬定青山不放松，立根原在破岩中；千磨万击还坚劲，任尔东西南北风"。我们要认真学习和重温马克思列宁主义、毛泽东思想的基本原理，用来指导我们的科研活动。马克思主义的方法是一切科学研究的基本方向，也是我们出版科研的基本方法。我们这几年来许多成果的取得，已经充分说明了这一点。当然，我们不否认在一定范围内可以采用在一些自然科学研究中已经取得某种成效的方法。遗憾的是迄今为止，在出版科研领域里尚未出现引人注目的成果。反之，尽管许多外国人不承认甚至咒骂马克思主义，但是从我们能看到的外国人的著作或论文中，从方法论的角度看，仍然超越不了辩证法、唯物论的基本规律，这再一次说明客观规律的作用并不以主观上是否承认为转移。正反两方面的结果，无情地证明：出版科研必须运用马克思主义的科学方法。谁忽视这一点就将在实践中得到惩罚。

《出版与发行》1986 年第 6 期；《编辑学研究在中国》P219，湖北教育出版社 1992 年 1 月版

出版物的党性是编辑思想的客观反映

一

党的十一届三中全会以来，也就是改革开放 10 年来，我国出版事业的成就巨大，主流是好的。首先是出了许多好书，其中有一些图书是我国出版史上从来没有出过的，将成为传世之作，这是客观事实，是我国出版工作者可以引以自豪的。和任何事物都应一分为二一样，在这个时期里，也存在一些突出的问题，主要是出了一些低级庸俗的不健康图书和极少数宣扬资产阶级自由化观点的读物，给出版事业造成了严重的危害。这是背离社会主义出版方针的，是我们出版工作者应该引以为鉴的严重的教训。

前几年出版工作中的问题不是孤立的，是和整个国际国内的大气候分不开的。从 70 年代后期起，在中国这块大地上，在意识形态领域里，一场资产阶级和无产阶级的斗争，在新的历史条件下，以新的形式进行着反复的较量，有时表现得十分激烈。历史进入到 80 年代末，这场斗争发展到建国 40 年来从未有过的激烈程度，直至越出意识形态的范围，猝变成为一场尖锐的、复杂的，你死我活的严重的政治斗争。

这场斗争的实质是坚持四项基本原则与资产阶级自由化的根本对立。反映在出版工作中就是：两个尖锐对立，即坚持四项基本原则与宣扬资产阶级自由化的尖锐对立；在社会主义精神文明建设中以社会效益为最高准则的要求与"一切向钱看"的尖锐对立。作为一个编辑工作者，最根本的教训，就是在任何时候，都必须旗帜鲜明地坚持四项基本原则，反对资产阶级自由化和各种错误思潮，坚持无产阶级的党性原则。

党性是政党所代表的阶级的阶级性的集中表现，是人们在阶级社会中进行各项活动所代表的一定社会利益的集中表现。无产阶级有无产阶级的党性，资产阶级当然也有资产阶级的党性。无党性的超人是没有的。

意识形态领域是各阶级、阶层、社会集团各种主张、学说、观念的大总汇，斗争当然十分尖锐，因而，形形色色的党性表现得十分明显，反映得特别突出。反过来说，一切意识形态领域里的劳动者，他们时时刻刻都在自觉或不自觉地表明自己的党性，不是表明这种党性，就是表明那种党性。他们必须回答自己主张什么，反对什么。要想回避和超脱都是不可能的。编辑出版工作当然也是这样，不能有丝毫例外。这是不以人们的意志为转移的。

二

出版物的党性问题，历来为马克思主义经典著作家所重视。他们对于出版物应该具有鲜明的党性和出版工作者应该坚持党性原则等问题，都做过透彻的阐发。

列宁曾经明确提出："出版物应当成为党的出版物"。他在1905年11月俄国第一次资产阶级民主革命高潮中，从国外回到彼得堡，直接主持布尔什维克中央工作期间，尽管当时无产阶级尽早取得革命胜利的任务十分繁重，尽管许许多多重大问题等待他作出最后的决策。但是，他一刻也没有忽视舆论工具必须接受党的领导的工作，在他刚刚回国后的第5天，就发表了著名的《党的组织和党的出版物》一文，指出："全部社会民主主义出版物都应当成为党的出版物"，"出版社和发行所、书店和阅览室、图书馆和各种书报营业所，都应当成为党的机构，向党报告工作"。并且强调指出："有组织的社会主义无产阶级，应当注意这一切工作，监督这一切工作，把生气勃勃的无产阶级事业的生气勃勃的精神，带到这一切工作中去，无一例外。"这里，列宁说得十分明白，党必须具体地领导出版发行工作，监督出版发行工作，出版工作应该体现无产阶级生气勃勃的精神，而且要贯穿在出版发行的"一切工作"之中，"无一例外"。在这篇名著中，列宁还告诉我们：党的出版物的原则是什么？他斩钉截铁地说：出版物"不能是个人和集团的赚钱工具，而且根本不能是与无产阶级总的事业无益的个人事业"。出版工作"应当成为无产阶级总的事业的一部分"，成为党的社会主义事业这个机器整体的"齿轮和螺丝钉"。"成为党的工作的一个组成部分"。他愤怒地斥责无党性的"超人"，要他们"滚开"。列宁对党的出版物原则的精辟阐述，告诉我们：党不仅要领导整个出版发行事业，而且明确出版事业是党的整个工作的一个组成部分，是整个机器的部件。出版发行事业对无产阶级整个事业来说是不可缺少的，没有它可能会影响整个机器的转动。如果这个"齿轮和螺丝钉"出了问题，也可能对整个机器带来危害。这里明确说明了党所以需要出版事业的目的，是为使整个社会主义事业进行得更好、发展得更快。正因为这样，社会主义出版事业决不能成为任何个人或小集团赚钱的工具；不能和社会主义整个事业的进程背道而驰，也不能和党的整个工作割裂开来。所以，社会主义的出版工作者必须具有坚强的党性。对于那些无党性的"超人"，列宁毫不客气地要他们"滚开"。列宁如此严厉的态度，正好说明了出版工作者在社会主义事业中极端重要的社会地位和十分严肃的社会责任。

毛泽东同志早在革命战争年代就指出："在现在世界上，一切文化或文学艺术都是属于一定的阶级的，属于一定的政治路线的。为艺术的艺术、超阶级的艺术，和政治并行或互相独立的艺术，实际上是不存在的。无产阶级的文学艺术是无产阶级整个革命事业的一部分。"[1] 他在《〈中国工人〉发刊词》中还说过："《中国工人》应该成为教育工人、训练工人干部的学校，读《中国工人》的人就是这个学校的学生。"[2] 毛泽东同志关于一定文化从属于一定阶级的论述，阐明了出版物根本的社会

[1]《毛泽东选集》876 页。
[2]《毛泽东选集》722 页。

属性和它在社会主义革命和建设中的明确地位。他关于出版物是学校，读者是学生的论述，也从根本上说明了党对出版物的根本要求，阐明了出版物和读者的关系，从而也说明了出版物只能是党的出版物，而不能是其他。毛泽东同志还说："我们要战胜敌人，首先要依靠手里拿枪的军队。但是仅仅有这种军队是不够的，我们还要有文化的军队，这是团结自己、战胜敌人必不可少的一支军队。"[1] 在毛泽东同志看来，文化工作者（当然也包括出版工作者）是战士，是为实现无产阶级历史使命，完成党的根本任务而战斗的战士，这和列宁要求出版工作者必须具有鲜明的党性，完全是一个意思。

出版物的党性原则是依靠出版工作者来体现的，所以，问题的关键就在于出版工作者必须坚持无产阶级的党性原则。

三

社会主义的编辑出版工作者应该坚持什么样的党性，李瑞环同志在《坚持正面宣传为主的方针》一文中，做了十分明确的回答，他说："社会主义新闻宣传的党性，概括来说，就是无产阶级的阶级性和马克思主义的革命性、科学性的集中表现。这是区别于资产阶级新闻宣传的最显著的标志。"这个论证不仅是对社会主义新闻宣传的党性的界说，同样也是对社会主义编辑出版工作党性的界说。江泽民同志在《关于党的新闻工作的几个问题》中对坚持党性原则的问题，曾经做了精辟的论述。他说："坚持党性原则，也就是坚持工人阶级和人民群众的根本利益的原则。"因为我们党除了代表工人阶级和最广大人民群众的根本利益之外，没有自己的任何私利可言。这里透彻地说明了坚持无产阶级党性原则的根本标志。离开了工人阶级和广大人民群

---

① 《毛泽东选集》849 页。

众的根本利益，就是背离了党的宗旨，也就是违背了无产阶级的党性原则。正因为这样，在编辑出版工作中坚持党性原则，必须公开表明自己站在党和人民的立场，在政治上同党中央保持一致，坚持实事求是，和人民群众保持最广泛最紧密的联系，善于从群众的实践中吸取智慧和力量，引导群众沿着社会主义道路前进，服从党的领导，遵守出版法纪。同时又旗帜鲜明地坚持不懈地反对资产阶级自由化和"一切向钱看"等各种错误思潮。用马克思列宁主义、毛泽东思想的基本原理，用社会主义思想去占领思想、文化阵地。江泽民同志说过："在意识形态领域里，社会主义思想不去占领，资本主义思想就必然会去占领，这是一个真理。"在思想战线上，在意识形态领域里，犹如两军对垒，不进则退。作为社会主义出版工作者，我们必须有"阵地意识"和"战士意识"，就是要像战士一样，用马克思主义、社会主义思想去占领意识形态领域的各个阵地，而不能畏缩不前，更不能有丝毫的退却。江泽民同志说：当前，阶级斗争虽然已经不是我国社会的主要矛盾，但仍在一定范围内存在，而且在一定条件下还可以激化。目前，国内的敌对势力和那些坚持资产阶级自由化思想的人，并不甘心他们的失败，正在窥测方向，以求一逞；国际敌对势力，正在对我们推行"和平演变"的战略，渗透与反渗透，颠覆与反颠覆，"和平演变"与反"和平演变"的斗争，是长期的、复杂的。1989年用战士鲜血换来的教训是值得我们和子孙后代永远记取的，我们切切不可以书生气十足。

四

这几年，出版工作中两个尖锐对立的事实表明，坚持党的出版物的原则，坚持出版工作中的党性原则是何等重要。这里只想就前一个时期在编辑工作中曾经出现过的一些不利于坚持党性原则的模糊认识和不符合中国实际的似是而非的说法，做一些简单的回顾。

一种是"图书商品化论"，1983年《中共中央　国务院关于加强出版工作的决定》中明确指示：编辑工作是一项政治性、思想性、科学性、专业性很强的工作。同时又强调要防止图书商品化的倾向。但是，近几年来，我们队伍中有些人忘记了这个著名的论断。他们要求图书商品化，忽视编辑工作有很强的政治性和思想性，也忽视了图书出版工作负有向广大人民群众进行宣传教育的任务，是一项精神文明的建设工程。片面强调市场调节，什么货抢手，就出什么。结果是大量的消闲书应运而生，特别是一些低级、庸俗、不健康的图书大量出笼，充斥街头巷尾，淹没了好书，影响了图书市场的形象，影响了我们社会主义国家的形象。根据有关规定，内容健康、格调高雅的消闲书，出一些是可以的。但这不是我们社会主义出版事业的主要任务。更不能为了赚钱大量出版低级庸俗、不健康的读物，甚至处心积虑地打"擦边球"，搞所谓"合法斗争"。必须自觉地从坚持党性原则的高度，加以严格控制。如果大量出版低级、庸俗、不健康的图书，不仅会影响出版的人力和物力，而且会冲击出版部门主要任务的完成，即宣传马克思主义，传播科学文化知识任务的完成；会影响出版物主要作用的发挥，即向人民群众进行宣传教育作用的发挥。编辑工作中的所谓"图书商品化论"，就是从根本上否定图书的本质是精神产品，是思想战线上的一种重要工具，是十分有害的，是和中央的决定直接相背离的，是与社会主义的出版方针不相容的。

一种是"出版工业论"，持这种观点的论者认为出版是一种物质生产，是一种工业生产。只要有原稿、有纸张、有油墨、有印刷设备，就可以进行出版。他们强调"文责自负"，编辑不用审稿、改稿。甚至不需要什么编辑工作，至多只要做一些技术性的版式设计、校对工作。我们说编辑出版是一个完整的生产过程。这个过程包括精神生产阶段、物质生产阶段和为了适应传播需要，作为商品进入流通渠道进行交换的阶段。在这三个阶段中，主要是第一个阶段，即精神生产阶段。这一阶段决定着图书的政治方向、科学水平和艺术水平。这正是我国社会主义出版工作坚定不移地执行党的出版方针，从而区别于资本主义出版工作的界限。如果认为图书出版是一种工业，仅仅是一种物质生产，那就无所谓精神产品的生产了，结果在政治上思想上势必造成一个不设防的地带。和目前有些资本主义国家的出版工作毫无二致（请注意，这里说是"有些"，即并非所有的资本主义国家的出版工作都如此。相反，所有资本主义国家的出版物，如果触犯了法律，都是要吃官司的），就会使各种乌七八糟的东西畅行无阻，那也就无所谓社会主义出版事业了。福建石狮的归国华侨，见到当地淫秽录像、色情书刊和暗娼聚赌相结合的情景，惊呼"这比资本主义还资本主义！"不正好说明了这一点吗？

还有一种说法，所谓读者就是上帝。认为读者要什么，我们就应该出什么。因为上帝是决定人们命运的。你出了书，人家不买你又有什么办法呢？是的，我们的出版方针是为人民服务、为社会主义服务。毫无疑问，当然包含了应该为广大读者竭诚服务。读者是我们编辑出版工作者的服务对象，我们应当尊重读者。但是，从根本上说，我们为读者服务的目的是为了用马克思主义理论、爱国主义和社会主义思想教育引导读者，用科学的文化知识培养读者，用健康的精神食粮陶冶读者的情操。我们应该满足各个层次读者的多方面的需要，但决不能去迎合读者的低级趣味、封建迷信和猎奇心理。我们编辑出版工作者应该按照党的方针为读者服务，但绝不是把读者当作上帝来崇拜。决不能搞所谓一切迎合读者的片面性。否则，只能贻害读者，我们的编辑出版工作也就会迷失方向，甚至走上邪路。

还有一种论调，所谓"经济效益就是社会效益"或者说"有了经济效益才有社会效益"论。持这种观点的同志在处理出版物的社会效益和经济效益时，把两者对立起来，或者一手硬一手软，实际上是忽视社会效益。有的说，出版社有了经济效益，可以调动编辑出版人员的积极性，这就是社会效益。也有的认为只有先有经济效益，即不分青红皂白，先捞到一笔线，然后才能出好书，才谈得上社会效益。不管说法如何，实际上是主张可以先不问社会效益，只要能捞到钱，可以不择手段。其实是把社会效益置之脑后，至少是把经济效益放在社会效益之上，这是与社会主义出版事业的目的不相符的。

资产阶级自由化和"一切向钱看"等各种错误思潮，在前几年的出版工作中有多种多样的表现。总起来说，是拼命抢占舆论阵地，发疯似的追求高额利润。他们反对审稿，反对编辑把关，反对行政管理，想出什么就出什么。他们的纲领是什么呢？这可以从今年早些时候的动乱和暴乱中看得很清楚，就是和要求"新闻自由"一样，要求"出版自由"，要求资产阶级的"出版自由"，超乎宪法和法律的绝对的"出版自由"。一句话，就是要反对党对出版工作的领导，反对出版工作的社会主义方向。我们说，绝对的自由是不存在的。在世界各国，所谓自由，都是相对的，不是绝对的，都是有一定限制的。在我们社会主义新中国，我国公民享有依法出版的充分自由，这是任何资本主义国家所不能比拟的，但是，我们不允许违反宪法和法律的所谓"出版自由"，这是因为我们社会主义国家是以保障广大人民群众的根本利益为前提的。宣扬资产阶级自由化的人所要求的"出版自由"，是要反对党的领导反对社会主义的"出版自由"，要宣扬资产阶级自由化和腐朽的没落的资产阶级生活方式的自由，就是国内外敌对势力、资产阶级老爷们妄图复辟资本主义、重新奴役工农群众的自由。这是我们必须坚决反对的，不反对这些，我们的出版事业就会变质，我们的国家就会变色，我们的人民就会遭殃。

编辑出版工作中的模糊思想和似是而非的论调，远不止这些。但是，它们的共同点就是忽视或不自觉地承认列宁关于党的出版物的原则，忽视或不承认坚持无产阶级党性原则是我国社会主义编辑出版工作的根本原则，不懂得忽视或不坚持社会主义出版工作的党性原则，就必然会反映出资本主义的党性色彩。非此即彼，中间的道路是没有的。我们每个人每时每刻都在写自己的历史，每一本出版物都是每个编辑出版工作者党性观念的客观反映和忠实记录。每个社会主义编辑出版工作者，必须提高坚持社会主义党性原则的自觉性，切切不可粗心大意，以免在不知不觉中跌入资本主义的泥坑中去。

《出版工作》1990 年第 7 期；《编辑学研究在中国》P59，湖北教育出版社 1992 年 1 月版

出版要繁荣、改革要深化

——在全国第四届出版研究年会、研究所第五届出版科学学术会上的发言

一、出版要繁荣，一定要坚定不移地坚持四项基本原则，深入反对资产阶级自由化和"一切向钱看"等各种错误思潮。党的十一届三中全会以来，也就是改革开放十年来，我国出版事业成就很大，主流是好的，出了许多好书，有一些出版物确是我国出版史上所没有过的，将成为传世之作。在这个时期里，也存在不少问题，出了一些不好的书，不健康的、低级庸俗的、色情淫秽的，甚至极少数"反共"的图书。这是背离社会主义出版方针的，是我们应该牢牢记住的严重的历史教训。

出版界的这种情况是和当时的大气候分不开的。70 年代后期以来，在中国的土地上，在意识形态领域里，一场资产阶级和无产阶级的斗争，在新的历史条件下，以新的形式反复地进行着，有时表现得十分激烈。历史进入到 80 年代末期，这场斗争发展到登峰造极的地步，直到越出意识形态的范围，发展成为一场尖锐的、你死我活的政治斗争。这场斗争的实质，小平同志已经作出明确的论断，即坚持四项基本原则与资产阶级自由化的根本对立。这个矛盾反映在出版工作中就是宋木文同志指出的两个尖锐对立，即坚持四项基本原则与宣传资产阶级自由化的尖锐对立；在社会主义精神文明建设中以社会效益为最高准则的要求与"一切向钱看"的尖锐对立。

这里列举近几年在编辑工作中出现的某些模糊思想和不符合中国实际的似是而非的观点：

一是图书商品化论。《中共中央、国务院关于加强出版工作的决定》中明确指出，编辑工作是一项政治性、科学性很强的工作，同时又强调

要防止图书商品化的倾向。但是近几年来，我们有些同志忘记了这些方针，他们要求图书商品化，忽视编辑工作有很强的政治性、科学性，也忽视了图书出版是一项政治任务，是一项精神文明建设工程，片面强调市场调节，什么图书卖座率高就出版什么。结果是大量的消闲书应运而生。一些低级、庸俗、不健康的图书大量出笼，充斥街头巷尾，影响图书市场的形象，影响了我们社会主义国家的形象。根据政策，消闲书出一些是可以的，但这不是我们出版工作者的主要任务，更不能大量出版低级、庸俗、不健康的读物。必须在数量和品种上严格控制。如果无控制地大量出版低级、庸俗的图书，不仅会影响出版的人力和物力，而且会冲击出版的主要任务——宣传马列主义、传播科学文化知识的任务的完成，会影响出版物的主要作用的发挥，即影响向人民群众进行社会主义宣传教育作用的发挥。所以，编辑工作中的所谓图书商品化论，就是从根本上否认图书的本质是精神产品，是思想战线上的一种主要的工具，这是十分有害的，是和中央的决定相背离的，是与社会主义出版方针不相符合的。

一种是出版工业论。持这种观点的同志认为出版工作不是精神生产，是一种物质生产，是一种工业生产。只要有原稿、纸张、油墨，就可以送到印刷厂印刷，并且文责自负，并不需要什么编辑工作，要的话，至多也是做一点技术处理而已。我们说出版工作是一个完整的生产过程，它包括精神生产过程、物质生产过程和为了传播而作为商品进入流通渠道进行交换的过程。这三个过程中，主要的是第一个过程，它决定着产品的政治方向、科学水平和艺术水平。这正是社会主义出版工作坚定不移地执行党的出版方针，从而区别于资本主义出版工作的界限。如果认为出版工作是出版工业，仅仅是一种物质生产，在政治上就会成为不设防的地区，就和目前有些资本主义国家的出版工作毫无二致，各种乌七八糟的东西就可能畅行无阻，也就无所谓社会主义出版事业了。

还一种说法，所谓读者就是上帝，认为读者要什么就应该出什么，因为上帝是决定人们的命运的。你出了书，人家不买，你又有什么办法呢？编辑出版工作者应该为读者服务，用马克思主义教育读者，用科学文化知识培养读者，用健康的精神食粮陶冶读者的情操。满足读者多方面的需要，绝不能去迎合读者中的低级趣味、封建迷信和猎奇心理，决不能盲目地把读者当作上帝来崇拜，不能一切迎合读者。不然，编辑出版工作就可能迷失方向，甚至走向邪路。

还有一种论调，认为经济效益就是社会效益，或者说有了经济效益才有社会效益。持这种观点的同志，在处理两个效益的关系时，把两者对立起来，或者一手硬一手软，实际上就是忽视社会效益。有的人说出版社有了经济效益，可以调动编辑出版人员的积极性，就是社会效益。也有的认为只有先有经济效益，然后才能出好书，才说得上社会效益。不管说法如何变化，实际上是主张可以先不问社会效益，只要能捞到钱，可以不择手段。这种说法，实际是把经济效益放在社会效益之上。这是与社会主义出版事业的目的不相符合的。

搞资产阶级自由化的人同要求新闻自由一样，要求"出版自由"，要求资产阶级的出版自由，要求超越宪法和法律的绝对的出版自由。我们说，绝对的自由是不存在的，不论哪个国家，所谓的自由实际都有一定的限度。搞资产阶级自由化的人所要求的出版自由，就是要反党反社会主义的出版自由，就是要搞资产阶级自由化的政治主体和资产阶级的生活方式，就是要国内外的敌对势力、资产阶级老爷们在中国复辟资本主义，重新取得奴役工农群众的自由，这是我们必须坚决反对的。不反对这些，我们的国家就会变质，我们的出版事业当然也会变质。

二、出版要繁荣，改革要深化。十年来的出版改革，有了很大的发展，取得了很好的效果。但是，出版工作还有不少问题，所以必须深化改革，这是繁荣出版事业的根本途径。比如说出版社的领导体制，怎样能够更好地贯彻"二为"方针。出版社的领导精力、编辑力量，怎样才能有效地为多出好书，提高图书质量服务。选题决策怎样才能保证把社会效益放在首位。经济政策如何才能保证出版事业的真正繁荣，宏观管理如何保证出版物的质量，多出优秀图书，控制过多出版消闲读物和重复出书，如何有利于提高出版队伍的政治、文化、业务水平，提高出版队伍的社会责任感和职业道德。如何使编、印、发、供各环节能更好地为两个文明建设服务，更有利于坚持四项基本原则，坚持改革开放的方针。总之，出版要繁荣，改革一定要深化。只有治理整顿，深化改革，出版才能在社会主义出版方针的指导下，进一步走上健康发展的道路，实现出版繁荣这一共同奋斗目标。

三、出版要繁荣，发行要改革、要开拓。出版要繁荣，离不开发行这个环节。发行改革过去做了不少工作，出现了一些新气象。但是目前图书发行还有许多问题需要进一步改革。主要是两方面的问题。一方面是如何发挥主渠道的作用，另一方面是如何有效地管理辅助渠道。新华书店队伍，是一支经过几十年锻炼的有光荣革命传统的好队伍，他们的功绩已经载入史册。当前的主要问题是如何多发好书，解决订货萎缩的问题，解决农村图书发行的问题。书店目前资金、仓库、人员都有困难。对前几年的某些做法认识不统一，有些意见，这是大家都知道的。但是目前哪一个行业没有困难？我们只能从大局出发，从繁荣整个出版事业这个共同目标出发，从加强精神文明建设的需要出发，在现有条件下来考虑如何发挥全体职工的积极性，解决发行体制改革以前已经存在的订货萎缩问题，扎实下功夫研究解决农村图书发行问题，能不能从主渠道内部改革入手来解决这两个问题？这两个问题解决了，店社关系也好，与其他各方面的关系也好，就会迎刃而解，书店也就为繁荣出版事业立下了大功。我希望书店的同志能够在这方面有所作为。

四、出版要繁荣，要加强队伍的培训，要加强出版理论研究。这几年来出版工作中发生的问题都和队伍分不开，新闻出版署、各省局、总社已经作出决定加强队伍培训，这里就不多说了。

关于理论研究，这几年情况有所改变，但与事业的需要、领导的要求相距还很远。我们将和大家一起共同努力。在目前，我觉得有三个问题。①要区别现实研究和理论研究，二者既有共性，又有个性，作为研究所，现在主要应该加强理论研究。②要面向实际，加强理论联系实际。当前出版理论研究已经不只是出版方面的事了，一些高等学校的学者与教授也在积极从事这方面的研究工作，而且已经取得成果。今后，应在现有的基础上，共同把出版理论研究工作做得更好。③要做到普及和提高相结合。

我们出版界的同志应该团结起来，共同为繁荣出版事业作出努力，大家都知道，我们的党和国家目前处在一个关键时刻，在经济上还存在不少困难，我们应以大局为重，互相支持，互相帮助，一起来做好工作，而要少一些相互指责，少一些内耗，少争一些利，多设身处地为对方想一想，为读者为人民多做一些工作，为深化出版改革、为繁荣出版事业多做一些工作。

注：会议于 1990 年 4.19—23 日在南京召开，新闻出版署有关部门，中国版协，江苏省局，出版科研所负责人王子野、王益、宋原放、王业康、杨牧之、蒋迪安、邵益文、邵从理、方厚枢等出席会议并讲话。会议由王子野等同志主持。

湖南《新闻与出版》1990 年第 4 期，P1

迎接编辑学研究的热潮

一些同志在谈到过去五六年来编辑学研究的情况时，提出先"热"后"冷"的问题。有的同志不同意这种说法，认为总的看是："大潮初起"，只会越来越高。这些，说明编辑学研究的问题已经引起了许多同志的关心，并且由此引出了一场"深化编辑学研究"的讨论，收到了很好的效果，决不是偶然的。

从现在的情况看，无论过去是否出现过所谓"冷却"或"低潮"，今后的发展趋势，可以说新的热潮很快就要到来。这样说，有什么根据，想法如下：

最根本的，是社会主义出版事业发展的需要，是出版改革不断深入的需要。近几年来，出版事业的发展，改革的深入，有许多新的经验和问题。尤其是近二年来出版工作中出现的二个尖锐对立，即：坚持四项基本原则与宣传资产阶级自由化的尖锐对立；在社会主义精神文明建设中以社会效益为最高准则的要求与"一切向钱看"的尖锐对立，给编辑出版工作提出了许多新的要求和新的问题，迫切需要从理论上作出回答，这就需要加强对编辑学、出版学、编辑人才学、出版经济学的研究，而编辑学、编辑理论的研究，似乎又是首当其冲的。因为编辑工作是出版工作的中心环节，编辑工作的好坏，对出版工作的面貌具有决定性的意义。这几年，出版工作中所反映的情况，向我们提出究竟应该如何正确认识图书编辑工作的性质和它的社会职能。图书编辑学的性质究竟应该如何判定，编辑学的理论体系究竟应该如何构筑……这些都关系到图书编辑学的理论基础和它的生命力。总之，适应出版改革的需要，为建立具有中国特色的社会主义编辑出版事业服务，这是这几年编辑学所以能够迅速发展起来的根本原因之一，也是编辑学研究所以会引起出版界内外许多人关切的重要原因。丰富多彩的实践，必然会反映出学术繁荣的局面，这是一种客观的必然性。

第二，现阶段编辑学研究的状况，提出了需要更上一层楼的要求。有的同行说，近几年我国编辑学研究的成就是肯定的，这可以用三句话来表述，即有了一批论文，有了二三十本专著，有了一支队伍。这个估计是符合实际的，事实也是显而易见的。要补充的是：现在见之于报刊或者研讨会的论文，质量越来越高，视野越来越宽，学术性越来越强；已经出版和即将出版的编辑学专著，理论性逻辑性不断加强，结构框架也日趋严密。比起 70 年代和 80 年代初出版的那些仅限于编辑业务的研讨、编辑流程的阐述、编辑经验的介绍的读物来看，已经有了很大的发展，很大的升华；再说队伍，已经初步涌现出一批人，总的看说大不大，说小也不很小。具体的也难以统计，因为它不仅存在于出版界，还存在于教育界、学术界。别的不说，仅就高等学校来说，研究编辑学的人数就有很大的发展。首先是全国约有 10 所大学正式开设了编辑专业，或者把编辑课程作为其他专业的必修课进行教学。同时，还有好几所大学已经招收了以编辑为培养方向的研究生。更重要的是许多高等学校的学报编审人员，都在积极从事编辑学的研究，这个数量有多大，一下子说不清。有时，随便翻阅一下高校的学报，就可以发现很有见解的编辑学论文。一问，不仅是他一个人，往往是一批人，而且已经搞了二三年。这也是我们大国独有的特点，东方不亮西方亮，南方不知北方事。现在的问题是：这支队伍还没有组织起来，还没有统筹规划，基本上都是各干各的，谁都是从头开始。但是，这支力量不能忽视，尽管现在暂时处于自发状态，可是，这种自发性一旦开始交流，必将形成学术研究的热潮。因为在人类思想史上，学术、文化，从本质上来说，本来就具有相互交流的特性，所不同的只是交流的范围大小和发展的过程而已。从目前看这种交流是必然要出现的，目前小范围的局部交流必将向大范围的交流过渡。

第三，目前编辑学研究中各种学术观点的客观存在，必将导致学术争论的发展。在编辑学的学术研究中，"百花齐放"的形势正在逐步形成。目前，从几年来各种各样的研讨会、论文交流会收集到的和十几个公开与内部专业刊物发表的论文已数以千计。一批编辑学的专著和更多的编辑业务知识读物已经出版。这些书从编辑学的性质、任务、研究对象，以及理论体系、规律和范畴，包括编辑史和方法论等方面，各种各样的观点已经提出不少。此外，不能忽视的是，除了编辑学理论研讨以外，近年来，对于如何开展编辑学研究的问题，也就是所谓"深化"问题，自从《编辑学刊》率先提出讨论以来，也引起了许多学者、专家和热心人士的关心，发表的见解也相当多。有的看法，实际上已经开始有所"交锋"和"争鸣"。这种现象可以说明，确有一批人对编辑学的研究极为关心，而且态度是很积极的。从这里，我们可以看出，"争鸣"是可以发展起来的，而且必然要发展起来的。实际上，目前各种专著和论文百花齐放、诸说并存的情况，本身就是一种"争鸣"的局面。只要在马克思主义指导下，有人加以组织和引导，那么，"百家争鸣"的热潮，很快就会出现。

第四，培训编辑队伍和发展出版教育的迫切需要，向理论研究提出了更高的要求。用科学理论武装出版队伍，首先是编辑骨干。现在谁都懂得这几年出版工作中暴露出来的各种问题，除了有国际国内的大气候影响以外，也还有一个队伍的培养与教育问题。迫切需要加强马克思主义和党的路线、方针、政策的教育，社会主义出版理论的教育，就像目前各级出版领导机关正在做的那样，大力加强干部队伍的培训，首先是编辑骨干的教育。让他们真正掌握马克思主义的出版理论，任何时候都坚定不移地执行党的出版方针，自觉地一贯地坚持四项基本原则，自觉地把社会效益放在首位，繁荣社会主义出版事业；同时，近几年来编辑队伍里年轻人的比例迅速增长，也需要进行认真的培训，除了要进行上述内容的教育以外，特别需要让他们懂得社会主义出版工作的性质、任务，编辑工作的基本原理、优良传统、神圣的社会职责和起码的职业道德。再说，目前编辑队伍老化是一个具有相当普遍性的问题，提供一支可靠的预备队已经成为十分迫切的任务。为了适应这种需要，目前一些高等学校已经开设编辑专业、出版专业和发行专业。这是为我们的事业准备后备力量，培养好这支队伍，是大家所普遍关心的。但是，目前缺乏教材的问题相当突出，说得严重一点，已经影响到这些专业的巩固与成败。面对这种形势，出版理论工作只能加快步伐，奋起直追，才能在实现历史使命的过程中逐步完善自己。

以上种种充分说明需要我们加紧研究出版理论，研究和建立编辑学、出版学的理论体系。社会发展的需要，出版改革的需要是最大的推动力，有了这种力量，编辑学研究的新热潮的出现是可以预期的，是有根据的，或者说是必然的，这不是一种主观的臆想，而是一种已经开始萌芽的发展趋势。我们在这里不妨借用毛泽东同志在民主革命低潮时期分析革命高潮即将到来时的那一段话，也许是合适的。就是说编辑学研究的新热潮，已经不是"可望而不可即"的一种空的东西。"它是站在海岸遥望海中已经看得见桅杆尖头了的一只航船，它是立于高山之巅远看东方已见光芒四射喷薄欲出的一轮朝日，它是躁动于母腹中的快要成熟了的一个婴儿。"①

当然，建立一门学科很不容易，它需要各种各样的条件，要求一蹴而就是不现实的。但是，从实际的迫切需要出发，加紧我们的步伐，努力多做一些工作，一步一步，愚公移山，力求寸进，这种想法，是可以理解也是应该得到支持的。顺便说一句，我们许多同志写论文、写专著，正是被这种形势、被实践逼出来的。现在看，有时候逼一逼也有好处。当然，这些同志尤其是许多老同志很辛苦，艰苦奋斗的精神令人十分敬佩，相信他们在新的形势下，还会继续艰苦奋斗，做出更大成绩。

为了这种学术研究新热潮的早日出现，还需要我们做许多艰苦细致的工作。

---

① 《毛泽东选集》110页。

当前应该先考虑哪些问题，拙文《编辑学的研究需要深化》曾提出过一些浅见，不再重复。这里只想强调几点：

一、要反复强调资料工作的重要性，要大力加强资料的收集、整理和研究工作。资料是学术研究的基础。没有资料，学术研究就会寸步难行。实际上，有的资料本身就是极有价值的学术研究成果。资料是多方面的，有历史的、现实的，有全国性的、地区性的，有人物、有事件、有情况、有数字……总之，是多方面、多层次、多种多样的。目前，这项工作的重要性、迫切性，虽然已经被越来越多的人所认识、所重视。实际上，也已经有一些同志做出了成绩，尝到了甜头。但是，总的来看，资料工作还非常薄弱，需要下大决心、花大力气把它抓起来。由于我国编辑工作历史悠久，编辑工作所涉及的方面又极为广泛。所以，这个工作只靠少数人、少数部门是做不了的，需要大家一起动手共同来做。出版界、教育界、学术界，研究机构，学术组织，集体和个人都来做这件事。目前实际工作的态势，也正是这样开展的。问题是需要加强统筹规划，分工协作。同时又要力求避免在一个个具体项目上撞车，浪费人力和物力。

二、要大力开展多种多样、多层次的学术活动，要积极开展横向联系，发展中小型的学术研讨活动。首先，出版界和教育界要很好地结合起来，这方面现在有些地方已经开始这样做了，但是还很不够。希望双方都发挥主动精神，把这个结合加强起来；同时，可以开展高校与高校之间、省内或跨省的专题研讨活动，人不要多，时间不要很长，做好充分准备，集中研讨一二个问题，也许可以收到较好的效果。总之，提倡小型多样，把学术活动更深入更普遍地开展起来。当然这类活动的开展，也要靠大家，各省、各校、各个学术机构，大家分担一点，共同努力，就可以遍地开花。

三、有的同志提出，在各种学科建立的过程中，编辑往往起着重要的组织和促进作用。在自己的编辑学学科的建立过程中，也希望编辑发挥更大的组织和促进作用，特别是一些主要的专业刊物，在提出问题、阐述见解、发展争鸣、加强评论、刊登资料方面，做到更有计划性和连续性。这方面，过去，一些主要的专业刊物是做得比较好的。相信他们今后会更加加强计划性，发挥更大的主动性。

为了更好地发展编辑学的学术研究，还有一支力量，也应该进一步动员起来，发挥他们的作用。这就是为数不少的内部专业刊物，粗粗一算，有10多种，其中有一部分根据他们自己的方针、任务，编得是相当好的。只是希望他们能够加强编辑学研讨的内容，多发表一些学术论文和学术资料，为编辑学学术研究的发展作出更多的贡献。

四、要把热心研究编辑学的同行，用多种形式逐步组织起来。前面说过，编辑学的研究，现在已经有了一支不大也不算小的队伍，除了高校编辑专业的一些教研人员之外，许多人大多是兼职的，有的是已从第一线退下来的老同志，也有是公余时间搞的。正是这些人，目前在积极地进行学术研究工作。基本状况是人自为战，互不联系或很少联系。这样，不利于编辑学学术研究的发展。需要有一种便于联系的形式。现在，有些地区已经建立了编辑学会，如上海、天津、河北。有的部门和地区还成立了期刊编辑学会和学报编辑学会等学术团体。一些系统性的编辑学会也在积极筹建中。此外，也还有一些省、自治区在酝酿成立这方面的学术组织。这是一个好的兆头。希望今后加强彼此之间的联系，互通信息，交流学术观点和学术资料，发展相互协作，尽量扩大科研成果。

总起来说，无论是资料的整理，学术研究活动的组织和开展，信息的交流等，各项工作，都要依靠大家来做，要发挥各方面的积极性。大家主动一些，编辑学的研究就可以兴旺起来，深入下去。

谈到深化，许多同志出于对编辑学研究的关心和催进，已经发表了很多意见，其中有不少高见，很精辟、很中肯，是十分难得的。

首先，应该肯定，我们研究编辑学是为了编辑实践的需要，是为实际工作服务的。这样说，是不是要求立竿见影？不是的，只是要求：一不要脱离编辑实践；二又要高于编辑实践，使编辑工作科学化。作为一门学科，它不同于一般的业务知识培训，也不能头痛医头、脚痛医脚。

它应该具有科学的形态，严密的理论体系，科学的概念、范畴、客观规律，用系统的科学的理论来指导编辑实践，减少实际工作中的盲目性。

但是，科学的发展是无止境的。编辑学作为一门学科，发展也是无止境的，只能一步一步地前进。第一步，至少要像新闻学、图书馆学那样，有自己的理论编辑学，或曰普通编辑学；应用编辑学或实用编辑学；部门编辑学或各类读物编辑学，主要是从一个门类的编辑工作特点出发，兼具理论与应用等方面；历史编辑学，或中外编辑史（包括人物传记）；比较编辑学，主要是中外编辑事业、工作特点之比较，便于取长补短；还要研究与邻近学科的关系，对一些关系密切的学科，如出版学、书刊发行学、传播学、政治学、心理学、新闻学、社会学，做必要的跨学科的研究，与编辑学相关的学科还有很多，但这些是需要先做研究的。

要加强编辑史、出版史的研究，注意史论结合。编辑史方面，目前已经出版的有韩仲民的《中国书籍编纂史稿》、姚福申的《中国编辑史》、戴文葆的《历代编辑列传》（正在《出版工作》杂志连载）。出版史方面已经出版的有张召奎的《中国出版史概要》，此外，宋原放、李伯坚著《中国出版史》，吉少甫等著《中国古代出版史》也即将出版。这说明这方面的工作已经引起重视，也已经做了一些，但是还需要加强，特别要注意史论的结合，这方面，张玫、林克勤合著的《书籍编辑学简论》，朱文显、邓盈星合著的《编辑学概论》、俞润生的《实用编辑学概要》等一些专著，对编辑史都有相当篇幅的论述，是过去所少见的，很醒读者耳目。

加强史论结合，是目前编辑学研究工作者相当普遍的要求，需要大家来研究解决。关键是要进一步在"结合"二字上下功夫，实现理论和编辑史实际的结合。史论结合不是简单的堆积，要经过一系列提炼、融化的工程，好像蜜蜂采蜜那样，集百花之汁以酿佳蜜。这一点说起来容易，做起来难。不过我们有的同志目前正是这样做的，相信会得到丰硕的成果。

其次，所谓深化，关键在于理论原理的提炼，客观规律最重要的是基本规律的揭示、基本概念的界定，逐步地建立并不断发展科学的编辑学的理论体系。

在上述这个总的目标之下，写论文、写专著、修史、编资料、办刊物，都是为编辑学研究作出贡献。编辑学作为一门新的学科，只能摸索着干，确有难度。开头也许粗一点，或者不那么成熟，这些都不要紧，从无到有，从小到大，从粗到精，从不成熟到成熟再到更成熟，会有一个发展过程。正如体育锻炼，我们不能因为一开始不能达标，就从此停止锻炼，而要从各方面做更多的努力。再说，现在出来的论文、专著，质量不断提高，有的有相当水平。如与过去相比，那么现在的研究要比前几年深得多。当然再过几年来看今天，那一定又会比现在深得更多，所以，深化应该是一个过程。认识是没有止境的，毛泽东同志说："实践、认识、再实践、再认识，这种形式循环往复以至无穷，而实践和认识之每一循环的内容，都比较地进到了高一级的程度。"①正是这样，任何一门学科的建立、发展，都需要一个过程。先驱者为后来者开路，后来者又成为后继者的基础和桥梁，螺旋形地反复，不断上升，不断发展，一步一步地打开科学之门，探奥索秘，才能在这一学科发展的长河中泛起点滴浪花，显现几道隐隐的水纹。

最后一个问题，有的同志谈到要创造较好的研究的条件，这是可以理解的，不过总的看来，现在的条件已经大有改善。回想前几年，在一些地方连写一篇论文的条件都不具备，不要说物质条件艰苦，就是连舆论条件也不具备，有的还要受到冷嘲热讽，什么"为出名罗"，"捞稿费罗"，"不务正业罗"，等等，等等，不一而足，在有些人眼里，搞出版理论研究简直是一种罪名。近几年来，由于各级领导重视、大家的努力，物质条件已有很大改善。许多地方的舆论也转向积极支持。当然，这不是说现在什么问题都没有了，应该说困难还是有的，在有的地区问

---

① 《毛泽东选集》285 页。

题还是不少的。个别地区不够重视也是有的，工作的进展也不平衡。还需依靠各级领导和大家共同努力，创造更多更有利的条件。

科学的宝库在不知者面前始终是一座迷宫，看来似乎又那么遥远，只有勇往直前，不怕坎坷，不畏毒蛇猛兽，不埋怨别人走快走慢，也不担心别人议论讥笑，努力学习他人之长，又甘做求进者的人梯，把成果看成是社会发展的必然，失败了也毫不气馁。下定决心，埋头苦干，永远当小学生，永远不忘记求实创新，为学术发展任劳任怨，不遗余力，方显得探索者的本色。

《编辑之友》1990 年第 6 期；《编辑学研究在中国》P125，湖北教育出版社 1992 年 1 月版

悼良师忆明训

——痛悼边春光同志

当代著名的编辑出版家边春光同志只活了 65 岁就与世长辞了。

他的逝世是我国出版事业的重大损失，也是我国出版理论研究、书评事业的莫大损失。边春光同志走了，但是，他的精神、品德、作风，将永远活在我们心中，并将和他丰富的文论一起，成为留给后人的一份难得的遗产。

1955 年，春光同志和我先后调入中国青年出版社。那时我才 20 过一点。可是在我们的接触中，他的政治水平、判断能力、工作胆识、领导艺术，以及努力学习、严于律己、平易近人、联系群众、团结同志等，自然而然地在我的心目中形成了一个令人敬服的老革命的形象。可当时，他才刚刚踏上人生征途的第 30 个春秋。

当时，春光同志主管一部分书刊编辑工作，他除了非常注意贯彻党的出版方针、读者调查、选题组稿、联系作者、审读加工稿件以外，还十分重视书刊的评介工作。他强调每一个责任编辑都应该为自己处理的图书写一篇新书评介，认为这是当编辑的一种责任。对青年编辑人员，尤其强调这一点。他说，写不出书评，写介绍文章也行。这样，不仅可以沟通编者与作者、读者的感情，而且还是一种练笔。他主张出版社既要出书，也要出人。出人，就靠在实践中增长才干，脚踏实地地做每一件看起来是十分繁琐的小事。这样，才能亲身经历出书的全过程，慢慢地成为行家。

1964 年，他发表了在当时出版界颇有影响的《正确处理出版工作中的十个关系》的文章，他在论述必须坚持写稿标准的同时，专门讲了图书宣传评介问题。他说："出版社出了些什么书，哪些是重点书，主要内容是什么，必须经常对读者进行宣传和介绍。"又说，图书宣传评介工作，"是出版社联系读者，为读者服务的重要工作，要作为经常工作来做，并坚持做好"。同时，他还认为，组织好图书的宣传评介工作，不仅编辑部门应该做，出版、发行部门同样也应该做，群众团体也应该做。这是共同的事业。

80年代以来，春光同志对图书评论工作更加重视，再三强调要求做好这项工作。他认为不仅要做好一本书、一套书的评论工作，而且要从宏观角度对一个时期（如一年或一定的阶段）全国的图书出版情况进行评论。他要求从出书方向、图书质量，选题的开拓、图书的结构、各类书的比例、出书的速度、读者反映和社会效果等各个方面进行评论。既要肯定成绩、总结经验，又要指出存在的问题或倾向，吸取教训，以及如何改进等等。

1986年夏天，针对当时某些图书积压、订数萎缩、"买书难""卖书难"的呼声再次出现的情况，他果断地提出"要调整出书结构"，"要防止片面追求经济效益的倾向"。他明确指出："要发展爱国主义和共产主义教育读物，发展那些工农业建设迫切需要的经济的、管理的、科技的图书，发展青少年所需要的品德教育和各类知识读物……对于有价值的学术著作的出版要给予极大的重视。"

1987年夏天，面对当时社会上各种错误思潮泛起的状况，他在本刊发表《图书质量是出版工作的生命线》一文，强调"这几年由于政治思想战线软弱混乱，造成资产阶级自由化思潮的泛滥"。出版工作者一定要加强马克思主义理论的学习，"保持清醒的头脑"。出版物中既要"禁止"反动、淫秽的东西，更要反对"迎合一些读者的低级趣味或以盈利为目的"地大量出版那些消闲的有害的东西，否则"就是偏离党的出版方针"。他主张不断总结正反两方面的经验，把握社会主义出版方向，做好出版工作。

在强调宏观评书的同时，春光同志一次又一次地提出作为一个出版社，一定要对自己的出版物做定期的全面的评议，研究改进工作。这是出版工作者对社会负责的表现。他一再说，一个出版社办得好不好，主要不是看它赚了多少钱，而是看它出了多少好书，出了多少对读者教育、文化积累有价值的书。他不厌其烦地讲每个出版社一定要有自己的出书特色。"要在共性中显示个性，发挥自己的优势，办出特色"。只有这样，才能更好地"通过各自的出书范围和事业分工，去体现为人民服务，为社会主义服务的方针"。

就在他逝世前不久，他仍密切关心当前图书出版的形势，他认为"农村读物出版太少"，学术著作出版难的问题仍然要花大力气去解决，与此同时，他还愤愤地斥责了出版战线某些人头脑中的"拜金主义""一切向钱看"的错误思想。

春光同志在图书评论问题上的论述，很难用一篇短文来道出其万一。现在他走了，我们悼念他，重温他的教诲，对我们的图书评论工作以及整个出版事业将是十分有益的。

1990 年 1 月

《中国图书评论》1990 年第 2 期；《出版学编辑学漫议》P212，河南教育出版社 1995 年 9 月版

杰出的编辑出版家边春光同志

　　1990 年 1 月 15 日，北京八宝山革命公墓礼堂肃立在零下 12 摄氏度的高寒中，礼堂内外挤满了表情肃穆的人，大大小小的车辆塞满了前前后后的院子，后来的车辆只好依次排在院外的马路上。当代著名的编辑出版家边春光同志的追悼会正在这里举行。敬挽的花圈从礼堂内一直摆到礼堂外，礼堂外的雨棚下，临时拉起了长绳，挂满了挽联、悼词和吊唁者的名字，他们有乔石、李瑞环、李铁映、习仲勋、胡乔木、王任重……前来向遗体告别的有吴学谦、邓力群、朱穆之、贺敬之、宋木文、吴文英、王子野、李琦、邵宇……还有从外省专程赶来的出版界人士。礼堂里哀乐阵阵、碎人心肺，人们悲痛、哀悼、怀念，痛悼边春光同志过早地离开了人世。

　　边春光同志，1925 年 9 月生于山东省莱芜县寨里乡边王许村，1931 年起启蒙于本村小学。幼年受其父抗日爱国的影响，1937 年就读山东莱芜师范时，曾参加进步人士发起之抗敌后援会，做抗日救亡的宣传工作。学校被勒令解散后再回本乡读书、务农。时抗日风云日起，14 岁的边春光同志，扛起红缨枪、站岗放哨、保家乡，深得父老赞许。1940 年 1 月起任莱芜县青救团儿童部部长，4 月，光荣地加入中国共产党，后历任泰山区青联组织干事、莱芜县青救会会长、中共莱芜县羊里区委书记。1943 年抗日斗争的环境极为艰苦，当地出现"拉锯"形势，日寇频频"扫荡"，边春光同志不顾个人安危，深入群众，开展团结抗日活动，出色地完成了任务，受到县委的表扬。抗日战争胜利后，边春光同志担任泰山地委青联主任、鲁中区青联组织部部长，参加鲁中支前司令部的民运工作，他废寝忘食，夜以继日，克服重重困难，动员和组织青年支援前线，为支援解放战争作出了显著成绩，受到党组织的奖励，并荣立二等功。

全国解放初期，边春光同志任华东团校副教育长、教育长，培养了一批优秀的青年工作者。后任华东团委副秘书长、常委兼青农部长，他经常深入基层，总结经验，造就了一批先进的农村团支部，为农村团的基层建设作出了贡献。1955 年 2 月，大区撤销，他调中国青年出版社任编委，主管青年工作、思想修养读物编辑工作，并兼任《农村青年》杂志主编。1956 年任中国青年出版社副社长兼副总编辑。在这段时间里，他先后审定出版了《共产主义人生观》和《青年修养十二讲》等优秀青年思想修养读物，为青年一代的思想建设服务。同时，自己动手编写了《怎样做一个共青团员》一书，印数达 150 万册。这些书对于当时青年和团员的思想教育曾经起过重要的作用。1960 年边春光同志担任该社党组书记、社长兼总编辑，并任团中央常委。他潜心研究青年教育读物，认真探索编辑出版工作的客观规律，经常深入基层调查研究，并注意总结编辑出版工作的实践经验。为中国青年出版社奠定了一条加强调查研究，重视长期规划，狠抓重点书稿，讲究图书质量，创造自己特色的道路。

中国青年出版社建于 1951 年，在第一个 10 年中，曾经出版了一些有影响的青年教育读物和一批优秀的文学作品，诸如：《牛虻》《卓娅和舒拉的故事》《红日》《红旗谱》《创业史》《革命烈士诗抄》《在烈火中永生》等，在出版界有一定影响。但也出了不少质量平庸的图书，缺乏保留价值；有些图书即使质量较好，但难以成龙配套，系统地满足青年读者成长的需要；同时由于受到出书要宣传当前具体政策的影响，往往使一些图书很快失去时效。

根据这种情况，边春光同志在完成上级领导机关统一部署的图书质量检查之后，立即着手解决办社工作中的几个基本问题。首先是集中精力，狠抓了总结经验的工作，他通过各种会议向全社工作人员明确提出了两个问题：1. 图书出版的基本任务是什么，出书和办报有没有区别？2. 中国青年出版社应该有什么样的出书特色？经过几个月的反复讨论之后，他在总结报告中着重强调：书籍和报刊都是党的宣传工具，这是共性。

同时它们都有自己的个性，即报刊反映快，比较适宜宣传党的现行的具体政策，书籍则适宜侧重宣传党的基本理论、基本观点和基本政策；书籍除了和报刊一样负有政治宣传、思想教育的任务之外，还负有传播知识、积累文化的任务；中青社作为一个青年读物出版社，一定要抓住青年特点，为青年提供塑造世界观的政治思想理论和科学文化的系统知识，出书要强调稳定性、系统性、知识性和趣味性，以促进青年德智体的全面发展。他直截了当地说：出书和办报不分，要办出版社干什么？中青社出书和别的出版社一样，没有特色，要办中青社干什么？他这些铿锵有力、掷地有声的话，在大家思想上引起了很大的震动，同时也受到了极大的教育。

第二，根据当时中国青年出版社的办社宗旨、出书的方针、任务、读者对象的特点等，明确提出"政治第一、质量第一"的方针，他认为图书的政治标准和质量标准应该是统一的，出书一定要坚持质量，不能单纯追求数量，他强调指出：出版一本有质量的书，要比出版 10 本一般化的书好得多。为了真正解决图书的质量问题，他强调，一是在思想上要有严格的质量要求；二要在工作中要有正确的质量标准；三要找到能够保证质量的作者（为此，他还要求各编辑室建立一支基本的作者队伍）；四要培养一支合格的编辑队伍。他不仅提出这些要求，并且通过实施这些要求，来推动出版社的全面工作，达到既出好书又出人才的目的。

第三，抓重点书，创造自己的出书特点。边春光同志根据当时团中央负责同志的要求，在控制出书品种的同时，提出集中力量打歼灭战，大力提倡抓重点书的主张。用他形象的语言来说，就是要搞自己的"大盘菜"，为青年提供健康有益的精神食粮。首先，他下决心缩短战线，严格控制出书品种，全社由 50 年代中期每年出版新书 400 种左右压缩到 100 种左右，战线缩短了，就腾出主要编辑力量用于抓重点书稿，他往往集中二三个编辑骨干去处理一本书稿。从调查研究、提出选题，和作者一起编写书稿提纲，直到带着书稿，到工厂、学校征求读者意见，到农村听取意见，然后最后定稿。为了搞出一部有质量的书稿，他常把作者请到出版社来给他们一个安静的环境，写稿、改稿；常派一些编辑深入工厂、农村体验生活，然后和作者一起讨论、修改稿件。为了搞好长篇小说《红岩》这部重点书稿，出版社几次把作者请到北京，包括他自己在内，全社先后共有七个编辑人员参加这部书稿的编辑工作，仅编辑部内部大的讨论就有七次，和作者一起先后讨论过八次。在写作过程中先后拆版排印了三次。在这个过程中，边春光同志多次主持召开由作者、读者和编者参加的座谈会、讨论会，多次和大家一起讨论书稿的修改方案。及至审读四稿校样时，他还提出建议重新设计安排小说中重要人物许云峰和李敬原的党内职务，把李敬原作为党的主要领导人放在监狱之外，强调提高李敬原识别叛徒、判断形势的能力，这样就把监狱内外党的两位领导人在思想上紧密联系起来，显得更加有血有肉、有声有色。作者罗广斌深有体会地说："按老边的意见这么一改，使《红岩》里党的领导形象，增加了一倍的力量。"现代题材的长篇小说《红岩》对青年进行共产主义理想和革命英雄主义教育方面独具神韵，充分体现了中青社的出书特色。20 年来多次再版，迄今印数已达 746 万余册，成为当代中国青年十分喜爱的小说，在国内外享有盛誉。

在边春光同志抓质量、抓重点、抓特色的思想指导下，中青社先后出版了一批有质量有特色的长篇小说：《创业史》《李自成》《风雷》《朝阳花》和一批青年教育读物：《中国共产党历史讲话》《人的一生应当怎样度过》《青年英雄故事》《论雷锋》《青年修养通讯》《理想、情操、精神生活》《王若飞在狱中》《中国历史常识》等，在青年读者中有深刻的影响，也是在这个时期，中国青年出版社出版了《毛泽东著作选读》（乙种本），累计印数达一亿二千一百多万册，成为中华人民共和国出版史上印数最大的书籍之一。

第四，下决心搞长远规划。1960 年总结办社经验以后，他开始提出制订长远出书规划。1961 年初起，他花了半年多时间组织全社干部深入基层，向青年读者做调查研究。他带领编辑干部，多次外出调查，请教党政宣教部门，访问专家、学者、各级团委和书店的干部，在他的组织和带动下，全社各部门围绕如何制订出书的长远规划问题，先后召开了60多次座谈会，分别访问了126位专家、学者，整理成40多份简报，为制订规划提供了依据。正是在这个基础上，制订出《中国青年出版社1961—1967年基本选题规划》列题793种；同时拟订了《1961—1967年工农青年通俗读物基本选题规划》列题364种。为了落实这个规划，他本着"基本不变，逐步调整，充实完善"的方针。每到年初，都要编辑人员结合组稿、调查读者和作者的情况，一方面调整充实7年基本选题规划，另一方面又根据需要和可能订出当年的选题计划。后来，每年都要经过一定规模的调查，然后才形成选题计划，这套方法，基本上成了中青社的传统做法。

正当边春光同志打算集中精力，把规划进一步落实的时候，1962年10月庐山会议上提出了"利用小说反党"的问题。中青社由于在《红旗飘飘》十七集上刊出《古城斗胡骑》一文受到牵连，同时由于英国作家儒·凡尔纳的科幻小说中提到100年以前非洲土著吃人肉的事而被指责宣扬殖民主义观点，违反了外交政策总路线。上级领导机关派出工作组进驻中青社，大会小会审查了好几个月。边春光同志作为中青社的第一把手，受到巨大的压力。但是他以"白天不做亏心事，半夜敲门心不惊"的态度，一面接受审查，一面坚持工作，以惊人的平静和沉着，继续抓重点书，抓提高图书质量，抓有特色的图书。姚雪垠的著名长篇历史小说《李自成》（第一卷）和在读者中有深刻影响的《毛主席的好战士——雷锋》等好书的编校工作正是在这个时候进行的。他的这种心态，正是他作为一个共产党员光明磊落、一心为党的境界的具体表现。

从1966年夏天开始的"十年动乱"中，边春光同志作为中青社的主要领导人，受到猛烈的冲击和残酷的迫害，大大小小的批斗会不下百余次，但是，他以非凡的记忆力回答每一个具体的责问，以大无畏的精神承担应该承担的"政治责任"，力求减少部下的压力，为他们解脱。

在极度困难的条件下，表现镇静乐观的情绪，借以教育群众。有些审查他的"专案组"人员，通过对他的历史的调查，知道了他青少年时期出生入死的事迹，改变了原来的看法。1969年3月，出版社"一锅端"下放劳动，他到了河南潢川"五七"干校，重新拿起了卅年前拿过的牛鞭子，在摄氏三四度冰凉的水田里，犁田耙地，从不叫苦，几个农场工人和他交上了知心朋友，并从他那里得到了正确对待农村基层干部的教育。

1970年12月，边春光同志调陕西工作，先后任省广播局党委副书记、省出版局局长和省委宣传部长，为恢复和发展陕西的出版事业作出了贡献。那时候正值"十年动乱"中后期，出版事业受到严重的摧残，边春光同志出任陕西省出版局的第一任局长，面对着出版事业一片荒芜和队伍凋零、人们心存疑虑和困惑的情景，他首先致力于编辑出版队伍的建设。一方面进行深入细致的思想工作，亲自和一些老同志谈心，解除疑虑，稳定人心；对于一些受到迫害、批斗的同志，该落实政策的就落实政策，该起用的起用，该复出的复出，使一些老同志很受感动。另一方面，他积极发现、培养新人，并果断地选拔了一批优秀的中青年干部担任重要工作，为以后陕西省出版事业的发展奠定了良好的基础。

早在60年代，在中青工作期间，他就十分注意团结作家，对待他们热情、诚恳，和他们推心置腹，交流思想，做知心朋友，并经常帮助作家解决创作中遇到的问题和生活上的困难。著名作家柳青、姚雪垠、马忆湘、王英先、李若冰、罗广斌、杨益言等许多老中青作家，和他有着深厚的友谊。调陕西工作以后，他发现柳青患病，乏人照顾，就把柳青的长女调到西安照顾父亲。当时，柳青刚刚"解放"，许多人还对他敬而远之，住房也十分偏僻简陋，连报纸都无法投递，他就把柳青的报纸订在他那里，每天派人把报纸转送给柳青。1972年，边春光同志主持召开陕西省业余作者创作座谈会，他不顾当时宣传"样板戏""三突出"的压力，不仅请柳青到会讲话，并印发了当时被一些人认为"不跟形势""不合时宜"的讲稿，而且在社会上广为流传。这时有些好心人为老边担心，但他认为柳青是老革命、老作家，忠诚的共产党员，既然他敢讲，我就敢印，没有什么可以担心的。他就是这样和作家心连着心。

当时，陕西的出版工作恢复较快，这与他一如既往开展调查研究、制订出版规划、组织编写书稿是分不开的。特别是他以自己的胆识顶住压力，排除干扰，出版了《春城飞花》《一月九日》等好书，确定了《鲁迅研究丛书》的选题，得到社会上和有关部门的好评。直到现在，陕西出版界的老同志谈起边春光同志在陕西的 7 年，仍然叨念不已。

1977 年 12 月，正当我国出版工作者集中批判新中国出版工作"十七年"是所谓"黑线专政"，推倒两个反动"估计"，讨论制定出版工作的具体路线、方针、政策的时候，边春光同志受命出任中宣部出版局局长，他仍然坚持从调查研究入手，倾听各方面的意见，为坚持出版工作的社会主义方向，为了加强和改善党对出版工作的领导，具体落实党的出版方针竭尽全力，为澄清被"四人帮"搞乱了的出版工作的思想理论是非做了许多工作。他直接参与审定人民出版社的方针任务，组织《汉语大词典》的编纂工作，研究落实在新的形势下如何出版通俗政治读物，开会讨论加强青年读物的出版工作，具体安排缩短图书的出版周期。经过调查研究，提出了加强农村图书发行工作，活跃农村文化生活的建议和措施。他还参与研究制定了《出版社工作暂行条例》，对出版社的方针、任务，以至作者和读者工作等一系列重要问题作出了明确的规定，对出版界的拨乱反正、繁荣我国出版事业作出了很大的贡献。

1982 年 5 月，边春光同志被任命为文化部党组成员、文化部出版局局长，后任国家出版局局长，挑起了出版行政管理工作的担子。他一如既往，始终不渝地认真贯彻执行党的出版方针，为开创我国出版工作新局面，建设有中国特色的社会主义出版事业不遗余力。他主持制定的《1981—1990 年全国出版事业发展规划纲要》和《关于采取有力措施尽快缩短出版周期的意见》都已见成效。他一贯注重文化财富的积累，注重抓"骨干工程"和重点图书，始终重视图书的质量，追求出书的社会效益。积极提倡书刊评论工作，主张书评要实事求是，优则优，差则差，不仅要评一本书，而且要评一套书，要评一个时期的出书倾向，认为这是坚持出版方针、坚持书刊质量所必需。他积极推进图书发行体制的改革，都取得了明显的进展。中共中央、国务院《关于加强出版工作的决定》发布后，他采取一系列具体措施落实中央指示，提出编、印、发要综合治理，同步改革，配套实施，在坚持社会效益第一的前提下，把社会效益和经济效益统一起来，促进出版事业的健康发展。1983年党中央指出：思想战线不能搞精神污染，边春光同志坚决执行中央指示，结合出版工作实际，提出了完整的指导性意见。强调精神污染一定要清除，出版事业一定要繁荣。1984年6月他在哈尔滨主持召开了地方出版工作会议，总结了"立足本地，面向全国"的基本经验，为进一步发扬地方出版工作的特色，推动我国出版事业的发展作出了贡献。1984年底1985年初，有人主张今后不要再提精神污染，不要再反对资产阶级自由化。同时歪曲"创作自由"，散布"想写什么就写什么，写出什么就得发表什么"，并指责出版部门不为"创作自由"开绿灯，在这种形势下，边春光同志主持召开了"全国出版局（社）长会议"，针锋相对地提出"编辑要把关"。他说"作家有创作自由，不等于作家写的任何作品都应当发表、出版"，一个作品是否出版"编辑负有选择的责任"，编辑"要对国家和人民负责"。同时，他明确提出："在新形势下，要出版更多的好书，为建设社会主义的精神文明和物质文明服务。出版部门这方面的责任比过去更重了，要求更高了；同时反对和抵制资产阶级腐朽思想的侵蚀的任务也加重了。这是新历史时期对出版工作的新要求，也是坚持党的出版方针的新内容和新特点。"他的这些思想，在当时为出版界抵制资产阶级自由化思潮的泛滥起过积极的作用。1985年12月，在太原他主持召开的"全国出版社总编辑会议"上，针对当时错误思潮对出版队伍的侵蚀和一些出版物质量滑坡的情况，他旗帜鲜明地提出了"三坚持"，即"在任何时候都要坚持出版方针；任何时候出书都要坚持以社会效益为最高准则；任何时候都要坚持出版工作的政治责任和社会责任"。对于端正当时出版界一些人的指导思想，抵制资产阶级自由化和"一切向钱看"等错误思潮，增强出版工作者执行党的出版方针的自觉性起到了正确的导向作用。

1986年，他再次批评一些出版社在出书指导思想上的偏差。他说：某些出版社的负责人"忘记了出版工作的社会责任，在资产阶级自由化思想的影响下，贯彻党的出版方针不那么坚定了"。"'一切向钱看'的观念，'拜金主义'的思潮腐蚀了我们队伍中的一些人，支配着我们队伍中一些人的行动"。边春光同志始终坚持贯彻党的出版方针，抵制错误思潮的侵入，反对出版工作中的不正之风和不良倾向，在他主持出版行政管理的四年时间中，发出的有案可查的反对非法出版物，反对淫秽、黄色、低级、庸俗等不健康读物的文件、通知、通报，先后有四五十件之多，这在思想战线上风云多变的几年中，是难能可贵的。

1987年，边春光同志退居二线，任新闻出版署特邀顾问，中国出版科学研究所所长，他不顾自己已经经历了二次心肌梗塞以后的病体，一头扎到了出版科研当中。边春光同志历来重视出版研究工作。早在1964年，他结合学习毛主席的《论十大关系》，联系出版社工作实际，写出了《正确处理出版工作中的十个关系》，辩证地论述了"数量和质量""重点和一般"等十个问题，赢得了当时出版界许多同志的好评。在担任全国出版工作领导职务时，他更多次强调要总结经验、研究理论，他说：如果天天忙于事务，不研究出版方针、出版理论和出版工作中带规律性的问题，就会使自己处于盲目和被动的状态。

到研究所工作以后，他一再强调出版研究要面向现实，他指出："出版研究的任务是宣传出版工作的方针和政策，传播出版工作的业务知识，研究出版工作历史的和现实的经验，以帮助出版战线的同志提高思想和业务水平，促进出版事业的繁荣和发展。"强调"出版研究工作要从出版工作的现实出发，密切联系出版工作的实际，从理论和实践的结合上，回答出版工作中的各种问题"。为了达到这个目的，他认真地深入基层做实际调查，常常与省市出版局、出版社和各级书店的同志，促膝交谈，了解情况，探讨经验和问题，往往直至深夜。他为了开好第五届全国出版科学学术讨论会，搞好一个发言，在逝世前一个月，还出差到陕西、河南两省做了20天调查，和22个出版社、书店和出版局的同志深入座谈，商量问题，终于形成了《当前出版工作中需要研究的几个问题》的发言稿，他认为只有把实际工作中的问题理清楚，提出一些有参考价值的意见，才能有利于决策部门下决心，有利于出版工作者提高认识。不幸的是这个"发言提纲"，竟成了他最后的遗作。平时，在大小会议上，他还经常提出当前出版工作中迫切需要研究的重要问题，请所内外同志共同研究。1988年4月，他经过思考，写出《出版研究工作中的十个问题》，都是我国出版工作中的重大实际问题。1989年"五一"，他第三次心脏病发作，住院治疗，7月，他稍有恢复就急着上班，并立即着手结合当年春夏之交的政治风波，系统地总结我国出版工作的经验教训，撰写了《对于当前出版工作我想了十个问题》，强调出版工作中必须做到的"四个坚定不移"，即坚持四项基本原则坚定不移，坚持"二为"方针坚定不移，坚持出书以社会效益为最高准则坚定不移，出版部门的同志廉洁奉公要坚定不移。他大声疾呼：出版工作者"不要做金钱的奴隶，不要玷污人类灵魂工程师这个光荣的称号"。这两篇十个问题，可以说是边春光同志在新的历史时期对于建立具有中国特色的社会主义出版事业基本经验的总结。同时，他致力于研究怎样办好一个出版社，1989年他撰文提出办好出版社的八个基本条件，即一要有明确的办社方针，二要有符合出版社要求和从实际出发的出书结构，三要有近期和长远的规划，四要有有影响的重点书，五要团结一批作者，六要有有决策能力的总编辑，七要有合格的编辑队伍，八要有经常的图书评论。这个八条加上他在1964年提出应该正确处理的"十个关系"，可以说，这就是他办出版社的基本指导思想。

边春光同志十分强调在研究出版工作中重大实际问题的同时，要研究出版工作的基础理论，主张把两者结合起来，他认为研究基础理论，是创立具有中国特色的出版文化，是培训出版队伍所必需的，是为发展和繁荣出版事业服务的。主张基础理论也应该紧密结合实践，并能够指导实践。所以，他积极提倡建立具有中国特色的出版科学，建立包括编辑学、出版管理学、图书发行学和出版人才学等的学科体系。他还在国家出版局局长任上的时候，就亲自主编《出版词典》，提出把《出版词典》作为研究出版学的突破口，他说：这"是对长期积累的出版工作的实践经验做科学总结，使出版工作的科学知识系统化，为培养提高出版队伍提供业务知识教材"。编好了"将有助于改变某些人认为'出版无学'的偏见"。同时主编《中国出版人名词典》《出版知识丛书》，要求出好《出版知识译丛》，并且积极筹划为编辑出版一套案头书。按照他的想法，这套书应该包括《现代汉语词典》《编辑实用百科全书》《编辑必备 500 例》，再加上《辞海》和《出版词典》，便于编辑们随时查阅参考，以期减少或避免差错。他十分关心出版教育，倡议召开各类人才培养经验交流会，关心高等学校的出版专业和中等出版教育，主动承担出版教材编审的组织工作。他力求通过这些专业工具书、丛书和教材的面世，为出版科学的基础理论建设、培养出版人才、繁荣出版事业尽自己的心力。

在研究所的工作中，他始终强调专业研究和业余研究相结合，坚持两条腿走路的方针。他认为专业队伍是重要的，但力量毕竟是有限的，应该着眼于年轻人的培养，把他们引进门，要他们钻进去、出成果。但是更要看到我国有许多老编辑、老出版工作者，他们辛勤劳动一辈子，有丰富的实践经验，这是一笔宝贵的财富。出版科研应该把他们发动组织起来，就可以发挥很大的作用。

在出版研究所二年多的工作中，他始终重视抓规划、抓队伍建设，并且强调一定要做好资料工作，认为这是科学研究的基础。后来，他根据实际需要，明确提出研究所要做好三方面的工作，即科研、信息和资料。

并通过这些工作来达到出成果、出人才的目的。

边春光同志为出版研究日夜操劳，直到 1989 年 12 月 29 日倒在办公桌前，遽然逝世。他一刻也没有松懈过，完全忘记了自己是一个严重的冠心病患者，做到了鞠躬尽瘁，死而后已。

边春光同志豪爽刚正，真诚直率，作风正派，办事公道。对事，直言不讳，坦荡无私，工作泼辣，作风果断，有胆识、有气魄、有远见。他平易近人、宽厚豁达、坚持原则、知人善任、量才录用、没有偏见，即使反对过自己的人，仍然该用则用，该提则提。同时，对部下要求很严，说话算数，没有讨价还价的余地，如果发现不负责任、出现差错，他从不姑息，敢于批评。对工作，他敢于负责，敢于拍板，出了问题从不把责任推给别人。他善于抓大事，抓关键。决策之后，放手让下面去干。他善于调动下级干部的积极性，用他的话说："什么事都找我，要你干什么，什么事都不问我，要我干什么。"他讨厌光说不做，欣赏全心全意干活的人，即使干不好，他帮你担担子，帮你解决问题，逐步引导，力求把工作做好。所以，在他领导下工作，只要真心实意地干，总是使人舒心，也给人信心。这是和他一起工作过的许多人，无论是他的同级或者部下的共同感受，也是人们对他不能忘怀的原因。

边春光同志的一生，都是在编辑出版工作中度过的，他始终忠诚党的出版事业，时刻不忘观察出版界的动态，关心事业的健康发展，他的毕生心血都洒在了我国出版事业上。作为一个编辑出版家，他当过刊物的主编，出版社的副总编辑、社长、总编辑，担任过一个省的出版局局长，也担任过中宣部出版局局长、文化部出版局局长和国家出版局局长。一个具有如此丰富的从事出版工作经历的人，是罕见的。所以，边春光同志关于出版工作的理论和实践，不能不说是我国出版工作者的一笔宝贵的财富，对我国社会主义出版事业将会产生深刻的持久的影响。

附记：

写作此文时，我主要参考了以下材料：宋木文、刘杲的《革命的原则性和坚定性》，阙道隆、蔡云的《为出版的一生——回忆边春光同志》，伍杰的《鞠躬尽瘁 死而后已》，戴文葆的《我的唁辞》，吴道弘的《痛悼边春光同志》，王维玲的《往事与哀思——痛悼边春光同志》，吴功伟、朱诠、毛鹏的《为出版事业奋斗一生的忠诚战士》，以及《怀念我们的所长边春光同志》和《悼念出版科学研究的先驱者边春光同志》等，在此一并谢意。

1990 年 2 月

《出版学编辑学漫议》P197，河南教育出版社 1995 年 9 月

《论编辑和编辑学》后记

1987 年，我们编辑出版了《编辑学论集》，受到从事出版科研工作的同行们的热烈欢迎，给予我们许多鼓励，同时希望能够继续将出版科研的成果选编出版，作为研究工作中的参考、借鉴，也可以逐步积累祖国的出版文化。

近二三年来，编辑学的研究工作有新的发展，1987 年秋在乌鲁木齐召开的"图书编辑学研讨会"，1988 年春在天津召开的"第四届全国出版科学学术讨论会"等，在编辑学研究方面提出了不少有见解的文章，得到出版界内外一些同志的好评。

本着"百花齐放，百家争鸣"的原则，我们以这两次讨论会的一部分入选论文为主，加之近年来见之于报刊的一些有关编辑、编辑工作、编辑学和编辑规律等方面的文章，汇编成《论编辑和编辑学》一书，供编辑和编辑学界参考。我们力图借此为提高编辑工作的质量、为深化编辑学的研究，做一些力所能及的工作。

由于水平有限，在编选工作中难免挂一漏万，不当之处，有待于热心的同行们不吝赐教。

1990 年 7 月

《论编辑和编辑学》P305，中国书籍出版社 1991 年 3 月出版

80 年代的编辑学研究

　　"编辑"是一个历史概念，在不同的历史时期有它自己不同的内涵。我国编辑工作的最早记载，大概可以上溯到商周。嗣后，春秋战国、秦汉、隋唐、两宋以及明清，都留下了我国书籍编纂史上的灿烂篇章，也相应地出现过总结整理编校纂辑工作的不少著述，有时甚至相当热烈。但是，对编辑工作进行集中的系统的研究，应当说，还是在人民当家作主的新中国成立之后才开始的。而把编辑实践经验升华为一种科学理论，把它作为一门学科来进行研究，那主要是 80 年代的事。

　　80 年代初，由于党中央、国务院要求加强出版工作和出版科研的正确决定，和胡乔木等中央领导同志的提倡，要求在高等学校试办编辑专业，指出："编辑之为学，非一般基础课学得好即能胜任。"强调编辑工作是一门学问，对编辑学研究的客观必要性做了精辟的论证。这些，正是编辑学研究能够在短短几年中迅速开展起来的最根本的保证。

　　在党的领导下，由于出版领导机关的重视和出版界内外热心人士的努力，编辑学研究在我国虽然起步不久，但发展较快。目前不仅有了上千篇论文，而且有了专门的学术性刊物。如上海的《编辑学刊》、山西的《编辑之友》、北京的《编辑学报》。同时，《新闻出版报》《中国出版》《出版发行研究》等出版专业刊物又辟有专栏。此外，中南、西南的一些高等学校学报还不时出版一些"编辑学专刊"。更可喜的是人民出版社、中国书籍出版社、上海人民出版社和其他一些著名的出版单位，在短短的几年中，不仅出版了二三十种编辑学专著，还出版了一批传授编辑业务知识、交流编辑经验和一些相关的工具书，合起来已有一百二三十种。比较流行的有：《实用编辑学》（阙道隆主编）、《图书编辑学概论》（高斯、洪帆主编）、《书籍编辑学简论》（张玟、林克勤著）、《编辑学概论》（朱文显、邓星盈著）、《编辑学》（刘文峰主编）、《编辑学论集》（中国出版科学研究所科研办编）、《编辑学论稿》（刘光裕、王华良著）、《科技编辑学概论》（王耀先主编）、《百科全书编纂概论》（金常政著）、《杂志编辑学》（徐拓容著）、《社会科学期刊编辑学》（李学昆主编）。同时还出版了一批编辑教程、讲座、经验和笔记性读物，诸如《编辑工作20讲》（张惠卿、曾彦修等著）、《编辑工作基础教程》（戴文葆主编）、《编辑出版系列讲座》（天津版协编）、《编辑的理论和实践》（纪杰等主编）、《书刊编辑工作入门》（湖南版协编）、《编辑忆旧》（赵家璧著）、《杂家和编辑》（罗竹风著）、《老编辑手记》（韦君宜著）、《编辑笔记》（孙犁著）、《40年编余忆往》（尚丁著）。编辑历史和编辑家传记也已出版了一些，如《中国书籍编纂史稿》（韩仲民著），至于《中国编辑史》已有姚福申著和胡益祥著两种本子。还有《中国古代编辑家小传》《近代出版家张元济》《韬奋与出版》等。至于词典、手册等工具书也已有多种出版。

这些论文和著作总结并积累了丰富的编辑工作的实践经验，提出并探讨了编辑工作中的许多理论问题。编辑工作现在已不再停留在师徒相传、工艺授受的阶段，正在逐步形成为一门新型的学科。在实践中我们可以看到一些微小的变化。

——过去遗留在少数人头脑中的所谓"编辑无学"的误解和偏见，现在已经不那么流行了。虽然，不能说这个问题已经彻底解决，销声匿迹了。但是，它的市场显然是越来越小了。

——过去，人们担心编辑的选题、组稿、审读、加工、发排、校对等一件件、一项项具体琐碎的工艺，很难加以总结、概括、提高，更难想象可以升华为理论。现在经过几年的学术研讨活动，经过古和今、中和外的比较，这些具体的工艺已不再是工匠性的工作，而增加了新的东西。比如，编辑工作的中心，或者说做好编辑工作的关键究竟是什么？是选题决策，还是书稿审读？是组稿还是加工、把关？经过大家用自己的经验，社会的实践，先人的体会，外国的做法，加以总结论证，不仅进一步提高了对这些问题的认识，而且赋予了科学的形态。如果我们读一读那些"选题决策论"或"审稿是编辑工作的中心环节"等论述，我们不能不承认这些论文的意义和它所包含的力量。

——过去，一说到"编辑学"，有些人就觉得很玄，一提到编辑学的框架，不少人就望而却步，可是经过这几年对编辑学的性质、任务、研究对象、规律和其他基本原理等问题的探讨，今天，我们来看这些专著，很清楚，这些洋洋 10 万言、20 万言、30 万言的著作，几乎都有自己的体例和框架。尽管这些体例、框架，有的还有刀凿斧削的粗糙痕迹，有的留有出土新苗的稚嫩，有的也并非无懈可击，无纰可指。但是它们毕竟都已经站立在书林之中，冬梅傲雪，显示出了自己的千姿百态，迎风飘香。同时也在实践中进一步锤炼自己。

这些已经发表的论文和已经出版的专著，不仅以自己的存在显示了编辑学的初生形态，而且提出了许多有价值的见解和论点，针对当前实际工作中存在的问题做了科学的论证，为实际工作的正确开展提供了理论依据。特别是前一段时期，在资产阶级自由化和"一切向钱看"等错误思潮泛滥的情况下，许多论文和著作为编辑工作的健康发展表示了自己的见解，为抵制和消除错误思潮的影响作出了努力，提高了编辑工作者坚持四项基本原则，贯彻党的出版方针的自觉性。同时也为编辑学学科的建立开辟了道路，奠定了基础。并且宣告了编辑有学，而且学无止境，为进一步深化编辑学研究开拓了广阔的前景。

编辑学是一门新兴的学科，在国际上看，也是这样，它正在形成发展中。所以，在许多问题上存在不同的观点需要讨论。这是每一门新兴学科发展过程中不可避免的现象，也是丰富多彩的实际生活的反映，是一件大好事。如果某个学科与实际无涉，毫无不同意见的争鸣，变成一潭死水，那么，这个学科的生命力就发生了问题，更谈不到它的发展了。本文因限于篇幅，只就几个问题做一些介绍。

关于编辑工作的性质。许多学者认为编辑工作是做意识形态工作，是一种教育工作。它的本质首先应该是它的政治性、思想性、科学性。它属于上层建筑范畴，任何时候都要为经济基础服务，为一定的政治制度服务。社会主义的编辑工作，应该体现自己的党性，坚持反对资产阶级自由化和其他错误思潮，为巩固和发展社会主义制度服务。另一些学者则认为：编辑工作是具体的，不是抽象的，它不在真空中。今天我们既然处在商品经济的条件下，出版社又是生产经营性单位，所以研究出版社的编辑工作就要看到它的职业性、传播性和它的成果的商品性，这是不能回避的。另一些学者不同意这种观点，认为这将削弱编辑工作在精神文明建设中的积极作用。

关于编辑工作的社会职能问题，也有不同的看法。一种看法认为：编辑工作的社会职能可以从多层次、多方面来分析。但是，它的最主要的职能是它的中介性，使作者的作品适合复制扩散，便于读者阅读。所以是作者和读者之间的中介。没有编辑工作的桥梁，作者和读者无法沟通，这是编辑工作最根本的职能。另一种意见认为：编辑工作的职能确实应该从多方面来研究，如规划设计、组织催生、审读优化等，但是主要的是坚持正确导向，如果没有这一条，不去正确引导读者，那么，在其他方面即使花精力再多，也不能达到应有的效果，甚至可能适得其反。

至于编辑学的研究对象，说法更多。有的同志把它概括为主张以原稿为研究对象的"原稿说"，以编辑过程为研究对象的"过程说"，以编辑工作对象和编辑本身为研究对象的"客体主体说"，以编辑工作中必须处理的各种关系为研究对象的"关系说"，以编辑活动的特殊规律为研究对象的"规律说"等。其中倾向于后两者的人较多。可是再问一下，关系与规律似乎又不可截然分开，因为规律是事物发展过程中最本质的联系，说到底是各种关系的本质反映。所以，有人认为"关系说"和"规律说"两者似乎大同小异。至于"规律说"也还有进一步的问题。这就是，一当具体到编辑工作的特殊规律是什么这个问题时，认识就不尽相同了。

一种看法认为：编辑工作是编者以自己的创造性劳动的成果，注入他人的作品，使之进一步完善并最终实现其精神产品向物质产品转化的准备。另一种看法则认为：编辑工作是根据社会需要，以设计、选择、优化、把关等一系列创造性与服务性相结合的劳动，为读者提供优良的精神食粮的活动。当然，还有第三种、第四种不同的认识，而且彼此间的认识也还处在发展中。同样，类似的不同看法在其他诸"说"中照样存在。

当然，问题远不止这三个，编辑工作中需要研究的实际问题和理论问题是很多的。至于各种不同看法，不同的学术观点，更是不胜枚举。这给编辑学界提出了艰巨的任务。但是，我们不应该单纯地把它看成困难，同时，也是为深入研究编辑学提供了十分有利的条件。

只要我们坚持以马克思主义为指导，认真从编辑工作的实践出发，按照理论联系实际的原则，实行"百花齐放，百家争鸣"的方针，用辩证唯物主义的方法观察问题和分析问题，刻苦钻研，开展形式多样的学术活动就一定能把编辑学研究推向新的水平。

1990 年 7 月

《编辑学研究在中国》P135，湖北教育出版社 1992 年 1 月版

90 年代将是编辑学研究重要的 10 年

最近，在湖南召开的图书编辑学研讨会上，一些编辑学专著的作者交流了编撰经验，许多与会者还在编辑学理论研究方面提出了不少需要探讨的问题，同时就如何深化编辑学研究的问题交换了看法，并且在一些理论问题上开展了争鸣。给人的印象是：这次会议实际是对我国 80 年代编辑学研究的一次回顾，同时，又对 90 年代的编辑学研究提出了希望。

一、编辑学研究的新热潮是可以预期的

会上，对于 80 年代我国编辑学研究取得的成就，意见是完全一致的，是充分肯定的。有代表性的说法是：五六年来发表了上千篇论文，出版了二三十本专著，形成了一支不大不小的队伍，这是大家所公认的。当然，这些和社会的要求、时代的要求相比，是很不够的；和建立一门学科的需要相比，更是非常初步的。

对于前几年编辑学研究形势的估计，是"冷"是"热"，看法不完全一致。一种意见认为：编辑学研究在我国自从 1985 年前后正式提出以来，发展势头很好，成为出版界内外的热门话题，许多人都热心做这个工作。但是，到了 1987 年以后，报刊上论文减少，出现了"冷却"趋势。另一种意见则认为：编辑学研究在我国自提出以来，时间不长，整个 80 年代，总的看是"大潮初起"。现在发行的许多专著，多数是在 1987 年以后出版的。这说明编辑学研究从提出到发动，从写论文到编撰专著，是一步一步深入、一步一步提高的，不存在"冷却"的问题。今后，只要正确引导，埋头苦干，是可以不断深化、不断提高的。经过热烈的讨论，

大家倾向于不管前二年是"冷"还是"热",从目前情况看,编辑学研究的新热潮的出现,是可以预期的。理由是:我国社会主义出版事业的繁荣和发展,出版改革的深入,有许多经验需要从理论上加以总结,有一些新的情况和问题,也需要从理论上加以回答;编辑学研究发展到今天,已经出现诸说并存的局面,学术争鸣必将得到进一步发展;出版事业迫切需要培训骨干,发展出版教育迫切需要加强教材建设;许多高等学校学报编审人员积极投入编辑学研究,打破了原来仅有出版界内部研究编辑学的局面,出现了两支队伍互相促进的苗头。这些都表明出版理论研究迫切需要加强,也可能得到加强,编辑学的研究在这种形势下出现新的热潮,是并不奇怪的。

许多编辑学研究者的上述种种看法,正是对我国 80 年代编辑学研究的一种总结,也是对 90 年代编辑学研究的一种展望。

二、编辑学研究要紧密结合实际为发展我国社会主义出版事业服务

我们研究编辑学,包括所有的出版理论研究,毫无疑问,是为建立具有中国特色的社会主义出版事业服务,是为多出好书,向读者提供更多的健康的精神食粮,为培养"四有"新人服务,以促进社会主义精神文明和物质文明建设。不是为学术而学术,也不是为了创立什么学术流派而研究编辑学。当然,学术研究的发展,会有不同的学术观点出现,也可能因而形成这样那样的学术流派。但这是学术研究发展的可能结果,并非我们的追求目标。将来,即使出现了这样那样的学术流派,也还是要以马克思主义为指导,坚持四项基本原则,为繁荣和发展我国的社会主义出版事业服务。不然,迟早会被社会和历史所摒弃。这是树干和树叶的关系。有人说没有二片完全相同的树叶,但是,每一片树叶都是为树干吸收阳光雨露和其他营养成分,和树干

树根相得益彰，一棵大树才能茂盛。不然，任何一片树叶都不可能繁荣，而且最终会枯萎脱落。

当前，发展编辑学的理论研究，最关紧要的是进一步结合编辑工作实际，从理论上回答实际工作中提出的重大问题，要能够指导编辑实践，为实际的编辑工作服务。不可否认，确有一部分从事实际工作的编辑人员对编辑学研究关心不够，有的甚至不感兴趣，这里除了实际工作任务繁重，指标过硬和某些认识问题之外，也有一个理论研究要有的放矢、紧密结合实际的问题，即使是基础理论研究，也要从实际出发，认真总结现实的和历史的实践经验，防止脱离实际的空泛议论。任何理论研究，如果不能结合实际，是不能取得任何真正成果的。因为研究理论的目的，归根到底是为指导实践，理论的正确与否也只有通过实践才能得到检验。要使广大书刊编辑人员对编辑学理论发生兴趣，当然需要一个过程，这里的关键在于热心研究编辑学的人要面对书刊编辑工作中的重大实际问题，从理论上作出科学的回答，从根本上给编辑工作以必要的理论指导。在 90 年代，我们应当在这方面有所贡献。当前，要从繁荣和发展社会主义出版事业出发，对前一时期在资产阶级自由化和"一切向钱看"等错误思潮影响下的一些错误思想做必要的分析研究。同时，对当前编辑出版事业自我发展过程中的一些重要问题做理论上的探讨。

三、编辑学的研究一定要紧紧地抓住自己固有的特殊矛盾

编辑学研究的对象问题，是前几年学术讨论中的热门话题之一，看法也不一致。王华良先生概括为四种，即"规律说""过程说""原稿说""关系说"，也许还不止这几种。但是，可以看出这些概括都是在不同层次上，从不同角度提出的，都有自己的根据，至于哪些比较更接近真理，则要从本学科应该解决的特殊矛盾出发，抓住其本质，才能得出比较科学的

结论。无论这说那说，都应该深入研究，求同存异，力求取得进一步的成果。

同样的，找准自己固有的特殊矛盾作为研究对象，无论对于普通编辑学（或曰理论编辑学），还是部门编辑学，都是必须解决的。只有紧紧抓住自己的个性，自己区别于其他事物的特点，提出并解决自己所担负的特殊任务，才能为读者所接受，为社会所承认，从而完成自己的历史使命。如果离开自己的个性，那就难免困难重重，要不就会成为"四不像"。

四、要逐步建立编辑学自己的理论体系和概念系统

有的同志提出，编辑学应该建立自己的理论体系和概念系统，这一点，十分值得重视。因为一门独立的学科，必须有自己独立的理论体系和概念系统。这方面，一些编辑学研究者早就有过议论。但实际进展不快，当然也不可能很快。现在，编辑学研究发展到今天，大家对这个问题的认识有了重要发展，对于解决这个问题的迫切感更强烈了。因此，可以说，这是在建立学科的道路上迈出了新的一步。在 90 年代，能不能在这方面有新的突破，这是许多热心研究编辑学的同好所关切的。

编辑学究竟应该属于哪一个大学科，这是讨论提出的又一个问题，即有的同志诙谐地喻为"挂靠"的问题。这一点看法不尽相同。有的认为应该属于文化学的范畴，有的说还是属于知识学好，也有的则认为应该属于传播学，真是公说公有理，婆说婆有理。其实，目前编辑学研究起步不久，大可不必先把自己拴在哪棵树上，女儿长大了，迟早会有婆家，即使找不到婆家也不要紧，更何况现在世界上抱独身主义的多的是，这并不影响她独立于人世做有益的事情。如果现在急急忙忙去找一个"挂靠"的大学科，就很难不受其这种那种的影响，甚至有可能出现削弱自己特点的状况。这样说，并不是反对借鉴、吸收其他学科有用的东西。

但任何借鉴、吸收，必须为我所用，不能生吞活剥，要经过消化，使之成为姓"编"的东西。只有这样，才能以我为主，保持编辑学理论体系的独立性。反之，如果对其他学科的东西，照抄照搬，生拼硬凑，那就会失去自己理论体系的独立性，也就无所谓编辑学了。

从这个角度看，我们必须加强编辑学与邻近学科的关系的研究，也就是要进行必要的跨学科研究，弄清楚编辑学与其他学科的关系，分清你我。是亲兄弟、堂兄弟、还是表兄弟，应该彼此分清，你是你，我是我，不能你我不分。

建立编辑学的概念系统，要从一个一个概念、定义的界说做起。目前，对基本概念看法不一致，或不完全一致的状况是存在的。要取得共识、公认，需要一个学术发展过程，急是急不得的，也不是多开几次专题研讨会所能解决的。就算我们这里35个人，再开一个月会，也许可以在一个二个概念上统一看法，但是，会外的第36位老兄，就不一定同意。所以，要做艰苦细致的研究工作，但这不能脱离整个学术的发展水平。

总之，编辑学的基本概念是需要研究的，自己的概念系统是需要建立的。但也要防止从概念出发，从框框出发，特别是要防止从自己主观上为自己划定的框框出发，以为只有自己拣到篮子里的才是菜，篮子以外的都是草。这将不利于学术的发展，对于一门新学科的形成，尤为不宜。

五、要善于总结经验

理论研究离不开实践，实践是理论的源泉。所以，一定要重视总结经验。实践是无比丰富的，经验也应该是生动活泼的，它对理论研究的意义是非常重大的。有的同志欣赏中国书籍出版社最近出版的《85次喜与忧——一个苏联编辑的体会》，这是苏联老编辑塔·波·伏尤科娃的编辑经验谈，它记述了一个图书编辑人员在工作中的喜悦与烦恼、成功与失败，一共 85 次，绘声绘色，总结了经验，很可一读。其实，这类书，我们国内也有，古代有，现代也有，也不乏写得好的。近的如赵家璧的《编辑忆旧》、滕明道的《编辑生活絮话》、还有杨牧之的新著《编辑艺术》，读起来都是蛮有味道的。不过，这些都是 80 年代的成果。在 90 年代，对这类文字流畅、富有实践经验的作品，似应大力提倡，多多益善。中国的老编辑很多，希望他们为自己所毕生从事的事业，留下一点东西，以启迪后人，也可以丰富出版文化的宝库。

六、坚持贯彻"双百"方针，推动编辑学学术研究的发展

在马克思主义指导下，开展"百花齐放，百家争鸣"，是学术发展的根本途径。这次会议，就若干理论问题，开展了学术争鸣，效果很好。体现了坚持真理、修正错误的原则精神。在争鸣的过程中，互相帮助，取长补短，彼此尊重，共同前进，气氛很好。

许多人认为应该保持这种良好的争鸣气氛。认为在马克思主义指导下，只要有推进学术研究的共同愿望，经过认真的学术争鸣，就可以达到真理愈辩愈明的目的。

七、寄希望于 90 年代

80 年代是我国编辑学研究起步的 10 年，也是取得了一定成就，奠定了一定基础的 10 年。在 90 年代开始的第一个年头，我们应该在 80 年代的基础上，勇往直前，有所作为。在今后的 10 年中，我们希望有新的理论突破，有丰富的经验总结，有较好的工艺规范并付诸实施，有更多有价值的学术论文发表，有更多更高质量的专著问世，有更多的新人涌现。总之，要使我们的编辑工作有更多的理论指导，更丰富的经验借鉴，使我们队伍的素质得到进一步提高，人才辈出，有更多的好书出版，使

社会主义的出版事业得到进一步的繁荣和发展。

90 年代，对编辑学研究来说，是承前启后的 10 年，是至关重要的 10 年，我们寄希望于 90 年代，希望它能更上一层楼，再上一层楼。

1990 年 8 月

《编辑学刊》1999 年第 4 期；《编辑学研究在中国》P141，湖北教育出版社 1992 年 1 月版

《写在前面》

——为《编辑学研究在中国》一书而作

编辑学是一门新兴的学科。从 80 年代开始，这一新型学科在我国发展较快，已经出版了二三十本专著，办起了专门的学术性刊物，并在十多个高等学校开设了编辑专业，是国内新兴学科中取得较多成果的学科之一。但是，从另一方面看，正因为它是一门新学科，有许多问题需要研究。诸如编辑学的基础理论、基本范畴、基本概念，编辑学的性质、任务，它的研究对象，它的特点、规律，它和邻近学科的关系，和国外同类学科的比较，以及它的历史，等等，都需要进行认真的研究。除了这些基本原理、基础知识以外，也还有一些令人感兴趣的问题可以研究。比如，中国有漫长的编辑活动的历史，有的学者已经把它上溯到殷商时期，也就是认为 3000 多年以前就已有编辑活动萌芽了。但是，奇怪的是把编辑活动作为一门学科、一种理论来研究，却起步甚晚，即使在国外也是这样。尽管在明清之际出现过一些校雠学、训诂学之类的书，总的说来，也是比较晚的。在中国，虽然历代都编出了许多好书，积累和弘扬了中华文化，至今仍脍炙人口。但过去很少有人研究编书的理论，更不要说把它作为一门学问来专门加以研究了。历史跨进 20 世纪下半叶，特别是到了 80 年代，在中华大地上很快形成了研究编辑学的热潮。编辑学的研究今后它将向什么方向发展，在 90 年代里我们能够对它寄予何种希望，它的理论体系、独立的概念系统将如何形成，这些都是出版界、学术界和社会有关方面所关心的。笔者有幸，这几年因工作关系被卷进这个大潮，或多或少地参与其事，眼见星星之火，逐步蔓延，直至今天熊熊燃烧。这本小册子多少是这种发展态势的一个侧记，也是一种见证；同时，也企图对编辑学原理中的某些问题做一些尝试性的探索，起投石问路的作用，即使有幸成为"靶子"，也算尽到了自己的责任。

感谢湖北教育出版社的同志们，为了推进编辑学研究，为了繁荣出版事业，出版了这本小册子，令人感动。

祝编辑学在百花齐放、百家争鸣中奇葩怒放，争妍斗艳。

1990 年 9 月

《编辑学研究在中国》P1，湖北教育出版社 1992 年 1 月版

从一则征订启事想到的

这几天随手翻阅寄来的刊物，看到许多征求订户的启事。本来，年终来临，继续征订，是出版者题中应有之义，所以司空见惯，也没有什么话要说。可是，当我看到《编辑学刊》1990年第4期封底的启事，顿觉感触万千，有些话也到了口边，不免想唠叨几句。

这则启事说："随着本刊发行量上升，本刊明年将再次降低定价为每期1.10元。"我查了一下，这个刊物的定价，1989年每期为1.95元，1990年降为1.40元，明年将再降到1.10元。为什么许多刊物年年上调定价，已成为"惯例"，而《编辑学刊》却能连年降价；《编辑学刊》是一个地道的学术性刊物，为什么许多学术性刊物订数上不去，有的甚至在经济上难以为继，而《编辑学刊》在订数上却能年年上升，使自己在出版界、编辑界拥有相当读者。在经济上非但不亏本，不要补助，而且还略有盈余。这些问题实在值得探索。

笔者对《编辑学刊》编辑部的内部情况不熟，只听说编委诸公都是尽义务的，所谓编辑部实际上只有倪墨炎同志一个人，组稿、审稿、加工、看校样、联系作者，甚至寄赠刊物（包括装封、写地址）都亲自动手。有时也有个别人帮帮忙，看点稿子什么的。这样，有的读者也许会说，那就不止一个人啦！我说就算一个半人，或者大胆假设，加它一倍是两个人，这本来也不算多。可是，请注意，这里有一个重要的事实不能忽略，这就是所有的人，包括主编在内都不是专职的，都是兼职的。因为谁都知道，倪墨炎同志是上海市新闻出版局图书处的负责人，是从事诺大一个上海市图书出版管理工作的，这可不是一个闲差使。即使有时在编辑部帮点忙的同志（比如看点稿子什么的）同样是兼职的，据说也是这个处的忙人。由此看来，这个编辑部可以说是真正的精兵简政了，这也许是成本得以降低的一个原因。都是忙人，编辑工作怎么做？说穿了，许多是晚上的干活。

这个刊物的订数所以能上升，果然和我国近几年来编辑学、编辑理论研究的迅速发展，与我们编辑出版工作中许多问题需要研究分不开，当然也取决于这个刊物有一个正确的编辑方针，它的内容有很强的针对性。它经常能抓住编辑学和编辑理论研究中争论的热点，反映实际工作中矛盾的焦点，善于介绍其他书刊编辑的特点。如果仔细一点，就可以发现，它记录了丰富的编辑工作的实践经验，包含了编辑出版理论研究中各种问题的不同意见。在实际上它已经成为研究编辑学和编辑理论不可缺少的刊物；成为关心提高图书质量，改善编辑队伍素质和许多愿意做好书刊编辑工作的读者不能不读的杂志。

更加发人深省的是，正是在目前许多书刊上调定价已是理所当然的当口，"讲实惠""向钱看"在许多人眼里已经成为不言而喻的事情的时候，"钱不怕多，不赚白不赚"正在成为有些人的座右铭的时机，《编辑学刊》即使订数上升，也增加不了多少肥水，又为什么要减价呢？首先，敢于作出这种决策是要有一点精神的，是要有一点见识的。这是不容易的，应该说，这是一种不凡、是一种非常、是一种敢于突破框框的思想闪光，是一种难能可贵的马克思主义的反潮流精神。为什么能够做到这一点？这是因为他们心中有读者，一切从读者考虑，真正为读者着想。不是在口头上高唱"读者高于一切"，实际上却把眼睛盯着读者的口袋，千方百计地降低格调，去迎合读者的不健康心理，最终去腐蚀被称之谓"高于一切"的其实是我们应该尊重、应该引导的读者，或者是浪费他们的宝贵精力，使他们流失千金难买的许许多多的光阴。

这里，也许涉及到一个我们编辑出版工作的理论性问题，就是究竟应该怎样对待读者，无数实践告诉我们，分水岭只有一个，是真正从读者考虑，为读者着想，还是口头上为读者，骨子里为自己。不管言辞如何漂亮，也不在于把读者提到高得不能再高的地位，真正的目的是什么，都离不开这个分水岭。

在当前发展社会主义商品经济的时候，在要求计划经济和市场经济相结合的情况下，笔者并不反对出版工作在保证以社会效益为最高准则的前提下，也要适当注意经济效益。但是，千万不要创造这种那种似是而非的"高论"，再来搅乱我们的思想和理论。

最后，我建议，我们那些研究出版的专业性报刊，对《编辑学刊》做一次认真的采访，把他们的经验详尽地公诸于众。

1991 年 2 月 8 日

《出版学编辑学漫议》P247，河南教育出版社 1995 年 9 月版

"二为"方针的形成及其发展

党的十一届三中全会以来，我国出版事业在改革开放的浪潮中，努力拼搏，不断改革，终于形成了新的格局、空前的规模和磅礴的气势，是我国出版事业发展史上取得重大成就时期之一，是开创当代出版繁荣的一个重要阶段，是使我国成为世界出版大国的一个具有决定意义的时期。这是贯彻党的基本路线的伟大胜利，是坚持为人民服务、为社会主义服务这个党的出版方针的伟大胜利。反之，出版工作中发生的这样那样的问题，也无不和不能正确理解、不能坚定地执行"二为"方针有关。为此，正确理解和认真贯彻"二为"方针问题，实在是做好社会主义出版工作的根本问题。

为人民服务、为社会主义服务的出版方针的制定是历史经验的总结。我们党的出版方针是一贯的。自从党开始建立自己的出版工作的那一天起，就要求出版工作为党的总任务服务。早在新民主主义革命时期，党就指出："报纸、刊物、书籍是党的鼓动工作最锐利的武器"，"应当大量地印刷和发行各种革命的书报"。要求新的文化为新的政治、经济服务。1942年，毛泽东同志的《在延安文艺座谈会上的讲话》又指出："为什么人的问题，是一个根本的问题。"并且明确提出文艺为工农兵服务、"为人民大众"服务的思想，以期团结人民，共同战斗。全国解放之初，朱德同志曾对解放前党领导的革命出版工作做过明确的总结，指出："过去出版工作是为革命军事服务，为人民的政治斗争事业服务。"这说明，党领导的出版工作，始终是和党的事业不可分的，是为党在不同阶段的总任务服务的，是为人民的根本利益服务的。

全国解放以后也同样是这样。中华人民共和国建立以后，我国开始了由新民主主义向社会主义过渡，并且着手进行生产资料所有制的社会主义改造。这一时期党和政府为组织社会主义出版事业，进行了大量工作，在对旧的出版业进行改造的同时，制定了发展人民出版事业的方针和政策。

早在 1949 年 9 月发布的《中国人民政治协商会议共同纲领》中，就提出"发展人民出版事业，并注重出版有益于人民的通俗书报"。1950 年 9 月召开的第一届全国出版会议，又提出了"为人民大众的利益服务是人民出版事业的基本方针"。

与此同时，出版总署胡愈之署长在一次报告中指出：出版、印刷、发行是一种有着重要政治意义的工作。1950 年 10 月 28 日中央人民政府又发布了《关于改进和发展全国出版事业的指示》，强调出版事业是与国家建设事业、人民文化生活密切相关的，并指出："书籍期刊的出版与发行工作，不论公私营，均不应单纯以营利为目的。"关于出版业的性质，这一时期不仅强调它是文化事业的组成部分，而且着重强调它是重要的政治工作。这是因为新生的国家面临着社会主义文化和资本主义文化两种文化的激烈斗争，许多反动、淫秽、荒诞书刊，毒害人民，影响社会主义文化的建立。因而有关领导部门曾经多次发布指示，对此类书刊进行取缔。

从 1953 年起，我国进入了有计划发展国民经济的时期。在《中华人民共和国发展国民经济的第一个五年计划》中，明确规定了发展出版事业的计划，要"增加各种出版物——社会科学、自然科学、工业技术、文艺创作、少年儿童读物和通俗图书报刊的种类和数量，提高作品和翻译的质量，以满足国家建设和人民文化生活的需要"。

综上所述，可见，从新中国建立之日起，出版事业就明确了为人民服务的方针，并且体现出要为国家经济建设服务的基本思想。

1956 年，随着生产资料所有制社会主义改造的基本完成，意识形态领域里社会主义和资本主义谁战胜谁的问题突出起来，并且很快地反映在出版方针上面。1961 年 3 月，文化部党组在《关于提高书籍质量，改进出版工作的意见》的报告中，提出了出版工作要为无产阶级政治服务，为工农兵服务，为社会主义建设服务的方针。这是把为社会主义服务作为出版方针在文字上的首次表述。

由于"左"的思想的影响，当时强调为无产阶级政治服务，实际上变成了为各项政治运动服务。并且出版了大量配合政治运动的小册子，其中有一些粗制滥造，质量不高，很快失去时效。这种情况引起出版管理部门的注意，曾经指出，在配合政治任务上，书籍和报刊要有一定分工，一般不要为了赶时间把可以在报刊上发表的宣传鼓动性的文章汇集成小册子出版。但是，"左"的思想继续发展，一直到"文化大革命"，使我国社会主义出版事业受到了极大的摧残和破坏。

党的十一届三中全会以后，党制定了以经济建设为中心，坚持四项基本原则，坚持改革开放的基本路线，我国进入了社会主义建设的新时期。我国社会主义出版事业在总结建国以来 30 多年实践经验的基础上，制定了新时期的方针和任务。1980 年 4 月，中央宣传部批转的国家出版局制定的《出版社工作暂行条例》（以下简称《条例》）中指出：出版社的方针任务是"必须坚持社会主义道路，坚持无产阶级专政，坚持共产党的领导，坚持马克思列宁主义、毛泽东思想，必须为人民服务，为社会主义服务，实行百花齐放、百家争鸣，洋为中用、古为今用的方针。出版社的基本任务，是动员和组织著译力量从事创作、编著和翻译出版为国家和人民所需要的图书，宣传马克思列宁主义、毛泽东思想，传播积累科学文化技术知识和成果，丰富人民的精神文化生活，为提高整个中华民族的科学文化水平，为实现社会主义的四个现代化作出贡献"。

《条例》还着重指出，出版社出书必须坚持质量第一，密切注意社会效果，力求把更好的精神文化食粮贡献给读者。要坚持反对粗制滥造，片面追求品种数量、追求利润的倾向。

《条例》对出版工作的方针、任务、出版工作的基本要求做了比较全面的叙述，反映了我国出版工作者对社会主义出版工作的性质、任务的认识已经提高到一个新的水平，对我国社会主义出版工作的发展有很重要的意义。

1983年6月6日作出的《中共中央、国务院关于加强出版工作的决定》（以下简称《决定》），对我国社会主义出版事业做了全面、系统的总结，明确提出："我国的出版事业与资本主义国家的出版事业根本不同，是党领导的社会主义事业的一个组成部分，必须坚持为人民服务、为社会主义服务的根本方针。"并且为这个方针的贯彻做了全面系统的论述。这样，为人民服务、为社会主义服务的党的出版方针，才以党和国家作出的《决定》的形式肯定下来，成为广大出版工作者行动的指针。《决定》的基本精神，迄今仍然是我们做好出版工作的根本保证。

党的十四大提出建立社会主义市场经济体制，为计划经济体制向社会主义市场经济体制转轨开辟了广阔的道路。在社会主义市场经济条件下，出版物的商品特性日益凸显，但作为精神产品，它又不能完全受市场的调节，如何处理好社会效益和经济效益的关系，更好地坚持"二为"方针，就越来越成为困扰出版经营者的难题。1994年初，党中央、国务院及时召开全国宣传思想工作会议，明确以邓小平同志建设有中国特色社会主义理论为根本指针，明确了以科学理论武装人、以正确舆论引导人、以高尚精神塑造人、以优秀作品鼓舞人为基本任务。强调把社会效益放在首位，在这个基本前提下实现经济效益和社会效益的统一，指出"二为"方向深刻反映了我国宣传文化事业的发展规律，是对精神产品的基本要求，是宣传文化事业繁荣的重要保证。中央的这个论断从理论上阐明了"二为"方向的实质，对一切精神产品生产包括出版物生产具有极端重要的意义，它不仅在理论上解决了"二为"方向的科学含义，而且从实践上为"二为"方向的实施提供了切实的保证，使"二为"方向更具有科学性、权威性和实践性。

从为人民服务、为社会主义服务的出版方针的形成过程中，我们可以清楚地看到这条方针是在马克思主义指导下，以实际经验为基础，不断扬弃，不断丰富，不断完善，逐步发展起来的，是时代的产物，是历史经验的总结。它是符合我国社会主义社会的客观发展规律的，所以是一条马克思主义的方针。

"为人民服务，为社会主义服务"，开始是由党和政府根据实践经验，作为方针、政策来提出的，由于它符合宣传文化和我们出版事业本身的需要，反映了事物发展的客观规律，因而也就成为党的宣传文化包括出版工作的根本方向，成为宣传文化出版工作者自觉坚持的前进方向，这表示党的宣传文化和出版工作从根本上说是体现了党和人民利益的统一的。

《新闻出版报》1991 年 2 月 8 日；《出版学编辑学漫议》P21，河南教育出版社 1995 年 9 月版

80 年代出版理论研究的一些回顾

在我国，图书编撰源远流长，对于编书和出书的研究，同样具有悠久的历史。但大都是一些读书人分散的自发行为，是历史长河中的涓涓细流。只有到了 20 世纪 80 年代，对图书的编辑、出版、发行的研究，才成为相当普及的群众性活动，出现了历史上未曾有过的崭新局面。

1983 年 6 月 6 日，党中央、国务院《关于加强出版工作的决定》，作出了"要建立出版发行研究所，充实印刷技术研究所，加强出版、印刷、发行的科研工作"的决策，有力地推动了当代中国出版研究的进程。除举办了多次全国性的出版理论研讨会以外，大部分省、市、自治区也都普遍召开了二三次，有的是四五次出版研讨会或论文交流会。仅最近 5 年来发表的出版研究论文就数以几千计。《出版工作》（北京）、《编辑学刊》（上海）、《编辑之友》（山西）、《图书发行研究》（安徽）、《出版研究》（浙江）、《出版发行研究》（北京）等杂志，已成为或正成为有相当影响的刊物。《新闻出版报》已经成为许多出版工作者不可不看的读物。《中国出版年鉴》《出版参考》正在成为出版资料的总汇和信息的源头。中国书籍出版社、书海出版社和其他一些出版社陆续推出了一批有质量的出版专业图书，迄今已经出版的有：《马克思恩格斯关于出版问题的言论》（中国展望版）、《列宁与编辑出版工作》《实用编辑学》（以上中国书籍版）、《编辑工作二十讲》（人民版）、《编辑出版系列讲座》《实用编辑学概论》（以上天津人民版）、《编辑学》（安徽人民版）、《编辑学概论》（四川社科院版）、《科普编辑概论》（上海科技版）、《词典学概论》（商务版）、《词典论》（上海辞书版）、《编辑工作基础知识》《百科全书编纂概论》（以上山西人民版）、《图书发行学概论》（武大版）等，这些都受到了读者的欢迎。编辑出版方面专业工具书的编纂工作，也已引起各方面的重视，《简明编辑出版词典》《实用出版词典》已经出版。国外有关的著作也开始翻译成中文出版，斯坦利·昂温的《出版概论》、J.P.德索尔的《出版学概论》、小赫伯特·S.贝利的《图书出版的艺术与科学》、多萝西·康明斯的《编者与作者之间——萨克斯·康明斯的编辑艺术》、米利钦的《编辑工作原理与方法》、出川沙美雄的《漫话世界出版社》、《创》月刊编辑部编的《日本出版界的操纵者》等书，都已与读者见面。据不完全统计，我国已经出版了出版专业类图书 250 余种，翻译出版了外国的出版专业类图书 30 余种。编辑学、图书发行学、版权理论、出版史、编辑史，以及张元济、邹韬奋等出版家、编辑家传记的研究，这些在我国长期以来处于空白的领域得到了填补和发展，一些有国际水平的科学著作，如《中国印刷史》（张秀民著）、《中国书籍编纂史稿》（韩仲民著）得以问世。一些可能引起国内外注意的大中型工具书、史料书如《中国大百科全书》（新闻出版卷）、《当代中国的出版事业》（《当代中国》丛书之一）、《出版词典》《中国出版百科全书》《编辑实用百科全书》等也将陆续问世。号称为当代中国出版界人才资料库的 300 万字的《中国出版名人词典》也已经出版。由胡乔木同志亲自倡导的编辑专业，已经在我国一些著名的高等学府如北大、清华、南开、武大等校开办。据 1988 年统计，我国已有 13 所高等学校开办了编辑、出版、发行、图书装帧设计等专业，有 5 所大学正在进行研究生的培养工作。至于培养编务、设计、校对等中等专业人才的专科学校和在校学生就更多了。总之，一个由初级到高级的我国出版教育的梯形结构已经初具轮廓，为各级出版专业人才的培养开辟了有效的途径。

这几年的出版理论研究，在坚持四项基本原则前提下，坚持理论联系实际和百花齐放、百家争鸣的方针，实行专业研究和业余研究相结合的原则，发展比较迅速，也取得了许多成果。这些研究总的说是围绕着两个方面进行的。一是对当前我国出版工作中一些重大实际问题和基本理论问题的研究。例如，对如何控制出版物中低格调读物和重复品种增长的讨论，图书的本质属性和图书商品化问题的讨论，价值规律在出版工作中的地位和作用的讨论，出版社性质的讨论，做出版家还是做出版商的讨论，在编辑工作中实行承包制的讨论，以及图书发行体制改革的讨论，等等。二是基础理论研究的开展。在这个方面，图书发行研究开展得比较早，新华书店总店和武汉大学图书发行专业做了不少开创性的工作，取得了一定的研究和教育成果，《图书发行学概论》和其他一些著作的出版，就是这种成果的反映。当然，图书发行学是一门什么样的科学还存在着不同的看法，归纳起来大体上有两种意见，其一认为：图书发行学是在承认图书作为精神产品的前提下，来研究图书发行领域里的矛盾运动及其规律性的科学，着重研究图书的供求矛盾、探索图书供求规律的学问；另一种意见则认为：图书发行学是研究图书商品流通规律的科学。编辑学的研究虽然起步较晚，但发展很快，中国出版科学研究所和一些省市的版协给予了相当的重视。目前编辑学的概论性著作以及一些门类的编辑学，都已有专著出版，总数不下 30 种，而且一些总结编辑工作实践经验和编辑史方面的图书正在陆续出版。编辑学的专题研讨会也已经开过几次。这些会议，集中讨论了编辑学的性质、研究对象、规律以及作为一门学科的基本内容等等。

目前，编辑学的研究已经越出了出版界的范围，引起我国学术界和教育界的注目。此外，出版学、出版管理学、出版经济学、出版人才学、版权理论、书评学以及出版史方面的研究，也正在逐步展开。

经过几年的实践，一支出版科研的队伍正在形成，据初步统计，专业队伍（包括专业研究机构和从事出版教育的人员）已不下 300 人，此外，出版界、教育界还有一批富有实践经验和相当理论水平的编辑、出版、发行、书籍装帧设计专家（包括离职的和在职的），也在从事出版教研工作，大体上已经形成了一支近 500 人的队伍（不含印刷技术研究）。

总起来看，我国 80 年代的出版科研事业发展是相当快的，这点连许多国外学者也承认。从发展的趋势来看有一些明显的特点。

首先是对我国出版工作的重大实际问题和理论问题的研究不断得到加强，许多论文对实际工作中的一些重大问题的调查研究引起了决策部门的注意；对有些重大问题提出的见解，也起了某种舆论导向的作用。其次，这个 10 年经历了一个重要的发展阶段，即从出版业务、编辑工艺的研究、实践经验的总结，开始发展到理论和学术的研究，从微观的研究发展到宏观的研究，这个转变，为进一步建立我国出版科学的理论体系打下了基础。再次，研究队伍由少到多，由出版界内部的研究发展成为教育界、学术界共同关心的事业。

90 年代是我们国家建设关键的 10 年，也是我国出版事业、出版科研发展的关键 10 年，我们希望在总结过去经验的基础上再接再厉，使我国不仅在出版实践上是一个大国，而且在出版理论研究上也成为一个大国。

1991 年 2 月 17 日

《新闻出版报》1991 年 2 月 17 日；《出版学编辑学漫议》P249，河南教育出版社 1995 年 9 月版

和几位青年编辑谈 80 年代的编辑学研究

80 年代，编辑学研究从起步到逐渐深化，发展很快。目前不仅有了上千篇论文，而且有了专门的学术性刊物，如上海的《编辑学刊》、山西的《编辑之友》、北京的《编辑学报》，同时，《新闻出版报》《中国出版》《出版发行研究》等出版专业报刊均辟有专栏。此外，中南、西南的一些高校学报，还不时出版"编辑学专刊"。二三十种编辑学术专著相继问世，而有关编辑业务知识、经验及工具书出版也颇可观。总的来说，包括专著在内，已有一百二三十种。比较流行的有《实用编辑学》（阙道隆主编）、《图书编辑学概论》（高斯、洪帆主编）、《编辑学论集》（中国出版科学研究所科研办编）、《科技编辑学概论》（王耀先主编）、《百科全书编纂概论》（金常政著）、《报纸编辑学》（郑兴东等编著）、《杂志编辑学》（徐柏容著，即出）、《编辑社会学》（张如法著）、《社会科学期刊编辑学》（李学昆主编）等。同时还出版了一批编辑教程、讲座、经验和笔记性读物，诸如《编辑工作二十讲》（张惠卿、曾彦修等著）、《编辑的理论和实践》（伍杰、许力以、边春光等著）、《书刊编辑工作入门》（湖南版协编）、《编辑忆旧》（赵家壁著）等。编辑历史和编辑家传记也已出版了一些，如《中国书籍编纂史稿》（韩仲民著）、《中国编辑史》（姚福申著）、《中国古代编辑家小传》（伍杰著）、《韬奋与出版》（钱小柏、雷群明著）等。这些论文和著作总结并积累了丰富的编辑工作的实践经验，提出并探讨了编辑工作中的许多理论问题，使编辑工作逐步形成为一门新型的学科。这些研究带来了如下的变化：

——所谓"编辑无学"的误解和偏见，现在正逐渐得到转变和纠正。

——过去，人们耽于编辑的选题、组稿、审读、加工、发排、核校等具体琐碎的工艺，而难以总结、概括、提高，更难升华为理论。现在经过几年的学术研讨活动，对例如什么是编辑工作的中心，或者说做好编辑工作的关键究竟是什么？是选题决策，还是书稿审读，是组稿还是加工、把关等操作性问题予以理论概括，赋予了科学的形态。如果我们读一读那些"选题决策论"或"审稿是编辑工作的中心环节"等论述，我们不能不承认这些论文的意义和它所包含的力量。

——过去，一说到"编辑学"，不免会觉得犯难，提到编辑学的框架就更望而却步了。可是经过这几年对编辑学的性质、任务、研究对象、规律和其他基本原理等问题的探讨，今天，那些已出版的洋洋 10 万言、20 万言、30 万言的专著，几乎都有自己的体例和框架！尽管它们有这样那样的不足，但是，它们毕竟都已经站立在书林之中。

本文限于篇幅，仅就 10 年来编辑学研究中的几个问题做一些介绍。

关于编辑工作的性质。多数学者认为编辑工作是属于一种意识形态工作，是一种教育工作。它的本质首先应该是它的政治性、思想性、科学性。它属于上层建筑范畴，任何时候都要为经济基础服务，为一定的政治制度服务。社会主义的编辑工作，应该体现自己的党性，坚持反对资产阶级自由化和其他错误思潮，为巩固和发展社会主义制度服务。还有一些学者认为：编辑工作是具体的，不是抽象的，它不在真空中。今天我们既然处在商品经济的条件下，出版社又是生产经营性单位，所以研究出版社的编辑工作就要看到它的职业性、传播性和它的成果的商品性，这是不能回避的。但不少学者不同意这种观点，认为这将削弱编辑工作在精神文明建设中的意义。

关于编辑工作的社会职能问题，也有不同的看法。一种看法认为：编辑工作的社会职能可以从多层次、多方面来分析。但是，它的最主要的职能是它的中介性，使作者的作品适合复制扩散，便于读者阅读，所以是作者和读者之间的中介，没有编辑工作的桥梁作用，作者和读者就无法沟通，这是编辑工作最根本的职能。另一种意见认为：编辑工作的职能确实应该从多方面来研究，如规划设计、组织催生、审读优化等，但最主要的是坚持正确导向，如果没有这一条，不去正确引导读者，那么，在其他方面即使花精力最多，也不能达到应有的效果，甚至可能适得其反。

关于编辑学的研究对象，观点更多。有的同志把它概括为主张以原稿为研究对象的"原稿说"；以编辑过程为研究对象的"过程说"；以编辑工作对象和编辑本身为研究对象的"客体主体说"；以编辑工作中必须处理的各种关系为研究对象的"关系说"；以编辑活动的特殊规律为研究对象的"规律说"等。其中倾向于后两者的人较多。至于"关系说"和"规律说"也有人认为其实两者大同小异。而且，对"规律说"进一步的探究和认识也存在分歧。当问题具体到编辑工作的特殊规律是什么时，认识就不尽相同了。一种看法认为：编辑工作是编者以自己的创造性劳动的成果注入他人的作品，使之进一步完善并最终实现其精神产品向物质产品转化的准备。另一种看法则认为：编辑工作是根据社会需要，以设计、选择、优化、把关等一系列创造性与服务性相结合的劳动，为读者提供精神食粮的活动。当然，还有其他不同的认识，而且都还处在深入发展中。这种情况在其他各"说"中也同样存在。

问题远不止这三个，编辑工作中需要研究的实际问题和理论问题是很多的。至于各种不同看法，不同的学术观点，更是不胜枚举。这给编辑学研究及其深化提出了艰巨的任务。

1991 年 3 月

《出版学编辑学漫议》P188，河南教育出版社 1995 年 9 月版

中国目录学的发展

目录活动在中国早已出现。"目录学"一词，最早见于北宋初年，苏象先在《苏魏公谭训》卷四中写道："祖父谒王原叔，因论政事，仲至侍侧，原叔令检书史，指之曰：'此几有目录之学。'"从这段文字看，王原叔所说的"目录之学"与寻检书籍有关。后来，清朝王鸣盛在《十七史商榷》卷七中说："凡读书最切要者，目录之学，目录明，方可读书。不明，终是乱读。"这里的"目录之学"，要求弄清书的内容好坏，懂得读书的次序。随着时间的推移，目录活动得到发展，目录内容得到扩充，和世界各国一样，在中国，目录学的原始含义也发生了变化，而且义出多门。迄今，学术界对目录学的解释也不尽一致。一些学者认为：目录学是研究目录工作形成和发展的一般规律的科学。这里所说的"目录工作"，是指通过查寻、著录、部次、评介、揭示和报导文献的信息，提供书目情报服务等全部活动。另一些学者则认为：目录学是研究目录事业及其产生、发展的一般规律的科学。他们以"目录事业"作为目录学的对象，具体包括三个方面，即：一，目录事业在社会文化事业中的地位、它与其他事业的关系和目录事业的组织、工作机构、管理等；二，目录学理论体系的建立和研究；三，目录事业的从业人员的培训。简言之，这里的"目录事业"就是编目事业，它不涉及或很少涉及人们利用目录检索文献等活动。还有一些学者认为：目录学是研究作为社会现象的目录活动。这里的目录活动包含两个方面：一是文献揭示，即记录文献的基本特征（包括认识、鉴别、整理等）；另一是文献的检索，它包括目录的使用，或称为目录情报服务；使用者与目录的关系，主要指使用者对目录的反馈作用；使用者以目录为线索查找文献的活动等。当然，文献的揭示和检索不能断然分开。反之，科学研究要求把两者统一起来考察，以研究目录活动的发展规律。

中国目录界关于目录学的学说，远不止这三种。随着科学的进步，书刊数量的增加，目录工作也不断发展，目录学的研究也正在日益深化。中国学术界正秉着"百花齐放，百家争鸣"的方针，加强目录学的学术研究活动，目录学的著作已出版多种，目录学的教材（供高等学校用）和目录学史也有出版。此外，在图书学、版本学、编辑学的研究中，也涉及目录学的内容。这说明，目录学的研究在现代中国得到了相当的重视，在中国的学术界占有重要地位。它在中国的发展可以分为古代、近代和现代三个时期。

一、中国古代的目录学

目录学在中国所以能够顺利发展，这与中国是一个文明古国有关。它的产生可以上溯到公元前500年左右。当时，孔子整理编定《诗》《书》《礼》《乐》《易》《春秋》，称为"六艺"。还为《诗》《书》各篇写序、编次。被誉为古代群经之首的《周易》，也在一篇《序卦传》中对六十四卦做了编次。这些均被认为是目录学的萌芽。

春秋战国，百家争鸣，当时中国的书籍已经不少。书籍的分类也已萌发，如讨论学术分类的著述已有《庄子·天下篇》《荀子·非十二子》，以及司马谈的《论六家要旨》。《吕氏春秋·序意》《淮南子·要略》，都是目录活动的先声。但因秦火战乱，书籍受极大损失。所以才有汉代"大收篇籍"，要求民间广为献书之举。经前后百年，才又"书积如丘山"。书目活动也随之兴起。先是司马迁在《史记·太史公自序》中依次说明《史记》各篇的篇名、主要内容，成为全书的完整目录，也是后人读《史记》的要旨。汉名臣张良、韩信曾编排兵法，从182家去粗存精，编定35家。后来，汉武帝又命大臣杨仆整理军事书籍，编成《兵录》，从而出现了书目的雏形，开中国有专科性群书目录之先河。

中国历史上第一次规模较大的整理书籍、编制目录工作是在西汉末期。河平三年（公元前 26 年），成帝命陈农收求留在民间的遗书，同时要光禄大夫刘向等人整理校雠书籍。

刘向（公元前 77—前 6 年），西汉著名的经学家、文学家、目录学家。他每校一书，就写一篇叙录，记下这部书的篇章次第、校勘经过，介绍作者生平，说明书的性质、价值和学术源流等，奏明皇上。后来，他把所有叙录汇编成书，名曰《别录》，共 20 卷。这是中国历史上第一部提要式的国家目录。

刘向死后，其子刘歆（公元前 53—公元 23 年）受命继承父业。他在校书的同时，把《别录》所收叙录加以简化，按内容分为六类 38 种，并作总序、大小序，编撰成《七略》，这是中国第一部综合性的书籍分类目录。

《别录》《七略》的产生，固然有赖当时国家藏书丰富的有利条件，也是刘向、刘歆等总结前人书籍编次的经验、发展前人有关学术分类思想的结果，是中国早期目录工作的重大成就。《七略》的分类体系和目录方法，对中国后来的目录活动和目录学研究有深远影响，也是中国目录事业的开端。

东汉著名的目录学家，当推班固（公元 32 年—92 年），他受命编成《东观新记》《仁寿阁新记》等新书目录，并编纂了中国第一部纪传体的断代史书《汉书》，其中的《艺文志》系根据《七略》编成，这是目前我们可以看到的反映西汉社会学术思想和文化典籍基本概况的重要史书。

魏晋南北朝时期较重要的目录书籍有荀勖编的《晋中经簿》，收书 1885 部，20935 卷，这是中国较早的一部以甲乙丙丁四部分类为主的书目。它反映了《七略》成书后 300 年中文化典籍扩展的情况。东晋人李充，又编《晋元帝四部书目》，收书 3014 卷，它对《晋中经簿》加以调整，按甲乙丙丁序次编经、史、子、集，成为后世四部分类法的成制。当时中国佛教盛行，佛经目录也与日俱增，释道安的《综理众经目录》是较早较著名的一部。僧祐编的《出三藏记录》，则是中国现存最古的一部佛经目录。

隋唐时期最早的目录书籍是魏征等撰的《隋书·经籍志》，著录存书 3127 部，36708 卷；佚书 1064 部，12759 卷，并附佛教、道教二录。它反映隋代的藏书，也记述六朝的图书变迁，颇有新意。这是中国现存最早的史志目录之一。是现在研究古代目录学、目录学史的重要文献。

刘昫等编撰《唐书·经籍志》，目的在于记录开元盛世的图书概况，表示文化繁荣。宋欧阳修等又撰《新唐书·艺文志》，收《唐书·经籍志》未收录的唐人著作 27127 卷。可以看到唐代藏书及著述的盛况，在目录史上有一定价值。

宋元时期的目录书籍，可分官修与私修二种。官修目录方面：宋有《崇文总目》，收书 30669 卷。《中兴馆阁书目》收书 44486 卷。《中兴馆阁续书目》收书 14943 卷。元有托克托编的《宋史·艺文志》，收宋代藏书 9819 部，11990 卷，是宋代藏书及著述的史志总目。

当时，私家编撰目录也相当发达，有书名可考的超过 30 种。流传至今最重要的如晁公武的《郡斋读书志》，共收书 1937 部。提供了宋及宋以前的书目。陈振孙的《直斋书录解题》收书 51180 卷，比较注意版本记述，全面反映了南宋以前的书籍状况，开创了书目使用解题的先例。

南宋末年，著名目录学家郑樵撰《通志》200 卷。其中校雠、艺文、图谱三"略"集中体现了他的目录学思想。他认为学术思想与图书内容虽然复杂，但都有类可分、有例可归，强调弄清图书类例，剖析学术源流，提出图书分类应以学科内容为主。从理论上阐明了图书类例、著录、注释的观点，并进行实践。指出目录不在于记一代之藏书，一朝之著作，而要记"百代之有无"。既记现存之书，又记历代散佚之书；既记书籍，又记图谱。主张书目应有详简得当的注释，说明作者身份、著作年代、简介内容、取材来源，点明写作特点、流传原由，并考订其真伪。郑樵的目录学理论，是留给后人的一种重要的思想财富。元初著名史学家马端临的《文献通考》，是中世纪中国唯一的历史巨著，其中《经籍考》，节引汉隋唐宋四代史志的大小序言，抄录《郡斋读书志》《直斋书录解题》的提要，集四代艺文志、《崇文总目》《通志·艺文略》和各史列传、各书序跋及有关资料。记录著作本末，考证流传真伪、订正文理好坏，形成了一种新的编辑体制——提要辑录体，在史学上颇有影响。

明清之际的目录活动比较活跃。正式的明史馆也相应成立。官修的《明史·艺文志》，开艺文志记一代著述之先例，很有特点。后又编成前代艺文志补注。从此，历代正史都有了艺文志，连成了中国古籍的总目，反映了从古至清的著述概况，是中国目录史上的一件大事。

其时，私家藏书目录甚多，体例颇不一致。明代高儒的《百川书志》，列野史、外史、小史中的演义、传奇，是本书一大特色。晁瑮撰《晁氏宝文堂书目》，收元明话本、小说、杂剧、传奇，为明代书目所仅见。清钱谦益编《绛云楼书目》新增地理志和天主教方面的书目，为以前私家书目所未见。钱谦益曾撰《读书敏求记》，是中国第一部研究版本目录的专著。它记载最珍贵的版本，判定雕印年代，鉴别版本价值，有参考意义。

1772 年，纪昀等奉命纂修《四库全书》（以下简称《全书》）。完成后，又奉命将编修过程中撰写的（包括已收入和未收入《全书》的）所有古籍提要汇编成《四库全书总目》，又称《四库全书总目提要》，是中国历史上最大的书目工程之一，著录收入全书的古籍 3916 种，79309 卷和未收入《全书》仅存目录的 6793 种，93550 卷，基本上包括了乾隆以前的中国古籍。这个总目在目录学方法上，集中国过去处理古籍四部分类之大成，对后代有很大影响。

章学诚为清代著名的目录学家，著有《校雠通义》，他主张图书分类要剖析学术思想的内容，考证学术观点的源流。这是他的目录学思想的精华。他对图书的分类和著录有一系列重要见解；对古籍中的互相编录著摘，主张"兼收"，不嫌重复，以达到分别门类、辨明源流的目的。

主张编索引，作为提高检索古籍效率的工具。章学诚的目录学思想是在广泛分析研究前人书目和目录学著述的基础上形成的，从某种意义上说，也是对古代中国目录学思想的一种总结和升华，对后世学者有深刻影响。

二、中国近代的目录学

1840 年鸦片战争以后，中国社会发生了变化，开始了中西学并存的近代史阶段，这个时期，书目活动的内容和形式也逐步发生了变化。一方面当时清朝的一些地方教育长官，注意编撰书目，如湖北学政龙启瑞为了宣传封建理学，编了《经籍举要》，以适应当时科举制度的需要。四川学政张之洞编的《书目问答》，列书 2200 多种，重在收当代学术著作，并突出指导阅读的功能。迄今仍被认为是读古书、治旧学的重要工具。

当时，翻译国外著述的风气日益浓厚。开始由洋务派人士编撰《西学原始考》《西国天学源流考》和《泰西著述考》，都是早期介绍西方著作的目录。稍后，维新派人士梁启超编撰《西学书目表》，在书籍分类和著录方面有所创新，他把当时已译出的国外著述分为三类：学类、政类和不属这两类的杂类，著录西书 300 余种，已模糊地反映出自然科学、社会科学和综合类图书三大部分类的趋向，对中国传统的四部分类法有巨大冲击。

1896 年，维新派领袖康有为编辑了《日本书目志》15 卷，介绍日本明治维新后的书刊，对翻译和阅读日本书籍风气的兴起，起了较大的作用。

1902 年，浙江绍兴人徐树兰创办古越藏书楼，编制《古越藏书楼书目》，呈现出中外图书统一立目的倾向。为改变图书分类法提供了实际可能，是中国古代图书分类法向西方图书分类法过渡的开始，为十进图书法在中国的推行开辟了道路。

三、中国现代的目录学

1919 年的五四运动，开始了中国的新文化运动。这个时期图书的内容日趋繁多，期刊目录迅速增加。不同倾向、不同类型的目录纷纷出现，有宣传革命、进步的马克思主义书籍的目录，如《一个马克思学说的书目》《恩格斯著作中译编目》《上海通信图书馆书目》；有反对进步书刊的查禁目录，如 1936 年当局制定的《中央取缔反动文艺书籍一览》和《禁止图书目录》，列书 1066 种之多。还有几个单位合编的联合书目。如北京各图书馆所藏《期刊目录》《丛书目录》《西文书籍联合目录》《中国算学书联合目录》和《重庆各图书所藏西南问题联合目录》。索引书目也日益增多，著名的有顾颉刚的《尚书通检》、叶绍钧的《十三经索引》，还有《清代文集编目索引》《太平御览索引》，为检索使用带来很大的方便。

此外，还出现了一种新的趋势，就是一些书店开始编辑书目，首先是著名出版家邹韬奋创办的生活书店编了《全国出版物目录汇编》，开明书店的章锡琛等编了《全国出版物总目录》。影响较大的是平心编的《（生活）全国总目录》，它以指导阅读为主，兼顾采购、著译，广收各派学术著作、各类读物，但拒收低级庸俗和黄色的图书，反映了编者进步的文化观。在分类上突破了杜威的十进法，反映了当时图书的实际情况，很有参考价值。

中华人民共和国成立以后，中国出版工作迅猛发展，书目事业也得到了极大发展。首先是政府重视目录工作，成立了编制各种目录的机构，使目录事业的发展得到了基本保证。据统计，1949—1979 年仅书目索引就编有 7783 种，是中国历代所编书目 1600 种的 4.8 倍。1955 年，中国版本图书馆正式出版了月刊《全国新书目》和年刊《全国总书目》，全收当时出版的图书，建立了国家书目的体系。1958 年又成立了全国联合目录编辑组，1958—1967 年共编了几十种全国性联合目录，如《全国中文期刊联合目录》《全国西文期刊联合目录》《全国俄文期刊联合目录》《全国日文期刊联合目录》等。收录比较齐全。此外，尚有地区性联合目录300余种。同时，专业书目也大量涌现。如《五十年甲骨学论著目》《中国现代作家著作目录》《弹词家卷书目》《晚清戏曲小说目》《中国历史地理论文目录提要》《八十年来史学书目》《文物考古学文献书目》《电子计算机参考文献目录》《外国人造卫星文献目录》《中国寄生虫学文献目录》《中国医药简要书目》等，在学术上有相当价值。最近又编成《民国时期总书目》，是中国目录活动中的最新成就。

随着目录事业的发展，目录学的学术研究工作也随之活跃起来，不少目录学家，由此脱颖而出作出了相当的贡献。这方面除了前面已经提到的学者和著作之外，在中国现代目录学史上有影响的学者和著作有：姚名达，著有《目录学》《中国目录学史》《中国目录学年表》。余嘉锡，著有《目录学发微》。凯肇祖，著有《中国目录学大纲》。刘咸炘，著有《目录学》。汪辟疆，著有《目录学研究》。蒋伯潜，著有《校雠目录学纂要》。

现在，从事目录活动的人员逐渐增多，专业的教育培训工作得到了加强，研究生的培养很有成效，大学和中专已经或正在培养为数众多的各级目录学专业人才。从物质条件看，书目的贮存和检索手段已经大大改进，电子计算机在目录活动中的运用，正使目录工作从原始手工操作向现代化过渡。相信今后，中国的目录活动将更加活跃，目录事业将更加发达，目录学学术研究将开创更新的局面。

1991 年 6 月

《出版学编辑学漫议》P280，河南教育出版社 1995 年 9 月版

青年与书刊出版
——在汉城举办的第五届国际出版学讨论会上的发言

80年代中国的出版业，在改革开放的大潮中，生机勃勃，卓有成效，是当代中国出版史上获得较大发展的时期之一，是走向繁荣的一个重要时期。

任何一个国家的出版发展，与整个国民经济的发展，与文化教育的发展，有着密切的关系，也和青年一代的文化程度和阅读状况的变化有密不可分的关系。这是一种普遍的现象，中国当然也不能例外。

在中国，青年与书刊的关系是互为影响、互相促进的，两者之间谁也不能离开谁，谁也不能忽视谁。

一、青年是中国书刊的主要读者

这样说，有什么根据？

首先，让我们了解一下，近10年来，中国书刊的一些基本统计。这里罗列的数字是从1976年开始的，因为这样可以包括中国实行改革开放政策前后的情况，便于看出一个发展过程。

——最近15年来中国书刊出版统计——

表1　图书出版数量

年份	种数（种）	新出版	印数 （亿册、亿张）	印张数 （亿印张）
1976	12842	9727	29.1	90.0
1977	12886	10179	33.1	117.7

续表

年份	种数（种）	新出版	印数 （亿册、亿张）	印张数 （亿印张）
1978	14987	11888	37.7	135.4
1979	17212	14007	40.7	172.5
1980	21621	17660	45.9	195.7
1981	25601	19854	55.8	217.7
1982	31784	23445	58.8	222.0
1983	35700	25826	58.0	232.4
1984	40072	28794	62.5	260.6
1985	45603	33743	66.7	282.7
1986	51789	39426	52.0	220.3
1987	60213	42854	62.5	261.2
1988	65961	46774	62.2	269.0
1989	74973	55475	58.7	243.7
1990	80224	55254	56.4	232.1

资料来源：《中国统计年鉴，1989》（中国统计出版社 1989 年版），《新闻出版统计资料》（《新闻出版报》新闻出版署计财司公布）

表2 杂志出版数量

年份	种数（种）	每期平均印数 （万册）	总印数 （亿册）	总印张数 （亿印张）
1976	542	4549.1	5.6	18.1
1977	628	4351.6	5.6	18.8
1978	930	6200.1	7.6	22.7
1979	1470	7960.2	11.8	30.1
1980	2191	10298.4	11.2	36.7
1981	2801	13095.6	14.6	45.4
1982	3100	13885.2	15.1	46.0
1983	3415	15995.4	17.7	52.5
1984	3907	20440.2	21.8	64.3
1985	4705	23953.0	25.6	77.3
1986	5248	21980.0	24.0	73.0
1987	5687	24375.0	25.9	72.7
1988	5865	23275.0	25.5	71.2

续表

年份	种数（种）	每期平均印数（万册）	总印数（亿册）	总印张数（亿印张）
1989	6078	17145.0	18.4	50.7
1990	5751	16156.0	17.9	48.1

资料来源：同表1

通过表1和表2，我们要提出一个问题，在中国，每年出版的几十亿册书刊，它们的读者是谁？是老人，还是青年？这里，我们可以毫不犹豫地说，中国书刊的主要读者是青年，为了说明这一点，我们不妨来做一个简单的分析。

青年是一个人一生中成长和趋向成熟的时期，处在学习、奋斗和追求的重要时期，"青年"作为一个年龄段来说，世界各国由于环境、条件和历史习惯的不同，"青年"时期的划分不完全相同。在日本一般是把15~25岁称为青年期，在美国及北美大陆一般把12~24岁或13~25岁称为青年期，苏联的青年期一般是14~30岁，东盟各国大体上把青年定在13~19岁。在中国则把14~28岁的人称为青年。

按照这个年龄段计算，中国青年的人数究竟是多少呢？根据1987年中国有关方面进行的1%人口抽样调查结果看，中国人的年龄分布大体如下：

表3

年龄	人数
0—5	1211884
6—13	1608188
14—28	3313655
29—35	1253083
36—59	2389551
60—69	561887
70—79	273803
80—100 岁以上	59276

资料来源：《中国统计年鉴，1989》（中国统计出版社1989年版）

1987 年，中国的人口总数大概是 10.67 亿。按上述抽样调查推算，当时 0—5 岁的学前儿童大约是 1.2 亿；6—13 岁的是 1.6 亿，这些人多被称为少年，他们是将要进入青年时期的人；14—28 岁的有 3.3 亿多，他们在中国算是标准的青年；29—35 岁的有 1.25 亿，这些人刚刚步出青年这个年龄段，仍有许多与青年相似的特点；36—59 岁为 2.39 亿，这些人一般称之谓壮年；60—69 岁的是 0.56 亿，70—79 岁的是 0.27 亿，80—100 岁以上的 0.059 亿。

从以上数字看，青年人数、即将步入青年时期的人数和刚刚步出青年期的人数加起来，合计为 6.15 亿。占了全国人口总数的 6/10。

另外，1.2 亿学龄前儿童中，有相当一部分，他们在学前教育指导下看图识字，已经成为书刊阅读者的一部分。

现在，我们再从另一个角度——图书拥有的情况来进行观察。

据 1988 年统计，中国每人每年拥有图书、杂志的数量是：

表 4

年份	1952	1978	1980	1985	1988
平均每人拥有书刊的数量	1.4	4.7	5.8	8.8	8.1

资料来源：《中国统计年鉴，1989》（中国统计出版社 1989 年版）

以 1988 年为例，当年图书总印数为 62.2 亿册（张），杂志总印数为 25.5 亿册，两者合计印数为 87.7 亿册（张）。

如果以青年为主体的 6.15 亿人口计算，他们合计占有书刊几乎达到 50 亿册，占了当年书刊总印数的绝大部分。请注意，这个数字是全国人口的绝对平均数，并不包含老年少看书、婴儿不看书的数字，如果把这两部分人平均占有的书刊数减少，那么青年占有书刊的数字还将增加。

从以上几个基本数字当中，我们可以看出，青年与出版的关系是多么重要，而且可以得出这样的结论，就是：以青年为主体的读者群，是中国书刊的主要阅读者，他们是中国出版业的主要支柱，他们的阅读需求与中国出版的发展有着十分密切的关系。中国出版业如果忽视青年，必将受到严重的损害。

我们说青年人是中国书刊的主要读者，不仅因为他们正处在求知的时期，有很强的阅读愿望，还因为他们是中国人口中文化程度较高的一部分。

大家知道，旧中国是一个教育十分落后的国家。更早的不说，就看辛亥革命后几年的情况吧！当时各级各类学校和学生的数字是这样的：

表5

年份	1912	1913	1914	1915
学生数	2933387	2643206	4075338	4294251
学校数	87272	108448	122286	129739

资料来源：《中国近代史记（1840—1919）》，（湖南人民出版社1989年版）

当时，中国人口总数大体上是4.5亿，这就是说，在1915年，平均每100个中国人中，还没有一个在校的学生（包括小学生）。

中华人民共和国成立后，中国的教育事业有很大发展，从下列数字可看出这种情况。

表6

分类	1949	1959	1980
在校研究生数	629	2171	21604
在校大学生数	116504	811947	1143712
在校中学生数	243782	3879627	56404358
在校小学生数	24391000	91179000	164270000

（中学生：包括普通中学和中等专科学校的学生数）

资料来源：《中国教育年鉴（1949—1981）》（中国大百科全书出版社1984年版）

从表 6 我们可以清楚地看到，中国的教育事业主要是在中华人民共和国成立以后发展起来的，60 年代开始发展更为迅速。这说明，中国有文化的人，主要不是集中在老年或偏于老年的这一部分人当中，而是集中在以青年为主体的一代，或偏于比较年轻的一部分人当中。这也说明，在中国有文化条件阅读书刊的，主要是比较年轻的这部分人。新华书店有的门市部曾经统计，每天来买书和看书的顾客，绝大部分是青年。有一个星期天的中午，笔者在一个中等城市的书店门市部，观察了二个小时，发现进店购书或看书的人，基本上都是青年，40 岁以上的是极个别的。这大概和星期天的中午这个时间颇有关系。但由此也可见大体的情况。在许多城市，书店顾客中年轻人的比例高达 80% 以上。图书馆的读者统计中也有类似的情况，有时甚至还高于这个比数。

正是根据以上情况，我们才作出青年是中国书刊的主要读者这样一个判断。

二、青年的阅读需求必然要反映到书刊出版上来

尽管青年，特别是在校学生，由于经济支配权的限制，购买力受到一定的影响。但是，由于青年是书刊的主要读者，所以他们的阅读要求不可能不反映到图书的销售和出版者出书的决策思想上来。这样，分析青年的思想认识水平和阅读要求，成了出版工作者一项理所当然的重要工作。

当代青年，一般是在 60 年代出生的。这个时候中国正处在十年动乱时期，文化、教育、出版事业受到了摧残，忽视智育，原有的各种知识读物受到冷落甚至排斥。在这个时期里，原有的图书绝大部分不能再版，新的书刊出版很少。因此，图书、杂志的出版品种显著减少，以 1970 年为例，全国出版的图书只有 4889 种，印数 17.9 亿册（张）、杂志 21 种，印数只有 0.7 亿册，形成了中华人民共和国成立以来最严重的"书荒"。

但是，青年的求知欲十分强烈，他们不满足市场上流行的品种不多的书刊，到 70 年代中期，不少青年又重新回到过去曾被自己贬低的知识读物当中寻求知识，有些手抄本也在私下辗转传阅（如张扬的《第二次握手》，后来被公开出版）。

随着十年动乱的结束，青年人深感失去了正常的接受文化教育的机会，迫切要求在思想、道德和文化知识方面进行补课，一时间电视大学、夜大人满为患。这种学习热潮推动了出版业的发展。中国出版界正视读者特别是青年读者这种需要，为改变"书荒"的局面，向青年提供各类读物，做了许多工作，也使出版业得到回升。到 1976 年，出书品种已达12842 种，印数 29.1 亿册（张），杂志 542 种，印数 5.6 亿册（表 1、表 2）。当然，这些数字，还远不能满足读者的需要。但是，在当时还是出版工作者作出各种努力的结果。后来，随着政治形势日趋稳定，文化教育事业得到恢复并逐步走上正轨，出版事业也相应地得到进一步的回升和发展。

1978 年，开始实行改革开放政策，注意吸收国外先进的科学技术、管理经验和优秀的文化成果。国外的科学技术、文化知识、思想学说、各种学科迅猛地涌向中国，使中国读者接触了许多过去未曾接触过或很少接触到的东西，开阔了眼界。毋庸置疑，近十年来我国在各方面取得的巨大成就，都是和改革开放分不开的。

同时，毋庸讳言，在改革开放的大潮中，西方的价值观、社会观、人生观、道德观也随之涌入。在中国读者，尤其是一些青年读者当中引起了热烈的讨论，反映颇不一致。

在这段时间里，中国出版界积极了解广大读者的阅读心理和阅读需求，做了很大的努力，也得到很大的发展。从 70 年代末到整个 80 年代，出版社数量从 105 家发展到 536 家，图书的品种和印数也有很大增长（表1 和表 2）。以青少年为读者对象的出版社也迅速增加，青少年读物得到很大的发展。

据了解，70 年代以前，以青年为读者对象出书的只有中国青年出版社（在北京）和新疆青年出版社（在乌鲁木齐）两家。以少年儿童为读者对象出书的只有少年儿童出版社（在上海）和中国少年儿童出版社（在北京）两家。还有以出教科书为主的人民教育出版社（在北京）。总的说来，这些出版社的出书品种不算很多，但印数较大。进入 80 年代以后，首先是 1985 年山西省建立了希望出版社，广东省建立了新世纪出版社，它们都是以青少年为读者对象的专业性出版社。后来，其他许多省市也照此办理。现在全国已建立 22 家青少年出版社，35 家教育出版社。此外，16 个省市的人民出版社都建有青年读物编辑室，其余省的人民出版社也大都设专人主管和编辑出版青年读物；中央一级的出版社和高等学校出版社也大量出版以青年为对象的书刊。现在，以不同文化水平为对象的青年读物，题材广泛，风格多样。在各个门类的读物中都有一批质量好、有特色，因而受青年欢迎的好书。但同时也出现了另一方面的问题，主要是品种不断增加，同类书增多，内容重复、质量平庸的书也多了起来。这个问题，目前已经引起中国出版界的重视，并正在设法改变中，也取得了一定的效果。

80 年代，在中国青年的阅读心理方面，曾经出现过这种"热"、那种"热"，如弗洛伊德热、萨特热、尼采热。尽管有的出于猎奇、赶时髦，但多少反映了一部分青年的阅读倾向；在通俗文艺作品方面还有金庸热、琼瑶热；经过一段时间的摸索、历史的对比和事实的教育，近年来又出现了马克思列宁主义热、毛泽东热。这些热，起于青年的求知愿望和探索心理，反映了他们一定时期的阅读需求，从而引起了一阵阵的出版热和买书热，而反映不同学术思想观点的书刊的出版，又会推动青年去进行探索。它们是互相影响，互为因果的。

这种情况说明，青年的求知欲望是强烈的、普遍的，是相对稳定的。青年的阅读兴趣是不稳定的，是比较容易变化的，他们是随着社会环境，包括政治、经济的变化而变化的。一个相对稳定，一个不稳定，这种状况，是出版工作者必须注意的。

三、书刊的出版既要适应青年的需要，又要引导青年健康成长

青年，本来正处在长身体、长知识的时期，也是世界观正在形成的时期。换句话说，青年的价值观、道德观具有很大的不确定性，正如俗话所说，一张白纸，置于朱则赤，置于墨则黑。这说明社会环境的变化，可以使青年的思想、阅读需求发生相应的变化。而青年的这种变化，又可以促使出版趋向发生这样或那样的变化。从另一方面说，出版物作为一种精神生产物，作为一种传播渠道，也必将给青年以影响。这里就向出版者提出一个问题，究竟应该如何发挥自己特有的功能，如何根据青年不同的思想认识水平、阅读心理，做到既能适应青年的阅读需求，又能引导青年的思想认识按照健康的轨道发展，这是摆在当前以青年为主要读者对象的出版工作者面前的一个重要课题。

国际上有的同行问我，中国同行所理解的青年读物的本质是什么？我说，青年读物的本质在于教育和培养青年，使他们成为一个对祖国、对人民有用的人。青年读物的根本任务，就是要帮助青年树立起符合社会发展规律的正确的人生观，同时又具有丰富的文化科学知识，熟练地掌握国家建设的技能，具备优良的品德和健康的体魄的一代新人。

在现阶段中国根据社会发展的需要，正在培养青年成为有理想、有道德、有文化、有纪律的人。他们应该热爱祖国，热爱人民，热爱中国人民自己选择的社会制度，同时要善于学习、忠于职守、勇于创造、勤于服务。

作为出版工作者同样既要适应时代和读者的需要，特别是占读者中大多数的青年读者的需要，要不断开拓出版物的门类，创新出版物的形式和风格，创造自己的特色。同时，要指明一个青年人应该走的人生道路，帮助青年树立正确的人生观，引导青年健康成长。

当前，中国青年读物的出版，应该注意这样一些方面。

首先，要大力弘扬当代中国的时代精神，宣扬爱国主义、集体主义和建立中国特色社会主义的思想和理论。要立足本国，继承和发扬民族优秀的传统文化，又要随着改革开放，国际经济文化交流的日益扩大，认真地面向世界、面向未来，有选择地介绍世界各国人民的优秀文化成果。既要打破封闭的文化观念，又要反对民族虚无主义。

其次，适应当代青年的阅读心理和阅读热点，大力出版讲青年理想、道德情操、求智成才、职业选择、审美心理和人际关系等各个领域的书刊。有的出版社前几年出版了《祝你成功》《青年审美向导》《青年心理健康顾问》等受到广大读者欢迎的书。有一本叫《祝你健美》的书出版后，出版社陆续收到读者来信上万件，累计印数已超过 100 万册。

第三，要注意出版反映当代青年中的先进人物模范事迹的读物。用他们活生生的事实，来体现青年先进人物、模范人物正确的人生观念，积极地为人民服务的精神，高尚的道德品质等，为广大青年提供学习的具体榜样。

第四，适应青年求知的要求，努力出版各种科学技术、文化知识读物。介绍基本理论、基本知识，反映现代科学技术发展的新成果。

第五，为满足读者生产、工作、生活的需要，努力出版有关方面的实用图书，如帮助青年开展文娱体育，处理家庭关系、恋爱婚姻、旅游活动等日常生活必需的辅导性图书。

最后，为青年读者出书，还要注意出版物的表现形式，注意青年的思想特点、阅读心理、接受能力。并随着青年的年龄、思想、文化的变化，不断创新，做到思想性、知识性、可读性相结合。注意文字表达的生动性，使读物具有吸引力和感染力。还要注意出书的多层次，既有供文化高的读者阅读的图书，又有供文化低的读者阅读的图书。只有这样，出版业才能更好地为更广大的读者服务。

总之，青年与书刊出版的关系，如何出好青年读物的问题，是值得探索的，研究这个问题，无论是对青年还是对出版、对我们国家和民族的未来，都具有十分重要的意义。

1991 年 7 月

《中国出版》1992 年第 2 期；《出版学编辑学漫议》P74，河南教育出版社 1995
年 9 月版

坚持"两为"方针　繁荣社会主义出版事业

一、为什么现在要探讨为人民服务、为社会主义服务的出版方针问题

党的十一届三中全会以来，我国出版事业在改革开放的浪潮中，在新的历史条件下，努力拼搏，终于形成了新的格局、空前的规模和磅礴的气势，是我国出版事业发展史上取得重大成就的时期之一，是开创当代出版繁荣的一个重要阶段，是使我国成为世界出版大国的一个具有决定意义的时期。

十几年来，从 1977 年（十一届三中全会前一年）到 1990 年，我国图书品种已从 12842 种上升到 80224 种，增加了 5247%（其中新版书由 10179 种上升到 55254 种，增长了 442.8%），印数由 33.1 亿册（张）发展到 56.4 亿册（张），上升了 70.4%，印张数由 117.7 亿张上升到 232.1 亿张，增加了 972%。杂志由 628 种上升到 5751 种，增加 81.58%，每期平均印数由 4351.6 册上升到 16156 册，增加 273.5%，总印数由 5.6 亿册上升到 17.9 亿册，增加 219.6%。总印张数由 18.8 亿张上升到 48.1 亿张，增加 155.9%。同时，一些图书骨干工程已经或正在完成，在图书发行、印刷和物资供应方面，也取得了很大发展，特别是电子计算机汉字照排系统的发明和迅速、广泛的推广应用，实现了我国印刷工业又一次重大的革命，对我国出版事业的发展作出了具有划时代意义的贡献。这些都是在短短的十几年当中取得的，这是贯彻执行党的基本路线的伟大胜利，也是坚持党的出版方针的伟大胜利。它又一次说明了我国社会主义制度的无比优越性。

和任何事物都是一分为二一样，我国出版工作在取得巨大成就的同

时，也出现了新的问题和矛盾。主要表现为：

（一）在一个时期里，忽视反对和平演变、反对资产阶级自由化的斗争，对这场斗争的严重性和紧迫性认识不足，表现在资产阶级自由化思潮泛滥时期，有的随波逐流，甚至推波助澜。据了解，在 1989 年春夏之交的政治风波之后，被读者揭发的宣扬资产阶级自由化和有其他严重政治问题的图书就有 194 种，这使我们看到了这场斗争的严重性。对我们广大出版工作者也是一次很深刻的教育。问题是这类书刊屡有发现，即使是在 1990 年以后还有若干种有政治性错误的图书继续出笼。直至现在，有些地方，那些赤裸裸地宣传唯心主义，否定唯物主义；鼓吹以自我为中心的价值观、否定人民群众创造历史；宣扬资产阶级人性论、人道主义以及资产阶级的自由观、民主观和人权观，否定和反对马克思主义的阶级论和国家学说；宣扬私有化，否定公有制的读物仍然在那里无批判地出版。这些事实充分地说明这场斗争的复杂性和长期性。这不能不令人感到反对和平演变、反对资产阶级自由化斗争的迫切性。

与此相联系的是：黄色书刊和低级庸俗的读物，一度曾通过合法或非法途径大量出版，这是资产阶级自由化的另一种表现形式。经过几次集中的"扫黄"，总的势头虽然已经扭转，应该说取得了巨大成绩，深受广大人民群众的拥护，但尚未根本堵住，更不能就此高枕无忧。现在"黄货"时起时伏，此起彼伏，尤其在一些中小城市，包括有些大城市的偏僻地段，仍如幽灵一样或明或暗在游动，在一些地区至今仍相当严重，令人触目惊心。值得注意的是，经过"扫黄"以后，现在黄色书刊，宣传封建迷信的读物，以及一些有政治性错误的书刊，大量的是通过非法渠道出版并由一些个、集体书摊私下销售，毒害读者的心灵，污染社会空气，为社会主义精神文明建设所不容。

（二）平庸书刊过多。几年来，一些图书的质量严重滑坡，错误百出，图书的结构失衡，消闲书的品种比例大幅度上升，教育辅导材料品种重复过多。

这些问题的性质，及其发生的原因究竟是什么？ 1990 年 3 月在全国新闻出版局长会议上，宋木文同志已经做了明确的回答，这就是两个尖锐对立，即：坚持四项基本原则与宣扬资产阶级自由化的尖锐对立；在社会主义精神文明建设中以社会效益为最高准则的要求与"一切向钱看"的尖锐对立。

这个概括非常深刻。多年来，资产阶级自由化思潮和"一切向钱看"的倾向，曾几度泛滥，使一部分出版物偏离了社会主义方向，给我国社会主义出版事业造成了严重的危害。

这里就提出了一个问题，作为社会主义国家的一个出版单位，作为一个社会主义出版工作者，究竟应该怎样认识出版工作的性质和任务，怎样理解和贯彻为人民服务、为社会主义服务的出版方针。值得认真探讨。

二、为人民服务、为社会主义服务出版方针的形成

为人民服务、为社会主义服务的出版方针，不是从天上掉下来的，而是时代的产物，是中华人民共和国成立以来，特别是开始进入社会主义建设以后，在实践中逐步形成的，是建国以来出版工作历史经验最基本的总结。

（一）为人民服务、为社会主义服务的出版方针，是党的性质决定的。我们党的指导思想是马克思主义。按照列宁的教导，出版工作应该是整个无产阶级革命事业的一个组成部分。因此，党必须按照自己的性质、宗旨来要求出版工作。我们党是工人阶级先锋队，是代表工人阶级和最广大人民群众根本利益的党，除了工人阶级和人民群众的根本利益以外，没有自己的任何私利。党的宗旨既然是全心全意为人民服务，毫无疑义，党领导的出版工作，也应该是为人民服务的。党的最终目的，是在中国实现共产主义制度，现阶段的根本任务是团结各族人民建设有中国特色社会主义现代化强国。作为党的统一事业一部分的出版工作，当然应该

为建设社会主义服务。可见，贯彻执行为人民服务、为社会主义服务的出版方针，是党的要求、时代的要求，也是工人阶级和广大人民群众的根本利益所要求的。所以，江泽民同志在谈到新闻事业时，也同时明确地阐明了出版事业应该遵循的方针，他说："社会主义的新闻事业同社会主义的文学、艺术、出版等事业一样，虽然各有自己的特点和具体发展规律，但是它们作为意识形态领域的组成部分，都要为社会主义服务、为人民服务。尽管服务的具体形式、内容、方法不尽相同，但都必须遵循这个基本方针。"[①] 他又说："我们的文化必须坚持为人民服务、为社会主义服务，充分体现人民的利益和愿望，满足人民不同层次的、多方面的、丰富的、健康的精神需要，激发人民建设社会主义的积极性。"[②] 可见，我们党领导的出版工作只能是按照为人民服务、为社会主义服务的方针办事，而不可能是其他。

为人民服务和为社会主义服务这个方针是不可分割的。党在各个历史阶段的任务是不同的，但都是贯穿着为人民的最高最根本利益服务的宗旨，都是为实现党的最终奋斗目标，在现阶段就是要建设社会主义。胡乔木同志说："为社会主义服务是一个广泛的概念。只要有益于培养社会主义新人的世界观、理想、道德、品质、信念、意志、智慧、勇气、情操和整个精神世界，都是为社会主义服务。在今天，为社会主义服务就是为人民服务。人民正在建设社会主义，正在把社会主义推向前进。"[③] 在当前，我们就是要沿着建设有中国特色的社会主义道路，按照以经济建设为中心，坚持四项基本原则，坚持改革开放的基本路线，集中力量发展社会生产力，逐步完善社会主义制度，不断改善人民的物质文化生活。这既符合人民的根本利益，又符合社会发展的需要。可见为人民服务、为社会主义服务是高度统一的，是完全一致的。

---

① 江泽民：《关于党的新闻工作的几个问题》（1989 年 11 月 28 日）。
② 江泽民：《在庆祝中国共产党成立七十周年大会上的讲话》（1991 年人民版）。
③ 胡乔木：《当前思想战线上的若干问题》（1981 年 8 月 8 日）。

贯彻为人民服务、为社会主义服务的出版方针，说到底是一条捍卫工人阶级和广大人民群众的根本利益，坚持四项基本原则，坚持改革开放，不调和地反对腐朽的资产阶级思想和生活方式，保证民族振兴、社会主义在中国胜利的方针。要搞社会主义，要为工人阶级和广大人民群众谋福利，就不可能不反对资本主义。所以，坚持为人民服务、为社会主义服务的出版方针，实际上是在出版工作中保证实现社会主义最终代替资本主义的历史任务。因而不可能是和平的、没有斗争的。相反，斗争有时是很激烈的。建国几十年来，党的出版方针往往受到这样那样的干扰，实际工作中经常出现这样那样的问题，特别是前几年有的编辑出版工作者有令不行有禁不止，置国家法令于不顾，结果被送进监狱、送上审判台的事实，就是最好的证明。

现在，阶级斗争虽然已经不是我国社会的主要矛盾，但是，它在一定范围内还将长期存在，并且在一定条件下还可能激化。而这种斗争，大量的经常的是从意识形态领域里，在思想斗争中表现出来。这几年，资产阶级自由化思潮多次泛滥，就充分说明了这一点。尤其在今天的改革开放条件下，就更需要引起我们的重视。邓小平同志早在 1986 年就说过：反对资产阶级自由化，"还要讲十年二十年。这个思潮不顶住，加上开放必然进来许多乌七八糟的东西，一结合起来，是一种不可忽视的、对我们社会主义四个现代化的冲击。"① 可见，我们要改革开放，要建设社会主义，不能不反对资产阶级自由化，只有既坚持四项基本原则，又坚持改革开放，才能建设有中国特色的社会主义。帝国主义亡我之心不死，国外的敌对势力正在处心积虑地妄图颠覆社会主义中国，妄图实现和平演变，他们以国内坚持资产阶级自由化的人为内应力量，兴风作浪。党内少数腐败现象实际上就是敌对势力推行和平演变战略打开的缺口。我们必须提高警惕。我们出版工作者为了贯彻党的出版方针，完成自己

---

① 《邓小平同志在党的十二届六中全会上的讲话》（1986 年 9 月 28 日）。

的历史使命，必须提高反对和平演变，反对资产阶级自由化的自觉性，必须自觉地旗帜鲜明地始终不渝地坚持马克思列宁主义、毛泽东思想。社会主义出版工作的实践经验（包括正面经验和反面经验）都告诉我们，在出版工作中反对和平演变，反对资产阶级自由化和资产阶级生活方式的斗争不仅要设防，而且要战斗、要反击，我们如果忽视或者不进行反和平演变，反资产阶级自由化的斗争，那就会违反人民的根本利益，违反社会主义必将代替资本主义的客观规律，背离广大人民要求搞社会主义的愿望。所以也就不能很好地贯彻为人民服务、为社会主义服务的出版方针，甚至走到背离或反对"两为"方针的邪路上去。

（二）坚持为人民服务、为社会主义服务的出版方针是我国社会主义制度决定的，也是建设社会主义现代化国家的基本要求。70年来，我们党领导全国各族人民完成了新民主主义革命的任务，建立了社会主义制度，找到了建设有中国特色的社会主义道路，正在为逐步实现社会主义现代化而奋斗。这里，我们不仅要建设有中国特色的社会主义经济和政治，而且要建设有中国特色的社会主义文化，包括出版，以适应和促进社会生产力的不断发展和社会全面进步的需要。社会主义经济的建立和发展，必然要求有与之相适应的社会主义政治和文化。不然，社会主义经济也就很难得到巩固。这就是上层建筑必须与经济基础相适应。出版作为意识形态，作为上层建筑，当然要与经济基础相适应。所以，我们的出版工作，按照社会主义的要求，搞得好，就可以促进社会主义经济基础的发展，社会生产力的发展，这就是为社会主义服务，归根到底也是为人民的根本利益服务。反之，如果搞得不好，不能适应社会主义经济的要求，背离了社会主义方向，那么不是阻碍或者破坏社会主义经济基础的发展，就是被社会主义经济基础所淘汰、所抛弃。因为一切与社会主义经济基础不相适应的上层建筑，包括文化、出版，不可能与社会主义经济基础长期并存，它迟早会通过国家政权、法律进行干预，甚至制裁。所以，社会主义出版工作者，应该自觉地使出版工作为人民服务、为社会主义服务，力求我们出版事业能够适应和促进社会主义经济基础的巩固和发展，也就是要捍卫社会主义制度，为社会主义制度的巩固和发展竭尽全力。根据上层建筑必须适应并促进经济基础的马克思主义基本原理，我们出版工作者必须时时刻刻注意社会主义方向，坚持为人民服务、为社会主义服务的出版方针，并且在任何时候都毫不动摇。

（三）为人民服务、为社会主义服务的出版方针的制定是历史经验的总结。我们党的出版方针是一贯的。自从党开始建立自己的出版工作的那一天起，就要求出版工作为党的总任务服务。早在新民主主义革命时期，党就指出："报纸、刊物、书籍是党的鼓动工作最锐利的武器"，"应当大量地印刷和发行各种革命的书报"。要求新的文化为新的政治、经济服务。1942年，毛泽东同志的《在延安文艺座谈会上的讲话》又指出"为什么人的问题，是一个根本的问题"。并且明确提出：文艺为工农兵服务，"为人民大众"服务的思想，以期团结人民，共同战斗。全国解放之初，朱德同志曾对解放前党领导的革命出版工作做过明确的总结，指出"过去出版工作是为革命军事服务，为人民的政治斗争事业服务"。这说明，党领导的出版工作，始终是和党的事业不可分的，是为党在不同阶段的总任务服务的，是为人民的根本利益服务的。

全国解放以后，也同样是这样。中华人民共和国建立以后，我国开始了由新民主主义向社会主义过渡，并且着手进行生产资料所有制的社会主义改造。这一时期党和政府为组织社会主义出版事业，进行了大量工作，在对旧的出版业进行改造的同时，制定了发展人民出版事业的方针和政策。

早在1949年9月发布的《中国人民政治协商会议共同纲领》中，就提出"发展人民出版事业，并注重出版有益于人民的通俗书报"。1950年9月召开的第一届全国出版会议，又提出了"为人民大众的利益服务是人民出版事业的基本方针"。

与此同时，出版总署胡愈之署长在一次报告中指出：出版、印刷、发行是一种有着重要政治意义的工作，1950 年 10 月 28 日中央人民政府又发布了《关于改进和发展全国出版事业的指示》，强调出版事业是与国家建设事业、人民文化生活极关重要的政治工作，并指出："书籍期刊的出版与发行工作，不论公私营，均不应单纯以营利为目的。"关于出版业的性质，这一时期不仅强调它是文化事业的组成部分，而且着重强调它是重要的政治工作。这是因为新生的国家面临着社会主义文化和资本主义文化两种文化的激烈斗争，许多反动、淫秽、荒诞书刊，毒害人民，影响社会主义文化的建立。因而有关领导部门曾经多次发布指示，对此类书刊进行取缔。

从 1953 年起，我国进入了有计划发展国民经济的时期。在《中华人民共和国发展国民经济的第一个五年计划》中，明确规定了发展出版事业的计划，要"增加各种出版物——社会科学、自然科学、工业技术、文艺创作、少年儿童读物和通俗图书报刊的种类和数量，提高作品和翻译的质量，以满足国家建设和人民文化生活的需要"。

综上所述，可见，从新中国建立之日起，出版事业就明确了为人民服务的方针，并且体现出要为国家经济建设服务的基本思想。

1956 年随着生产资料所有制社会主义改造的基本完成，思想战线上的形势也随之发生了变化，并且很快地反映在出版方针上面。1961 年 3 月，文化部党组在《关于提高书籍质量，改进出版工作的意见》的报告中，提出了出版工作要为无产阶级政治服务，为工农兵服务，为社会主义建设服务的方针。这是把为社会主义服务作为出版方针在文字上的首次表述。

由于"左"的思想的影响，当时强调为无产阶级政治服务，实际上变成了为各项政治运动服务。并且出版了大量配合政治运动的小册子，其中有一些粗制滥造，质量不高，很快失去时效。这种情况引起出版管理部门的注意，曾经指出，在配合政治任务上，书籍和报刊要有一定分工，一般不要为了赶时间把可以在报刊上发表的宣传鼓动性的文章汇集成小册子出版。但是，由于"左"的思想继续发展，一直到"文化大革命"，使我国社会主义出版事业受到了极大的摧残和破坏。

党的十一届三中全会以后，党制定了以经济建设为中心，坚持四项基本原则，坚持改革开放的基本路线，我国进入了社会主义建设的新时期。我国社会主义出版事业在总结建国以来 30 多年实践经验的基础上，制定了新时期的方针和任务。1980 年 4 月，中央宣传部批转的国家出版局制定的《出版社工作暂行条例》（以下简称《条例》）中指出：出版社的方针任务是"必须坚持社会主义道路，坚持无产阶级专政，坚持共产党的领导，坚持马克思列宁主义、毛泽东思想，必须为人民服务，为社会主义服务，实行百花齐放、百家争鸣，洋为中用、古为今用的方针。出版社的基本任务，是动员和组织著译力量从事创作、编著和翻译出版为国家和人民所需要的图书，宣传马克思列宁主义、毛泽东思想，传播积累科学文化技术知识和成果，丰富人民的精神文化生活，为提高整个中华民族的科学文化水平，为实现社会主义的四个现代化作出贡献"。

《条例》还着重指出，出版社出书必须坚持质量第一，密切注意社会效果，力求把更好的精神文化食粮贡献给读者。要坚持反对粗制滥造，片面追求品种数量、追求利润的倾向。

《条例》对出版工作的方针、任务、出版工作的基本要求做了比较全面的叙述，反映了我国出版工作者对社会主义出版工作的性质、任务的认识已经提高到一个新的水平，对我国社会主义出版工作的发展有很重要的意义。

1983 年 6 月 6 日，《中共中央、国务院关于加强出版工作的决定》（以下简称《决定》）对我国社会主义出版事业做了全面、系统的总结，明确提出："我国的出版事业与资本主义国家的出版事业根本不同，是党领导的社会主义事业的一个组成部分，必须坚持为人民服务、为社会主义服务的根本方针。"并且为这个方针的贯彻做了全面的论述。这样，为人民服务、为社会主义服务的党的出版方针，才以党和国家作出的《决定》的形式肯定下来，成为广大出版工作者行动的指针。《决定》的基本精神，迄今仍然是我们做好出版工作的根本保证。

从为人民服务、为社会主义服务的出版方针的形成过程中，我们可以清楚地看到这条方针是在马克思主义指导下，以实际经验为基础，不断扬弃，不断丰富，不断完善，逐步发展起来的，是时代的产物，是历史经验的总结。它是符合我国社会主义社会的客观发展规律的，所以是一条马克思主义的方针。

三、当前坚持"两为"方针中要研究的几个问题

为人民服务、为社会主义服务的出版方针，是一条马克思主义方针，我国的出版工作者在过去的几十年中，尽管历经坎坷，但是在这条方针的指引下，我们仍然取得了巨大的成就。今后，我们仍将在这条方针的指引下，去拼搏，去战斗，去兢兢业业地工作，为多出好书、为建设具有中国特色的社会主义出版事业建功立业，努力奋斗。

调查表明，当前我国广大出版工作者坚持"两为"方针的自觉性，比起前几年来有很大的提高，近二年来出版物面貌的改变和图书质量的提高就是最好的证明。

同时，另一方面，在我们的实际工作中，也还有一些问题可以提出来研究。

（一）要积极做好出版宣传马克思主义理论读物这篇大文章；要大力出版当前迫切需要的政治思想教育读物，要努力出版宣传党的基本路线的读物。

当前，世界社会主义事业遇到严重挫折，马克思主义的学习和实践运动，在世界范围内处于低潮，和平演变和资产阶级自由化思潮，对我国的独立和主权，对我国的建设和改革开放正构成现实的威胁。我国人民所处的国际环境是严峻的，我们的国内建设的任务是艰巨的。所以，

我们必须坚持党的基本路线，在重大原则问题上保持清醒头脑。那么，我们靠什么？首先就要靠有正确的指导思想，要靠马克思列宁主义、毛泽东思想。江泽民同志说："有必要把学习和研究马克思主义基本理论，在马克思主义指导下研究和探讨当代重大的政治、经济、社会理论问题，作为一项紧迫任务，提到全党面前。"① 为完成这个"紧迫任务"，我们出版工作者应该积极地学习和大力地宣传马克思主义理论。前不久，江泽民同志又明确提出要在意识形态领域里建立起抵御和平演变的钢铁长城。在这项工程中，我们出版工作者更应该自觉地参加，并且担负起战斗的职责。首先，要使我们每个出版社，每个书店，每个印刷厂，都要以宣传马克思列宁主义、毛泽东思想为己任，认真宣传以经济建设为中心，宣传坚持四项基本原则，宣传坚持改革开放，宣传建设有中国特色的社会主义，要批判资产阶级自由化观点，揭露资本主义所谓民主、自由、人权的虚伪性，抓紧爱国主义、集体主义、社会主义和共产主义理想的教育。使我们广大出版工作者在反和平演变、反资产阶级自由化的斗争中，起应有的作用，尽应尽的责任。

为了加强马克思主义的基本理论教育，为了在思想战线上建立起钢铁长城，我们要编好出好宣传马克思主义的书刊。这是贯彻"两为"方针的首要工作。

坚持宣传马克思主义是我国社会主义出版工作者首要的根本的任务。在这方面，我们过去做了许多工作，取得了很大成就，这是有目共睹的。远的不说，仅就近 2 年来看，我们出版了《列宁全集》中文第二版，《毛泽东选集》第二版，我们还出版了邓小平同志的著作和许多老一辈无产阶级革命家的文集，江泽民同志等新一代党的领导人的著作，都能及时地出版发行。同时，我国还出版了大量的宣传马克思主义的理论读物，尤其是围绕重大事件、重大节日出版了大量的宣传马克思列宁主义、

① 江泽民：《在庆祝中华人民共和国成立四十周年大会上的讲话》（1989 年人民版）。

毛泽东思想和其他政治理论读物，可谓琳琅满目，令人喜不自禁。

今后，我们要进一步加强出版宣传马克思主义的读物，出好政治思想教育读物，还应注意这样几点：

（1）在我们的出版物中，宣传坚持马克思主义，发展马克思主义。首先我们要坚持马克思主义，忠诚于马克思主义，坚决反对那种所谓马克思主义是一种"空想"、已经"过时"，马克思主义"只是许多学派中的一个学派"等的陈词滥调，坚决反对在所谓"发展""创新"等幌子下，否定马克思主义的种种谬论，坚信马克思主义是放之四海而皆准的普遍真理，是发展的科学，只有在坚持马克思主义的实践中，才能丰富和发展马克思主义理论。

（2）我们要十分强调理论联系实际，确立起以解决实际问题为中心区分优劣的思想，强调用马克思主义之"矢"，射中国实际问题之"的"，小平同志说，要建设有中国特色的社会主义，"这就更要求我们努力针对新的实际，掌握马克思主义基本理论"。[①] 我们要把马克思主义与中国社会主义建设的实际，改革开放的实际，各项工作的实际和读者的思想实际紧密地结合起来，认真研究广大读者普遍关心的重大问题，增强理论读物的针对性、科学性和战斗性。不仅要宣传学习马克思主义基本原理，而且要用马克思主义去解决读者思想中的深层次问题。一本书如果能够解决一个问题，就算有了几分成绩。能不能解决实际问题，是我们在出版宣传马克思主义书刊时能不能坚持"两为"方针的一个根本问题。

（3）必须做到是非清楚，界限分明，切不可是非混淆，黑白颠倒。首先，我们要坚持马克思主义，反对反马克思主义的东西；坚持社会主义，反对资本主义；坚持科学社会主义，反对民主社会主义。这里必须界限分明，不可有任何模糊和动摇。在编辑出版工作中，任何时候都要宣传坚持党的领导，决不能宣扬所谓多党制，要与一切反对和背离党的

---

① 《邓小平同志在党的十二届二中全会上的讲话》（1983 年 10 月 12 日）。

领导的思想行为做斗争；任何时候都要宣传坚持人民民主专政，决不能宣扬西方的议会政治，要坚决和极端民主化、无政府主义的言行做斗争；任何时候都要宣传坚持党对军队的绝对领导，决不能宣扬军队非党化，要坚决反对任何非政治化的言论和行为；任何时候都要宣传坚持公有制的主体地位，决不能宣扬所谓私有化，要和一切否定公有制的言行做不调和的斗争；任何时候都要宣传坚持马克思主义的指导地位，决不能搞指导思想上的所谓多元化，要和一切否定、歪曲、诽谤马克思主义的言论做坚决的斗争。对于我们的出版物来说，特别要划清这样一些具体的界限，即：经济体制要改革，但公有制的主体地位不能变；政治体制要改革，但人民民主专政不能变；党的领导要加强和改善，但党的领导地位不能变；马克思主义要发展，但马克思主义的基本原理、马克思主义的指导地位，马克思主义的立场、观点、方法不能变；西方的先进科学、管理、技术、优秀的文化要引进，但西方资产阶级的反动的思想观点和腐朽的生活方式不能引进，党的优秀传统、民族的优秀文化遗产不能丢，不能变；法制要加强，民主要发扬，但民主集中制原则不能变。在这些问题上如果出现模糊，必将造成思想理论上的混乱。对于这些关系到党和社会主义事业兴衰成败的大问题，我们每一个编辑出版工作者，任何时候，都必须立场坚定，是非分明。决不能含糊其词，更不能掉以轻心。这也是我们能不能坚持"两为"方针的重大问题。

（4）形式要多样化，厚本、薄本、大部头、小册子都应该有，对于宣传马克思主义的书刊和政治思想教育读物，要特别注意方便读者，要讲究形式，本子不妨薄一点，部头不妨小一点，这样定价也可以低一点。现在，有些政治理论读物，部头太大，本子太厚，一本书有好几斤重，这种大书，除了坐办公室的、到图书馆阅览室的人还可以阅读以外，对一般的工人、农民、士兵、学生、教员、干部来说，想随身携带，很不方便。一本书好几十元、上百元，一是买不起，二是即使买了也拿不动。谁能老捧着几斤重的书在那里看？书的内容再好，不便于读者经常阅读，也会影响这本书的社会效果。我们每个出版社都要搞自己的重点书、拳头产品，这是必要的。但是，重点书不一定就是书的分量重，拳头产品也不在于它的本子厚、部头大，而在于真正解决实际问题。实际上，大家回忆一下，建国 40 年来，真正在社会上、在读者中有影响的书，不一定都是大部头。当然，大部头的书要出，有时候大部头书材料比较集中，便于研究问题，对文化积累也有好处。这里提出这个问题，并不是说不要出大部头书，只是强调出书要解决实际问题，要方便读者。这也是更好地坚持"两为"方针需要注意的一个问题。

（二）落实以经济建设为中心的指导思想，积极出好科学技术和其他知识的读物。

我们党制定的基本路线是以经济建设为中心，也就是要建设社会主义现代化强国，这是当代中国共产党人和全国人民庄严的历史使命。为此，我们一定要出好为社会主义经济建设服务的图书。能不能巩固地树立起以经济建设为中心的思想，是关系我国社会主义建设成败的重大问题。我们进行反对和平演变、反对资产阶级自由化的斗争，归根到底是要增强综合国力，为此一定要把经济建设搞上去。江泽民同志说："在社会主义现代化建设中，我们始终要以经济建设为中心。党和国家的各项工作都必须服从和服务于经济建设这个中心，而不能离开这个中心，更不能干扰这个中心。"[①] 这方面的图书，过去有关的出版社已经出了一些，也颇有成效，今后要进一步结合经济建设的实际，从发展社会生产力水平的迫切需要出发，大力出版服务于社会主义经济建设这个中心的图书。同时，要本着洋为中用的原则，翻译、出版对社会主义建设有用的国外的先进科学技术读物。更要考虑大多数人的需要，发展多层次多方面的科技读物，注意做好科学普及读物的出版工作。总之，要着眼于提高整个中华民族文化科学知识的水平，要为社会主义经济建设服务，为贯彻

---

① 江泽民：《在庆祝中国共产党成立七十周年大会上的讲话》（1991 年人民版）。

执行党的基本路线服务,更多更好地出版科学技术和其他知识读物。这是"两为"方针的一个基本内容,也是我们贯彻执行"两为"方针的一个根本出发点。

(三)做好农村读物的出版发行工作,是坚持为绝大多数人服务的问题,因而也是坚持"两为"方针中一个十分重要的问题。

(1)做好农村读物出版发行工作的必要性。

我们党历来重视农村工作,毛泽东同志曾一再教导我们:农民问题是中国革命和建设的根本问题,而且指出:严重的问题在于教育农民。党的十一届三中全会以来,农业生产有了很大的发展,农民的生活水平有了大幅度的提高。这是我国社会稳定,社会主义建设能够顺利进行的重要因素。

我国是一个人口众多的国家,而其中80%以上的人口在农村。我们要建设社会上义现代化强国,不仅要建设好城市,而且要建设好农村;社会主义要共同富裕,当然离不开占总人口80%以上的农民。所以,一定要出好发好农村读物,提高农民的社会主义觉悟,提高他们的科学文化水平,发展农村的社会生产力,建设好现代化的社会主义新农村。

这几年,由于农村的经济体制改革,促进了农业生产。许多农村不仅抓了社会主义物质文明建设,而且抓了社会主义精神文明建设,出现一批"双优"村、"双优"乡,体现了社会主义农村的新面貌。可是另一方面,也要看到,在有些农村里,封建迷信活动,比比皆是,赌博盛行,盗窃诈骗活动时有发生。这说明,在一个时期里,农村中社会主义和资本主义、封建主义思想的斗争是很激烈的。"思想宣传阵地,社会主义思想不去占领,资本主义思想就必然会去占领"[①],这是一个颠扑不破的真理。当前,农村迫切需要社会主义文化,需要社会主义书刊,这关系到农村这个广阔的思想阵地能不能很好占领的大问题,应该引起我们

---

① 江泽民:《在中国共产党成立七十周年大会上的讲话》(1991年人民版)。

出版发行工作者的高度重视。

（2）加强农村读物出版发行工作的可能性。

这几年由于农业生产水平的提高，农村教育事业也有了发展，农村识字的人多了起来，农民的整体文化水平也相应地得到了提高。图书的需要率显然也会有相应地增加。

由于农民生活的改善，图书的购买力显然要比10年前高得多，这说明农村读物的发展前景可能会比我们估计的强得多。

从我们出版工作的实际情况来看，最近几年来，农村读物虽然出了一些，对有些出版社来说，也占有一定的品种比例，但大多数是帮助农民致富的科技读物和生活实用图书，这些当然是需要的，也许经过认真调查，这些品种还是远为不够的。如去年，在苹果树剪枝时期，有一个县要9000本有关的技术书，农民开着车到省会的书店和出版社买书。结果，均无所获，不得不空车而回。可见，这方面的调查研究很不够，仍然要努力加强。但是，现在迫切需要加强的是思想教育读物的出版和发行。总的来说，农村读物的出版是薄弱的，但是政治思想教育的读物显得更为贫乏，应该提到我们出版发行部门的重要议事日程上来。对整个农村读物的出版，需要认真调查，作出规划，强调出书的针对性和实用性。要做好这项工作，从思想认识到干部的配备上都应予以重视和加强。

（3）农村读物的发行工作需要认真加强。

我们搞农村图书发行的同志很辛苦，有的同志告诉我，他们一个县的全部发行人员，根据县的大小不同有20~60人，一般是50人左右，个别的也有上百人的，如果与全县的人口总数相比，一般一个人要面对一万到二万人，有的甚至更多一些。所以，搞农村图书发行的同志，不仅工作量很大，还要爬山涉水，很不容易。应该说，我们有些地区，农村发行工作是搞得不错的，也有许多成功的经验。但总的来看，还是一个薄弱环节。这方面的问题比较多。有些地方由于批销环节过多，或者交通不便，一些重要图书迟迟不能送到农村读者手中。有些地方因为搞农村发行无利可图，甚至要亏本，也就听之任之，甚至放任自流。这方面应该认真研究解决。

首先解决思想认识问题，要把农村图书发行工作提高到走社会主义道路，坚持为人民服务、为社会主义服务的方向上来认识，切切实实地把这项工作放在图书发行工作的重要议事日程上来，一个问题一个问题地研究，要帮助基层解决实际困难，认认真真地加以落实。

要解放思想，制定出一些有利于农村图书发行的倾斜政策，首先要保证做到好书能够多发，做到县店及其下伸网点经济上不仅能够不亏，而且还有微利。试想一个县书店或下伸门市部，利润本来就有限，要亏，那就更承受不了。这个问题不解决，农村图书发行的局面就很难有大的改观。同时，还要改进管理体制，理顺农村发行渠道。尽可能简化批销环节，缩短发行时间，更重要的是书店的同志更要本着为人民服务、为社会主义服务的精神，发扬光荣传统，积极主动地推销好书，不要因为出租店面，出租柜台，卖百货，经济效益来得多、来得快，而忘记了自己的神圣职责，丢掉本来应该占领的社会主义思想文化阵地。

农村图书发行的问题是当前出版发行工作中的一个重要问题，必须有切实的措施来加以解决。不然，为占总人口 80% 以上的农民服务，就成为一句空话。农村人口是大多数，农村读物的出版发行工作能不能做好，社会主义书刊能不能占领农村这个广阔的天地，实际上是我们坚持为人民服务、为社会主义服务的出版方针的一个大问题。

为坚持"两为"方针，繁荣社会主义出版事业，在实际工作中当然还有一些问题需要解决，在思想上也还有一些是非界限需要划清，这些都有待进一步的研究和探讨。

总之，坚持为人民服务、为社会主义服务的出版方针，不是一个简单的问题。这里，既有意识形态领域里的斗争，又有实际工作中的问题，也还有我们自己如何认识出版发行工作、如何对待出版改革的问题。只有正确地解决这些问题，才能更好地贯彻"两为"方针，把我国的社会主义出版事业进一步推向繁荣昌盛！

1991 年 10 月

注：本文是作者在 1991 年 10 月召开的《第六届全国出版科学学术讨论会》上发言的一部分。

《出版发行研究》1992 年第 2 期

简述韩国青少年图书出版状况

据 1991 年统计，韩国有出版社 5684 家，1990 年共出版图书 41712 种，发行量为 241839357 册，在品种和印数方面居世界第 10 位。其中教科书和教育有关的图书占 4939 种，发行量为 119351884 册，占了总发行量的一半。但一般的青少年图书的出版，却相当薄弱，在 5000 多家出版社当中，多少出过一点青少年图书的有 295 家，约占 5%，其中出版过 6 种以上的青少年一般图书的，只有 9 家。目前，韩国还没有一张以青少年为对象的报纸，没有一本专门以青少年为读者对象的杂志。所以，韩国的出版界一般认为在他们那里，专门以青少年为对象的一般图书，在整个图书结构中还不占什么分量。有的则认为专供青少年阅读的一般图书尚未真正建立起来。

韩国的出版界、教育界对这个问题十分关心。韩国出版学会曾多次研究这个问题，并以《青年与出版》为主题，于 1991 年 10 月召开国际出版学术研讨会，邀请中国和日本的学者参加共同研讨这个问题，以资交流与借鉴。

韩国的法律规定：20 岁以下属于青少年。所以，一般把 13—19 岁的人作为青少年，也有的把青少年的年龄段定在 13—18 岁。由于重视教育，中学教育普及，所以这个年龄段的人一般都在学校，因此所谓青少年，实际上就是指初中和高中的在校学生。

出版界和教育界的一些专家学者认为，给青少年这个年龄段的人提供图书，十分重要。因为他正处在"智力断奶时期"，意思是这个年龄的人，正是智力上脱离母体，独立成长，建立自己的价值观念、性格和知识基础的时期，正处在"成为独立个体的准备时期"，是一个人成长过程中十分重要的阶段。同时还认为青少年与成人不同，在认识水平、判断能力、处事的适应性方面，与成年人有不可避免的距离，有时甚至存在某种对立，包括某种逆反心理。而消除这种距离和对立的一个重要途径，就是阅读专门为青少年出版的一般图书。

但是，目前韩国青少年阅读一般图书的状况，令人沮丧。一般青少年图书的出版也被迫在狭谷中徘徊。

因为社会上把考入大学看成"青少年的最高目标"。能不能考上大学是一个人一生成败的关键的看法，几乎已经成为一种社会的共识。所以各方面总是竭力要求青少年把自己全部精力用在学校里的功课上，不要去读那些与学校教学"无关"的闲书，以免浪费时间，影响自己赶上人生道路上的"诺亚方舟"。不仅是父母兄姐这样要求他们的子女弟妹，学校的教师也这样要求他们的学生，甚至阻止青少年阅读与学校教学无关的图书。由于青少年图书缺少读者，出版社也不去出青少年图书，因为这是赔本的买卖。这样就形成了恶性循环：学校和家庭反对青少年阅读一般的青少年图书，青少年不读青少年图书，出版社因而不出专门的青少年图书，青少年也看不到专为他们出版的青少年读物。

更严重的是这种害怕考不上大学的担心，不仅是高中学生心理上的强大压力，而且在初中学生当中也越来越突出。以至在汉城，有31%的中学生需要聘请精神病学的医生作为他们经常的健康顾问。正因为这样，父母和教师即使认为有必要让青少年放松一下，也不鼓励他们去阅读图书，而宁愿让他们去看电影或玩游戏机。

青少年的空余时间很少，是阅读一般图书的最大困难。1987年，有关方面对青少年的空余时间做过一次调查：刚进初中的学生，每天约有5小时空余时间，随着年级升高，空余时间越来越少。一般说来10年级和11年级的学生中有32%的人，每天的空余时间不到一小时；12年级的学生中，53%的人每天最多的空余时间不足一小时。调查表明，72.8%的中学教师认为目前的教育状况，是影响青少年不能有足够的空余时间阅读一般青少年图书的主要障碍。初中学生的回答是：功课繁重，无法阅读其他图书，高中学生当然更不必说了。

韩国的青少年阅读问题，曾经引起社会和有关部门的重视，1978 年，一个负责教育事业的部门曾经规定：汉城的初中和高中，每周必须开设一小时阅读课。但是，由于整个学校的阅读气氛没有来得及改善，以及社会和家长对学校教育的明确的追求目标，阅读课程慢慢地变成了自学课程，最后也就不取自消了。

韩国青少年，如低年级的学生，即使有的能阅读一些课外书，范围也是很窄的，主要集中在与课文有关的图书。1980 年以来，东邦保险公司每年组织青少年举办"图书对我的影响"的作文竞赛，从第一届到第七届参赛的作品有 331882 篇，其中有 86817 篇（占总数的 26.2%）是围绕 20 种名著写的。其余的内容也绝大多数与教科书有关，或与大学入学考试有联系。

青少年阅读面窄的问题也很突出，这也和社会上，包括教师的图书推荐工作有关。在韩国，主动向青少年推荐图书的很少。据有人测算，在整个 80 年代的 10 年中，社会向青少年推荐的图书，都在一个数目不大的范围内"炒冷饭"，基本上没有变化。这一方面是因为适合青少年阅读的专门图书出得很少；另一方面是偏重于文艺作品，更具体些说，是集中于古典文学作品，而且多少与考大学有关。比如，有的教师，一旦被要求向学生推荐暑期读物时，一般的总是推荐中国古典文学作品，因为这些书，也许正是教师们自己在孩提时代曾经阅读过，或者是曾在课堂上讲过其中的某一章或某一回。青少年阅读这些推荐图书，即使能够收到较好的效果，但最终仍然被认为是课堂教育的延伸。

有的初中曾经做过统计，在阅读最好的班级里，包括假期在内，一个学期平均阅读图书 4 本，这个情况本来是很可观的。但进一步调查这些书的内容，仍然是古典文学作品，甚至还包括一些内容并不好的外国连环画。这一来，反而引起家长和教师的更大不安。

另外一个情况是：由于青少年图书销路不好，经常亏本，所以，一些出版社不想出，作者也不想写。这样，翻译稿酬很低的翻译书大量上市，既占领了成年人的阅读时间，也挤掉了青少年本来就很少的阅读时间。而这些翻译作品，除了古典名著以外，内容是相当糟糕的，更不用说它会影响青少年在这个年龄段应该用更多的本民族的优秀文化成果来熏陶自己了。

仅有的少数青少年图书开本单调，书价偏高，也是一个问题。据有人统计，每本青少年图书的平均价格是 3068 韩元，相当于人民币 21 元，尽管这个价格比成人图书要低一些，也已经比较昂贵了。

由于出版界、教育界有识之士的呼吁和提倡，韩国青少年图书的出版和阅读状况正在向好的方面转变。

首先是一些出版社，正在"为下一代出书"的崇高目标下，积极计划，尽量多出版一些适合青少年需要的专门图书，而且尽可能使主题多样化一些。为了出好青少年图书，有的出版社已经提出要建立一支能写青少年图书的作者队伍，鼓励他们参与青少年图书的创作。还有人主张，要像有些国家一样，把青少年读物按年龄分为几个层次，如连环画、图画书，少年读者用书、中级读者用书和年轻的成年人用书。有的提出由有专门的出版社来出版青少年图书，尽可能向青少年提供各个层次、各种内容的图书。同时，要开发音像读物。

其次，加强阅读指导和图书推荐工作。他们主张：一方面是选择一批好书，组织青少年开展读书活动，并且要及时做好阅读辅导工作；另一方面是扩大阅读面，向青少年读者和他们的教师提供更多的图书信息与指导青少年阅读的必要资料。如有的出版社曾向 6000 多所小学和负责学生阅读的教师寄发了本社的优秀图书目录，取得了很好的效果。它为那些苦于缺乏图书信息在制定阅读书目和指导阅读时遇到许多困难的教师雪中送炭，反过来也扩大了图书的销售。

第三，他们主张尽可能地降低青少年图书的价格，改变青少年图书单调的开本，使形式更加多样化，同时要提高印制和装订的质量。

第四，要求坚决限制那些以盈利为目的的下流图书，减少它们对青少年读者的危害。

总的说来，韩国在青少年读物出版方面还是一片待开垦的沃土，有美好的前景，出版家在那里是可以大展身手的。

1991 年 11 月

《出版学编辑学漫议》P124，河南教育出版社 1995 年 9 月版

关于建立编辑学概念系统的问题

——复某先生的一封信

您在来信中提到，在研究编辑史时，先要弄清楚一些基本概念，予以科学的界说，然后才能言史，这个问题确实很重要，是需要解决的。在我的印象中，刘国钧先生在他的《中国书史简编》中也谈到过类似的问题。张召奎先生在写《中国出版史概要》时，也是先分析"出版"的概念，然后再论述出版事业史研究的范围（张先生在这里说的是"出版事业史"，有时也称"出版史"）。可见，无论是研究出版史或者研究编辑史，首先都有一个弄清概念的问题。本来，无论写什么史，首先都会碰到这个史所研究的范围，也不能不弄清 ×× 史这个 ×× 的概念问题。只是有些学科比较成熟，基本概念已经基本统一，没有什么大的分歧，因而比较容易交代一些。至于一些新学科，或者过去研究不多的旧学科（也包括一些老学科，本来许多概念、定义比较明确，但在新思潮涌入以后，又产生了重新探讨的问题），因对一些概念的认识暂时还没有统一起来，为此，不能不多费一些周折。

目前，对于"出版""编辑"这样一些基本概念，学术界研讨得还不够。张三、李四提出的见解，王五、赵六不一定同意。正如有的论文中提的那样，编辑、编纂……这样一些概念，有古代的，有现代的，有中国的，有外国的，究竟应该怎样概括，是需要大家来研究并加以解决的。不对一些基本概念进行界定，不建立编辑学自己的独立的概念系统，编辑学的理论体系就很难建立起来。

那么，在这些概念得到解决或基本解决以前，要不要研究、撰写编辑史、出版史呢？我和上海、北京出版界的一些老同志交换过意见，总的来说，大家都认为应该按照百花齐放的方针来办，有的说，没有把握，投石问路也可以。只有写出来，然后才能加以讨论。意思是可以各写各的，不必强求一律。比如写编辑史，有的认为孔子是我国历史上第一个编辑，他可以从孔子写起；有的认为雕版印刷发达的宋朝才有编辑工作，那他不妨从宋朝写起；至于有的认为比孔子早200余年的正考父校商颂，就有编校工作的萌芽，那也不妨请他从那个时候写起。实际上恐怕也很难求得一致，因为编辑工作是发展的，编辑这个概念也应该是发展的，一定要用某种固定的概念去衡量各个时期的编辑工作，恐怕也不很容易。这里不说国外，就是国内各类出版社的编辑，他们所做的工作，也有多有少，有同有异，各有特点或侧重。

当然，这样做会产生另外一个问题，正像有的论者所说的，会变成"一笔糊涂账"。是的，各拉各的套，各唱各的戏，会南辕北辙，南腔北调。不是谈不到一起，就是产生一个混血儿，或四不像那样的东西。非驴非马，变成了一匹骡子。如果真的出现这种情况，那也只能说，我们在学术的发展过程中，不得不走这样一段路。不说编辑学这种新兴的学科，在社会科学中，有些已有百余年历史的学科，它的一些概念，仍然是众说纷纭的，多的甚至有百余种说法，但这一学科的教育和学术研究仍在继续进行。我不是说这种情况就一定很好，或者说编辑学也非这样不可。只是说，有些学术观点，一下子统一不起来，也不要紧，学术研究可以照样进行，学科史也照样可以写。这种情况，反过来，正是要求学界本着积极认真的态度，一步一步去做。这就需要依靠学术争鸣，如果有了若干个本本，就可以开展争鸣，待到瓜熟蒂落，水到渠成，就一定会出现一些权威之说、传世之作。这样说，也许有的同志认为是一条"弯路"，但是，当直路不可能一下子走通的时候，碰几鼻子灰，拐几个弯，也是不得已而为之的事。

总之，编辑学自己的独立的概念系统必须建立，但这不是一朝一夕之事，它有待于学术研究的发展，需要有一个过程。当然，这里不应忽视有些研究工作者一开始就致力于概念、范畴的研究，搞得比较科学，能够经得起时间的考验，那就是对学科建设立了大功，是最好不过的了。

《编辑学研究在中国》P122，湖北教育出版社 1992 年 1 月版

谈《出版词典》的编纂工作

编者按：本文是作者 1986 年 8 月 18 日在《出版词典》第三次编纂工作会议上的讲话，其内容述及当时编纂这部词典的有关情况，值此《出版词典》出版之际，我们将其予以发表，既是祝贺，又是回顾，同时还或可为编辑出版界同仁提供些许参考。

原文没有标题，系发表时由编者所加。此外，原文第（六）部分的内容是通报该次会议的议题，故予节略。

《出版词典》第三次编纂工作会议今天在东北边陲延吉市召开，我们很高兴。出席这次会议的有出版界的许多老同志和兄弟民族的许多编辑出版工作者，这是我们开好这次会议，编好《出版词典》的重要保证。下面，我把有关《出版词典》的编纂工作情况向大家做一个简单汇报。

一、《出版词典》的缘起

编《出版词典》的问题，是上海辞书出版社于 1984 年下半年提出来的。同年底他们向文化部出版局组稿，出版局认为这个想法很好，就把这个任务交给了正在筹备中的中国出版发行科学研究所，让我们来筹办这件事情。我们一方面着手调查了国内其他类似词典的编纂计划、体例，翻译国外几个《出版词典》的词目，作为参考；另一方面开始广泛征求意见，落实具体的编纂工作。1985 年 1 月 24 日，我们先找了几位老同志，在边春光同志的主持下，进行了第一次酝酿。2 月，我们派人到上海听取上海出版界一些同志的意见并和宋原放同志、上海辞书出版社的同志进一步交换了看法。同志们都希望国家出版局的领导同志能够出面抓这件事。3月到4月，为便于听取一些老同志的意见，我们和上海辞书出版社的同志草拟了《出版词典》编纂计划初稿。4月，朱语今同志亲自去湖南做了调查，5月，我们和湖南、湖北、上海以及几个中央一级出版社的一部分领导同志，编辑、出版、发行工作者，就编写《出版词典》的有关问题，进一步交换了意见，许多单位都表示愿意承担一部分编写任务。在这个基础上，我们在北京开了一个小会，在边春光同志主持下，再次进行了酝酿。这次会议，确定了《出版词典》的10个分支和各分支的筹编单位，并且正式开始了收词工作。11月，在北京召开了《出版词典》第一次编纂工作会议，主编国家出版局局长边春光同志，副主编上海编辑学会会长宋原放同志，副主编国家出版委员会委员朱语今同志和各分支的负责同志参加了会议。会上讨论了《出版词典》的规模、特色、编纂计划、编写要求、体例，并且集中讨论了8个分支提出的7500多个词目，还讨论了民族出版史和地方出版史分支的工作计划与初步设想。商量了8个分支的工作进度，要求在1986年2月底以前提出修改词目和一部分释文试写稿。各个分支对这项工作抓得很紧，基本上都按时完成了任务。在这期间，我们还向各省市通报了第一次编纂工作会议的情况，发出了要求编写各省出版史词目的信件和材料。1985年11月，国家出版局在太原召开全国出版社总编辑会议，我们利用这个机会，又分头和各省市、自治区的同志谈了编写地方出版史词目的问题。就在这个会上，得知许多省市已经按我们发出的信函开始了这项工作。1986年3月，我们根据同志们的意见，在主编和两位副主编的亲自参加下，分头在北京和上海对8个分支的词目，逐个进行了讨论。4月，国家出版局正式发文，批准成立了《出版词典》编委会。5月，在北京召开了第一次编委扩大会议，也就是《出版词典》的第二次编纂工作会议。会上着重讨论了8个分支（除民族和地方外）提出的8019条词目，并且对他们提出的301条释文试写稿进行认真讨论。最后确定7551个词目，开始转入组稿编写工作，现在正在积极地进行中。预计，今年年底，多数的分支可以拿出初稿。我们想从明春起，开始按分支逐个定稿。

编纂《出版词典》这个问题提出以后，引起了我国出版界同志的广泛兴趣和深切的关怀。许多同志都认为编纂《出版词典》是发展我国出版事业的一件大事，是出版科学研究的一项基本建设，是我国出版界的共同任务。有关的单位都从人力、物力上给予大力支持，民委为编纂民族分支的需要拨出专款，科委的中国图书进出口公司承担了世界部分，需要从国外购买材料，有些条目还要请外籍人员编写，或请他们提供资料，需要花不少钱，他们也主动承担了。商务、中华、三联驻香港办事处积极承担了港澳方面的条目。国家出版局还向 100 多个驻外使馆的文化参赞，发了所要国外出版资料的函件，目前也正在陆续寄来。这些都是保证我们这部《出版词典》的编纂工作能够顺利进行的重要条件。

二、为什么要编《出版词典》

从根本上说，目的是两条：一是为了向出版战线的同志们，向有关的读者、作者提供一本工具书。过去，我们许多出版部门自己编印过《编辑手册》《校对手册》等，这些书都在不同范围内发挥了自己应有的作用，但是也存在着各说各的，在一些重大问题上不够规范化的现象。一些高等学校的编辑专业、图书发行专业的师生也曾经为没有一本专业的工具书而犯难。这说明编辑、出版、印刷、发行部门的同志，迫切需要工具书，特别是需要比较规范化的工具书。值得注意的是，十一届三中全会以来，我国出版工作的迅猛发展，出版队伍成倍扩大，目前已达 25 万人。大量的新鲜血液补充到我们的队伍中来，这当然是一件大好事，但同时也提出了一个培养队伍、提高队伍素质的问题。面对这种情况，过去那种师傅带徒弟的手工业的培养方式已不能适应新时期新形势的需要。因而迫切需要教材、工具书和其他业务知识书籍。这都说明编纂一部有一定分量的《出版词典》，编出一套编辑专业、图书发行专业的教材已经刻不容缓，这是摆在我国出版工作者特别是老同志面前的一项不可推诿的任务。一句话，为了适应当前出版工作的实际需要，这是我们编《出版词典》的第一个目的。二是开展出版科学研究的需要。三中全会以来，尤其是1983 年 6 月，中共中央、国务院作出《关于加强出版工作的决定》以来，开展出版科研的问题提到了议事日程，出版界许多同志有兴趣也有积极性参加这个工作。但是，也碰到了不少问题，首先是一些基本的名词、概念，没有明确的定义。比如说："编辑""出版'这些词，国内外的工具书就有多种不同的解释。更不要说对出版学、编辑学、图书发行学等学科的名词，解释上有各种不同的见解，有的甚至生造一些名词概念。这种情况势必影响出版科学研究的深入，影响出版科研事业的顺利发展，也会影响出版科研更好地为出版事业发展服务。而这一些问题的解决必须以出版科研为基础，通过编写《出版词典》这样一类基本的工具书或教材来解决。所以边春光同志曾经明确指出，要把编纂《出版词典》作为研究出版科学的突破口。《出版词典》编好了也就为出版学的研究奠定了良好的基础。

三、我们设想编一本什么样的《出版词典》

这个问题我们征求过许多同志的意见，和一些同志反复议论过，《出版词典》的几次编纂工作会议也不止一次地谈过，比较共同的想法是：编一本具有中国特色的、代表 80 年代中国出版科研水平的、能够与国际上已经出版的几部《出版词典》相媲美的中国的《出版词典》，它要兼有理论性和实用性的特点，预计字数为 130 万字左右，不超过 150 万字的中型词典。

首先，说中国特色问题。要有中国特点，就是要从中国出版工作的实际出发，不是从外国的实际出发。我们现在看到的几部外国《出版词典》，它们也是从各自的实际出发的，比如有的重在商业性，图书的流通、推销、广告方面的词目，在全书占有很大的比重；有的片面地从工业角度来看出版工作，把出版当作一种工业，而不是突出编辑出版工作是一个精神生产，他们把印刷机械、材料、技术作为出版工作最重要的环节。我们不是说不要讲究印刷技术，根本不看外国先进的印刷技术，而是印刷技术的发展、现代技术的采用和印刷设备的更新，必须和我国整个生产发展水平、整个四化进程相适应。所以我们应该从我国自己的实际出发，使《出版词典》更具有实用价值。

如何体现中国特色，我们想有这样几个方面。

1. 要反映我国出版工作的性质、任务、方针、政策、体制、法规和制度。

2. 体现我国编辑出版工作的历史。我国出版工作历史悠久，造纸、印刷术都是中国发明的，这在全世界是公认的，是许多国家所不能比拟的。恰到好处地反映中国的出版史，如实地反映出我国在世界出版史上的成就和地位，是体现中国特色的一个重要方面。

3. 要充分反映中国民族的特点。中国是一个多民族的国家，许多民族在中国出版史上作出了重要的贡献。藏族很早就有手抄本，有宏观巨著《大藏经》；蒙古族有《蒙古秘史》《蒙古黄金史纲》；满族有《大清历代帝后室谱》，回纥文有《金光明最胜王经》等。这些都是珍贵的历史文献。历史上，许多民族用它们各自的文字记录了本民族的发展史和当时社会的各种文献资料，为发展民族文化，为沟通各民族之间的文化交流起过重要作用，在我国的出版史上占有自己的位置。

4. 要有地方特色。中国幅员广大，在我国历史发展的各个不同时期，不同的地区起过不同的作用。山区和平原，干旱的北方和南方水乡，沿海和内地，经济、文化比较发达的地区和其他地区，他们在图书的出版发行上都有不同的特点。四川、福建、浙江是古代史上雕版印刷比较发达的地区；上海是近代出版工业的中心；湖南、湖北、江西、陕西、广东留下了党领导的革命出版工作的许多史料；桂林、重庆又是抗日战争时期出版单位的荟萃地。又比如说江苏历史上曾经出现过发行图书的"书船"，而有些山区在解放以后曾经出现过著名的"背篓精神"。这就是不同地区反映出来的不同特点。

以上四个反面，能不能得到充分的反映，可以说是《出版词典》是否具有中国特色的重要根据。特别是民族和地方的词条，在反映中国特色这一点上，应该有很大的作为，这是我们所以要开这样一次会的根本目的。

要达到这个目的，就是要依靠同志们认真地去进行发掘，这方面有的地区做得不错，我们希望大家在会上来交流经验。

其次，是反映 80 年代中国出版科研的水平问题。出版工作在我国有悠久的历史，编辑出版研究也是很早就已经开始了的。但是提出来，把它作为一种专门的学科来研究，这还是建国以后特别是三中全会以后的事。所以，这方面我们和有些国家比起来，还是落后的。但是，我们正在努力赶。实际上，近 3 年来，我们在出版科研战线上，是有很大成绩的。比如说，我们的国家在精简机构的当口，正式批准成立了中国出版发行科学研究所，我们在高等学校开设了编辑专业和图书发行专业，目前已不少于 10 个，更不用说还有许多中专和职业学校。我们还开了一些出版研究会和学术讨论会，先后交流了 300 余篇论文，创办了几个学术性刊物，已经公开发行的有上海的《辞书研究》、山西的《编辑之友》、上海的《编辑学刊》《杂家》，内部发行的还有本所的《出版与发行》、湖北的《出版科学》、上海的《出版史料》等。特别值得提到的是目前已有一些同志正在编写一些学术性专著或教材性的读物，这些都是几年前所没有的。特别是由于我们采取了专业队伍与业余队伍相结合的正确方针来开展出版科学的研究，已经开始取得成效。目前，我国出版科研队伍的群众性和涉及问题的广泛性可以说是其他国家所少见的。同志们，建立一门新的学科是不容易的，图书馆学、新闻学已经有了几十年的基础，而我们从《中共中央国务院关于加强出版工作的决定》公布开始，仅仅只有 3 年时间，目前出版科学研究正方兴未艾，形势很好，这是其他邻近学科所少见的，也是其他国家所少见的。为了保证我们《出版词典》能够代表我国 80 年代的水平。我们还准备邀请一些搞研究的同志，专门就一些理论性的条目开些学术讨论会、座谈会。广泛听取各方面的意见，力求反映目前我国出版界的研究水平。另一方面，这部词典的出版，它所提供的观点和材料，它的结构体系，本身也将是我国出版界的一项科研成果。

第三，是力争达到目前国外已经出版的几部《出版词典》的水平。目前，我们知道的国外出版的同类书已有五六本，为达到他们的水平，我们正在有选择地把它们翻译过来，作为我们有关分支编写释文的参考。从目前接触到的情况看，这些词典有一部分条目的释文是很有水平的。总起来说，只要我们认真、努力地去做，达到或基本达到目前国外已经出版的同类书的水平是完全可能的。

这是我们对于《出版词典》的一些设想和措施。由于目前毕竟还只是一堆条目，释文的初稿没有出来，所以我们不能把话说得太绝对，应该留有余地，免得将来有人说我们"放空炮"。

四、关于民族出版史、省出版史方面的编纂工作

前面已经说过，民族和各省的词目，是体现《出版词典》中国特色的重要方面，也是整个词典不可缺少的组成部分。所以，从酝酿《出版词典》编纂工作的时候起，从国家出版局领导同志、编委会到词典编辑部，就一直把这方面工作放在重要地位。除了词典编辑部曾经发过一些有关编纂工作的材料以外，国家出版局曾在 1985 年 12 月发过〔85〕出办字第 614 号文件，1986 年 6 月又发过〔86〕出办字第 524 号文件，都强调了要做好民族和各省收词及编撰工作问题。

各省收词，范围极为广泛，内容十分丰富，相当部分条目可以成词，其中有一部分编写出来，可以具有一定的学术价值。

从已经开列的民族和各省词目，可以清楚地看出，同志们做了认真的发掘工作，其中有的条目带有浓郁的民族和地方特色。如前面已经提到过的江苏的"书船"、山西的"平阳经籍所"、湖北的"汉口统一街"、湖南的"东鼎丰兄弟事件"、福建的"长汀四堡乡"（乡民以刻书为业），"福藏"（开创了梵夹装的装订形式）。黑龙江的《东省出版源流考》，陕西的《华岳全集》（李自成农民政权刻本），云南的李公朴"北门书屋事件"，有的省还发现了明代有关出版工作的文件档案，民族词目中有"白桦皮书""金书""银书""竹笔"等，更是丰富多彩，有许多是过去闻所未闻、见所未见的，都非常珍贵。

从现在已经开列出的条目看，有这样几个问题：

1. 民族和民族之间，省和省之间存在着不平衡。现在有的省开列了几百条，最多的是 900 余条，有的只有几十条，甚至几条，各民族各地区在历史上发展不平衡是客观事实，但现在多寡如此悬殊，这是不是符合客观实际，是一个值得考虑的问题。

2. 重复。地区之间、各省和古代、近现代出版史之间都有若干重复，这在开始是不可避免的，也不可怕，我们现在把古代、近现代出版史的条目（初稿）印发给大家，通过这次会议的讨论，经过一段工作，我们相信这个问题可以解决。也许有的条目，由于从不同角度出发，各有需要，也可能还有重复，特别是各地同志，这次经过翻箱倒柜挖掘的材料，很可能超过过去一般史书上的记载，可以补过去我们掌握资料的不足。所以我们不赞成轻易地从各省的条目中删去多少词目，各地可以根据各自掌握的新材料来收词编撰。将来可以通过释文合并、"参见"或"一义"、"二义"甚至"多义"的办法来解决。

3. 在收词范围方面，一般比较重视机构、著作，至于历史事件，相对来说少了一些。同时有的地区还收了报纸、刊物，而根据前两次编纂工作会议精神，我们这部词典一般不收报纸，对于刊物著作也只收编辑、出版、发行、印刷业务性的刊物，即所谓的"书之书"。不然，历史上的著作、报纸、刊物实在太多，势必收不胜收。

4. 还有一个某些词目"不成词"的问题。比如有的词目，像一个文章的标题，如"元朝××省书坊工作的基本特点"。这样的词条所包含的内容可能很好，但是词头不符合词典体，类似的问题也还有一些，上海辞书出版社副总编辑严庆龙同志、文教编辑室主任张诚濂同志将专门讲这个问题。

存在上面这些问题的主要原因是：

1. 我们最早给各省发的《出版词典——各省选词要求和编纂计划及体例说明》，原是一份供讨论用的初稿，现在看这份材料有些地方比较笼统，有些问题是后来逐步明确的。此后，我们也没有主动和各省联系，及时交换看法。所以有的地方对收词原则等不很明确，比如出版家、编纂家、藏书家、著作家，又如出版机构、藏书楼、图书馆。作为《出版词典》来说究竟应该收哪些，不该收哪些。有的人既是作家，又是编辑，有的藏书楼同样也刻书、印书，又怎么办？这些虽然有了原则的说法，以"出版"为中心，应该收姓"出"的，这都是对的，是应该坚持的，但具体到某个条目时，究竟怎么对待，还有个标准问题。如知名度、贡献等，如何求精，具体的还可以在这次会上讨论。我们在讨论8个分支词目时，也碰到这个问题，经过讨论，才逐步统一起来的。

2. 收词的不平衡是和各地的出版科学研究发展不平衡，地方志、出版志编纂工作的发展不平衡分不开的。现在看，凡是出版研究搞得比较早的地方，地方志、出版志编纂工作做得早的地方，《出版词典》收词也比较容易，因为已经有了一些同志专门摸索过，有了基础，有了条件。所以，希望各省的同志能够和本省的出版研究部门、地方志编纂部门取得联系。

3. 最主要的是领导的重视，人力的配备问题。到目前，大多数省比较重视，有的成立了很有分量的编纂工作领导小组、编纂小组，很快发动了各方面的力量，发掘了一批富有特色的词目。但也有一些地方，还没有把人组织起来，没有具体的人来做这个工作。这样就发生一个问题，如果到了明年，大多数省的释文基本完稿，还有少数的省出不来，怎么办？等吧，就拖了全书的编纂进度；无限度的等待也不是办法。我们不要求各省几百条，实际上也不可能，如果每个省都100条，总数近3000条，量就不小。恐怕不能那么多。真正反映民族和地区特点的，有几十条就很不错了，当然各族各省不可能平均主义，大家一样多。大家有力量能多搞出一些好东西，我们也欢迎。条目能不能上词典，关键在于有没有本省本民族的特色，有没有新的资料。

五、要迎难而上，知难而进

在座的许多同志是编词典的行家，比我们有经验。但是，这个问题还是要讲一下，因为编词典确实是一个苦差事，甚至是一个很苦的差事。千万不要看落实到自己头上没有几条，就觉得似乎很轻松。如果要真正搞出有质量、有特色的精品，还是很不容易的。从线索的调查、资料的积累、卡片的摘录、词目的设置、释文的形成、资料的核对，要求可能是十分苛刻的，有时为了一个人名、地名、年月，就可能在图书馆里待上半天、一天甚至几天，整个工程可能出现很大的难度。特别是编《出版词典》，在中国是一件新事，过去从来没有过在外国也不多。尤其是出版学的研究，在世界范围来看还是一门新的学科，在我国，才刚刚起步，许多概念还有待界定，许多理论上的问题还有待研讨。所以，比起一些老学科来，难度肯定会更大，可能会搞得很苦。外圈有一位学者，叫J.J.斯卡利格的曾经说过："十恶不赦的罪犯既不成处决，也不应判强制劳动，而应判他去编词典，因为这项工作包含一切折磨和痛苦。"这段话说得很俏皮，但也告诉我们要有足够的思想准备，希望大家迎难而上，争取早一点"刑满释放"，若"提前释放"当然更好。

附言：

《出版词典》从开始筹编到现在，经过七个年头，今天终于和读者见面了。我们要感谢上海辞书出版社的同志们，他们为中国出版界的基本建设做了一件好事。也要感谢所有参加这部词典编纂工作的同志和所有的作者，他们辛勤劳动，今天终于结出了硕果。令人痛心的是为这部词典的策划、编纂操心最多、付劳最大的词典主编边春光同志已于1989年12月29日因病逝世；副主编之一的朱语今同志也已在1988年9月28日病逝。他们虽然未能看到《出版词典》的出版，但他们的这个遗愿今天得以实现，忠魂有知，也可借以自慰一二焉。

今天，我借这个汇报的发表，权作为对边春光同志逝世二周年，朱语今同志逝世二年半的一种纪念吧！

《编辑之友》1992年第1期

十年灯前手自校　行间颠倒朱与黄

——为《编辑之友》创办 10 周年而作

《编辑之友》创办 10 年了，还在它的前身《编创之友》初创时期，我就接触过这个刊物。那时，感到它许多文章所说的，有的正是自己所做的，有的是自己想知道的，觉得很深切，给我留下了深刻的印象。记得那时每逢快出刊的时候，我好像有意识地等待着它的到来，以期先睹为快。

1985 年，《编创之友》改名为《编辑之友》，内容更集中了、对象更具体了、编辑思想更明确了。那时，为了创办《出版与发行》，我们还曾经琢磨过当时几本出版类专业刊物，首先就是《出版工作》和《编辑之友》。当然，《出版工作》有它独具"专利"的指导性，别的刊物是无法与之匹敌的；《编辑之友》当时作为我国第一个公开发行的出版类专业刊物，它的专业性、理论性和实用性，加上它丰富的内容、活泼的风格已经开始在出版界树立起自己的形象，也不是我们一下子所能企及的。为了走自己的路，根据研究所的性质任务，当时就确定了《出版与发行》要从学术性、资料性方面创造自己的特色。这种设想，可以说是考虑了包括《编辑之友》在内的几个兄弟刊物的特点之后形成的。

《编辑之友》从创刊到现在，已经走过了 7 年的路程，现在，它已经不只是"华北优秀期刊"之一，也是我国 5000 余种刊物中独具风采的一支。

《编辑之友》有许多栏目，其中最引我注意的是"编辑学讨论"这一栏，据我粗粗统计，7 年来发表在这个栏目中的文章近百篇。当然，在其他栏目中也还有许多直接或间接涉及编辑学方面的文章，如果把它们都算在内，这个数字可能超过几倍。可惜，我这里没有做过这方面的计算。

"编辑学讨论"发表的文章非常广泛，有论有史，它涉及编辑学作为一门学科在 80 年代的中国兴起的客观必然性，编辑学研究必须遵循的基本指导思想，古代编辑的特征和"编辑"概念的发展，编辑劳动的性质和特点，编辑主体、编辑客体、编辑过程和编辑技艺，论述过编辑学的理论体系和知识内容，编辑学的特性和研究对象，编辑学的基本任务和客观规律，编辑学的研究方法和建立步骤，等等。总之，80 年代以来，我国编辑学草创过程中涉及的各种问题，《编辑之友》都发表过文章，有所论述，有一些很有价值的见解，在学术上也提出过一些独到的看法，曾经引起编辑学界的注意，为编辑学的开拓作出了应有的贡献。可以说，过去 10 年，从《编创之友》起，尤其是改刊后的《编辑之友》，是支持我国编辑学初创的一个重要支柱。

回想 1985 年 12 月，全国首届出版科学学术讨论会在重庆召开之际，我和安塞、胡光清、张辉冠、杨斌，在参观八路军驻渝办事处旧址时，各抒情怀，决心在马克思列宁主义、毛泽东思想指引下，为出版科研事业添砖加瓦，竭尽微力，并合影留念。光阴易逝，往事历历，闪瞬之间，六七年过去，尽管沧海桑田，但是，这些人今天仍然在出版科研战线上做自己可能做的事，尽自己应该尽的力。回首往事，也许可以给我们更加增添一分勇气，滋生一分毅力。

"十年灯前手自校，行间颠倒黄与朱。"联想到陆游这两句诗，我觉得《编辑之友》所以有今天，是和它有一个好的编辑队伍分不开的。我接触过这个编辑部的好几位同志，安塞、厚勤、白小平和其他编辑同志，他们勤勤恳恳、脚踏实地，认真处理每一篇稿件，心用在这个刊物上。别的不说，只说一件小事，在他们那里，稿件一经采用，马上给作者发一封信，通知"稿件决定采用，将在 × 期发表"，虽然是短短的几句话，但使人感到自己的劳动受到别人的珍惜，也自觉不自觉地增加了对刊物的关心程度。

　　《编辑之友》将进入第二个 10 年，今后的 10 年对我国编辑学、出版学的建立，对概念的界定、规律的揭示、知识体系的形成，将具有决定性的意义。图书和杂志曾经为许多学科的建立起了催生、促进和铺路的作用，祝愿《编辑之友》为我国编辑学的进一步发展，作出比第一个 10 年更大的贡献。

　　《编辑之友》1992 年第 2 期；《出版学编辑学漫议》P240，河南教育出版社 1995 年 1 月版

时代呼唤出版学　实践需要出版学

从总结实践经验着手，使之上升为理论，并赋予其现代科学的形态，建立具有中国特色的社会主义出版科学的理论体系，来武装我国的出版队伍，指导出版实践，这实在是建设我国社会主义出版发行事业的一件根本性的工作，需要抓紧进行。

我国有 500 多家出版社，总的说来，绝大部分是严肃的，好的和比较好的。问题在于个别出版社，今天在这里"冒个泡"，明天在那里出一股子邪气。究之原因，往往是失之于"疏忽"，或者被"孔方兄"迷住了眼睛。对于这种状况，有人主张法治，这当然好。但细细一想，真正犯法的有几个，即使判刑坐班房，或可以惩其后，而不能戒其先。再说，坏书已经卖出去了，正在流传无阻，收不回，影响也消灭不了。更不用说大量的"擦边球"，或者只是"衣服穿得少了一点"，有法也管不了它。就是那些好的和比较好的出版社，尽管问题不明显，但是不是自觉地在出版科学的理论指导下进行工作的，也还是一个问题。所以，关键在于编辑出版队伍，要提高他们的思想水平和理论水平，让他们特别是这几年充实到我们队伍里来的新鲜血液，正确地认识出版、尤其是有中国特色的社会主义出版事业的性质、地位、作用，以及它的历史使命，懂得怎样才能做好出版工作。所以，建立出版科学的理论体系，不仅具有重要的理论意义，特别是在这几年，需要大力加强队伍培训的时候，更具有重要的实际意义。

这种状况表明，摆在我们广大出版工作者，尤其是出版研究工作者面前的任务，就是要研究出版学、编辑学、书刊发行学，要考虑出版科学理论体系的构筑。这是任务，也是时代的呼唤，呼唤出版学在中国诞生；也是实践的挑战，要求从实际出发，研究具有中国特色的社会主义出版学，建立起出版科学的理论体系。

要建立具有中国特色的社会主义出版科学的理论体系，首要的是要明确指导思想，具体说来，就是：

（一）这个理论体系应以马克思列宁主义、毛泽东思想和邓小平同志建设有中国特色社会主义的理论为指导，以"一个中心，两个基本点"的基本路线为依据，遵照十一届三中全会以来党的一系列方针政策，来总结建设具有中国特色的社会主义出版事业的经验（包括历史经验和现实经验），找出其客观规律，得出符合实际的原理原则。

（二）遵照理论联系实际的方针，确立以研究重大实际问题为中心的原则，从理论上回答实际工作中的问题，形成符合客观实际的科学的思想和观点。

（三）坚持百花齐放，百家争鸣的方针，开展不同学术观点的争论。集思广义，博采众长，既要加强专业队伍的建设，又要大力开展广大出版工作者群众性的理论和业务知识的研究。通过这种群众性的研究，是既可以丰富理论内容，又可以提高出版队伍的思想理论水平、提高做好实际工作自觉性的重要途径。这实际上也是马克思主义的群众自己教育自己的方法。

总之，我们所说的出版科学的理论体系，是以马克思主义作为理论基础的，它是与中国出版发展紧密相结合的，是用马克思主义的立场观点方法解决出版工作中实际问题的结果，因而也是建立在具有中国特色的社会主义出版事业的基础之上的。当然，也是符合当代马克思主义出版科学的理论体系的，这应该是不言而喻的。

出版科学是一门内容广泛、结构严密的多学科构成的完整的独立的知识体系，除了印刷技术、图书印制原材料和成品的储运技术以外，一般都属社会科学范畴，并且和多种学科有着密切的联系。

出版科学是一门实践性极强的学科。总的来说，应该包括基础理论和应用知识两个方面。从基础理论来说，如出版学、书刊编辑学、书刊发行学等，从本学科的特点出发，研究基本概念、基本规律、基本原理，研究它们本身的内部矛盾和外部环境，达到从宏观上对出版或出版的某一方面以科学理论指导的目的。当然，还可以向纵深发展，如书刊编辑学还可以具体到各类图书编辑学、各类期刊编辑学……以及图书编辑史等。出版学可以具体到出版经济学、出版管理学……以及出版史等。发行学也同样，但它的研究对象和任务、范围，尽管各有自己的特点，但其目的和格局大体上是一致的。

说到应用知识，诸如读者调查、原稿审读、装帧设计、图书宣传、校对知识、图书进销、农村发行等，它的基本任务是从编辑、出版、发行的各个方面各个环节的不同特点出发，探求这个环节的内在要素，它和其他环节的相互关系，以及实际操作的具体原则和相应的规范。达到从微观或中观上指导某个环节的目的。当然，微观、宏观是相对的，不是绝对的。但应用知识的研究对象、任务和范围，应该是解决实际工作中各种问题的具体知识，贵在操作性，这一点是不应该忽视的。

当然，基础理论和应用知识不能截然分开，尤其是出版科学，富有实践性，不仅基础理论应该指导实践，应用知识也应该符合具体工作的规律，有相对的理论性，这是客观实际的要求，也是建立这个理论体系所必须注意的。

我们要建立的理论体系，能否称之谓具有中国特色的社会主义出版科学的理论体系，关键在于有没有中国特色。我们所要求的理论体系其理论基础是马克思主义，这是毋庸置疑的，是任何时候都不能动摇的。马克思主义是放之四海而皆准的客观真理，放在中国，就要结合中国实际，解决中国问题，才能有中国特色。这个特色主要表现在两个方面：就是它既是坚持四项基本原则的，是为社会主义建设服务的；同时又是坚持改革开放的，是完善中国的社会主义制度所要求的。两者缺一不可，重此轻彼不行，轻此重彼也不行。更要注意，这种特色，不仅是中国的，而且是出版的。也就是要反映出版的本质，而不应该停留在一般意识形态或者社会主义文化、社会主义信息事业所共有的特色。而是中国社会主义出版所固有的。不然，它将不能正确反映中国出版事业必须服务中国社会主义经济基础的本质。当然，也谈不到这种理论体系的建立。

为了使这种特色充分体现，还要重视方法论问题。我们的基本方法当然是马克思主义的方法，即唯物辩证法。也就是用马克思主义的立场、观点、方法来观察分析中国的编辑、出版、发行工作的实际，得出符合中国实际的结论，以利中国社会主义经济的发展。

同时，我们还可以用比较的方法，不仅要做今昔的比较——建国前后的比较、党的十一届三中全会前后的比较，也可以和国外比较——与社会主义国家比较，包括与苏联比较；也可以和资本主义国家的出版学说比较，包括和美国的、西欧的和日本的、韩国的出版学说比较。国外的研究成果，只要对我们有用，也可以吸收借鉴。比如50年代的苏联就在高等学校开设出版课程，有计划地培训出版人才；英国在20年代就出了《出版概论》，后来美国也出版过《出版是什么》之类的书，尽管这些论述是以盈利为前提的（这也是他们的特色之一），但同时也总结了一些经营管理的方法，比如重视图书再版率等，对我们也有参考意义。日本在20多年前就开始了现代出版学的研究，尽管当时的研究才刚刚起步，但他们很注意各国的出版动态和国际间的出版学术交流，这是走在我们前面的。又比如一些西方国家比较讲究图书的印制和国际图书市场的开发，也可以引起我们的思考。共产主义是全人类智慧的结晶，在它诞生以来，尽管受到不断的诬蔑、诽谤和歪曲，而且不断受到挫折，但它始终是发展的、前进的。资本主义则相反，尽管它有时颇为"发达"，但骨子里是腐朽的、日趋没落的，这一点从他们出版的图书的内容也可以看出。所以，只要我们坚持四项基本原则，正确地研究各国的出版学说和管理经验，借鉴其中对我们有用的东西，有的还可以从反面给我们以启示。只要我们始终保持清醒头脑，是可以有利于建设我国社会主义出版事业的。

　　为了使出版科学的研究能够和其他相关学科同步发展，我们还可以运用其他学科，包括自然科学研究上已经取得成果、证明是行之有效的并且是可以借鉴的方法，扩大我们的科研成果。比如不久前《编辑之友》刊出一篇文章，用文献学的方法来研究我国编辑学论文发表的现状，取得了令人信服的成果。有的还用数学的方法，对编辑学某些定义的不同观点做过研究，也给人以许多启迪。

　　总之，建立具有中国特色的社会主义出版理论体系，并非一件容易的事，但又是一件非做不可的事，因为这是社会发展的需要。因而，不能闭门造车，不能停留在原有的经验上，而必须适应正在改革开放浪潮中蓬勃发展的我国社会主义的出版事业需要。

　　1992 年 4 月

　　《出版学编辑学漫议》P1，河南教育出版社 1995 年 9 月版

谈谈弘扬出版优良传统和深化出版改革问题

一、什么是传统

"传统"一词的拉丁文为 traditum，意思是从过去延传到现在的事物。换句话说，传统就是世代相传、具有一定历史特点的社会因素。它是历史发展中形成的一种社会习惯，是一种无形的力量，对人们的社会行为起着某种制约和推动的作用，它具有自然的延续性和历史继承性。如风格、道德、思想、作风、艺术、制度等。它存在于各个领域，表现在各个方面，大至整个社会，小至某个家庭和个人。

美国有一位潜心研究传统问题达 25 年的教授，叫 E·希尔斯，他认为：传统是围绕人类的不同活动领域而形成的代代相传的行事方式，是一种对社会行为具有规范作用和道德感召力的文化力量，同时也是人类在历史长河中的创造性想象的沉淀。他又认为：传统是一个社会文化遗产，是人类过去所创造的种种制度、信仰、价值观念和行为方式等构成的表意象征；它使这一代与那一代之间、一个历史阶段和另一个历史阶段之间保持了某种连续性和同一性，构成了一个社会创造与再创造自己的文化密码，并且给人类生存带来了秩序和意义。

传统，有好的和不好的，有些好传统中又包含着若干不好的因素，它往往还带有阶级和民族的历史印记，抽象的传统是没有的。我们今天所要提倡和继承的当然是传统中的积极因素，即好的、优良的传统，因为它对时代具有推动作用。

毛泽东同志曾经指出："中国的长期封建社会中，创造了灿烂的古代文化。清理古代文化的发展过程，剔除其封建性的糟粕，吸收其民主性的精华，是发展民族新文化提高民族自信心的必要条件，但是决不能无批判地兼收并蓄，必须将古代封建统治阶级的一切腐朽的东西和古代优秀的人民文化即多少带有民主性和革命性的东西区别开来。"①江泽民同志最近也明确指出，对于传统的东西要做具体分析，陈旧过时的要敢于抛弃，正确的优良的要善于继承和发扬。研究中国古代的编辑出版传统是如此，研究近现代的编辑出版家的传统也应如此。

中国作为四大文明古国之一，有着悠久的历史与文化传统。如何将中华民族优良的文化传统记录、保存下来，使之泽被后世，就成了出版工作者义不容辞的责任。我国是世界上最早有编校活动的国家之一，在印刷术发明以前，历代官府和私家学者就致力于编书、抄书。印刷术的发明，使书籍这一文化载体有了大量复制的可能，广为流传成为现实。在出版历史的长河中，我们的先辈创造和积累了丰富的经验，也继承了许多优良的传统，至今仍为人们传颂和继承。

我国的古代文明值得大书特书，具有历史继承性的近现代出版文化也同样具有丰富的内涵。从时间上看，近现代历史经历了上百年，包括旧民主主义革命和新民主主义革命两个历史时期；从空间上看，包括上海、北京、广州、延安、武汉、重庆、桂林、香港等许多城市的出版事业，其中有一批在国内外享有盛誉的出版单位，如商务印书馆、三联书店（生活·读书·新知）、中华书局、开明书店等；从性质上看，既包括国统区进步的出版业，也包括中国共产党直接领导的革命的出版事业；从出版界的成员来看，不仅包括数以万计的普通的编辑、出版、发行工作者，也包括一大批为我国的文化事业作出杰出贡献的编辑家、出版家；从出版工作的作用上看，近现代出版业不仅对传播和积累科学文化知识、提高民族的文化素质发挥了重大作用，而且为在我国传播马克思列宁主义，教育人民参加反对帝国主义、封建主义和官僚资本主义的革命运动，

① 《毛泽东选集》701 页。

都发挥了重大作用。因此，在尖锐激烈的阶级矛盾和民族矛盾的影响下，在灾难深重的旧中国发展起来的中国近现代出版业，就必然要形成自己的历史传统，其中重要的积极因素，也就是我们所说的优良传统。这些优良传统应该得到继承和发扬，让它为社会主义出版事业的蓬勃发展起应有的作用。因而总结近现代编辑家的优良传统，正本清源，弄清楚哪些传统是可以继承的，哪些是可以发扬的，哪些是可以创新的，就有着重要的意义。所以研究传统，既是对历史的总结回顾，更是对未来的发展与开创。

二、当前学习和弘扬我国近现代编辑出版优良传统的必要性

在新的历史时期，我国的出版事业取得了前所未有的成果。近 15 年来，出书的数量和范围都远远地超过了近代，超过了 19 世纪上半叶，也超过建国后的头 30 年。编辑队伍日益壮大，特别是改革开放以来，我国出版事业发展迅猛，繁荣的程度是空前的。从总体上看，我国近现代出版事业的优良传统已经得到了广泛的继承，并且在许多方面有了创新和发展。在改革开放的大潮中，我们在坚持发扬优良传统的同时，积极吸收国外的优秀文化，进一步印证了中华文化的深湛，丰富了它的内涵，表明它具有非凡的创造性和巨大的吸引力。这是新时期我国出版事业所以能够健康发展的根本原因之一。但是我们也要看到，目前在社会主义市场经济条件下，出版工作仍然存在不少问题，有的还相当突出。由于资产阶级自由化思潮的侵蚀和价值观念的转变，编辑队伍中受"一切向钱看"观念的影响相当严重，不顾社会效益，只抓经济效益，讲实惠，甚至以出版不健康的读物来牟取利润。买卖书号已引起社会舆论的强烈不满；图书质量下降；粗制滥造、内容低劣的书刊充斥市场；抄袭成风；"身在曹营心在汉"，人在社内干外活、捞外快的现象屡见不鲜；"黄货"泛滥，屡禁不止。编辑人员的责任感、使命感淡漠，以权谋私的现象时

有发生，无错不成书已司空见惯。这些现象的存在显然与我们古已有之的编辑出版优良传统不符，更与我们党的出版方针、编辑指导思想背道而驰。面对这种局面，一些老同志、老编辑痛心疾首，他们深感研究并弘扬我国近现代编辑出版家的优良传统是当务之急，对青年编辑进行传统教育也势在必行。

另一方面，一些青年编辑由于不了解我们过去的优良传统，对传统的理解等同于保守，甚至认为继承发扬编辑家的优良传统与改革开放、开拓创新是矛盾的。

为了解决编辑出版队伍中存在的一些不良作风，澄清有些编辑头脑中存在的错误观念，研究和弘扬近现代我国编辑出版家的优良传统就有重要的现实意义，它可以使我们更清楚地看到当前出版工作中存在的问题和差距，从而更加认识到加快改革的必要性。同时从中获得启迪，为加快出版改革提供思路，为建设有中国特色社会主义的出版体制发挥应有的积极作用。

三、弘扬优良传统与改革创新的关系

在改革开放的新形势下，尤其在社会主义市场经济条件下，商品化的大潮冲刷着社会的各个角落，出版业也需要面向市场。从出版业本身说，当前与社会主义市场经济相适应的出版体制正在逐步建立，出版发行的经济管理体制也需要突破旧有模式，出版社深化改革已全面铺开，书店的改革需要从自己内部找到更加能够鼓励销售的合理契机，这就对广大的出版工作者提出了开拓创新的要求。

如何认识在改革开放的同时，发扬优良传统。有人认为改革就是破旧立新，就是要破旧的框框，就是要摒弃旧的传统，有的认为传统中有好东西，但大都已经"过时了"，是绊脚石，束缚了手脚，片面强调照搬西方模式，西方的编辑不审稿，我们的编辑也不应该审稿。背离中国国情,将开拓创新与弘扬优良传统截然对立起来。但改革的实践已经证明,在这种思想指导下的"开拓创新",只能使出版工作走上歧路,与社会主义方向背道而驰。要改革就要创新,就要发扬优良传统,这不是对立的。江泽民同志提及,我们的改革是社会主义制度的自我完善和发展,这种改革的性质,就决定了在改革过程中必须抓好几个基本环节:一是坚持我们基本的政治经济制度,充分肯定和发扬过去的好传统好做法;二是坚决革除现行制度中的各种弊端;三是根据生产力发展和社会进步的要求,大胆进行合乎实际的新创造。这里把改革、创新和发扬优良传统的关系讲得非常清楚了。

所以,坚持弘扬优良传统,积极开拓、创新就是在一定基础上的再发展。如果我们割断历史的延续性,离开新中国成立 40 余年积累的成功经验,抛开近现代编辑出版家的优良传统去空谈开拓、创新,那么开拓、创新也就成了无源之水、无根之木。相反,弘扬优良传统与开拓创新二者是相辅相成的,只有发扬优良传统,开拓创新才能有坚实的基础,也只有不断开拓创新,才能弘扬中华民族优良的文化传统。

我们今天研究近现代编辑出版家的优良传统,不是为了怀念已经消逝的历史,更不是为了发思古之幽情;不是为了颂古非今,而是要取其精华,古为今用。弘扬优良传统也不是抱残守缺,而是在新形势下的一种开拓创新。江泽民同志曾经号召大家"学习历史、创造明天"。他明确指出:要努力学习中国历史特别是中国近现代历史和党的历史,并通过这种学习努力掌握和发扬中华民族的优良传统和党的优良传统。他说:小平同志非常关心和重视发扬党和民族的优良传统,继承和发扬我们民族、我们党的优良传统,也是改革的题中应有之义。这就要求我们既要有勇于开拓创新的精神,也要善于弘扬优良传统,使优良传统在今天的出版改革中注入新的因素,只有二者紧密结合,才能在新形势下走出一条具有中国特色的繁荣出版的新路子。

编辑出版家在本质上应是先进的思想家，通过出版图书来积累和传播先进的思想和文化，以推动社会生产力的发展和生产关系的进步。我们通过总结、归纳、梳理近现代编辑出版家的优良传统，努力从理论上做到"正本清源"，弄清了优良传统的内涵，从而看出真正的优良传统在今天仍然具有强大的生命力，并大力加以提倡。只要我们在深化出版改革中，弘扬近现代编辑出版家的优良传统，摒弃不合潮流的东西，就一定能够为建立适应社会主义市场经济体制的具有中国特色社会主义的出版体制作出更大的贡献。

四、近现代我国编辑出版家优良传统的历史特点

近现代的中国社会经历了一个特殊的历史时期，是一个大动荡、大变革的社会，是帝国主义、封建主义、官僚资本主义侵略、掠夺、压迫中国人民的年代，也是中国人民反侵略、反掠夺、反压迫的斗争年代。从国际上看，这个时期是世界科学技术迅猛发展的时期，同时也是国际无产阶级革命运动蓬勃兴起的时期，特别是俄国十月革命以后，中国的一部分先进的知识分子，开始接受了马克思主义的理论，积极寻求救国救民的真理。新文化运动的发生，《新青年》的创刊，更使中国人民逐步解放思想，大量吸收各国的先进思想和现代科学技术，有力地推动着中国人民的觉醒。

这种特殊的历史时期，造就了一批具有进步思想的文学家、文艺评论家、思想家，他们拿起笔，从事翻译、创作和编辑，他们通过办刊、办报把外国的先进科学技术、文化艺术、学术思想介绍到中国来。所以，这个时期的编辑出版家，有两个明显的特点：一、他们既是编辑出版家，同时又是文学家、文艺评论家、翻译家。二、他们从事的编辑活动，大多属于开发民智、催人奋进，或鼓励人民进步、革命，带有明显的时代特色。这种优良传统对我们今天推进出版改革，建设具有中国特色的社

会主义出版事业具有十分重要的意义。

1992 年 5 月

《出版学编辑学漫议》P94，河南教育出版社 1995 年 9 月版

简谈我国近现代出版优良传统

我国是世界上最早有编校活动的国家之一。竹简木牍的编次，可以说是最早的编辑实践。造纸术的发明大大地改善了图书的载体。雕版印刷的创造，不仅代替了手抄的复制手段，而且代替了碑拓等最原始的出版活动，它的外传开辟了世界出版史和文明史的新纪元。活字（包括铜活字）印刷的发明，又写下了出版史上最灿烂的篇章。铅活字和现代化机器印刷的传入，大大推进了中国出版业的发展。可见，从甲骨到简帛，从雕版到活版，直到现代化的机器印刷，正是人类不断实践、不断创造、不断革新的结果。通过不断的中外文化交流，我国的优秀文化科技成果走向世界，同时国外优秀的文化科技成果也走向中国。正是在这不断的实践、创造、革新中，在中外文化的交流中，形成了我国出版的重要传统。

什么是传统，它是历史发展中形成的一种社会习惯，是一种无形的力量，对人们的社会行为起着某种制约或者推动作用，也是历史继承性的一种表现。

传统中有精华也有糟粕，有些好的传统中又包含着若干不好的因素，或者已经不合时宜的东西，所以又有破除旧传统的问题。传统的东西，还往往带有各种各样的历史印记。我们要用历史唯物主义的观点，来区别其精华和糟粕，去芜存精，去谬存真。也就是说，我们要提倡、弘扬、继承的是传统中的积极因素，即好的、优良的传统。而对于传统中那些不好的、消极的因素，和我们时代精神相背离的东西，我们应该毫不犹豫地予以反对，坚决予以抛弃，就是说要批判地继承。

传统存在于民族、国家、地区，存在于思想、道德、作风，也存在于文化、教育、新闻、出版等各个领域。它表现在各个方面，大至人类社会、某个行业，小至一个家庭、一个学校、一家书店、一个印刷厂，甚至刊物，也包括个人的作风和方法（如某个作家的写作风格、创作方法和作品的特色），可以从多方面、多角度、多层次地加以探讨。

毛泽东同志说："必须将古代封建统治阶级的一切腐朽的东西和古代优秀的人民文化即多少带有民主性和革命性的东西区别开来……而不是颂古非今，不是赞扬任何封建的毒素。"[①] 去其糟粕，取其精华，这是我们研究历史遗产，也是研究出版传统的基本指导思想。

研究中国古代的出版传统是这样，研究中国近现代出版传统同样是这样。

近现代的中国社会，是半殖民地半封建社会，从1840年到1949年，这百余年间，我国的民族矛盾和阶级矛盾十分尖锐，这是时代的特征，所以研究这个时期的文化、出版传统，也不能离开这个时期历史发展的实际。

在尖锐激烈的阶级矛盾和民族矛盾的影响下，在灾难深重的旧中国发展起来的中国近现代出版业，必须形成自己的历史传统。这种传统中有许多的积极因素，也就是优良传统，对我们今天推进出版改革，建设具有中国特色的社会主义出版事业具有重要的意义，是我们应该弘扬、继承的。具体的，我们可以从这样几个方面来探讨。

一、把国家富强、民族振兴作为自己的使命

中国近现代的出版业和从事这一工作的正直的编辑家、出版家，在帝国主义、封建主义和官僚资本主义的欺压下，始终为国家和民族的命运着想，并且自觉地为国家富强、民族振兴作出自己的努力。新文化运动的旗手鲁迅，青年时期怀着治病救人的心愿赴日本学医，原来以为当了医生，就可以救民，进而达到救国的目的，可是当他在画片上看到中

---

① 毛泽东：《新民主主义论》，见《毛泽东选集》（合订一卷本），701页，北京，人民出版社，1964。

国人被日本人绑着砍头，而另一些中国人则围观着欣赏这种砍下头颅来示众的"盛举"时，他忽然觉得"病死多少是不必以为不幸的"，重要的是要"改变他们的精神"，从此他致力于提倡文艺运动，创办杂志。鲁迅正是从这里开始走上了编辑和创作道路的。我国近代出版家张元济，生于清朝末年。面对清廷腐败，列强欺凌中华，他立志寻找救国救民的道路，满腔热情地参加了戊戌变法。结果是变法失败，受到"革职永不叙用"的处分。在失败中他意识到通过"圣明"的皇上来富国强兵，或学习西方谋求船坚炮利作为兴国的"方略"都行不通。于是他寄希望于"开发民智"，才选择了办学、办报、出书刊的道路，即所谓"昌明教育平生愿，故向书林努力来"。从此，他百折不挠，无悔无怨，直到终老。被陕甘宁边区文教会议誉为"出版事业的模范"的邹韬奋，是伟大的爱国者。他一生以笔代剑，战斗不息，办报刊、开书店，宣扬真理，矢志不渝；不怕坐牢，不怕杀头，并庄严宣告"只须对民族解放有些微努力的可能，个人的安危生死，早置之度外"。为了唤醒"沉睡"着的青年，他坚持出版进步的革命的书刊，为中华民族的解放事业，贡献了自己的一生，直至生命的最终一息。

二、厉行变革，积极吸收外国优秀文化成果为我所用

张元济一到商务，就和夏瑞芳等建立了编译所，把原来仅仅经营印刷的小型企业，逐渐改变为编印发三位一体的大型现代出版企业，而且积极配合废科举、兴学堂的教育改革，编出了适应新学堂需要的新式教科书，使当时的教育改革得以具体的贯彻。茅盾从参加《小说月报》编辑工作的第一天起，就全力进行改革。他开始发表白话文的作品，启用新式标点，发表新文学创作，翻译刊登外国的进步文学作品，开展文学评论，主张文学应当"重思想内容不重形式""表现人生并指导人生"。在全面接编《小说月报》之后，他又发表《改革宣言》，一扫"礼拜六派"

的"艳情、恋情、苦情"等低级无聊的文学垃圾，以内容充实、新颖赢得读者的赞誉。革新后的《小说月报》，面貌焕然一新，成为新文学运动的重要支柱。中华书局的创始人陆费逵一直主张出版工作要跟上时代的步伐，适应社会的需要，要"与时俱进"。

为了民族振兴，国家昌盛，近现代老一辈编辑出版家总是立足本国，在继承发扬民族优秀传统文化的同时，又刻意吸收世界文化的优秀成果。林则徐在反抗帝国主义侵略的同时，主持编译《四洲志》，直至鸦片战争失败被发配新疆充军时，仍和魏源商议译书事宜。严复翻译出版的《天演论》，曾经改变了清末一批知识分子的旧观念，对后来的青年也有重要的教育意义。陈望道翻译的《共产党宣言》的出版，曾经激励了中国广大的先进知识分子。《共产党宣言》和其他许多马列主义著作的出版和传播，为中国革命的胜利，为中国人民命运的改变，指明了航向，奠定了理论的基础。不断地吸收国外优秀思想文化的成果，洋为中用，是当时中国知识分子十分关心的课题，梁启超曾经说"今日中国欲为自强第一策，当以译书为第一义矣"。鲁迅在收到陈望道送的《共产党宣言》中文译本以后说："把这本书译出来，对中国做了一件好事。"他自己也积极参与翻译出书工作，为现实政治斗争服务，据不完全统计，他共翻译了 14 个国家 90 位作家 200 多种作品，约 250 万字，占他全部著译文字的二分之一。鲁迅说过，为的是"从别国里窃得火来"照自己的"暗夜"。可见吸收外国的优秀文化成果，为我所用，一直是中国近现代出版的一个重要方面。

三、真诚地为人民服务，鞠躬尽瘁死而后已

鲁迅所以从事著译出版工作，首要的目的就是"为人生"，是为了给人民大众"输送精神食粮"，就是为中国的劳苦群众。这方面，他讲得最清楚，做得最彻底。鲁迅常常自费出书，有人问他为什么？他说"不

是为个人"，只要"是为中国大众工作的，倘我力所能及，我总希望……
能够略有帮助，这是我常常自己印书的原因"。与此同时，鲁迅还积极
支持青年编书、出书。以邹韬奋为代表的"生活书店精神"，一直以服
务人民、服务读者为天职的精神著称于世。由于热诚为读者服务，邹韬
奋与读者有广泛的联系。他不仅亲自答复读者来信，而且亲自接待读者
来访，"把读者的事看做自己的事，与读者的悲欢离合，酸甜苦辣，打
成一片"，凡是读者要办的事，无不尽力办到。读者也把邹韬奋当做自
己知心的朋友，把生活书店当做自己的家。读者甚至托他打听结婚时用
的衣料，调查时装裁剪的式样，他也都一一代办。一对青年夫妇，因怀
疑产生了矛盾，要闹离婚，把心里话写信告诉了邹韬奋。邹韬奋就多次
写信，做思想工作，使这对青年夫妇言归于好。最后双双写信感谢邹韬
奋，还要把《生活》周刊作为他们家庭的永远读物。邹韬奋的一生，是
战斗的一生，他奔波呐喊，笔走龙蛇，著作多达几百万字，先后主编了
《生活》周刊、《大众生活》《全民抗战》等 10 多种期刊，生活书店出
版了 1000 多种书籍。教育了广大青年，唤起了他们的爱国热情，把他们
引上革命之路。毛泽东同志曾题词说："热爱人民，真诚地为人民服务，
鞠躬尽瘁，死而后已，这就是邹韬奋先生的精神，这就是他之所以感动
人的地方。"[1]

四、勤俭节约、艰苦奋斗、严肃认真、一丝不苟的工作作风

中国的现代民族出版业是近代中国才开始发展起来的，在贫穷落后
的旧中国，办出版的条件是非常艰难的，大都是在本小利薄、创业维艰
的情况下争生存、争发展，逐步壮大起来的。凡事都要勤俭节约，要靠
艰苦奋斗。大手大脚固然不行，经营中的丝毫浪费也是不允许的。工作

---

[1] 见《解放日报》1944 年 11 月《邹韬奋先生逝世纪念特刊》。

人员的工作、生活条件，也困难得难以想象。一间房子，既是编辑部，又是店堂，进餐时是餐室，晚上又是卧室。商务印书馆最开始就是一个很小的印刷企业，后来有所发展，但在抗战时期又遭日本飞机的轰炸，受到了沉重的打击。《生活》周刊在创办之初，只有一间非常简陋的过街楼，三张办公桌，两个半人（其中一人是兼职），经济也极困窘。后来办起了《生活日报》，也是在香港的贫民窟里，只有三间破楼房。在贫民窟里办报，在当时的香港也是独此一家。邹韬奋虽然办书店，仍常常为一家人的吃穿发愁。在重庆，一家五口挤在两间侧屋里，只能勉强糊口。国民党顽固派还经常寻衅，"皖南事变"后，书店连连遭受摧残，分支机构被查封，店员遭逮捕或被逼逃散。邹韬奋本人还受到暗杀的威胁。但是，他从未动摇后退。办刊物，出书，他都以身作则，严格要求，事事认真，一丝不苟，心甘情愿地"为他人做嫁衣裳"，从不马马虎虎，如果有什么人"拆烂污"，不管是谁，从不客气。他常说，做事"要认真，要负责，否则宁愿不干"。他说，我做编辑、写东西，"不愿有一字或一句为我所不懂的，或为我所觉得不称心的，就随便付排。校样也完全由我一人看，看校样时的聚精会神，就和在写作的时候一样，因为我的目的要使它没有一个错字"。鲁迅的经济情况不好，是众所周知的，加上身患积疾，往往是一边吃药，一边工作到深夜；一边吐血，一边校对文稿。他对于编辑工作，总是极端负责；对于译稿，一定要找原版书对照修改，还要找其他国家的译本来做参考。他不仅注意正文，而且十分重视辅文，诸如"前言""后记""例言""附录""启事"等，都认真写、认真改、认真校。他校阅别人的作品，"真是一个字一个字地看下去，决不肯随便放过"。采用插图，十分严肃，包括纸张使用都自己过问，甚至跑到工厂，查看锌版。这种不叫苦、不叫累，一心扑在编辑工作上，认真负责、一丝不苟的好作风，凡和鲁迅一起工作过的人都深受教育，影响远及我国革命文艺界和编辑出版界。

五、不断开拓进取，勤于培育新人

近代中国出版业，尽管创业艰难，仍能不断发展，贵在开拓进取。尤其是现代中国的出版事业，所以能够较快地发展，主要是由于中国共产党的正确领导，同时也因为有了一批革命、进步、正派的编辑家和出版家，他们一心扑在出版事业上，不断开拓，不断进取，不断培育一代又一代的新人，终于形成了一支政治方向明确，专业知识充实，出版业务熟练的出版队伍。这一点在近现代出版史上是十分突出的。现代出版家胡愈之，由开始为《生活》周刊写稿，到协助邹韬奋办刊，后来又协助邹韬奋创办生活书店，并且大力发展各地的分店（多达50余处），使生活书店的影响越来越大，终于把抗日文化的种子撒向全国，成为国民党统治区重要的革命文化阵地。根据政治形势的发展，革命斗争的需要，胡愈之在不同时期、不同地点，努力开拓出版阵地，自觉为政治服务，从不停息。抗战胜利以后，他又在南洋创办了新南洋出版社，创办了《风下》周刊和《新妇女》杂志，最后创办了《南侨日报》，发行了《南侨晚报》，报纸的发行量成倍增长，使党的影响远及南洋，成为深受当地华侨欢迎的报纸。赵家璧当编辑，任何时候都想着选题、想着出书。良友出版公司的"一角丛书""良友文学丛书"以及"中国新文学大系"，在中国现代文艺书籍出版史上规模之大、质量之高、影响之深都是首屈一指的。这些都是在赵家璧逛书店，与人谈话中受到启发联想而逐渐形成的创意，这是因为出什么书、怎么出书这类问题，任何时候都没有离开过他的思绪。在开拓出版事业，出版优秀书刊的同时，老一辈编辑家、出版家又培养出一批批有影响的著作家和编辑，这方面鲁迅、邹韬奋、叶圣陶……的工作是卓有成效的。为了培养新人，鲁迅认为"办刊物应多吸收新作家"，"新做文章的人，在我所编的报上，也比较地易于刊出"。许广平回忆说："先生每编一种刊物，即留心发现投稿者中间的可造之材，不惜奖掖备至。稍可录用，无不从宽。"邹韬奋不仅从生活上关心青年，更多的是从思想上帮助青年。他告诉青年"天下最可鄙的是自私自利，天下最可爱的是为群为公"。他教导青年"为大众福利而研究学问，检讨问题，乃至谈一段话，作一篇文……随时随地都会有推进新时代车轮的可能性"。鲁迅在编辑出版《民众文艺》《鼓浪》《波艇》等进步报刊时以及在他整个一生中，对冯雪峰、张天翼、巴金、欧阳山、沙汀、艾芜、唐弢、李霁野、曹靖华、冯至等数十位青年编辑、作者的培养，已经成为传世佳话。叶圣陶在开明书店不仅培养了一支朴实、稳重、勤恳、正派的编辑队伍，而且发现和发表了巴金、丁玲等青年的处女作，把他们送上了文学的道路，终于使他们成为现代中国的文艺巨人。

六、努力学习宣传马列主义，坚持走进步、革命的道路

我国最早的共产主义者李大钊、陈独秀、毛泽东，都是通过办报纸、刊物，积极宣传马列主义，才使中国革命的面貌为之一新。近现代中国的编辑家和出版家，之所以能够建立和开拓中国现代出版业，重要的问题在于不断学习。他们大多数在思想上经历了一个由旧民主主义革命到新民主主义革命，再到社会主义革命的过程。这是他们适应社会发展规律，不断学习马列主义、学习新科学新知识的结果。鲁迅从早年在日本参加光复会，到后来成为中国新文化革命的主将、自觉的共产主义战士，就经历过这种历史的转变。他迫不及待地阅读《共产党宣言》，学习中共中央的文件和毛泽东同志的文章，当得知红军长征胜利到达延安时，他立即打电报给党中央表示祝贺，说延安是中国希望之所在。邹韬奋是我国知识分子不断学习、追求真理的典范。周恩来同志说过："邹韬奋同志经历的道路是中国知识分子走向进步、走向革命的道路。"邹韬奋早年曾受过封建主义和资产阶级教育的影响，主张实业救国，提倡职业教育，后来还主张放弃武装，与当局和平协商。可贵的是他时时刻刻注意自我改造，刻苦学习马列主义，不断进行着他自己所说的"洗涤污垢"

的"净化工作"。抗战爆发前后，他已经认识到中国必须走社会主义道路，只有共产党才能救中国。而且从此坚定信念，虽屡遭迫害而矢志不移，实现了从爱国主义向共产主义的转变。邹韬奋作为编辑，他觉得必须不断学习，不断积累新的知识，才能不辜负读者的期望。他曾说："我个人是在且做且学，且学且做，做到哪里，学到哪里，除了在前进的书报上求锁钥外，无时不皇皇然诸益于师友、商讨于同志。"张元济受的是封建教育，他在创编新式教科书时，既无样板，也无经验，和蔡元培、高梦旦等先生一起，完全凭着爱国的热忱、编辑的责任感，既向外人学习，又努力实践才干出来的。茅盾为共产主义理想追求和奋斗了一辈子，他学识渊博，著作丰硕，但刻苦学习，从不停息，直到晚年，仍克制病痛，顽强学习，甚至"灯下贪书，损伤了双眼"。他之所以博学多才，就在于他长期坚持勤奋地学习。同样，郑振铎、叶圣陶等编辑出版家，能够在文学、翻译和编辑出版事业上取得巨大的成就，都是和他们自觉接受党的领导，长期地勤奋学习马克思主义，学习新的知识分不开的。

中国近现代出版发展的实践证明：一本好书、一家好的出版社，就是以编辑人员坚定的政治信念和丰富的学识为基础的，而这又是他们长期学习马列主义，不断掌握新的文化科学知识的结果。实践又证明：一个好的出版社，一定有一支好的编辑队伍。有一支好的编辑队伍的出版社，就一定能够多出好书，一定能够教育一代或几代读者，在社会上树立起自己的崇高形象，在历史上留下自己的足迹。实践同时证明：一支好的编辑出版队伍，一定有好的带头人，有好的带头人的出版社，一定能够在出好书的同时，带出一支好的编辑出版队伍。出好书，出人才，教育和引导读者为国家、为人民建功立业，这在一个出版社发展成熟的过程中无疑是完全统一的。

研究近现代中国的出版传统，是为了学习和弘扬优良传统，推进出版改革的深化，使出版事业得到更大的发展。当前，出版改革的大潮正冲刷着出版业的各个环节，改革正激奋着人们新的追求。在这种新的形势下，有人认为可以不要再讲传统了，他们把传统当作守旧的同义语，认为在改革大潮中讲传统，多少有点不合时宜。其实，深化改革与弘扬传统并不是两码事。党的十四大文件强调了要"弘扬民族优秀传统文化"，以繁荣和发展社会主义文化。可见，弘扬优良传统，是为了推进改革；深化改革也不可抹煞优良传统。这在我国出版发展史上也表现得十分明显。

当代中国的出版事业已经有了长足的进步，卓著的成就。今天的事业，无疑已经大大地超越过去，社会主义出版事业与近现代出版业根本不可同日而语。我们研究传统，不是颂古非今，而是吸取其精华，古为今用。我们已经有了一支很强的队伍，一批很好的骨干，许多有前途的青年人，他们有觉悟、有能力，可以为社会主义出版事业争光。当然，也还有新的矛盾和问题，需要认真地进行改革。只要我们在改革中弘扬优良传统，摒弃不合时代潮流的东西，努力推进出版改革，我们就一定能够取得更大的成就，为建设有中国特色的社会主义出版事业作出更大的贡献。

1992 年 5 月

《中国出版》1993 年 12 月；《出版学编辑学漫议》P101，河南教育出版社 1995 年 9 月版；《一切为了读者》P173，首都师范大学出版社 2010 年 7 月版

评我国新出版的 12 种编辑学著作

一

1989 年底，笔者写过一篇短文《评我国 12 本编辑学著作》，发表在《编辑学刊》1990 年第 1 期。拙文刊出以后，引起一些反响，首先是一些同志来信，表示支持、鼓励，认为这样做有助于了解编辑学研究、著述的全貌。更令人感动的是一些同志主动把他们的新著寄给我。因此，现在我手上又有 12 本以"编辑学"命名的书籍，使我可以写第二篇短文，这是我十分感谢的。

以出版时间先后排列，这 12 本书是：

《编辑学概论》 肖汉森、戴志松、曹毓英、彭守权主编，华中师范大学出版社 1989 年 4 月出版。

《新学科与编辑学》 高等学校自然科学学报研究会学术委员会等编选，成都科技大学出版社 1989 年 11 月出版。

《社会科学期刊编辑学》 李学昆主编，江西人民出版社 1990 年 5 月出版。

《论编辑和编辑学》 中国出版科学研究所科研办公室编，中国书籍出版社 1991 年 3 月出版。

《图书编辑学概论》 钱伯城主编，上海新闻出版局职工大学编印，1991 年 3 月出书。

《杂志编辑学》 徐柏容著，中国书籍出版社 1991 年 8 月出版。

《中国现代编辑学词典》 孙树松、林人主编，黑龙江人民出版社 1991 年 9 月出版。

《学报编辑学概论》 卜庆华主编，湖南教育出版社 1991 年 10 月出版。

《科技期刊编辑学导论》 任定华、曹振中、周光达主编，西安交通大学出版社 1991 年 11 月出版。

《书籍编辑学》 徐柏容、杨钟贤著，黑龙江教育出版社 1991 年 12 月出版。

《编辑学研究在中国》邵益文著，湖北教育出版社 1992 年 1 月出版。

《文艺编辑学》 陈景春著，天津教育出版社 1992 年 2 月出版。

此外，成都大学学报（社会科学版）1990 年 6 月还出版过由四川省高等学校学报研究会编的《编辑学论文专辑》；华中师范大学学报在 1990 年也出过类似的专辑。这些学报出"专辑"而不出论文集，是因为这样可以节约经费。

也许还有一些可以列入，但搜求不全，特别是书目上没有冠以编辑学字样，实际上是讲编辑理论的书没有列入，只好请同行、同好们见谅了。

二

初见这些书时，笔者在欣喜之余，随时翻阅，有时还写下一些零星摘记，得到的印象是这样的：

《编辑学概论》，它以图书、期刊、报纸、广播、电视、电影等编辑工作为范围，提出了编辑学的知识框架，探讨了编辑学和编辑工作中的许多重大问题，试图揭示编辑工作中的规律和一些不同类型读物编辑工作的特殊规律。它对编辑学的任务、原理、原则做了概括和阐述，提出了分层次构建编辑学学科理论体系的设想，即高层次的根基理论、中层次的基础理论和低层次的具体理论。本书对编辑学与邻近学科的关系，如与美学、版本学、目录学、校雠学的关系做了简要的分析，是本书作者对编辑学理论建设作出的新努力。本书对我国前几年编辑学研究的成果，有所吸收，在一些问题上也提出了自己的见解。总的看，内容广泛，观点简明，实用性比较强。

《新学科与编辑学》，这是 1989 年 4 月在成都召开的一次《新学科与编辑学》学术讨论会的论文选集。会议是由高等学校自然科学学报学术委员会、四川省高校自然科学学报研究会、成都科技大学学报编辑部联合主办的。目的在于研究新学科与编辑学的结合，推进编辑学更大的发展，它涉及到信息论、系统论、控制论、心理学、美学、教育学、人才学、史学、数学、计算机应用等。应该说，这个思路是很有意义的，对编辑学学科建设来说，是一种开拓性的尝试。在这本集子中，有一些文章有相当质量，有一些很有学术价值的见解，也不乏新颖的观点。有些看法可能易于引起争论，这是可以理解的。目前，作为编辑学的学科理论体系，正在形成过程中，应该鼓励各种不同的见解，哪怕是很不成熟的意见，只要言之成理，都应该加以研究，是非的判断只能由实践来检验。

《社会科学期刊编辑学》，这是我国第一本这样的书，它论述了社科期刊编辑学的性质、内容和研究方法，在编辑主体和客体的阐释上，有新的见解。这本书对期刊编辑方针的制定，主要的编辑过程，编辑队伍的素质、编辑活动、编辑业务管理和编辑工作现代化等都有涉及。它注意了我国前几年编辑学和编辑工作研究的某些成就，对社科期刊编辑工作者有一定的实用价值。

《论编辑和编辑学》，这是一本论文集。从 1987 年起到 1989 年初两年多的时间中，编辑学研究方面发表了不少有见解的文章，本书收集的是其中的一小部分。它的一部分篇幅是论述编辑规律的，也可以说是当时我国编辑学界对编辑规律的各种代表性观点。尽管看法不同，但都有一定深度，也有不少创造性见解。另一部分是讨论编辑学学科建设的文章，从编辑的概念、意义、功能、学科研究中的热点和难点，做了一些论述和分析，有一些可以引人思考的见解。有的学者认为：这本书反映了这二年编辑学研究的许多成果，对编辑学学科建设将会起到一定的作用。

《图书编辑学概论》，这是一本职工业余大学教材，执笔者都是一些富有经验的专家，所以有许多经验之谈，也有不少理论上的升华。这本书与以前已经出版的图书编辑学相比，各有千秋，它为图书编辑学注入了一些新的东西。比如，它把"编辑环境"列为图书编辑学的研究对象，是一种新的见解；对编辑活动的社会性做了比较全面的论述；它不仅简述了中国从古到今的编辑工作的发展，而且讲了外国从古代到现代的编辑工作的简况，尽管着墨不多，但这是以前同类书中所少见的；这本书在阐述几类读物编辑工作时，谈到教育图书、美术图书、音像出版物等编辑工作，也是首见的。总的说，这本书在理论性和实用性上都有独到的地方，如关于图书编辑学研究不仅仅是纯属上层建筑领域，而且涉及国民经济领域，完全是一种新的见解。

《杂志编辑学》，这是一本以杂志编辑工作和杂志编辑为对象的专著，全书 22 章，可以说"学""术"兼俱，论述精当；作者写作此书的指导思想是：杂志编辑学不同于普通编辑学，也不同于书籍编辑学等编辑学的一些分支学科，"杂志编辑学除了要研究编辑工作方面的问题以外，还要研究属于出版学、书籍出版学的一些问题。例如，关于版式设计、纸张排印、装订、发行等等"，"要把校对也包括在其研究范围之内"。正是根据这种认识，并且以自己丰富的实践经验为基础，对杂志编辑工作应该涉及的各种问题都做了周详的叙述。尤其对于制定办刊的方针任务、杂志的总体构思和坚持自己的特点和风格，有较深的研究；对于集稿、审稿、修改加工有充分的阐述，因而有很强的应用性。这本书有三个特点：一是既讲"学"，又讲"术"，在"学"和"术"的结合上匠心独具，可以说"学"依于"术"，"术"系于"学"，熔两者于一炉；二是广征博引，有很强的可读性；三是文笔流畅，这在学术著作或编辑业务知识读物方面是少见的，不愧为散文家的手笔。笔者曾翻阅过海外学者写的一二本同类书，窃以为徐著在不少方面可以说有过之无不及。

《中国现代编辑学词典》，从杂志上看到这是一本介绍编辑工作的工具书，包括编辑理论、编辑业务、编辑人物、编辑著作、编辑历史事件等，还收录了一些与编辑业务有关的常识性条目。这可能是编辑工作方面以"编辑学词典"命名的第一本书。

《学报编辑学概论》，这是这方面我国第一本这样的书，全书 11 章，以本质论、发展论等 11 论为内容，论述了学报编辑和编辑工作的指导思想、基本理论和各个环节的有关问题，以及与交叉学科的关系，提出了作者自己的学报编辑学的内容框架和理论体系。笔者同意这样的看法，认为这本书有四个长处，即框架新颖、内容广泛、涉及面宽、有新的见解。[①] 这本书比较好地吸收了我国前几年编辑学研究的成果，不仅为学报编辑学提供了一个知识体系，对普通编辑学和其他部门编辑学也有启迪的作用。

《科技期刊编辑学导论》，这是迄今为止研究科技期刊编辑学的第一本专著。它大量运用传播学、系统论、信息论、控制论和耗散结构论、协同论、突变论的成果，并力图使它成为构成科技期刊编辑学理论体系的因素。同时，论及不少编辑学的相关学科，对编辑语言学、编辑美学、编辑心理学、编辑逻辑学等都有所论述，本书作者比较注重编辑学方法论的研究，特别是提出了编辑学研究不仅要做定性分析，而且要做定量分析。阐明了定量研究的必要性、可行性和实现这种研究的具体方法。这本书提出了有新意的编辑学的框架结构。对编辑、编辑活动、编辑学的基本概念，作出了自己的界说，对学科建设提出了一些有益的意见。它在打开人们的眼界、启迪思路方面，将会起到积极的作用，其意义也将不限于科技期刊编辑学的研究。至于科技期刊编辑学是属于社会科学范围还是属于自然科学范围，或者说是交叉学科，这是一个大问题，可以做进一步的研究。

《书籍编辑学》，这本书是以丰富的编辑实践经验为基础写成的。它对当前的书籍编辑工作既具富有说服力的理论指导意义，又有很强的实用性。它对图书的特点、作用做了相当充分的阐述。本书重视编辑队

---

① 参见《学报编辑学概论》"序"，湖南教育出版社 1991 年版。

伍的素质、修养和他们的主观能动性，并且把作者、读者工作放在本书结构的重要位置上，有助于认识编辑在社会上的地位和作用，讲清编辑工作的重要意义。由于它强调作者和读者对编辑工作的重要性，从而，实际上把编辑过程的逻辑起迄点放在调查实际情况开始，直到出书后的信息反馈。同时，作者把校对工作列为重要的编辑流程来叙述，目的在于保证书籍质量。本书对一个书籍编辑应该具备的德、才、学、识和可能遇到的各种问题，都做了必要的阐发，对不同性质的稿件应该有不同的处理原则和方法，也做了具体的说明。所以，它实际上是一本书籍编辑工作的教材，或者说是一本指导性的自学读物。此外，不能忽视作者在构筑自己的书籍编辑学知识体系的同时，对近几年来我国编辑学研究中一些有争论的问题，阐明了自己的见解。

《编辑学研究在中国》，其他报刊已有评介，不赘。

《文艺编辑学》，这是我国第一本现代文艺编辑学著作。作者把文艺理论、编辑学原理和文艺编辑业务知识有机地结合起来，从理论上加以提炼，从而构筑了自己的文艺编辑学的框架，兼有理论性和实用性的特点。这本书涉及艺术生产、艺术消费、作家成才规律、读者接受的原理、编辑美学和文艺编辑的工艺流程等，作者把它作为编辑学的一个分支、一门新兴的边缘学科和交叉学科。本书对图书生产中的经济规律的特殊性做了论证，分析了图书既是物质生产又是精神生产、物质产品与意识形态、流通与大众传播三种二重性，提出了"图书是一种不完全商品"的见解，有利于大家从根本上思考一些重大的理论问题。

三

看了这批书，再回顾一下最近一段时间报刊上发表的有关论文，我们可以清楚地看到：

（一）比起前几年来，编辑学研究是大大地深化了。或者说是向前迈进了一大步。这主要表现在：1. 学科的知识结构比过去更丰富、更扎实了。现在的讨论已经不限于编辑过程、工艺流程，也不限于编辑学的性质和任务了（不是说这些可以不要再研究了），更多的是从基本范畴、独立的知识体系和客观规律等方面去下功夫了。2. 对编辑学与邻近学科的关系的探讨，有不少可喜的收获，对于吸收其他学科的研究成果方面已经具体化了，这是一个重要的进步，更重要的是找到了一条从个别到一般，再从一般到个别的学科建设的道路。目前一些部门编辑学或分支学科的专著的出现，使我们看到了它们的共同点和不同点，可以引发人们思考编辑学理论体系建立过程中的许多具体问题。

（二）编辑学作为一门独立的学科，正在被社会所承认。1. 从 12 本书中可以发现，其中有 5 本书的作者不在出版界，而在教育界、学术界，可见，这二年来教研部门的编辑学研究工作发展很快。差不多已经和出版界并驾齐驱了，应该鼓励这种趋势的发展。这可以使出版界同行不囿于经验的范围之内来研究问题，也可以使编辑学更快地具有科学形态。当然，也需要高校的同好进一步加强理论与实践的结合。2. 日本、韩国的出版学者曾多次撰文介绍中国的编辑学研究，美国的《克里夫兰每日旗帜报》1991 年夏也曾发表文章说一批中国人在研究编辑学，并且介绍了一些中国学者的观点。这种趋势和气氛都有助于我国编辑学理论体系的确立。

（三）编辑学研究的速度加快了。这 12 本书，再加上笔者 1989 年短文中提到的 12 本书，现在共有 24 本书，从出版时间看大体上是这样的。

编辑学著作出版时间排列

年份	1956	1982	1986	1987	1988	1989	1990	1991	1992
出版种数	1	1	1	2	2	7	1	7	2

从上表我们可以看出，从 20 世纪 80 年代后期开始，中国的编辑学

研究有很大发展，速度也大大地加快了。这也说明：编辑学研究的新热潮正在形成，而且将继续向纵深发展。有人担心，现在出版社都在搞改革，编辑部的经济压力很大，研究编辑学的势头可能减弱。其实，这种顾虑是没有必要的。因为中国编辑学研究的兴起、发展，是和改革开放的大环境密不可分的，正是改革开放的大潮，推动了编辑学研究的发展。80年代是这样，90年代也会是这样，这是时代的要求。再说，如果80年代我们仅仅是起步的话，那么，现在我们的基础比开始时要好得多了。所以，我们坚信90年代是编辑学研究的重要十年。如果90年代前二年半，我们已经出了10本书的话，那么，在今后的七年半中，必然会有更多的专著和论文问世。

四

从已经出版的24本编辑学著作看，今后，我们应该注意：

（一）要在"一个中心，两个基本点"的基本路线指引下，继续加强基础理论研究，既要研究普通编辑学，又要研究部门编辑学，做到个别与一般相结合，不断总结研究经验，取长补短。这样有助于学科的全面开拓，交替进行。尤其要加强基本范畴、基本规律、基本原理的研究，把注意力集中到为繁荣出版事业服务，建立独立的编辑学学科的体系上来。首先要搞清楚这个体系应该包括什么？如何明确它的内涵和外延？应该本着实事求是的原则作出严格的界定。这个体系既不能太窄，太窄了，应该包括的内容没有包括，四肢不全，就站不起来，也难以独立；又不能太宽，太宽了把什么东西都拉进来，就可能跟其他学科打架，甚至被人家"收编"，这样也会影响编辑学的独立存在。

（二）遵照理论联系实际的原则，既要总结编辑工作的实际经验，又要注意从其他学科中吸收有益的营养，把两者结合起来。既要避免把编辑学弄成大多数编辑人员看不懂的玄学，又不能搞成无利于指导编辑实践的"神学"。总之，我们不是为建立理论体系而建立理论体系，而是为了理论指导实践，为实际工作服务而探索编辑学的理论体系。

（三）要以马克思主义为指导，积极开展学术争鸣。这方面，近年来《编辑学刊》做得比较好。希望《编辑学刊》《编辑之友》和其他专业性刊物进一步做好这一工作。几个主要的刊物，最好能够订个计划，有步骤地讨论一些基础理论问题。同时建议，凡是有兴趣研究编辑学的同行，能够把已经出版的著作、发表的论文，都拿来读一读，了解一下当前编辑学研究的情况，以便更有利于参加讨论。目的是为了探索真理，修正错误。观点不一致时，要允许有一个研究过程，不能强求一致，可以求同存异。

最后，笔者经常听到一种意见，就是编辑出版专业著作"出版难"。这一点，乍听起来似乎有些怪，其实并不奇怪。因为出版从业人员少，发行量不可能大。再加上现在出版界有些人考虑的"热点"不在出版理论研究上。同时，也存在有些专业著作为实际工作服务做得不够的因素（当然，我们不能要求所有专业学术著作都直接为当前的现实工作服务，这种想法是片面的）。所以，就有出版"难"的问题。辩证地说，这个"难"也是一种好现象。因为，总起来说，这几年出版的出版专业书不算少，据有人收集的书目（包括史料），已有五六百种之多，而且不少出版社还是注意出这类书的，所以还有"难"的问题，这说明从事出版研究的人多了，写作的积极性提高了。为此，希望有更多的出版社能够为出版专业类图书的出版作出贡献，使我们所从事的这个工作，更富有理论色彩，具有更鲜明的科学形态。

1992 年 6 月 28 日

《出版学编辑学漫议》P169，河南教育出版社 1995 年 9 月版；《20 世纪中国的编辑学研究》P241，河南教育出版社 2000 年 1 月版

着眼于下个世纪　关注着未来的命运

——致少年儿童读物编辑工作者

编辑工作是生产精神产品的。作为精神产品生产者，它要有预见性，要看到社会、人类、科学发展的未来，也就是要有所谓超前意识。作为精神产品，它又有延伸性，它要长期发挥作用，一本有影响的书，不仅要在人们头脑中活几年、几十年，甚至几百年，有的几千年之后还会发生作用。可见，编辑的责任，不仅要对今天负责，也要对明天、对子孙后代负责，对未来负责。所以，作为一个编辑，就要加强关注国家前途、民族命运的意识。这对少年儿童读物编辑来说更为重要。因为，你们的读者对象是跨世纪的人，你们将决定我们国家、民族、全人类四分之一人口的未来。总之，少儿读物编辑工作要着眼下个世纪，关注未来的命运，是非常之重要的。17 世纪英国的教育家洛克在他的《教育漫话》中曾指出："我们幼小时候所得的印象，哪怕是极微小的，小到几乎觉察不出来，对后来都有极大的影响，正如江河的源泉一样，水性很柔，一点人力就可以把它导入他途，使河流的方向改变。"为此，我感到作为做少年儿童读物编辑工作的人，应该是政治方向正确的人，有崇高理想的人，有高尚道德的人，有高度责任感的人。我能够和大家一起来研讨少儿读物的编辑工作，也感到无上光荣。

这几年来，少年儿童出版工作取得了很大的成就，为培养、教育少年儿童作出了很大贡献，这是人所共知的。与改革开放之初相比，少儿读物出版工作无论在规模、队伍、品种、印数、质量、印装设备和技术方面都有了划时代的进步。现在，我们有一些少儿图书，在内容质量上早已远远超过外国，即使在外观上也并不逊色于西方。我国成为世界少数几个出版大国之一，与少儿图书的进步是分不开的。

少儿出版工作中的问题，我们也要从实际出发，加以研究解决。

首先，是成人化的问题。已经讲了多年，也好过一段，但一直没有彻底解决。这个问题，既有认识问题，也有实际困难。一说成人化，有的就说："我们是出给家长和幼儿园老师看的，由他们去讲给小孩听。"这样，似乎出得再成人化一点也没有关系。还有的说："小孩也愿意学大人的模样，让他们模仿有什么不可以？"似乎有点成人化也不是什么大问题。这些，从某种角度讲，也许不是全无道理，但决不能因此认为成人化不足为怪，或者以此为借口，搞成人化。这是认识问题。

我曾经听一位朋友讲过一件事，一个小孩拿了一本《智取生辰纲》连环画，要他讲故事，他讲完以后，马上感到有一个逻辑上的问题，好人为什么要抢坏人的东西。他说解释起来可费劲了。这是多少年前的事，现在也许早已有合适的出版物了，但这是需要解决的实际问题。因此，我认为避免儿童读物成人化，是一种创造，是一种很重要的创造。这种创造，作者应该做，编辑也应该做，或者说主要应由编辑来做。

另一个问题是引进了一些不合国情的少儿读物。这个问题，当前相当突出，特别是少儿连环画，许多都是从外国书上搬过来的，渲染凶杀、暴力、色情，贻害不小。前几年韩国曾经反对日本倾销文化垃圾，主要就是连环画，韩国的出版伦理道德评议会对进口的 2000 多种图书，主要是连环画进行了评议，结果认为只有 3 种可以在韩国销售，可见这个问题的严重性。而现在在我们书店里、书摊上，从外国照抄照搬来的连环画太多了。这些当然不都是少儿社出的，美术出版社和另外一些出版社也出了一些。

凶杀、色情的东西，危害是非常大的。美国纽约州有一个叫纳根尼尔·怀特的少年，用"开膛破肚"的方法杀了一名妇女。事后，他向警察承认完全是模仿《机器人警察》的办法干的。后来查明他已经 6 次杀人，有人做证说，怀特看《机器人警察》已有数十遍。在美国旧金山，4 个 10 岁上下的男孩对一个 9 岁的女孩进行性骚扰，他们说是看了连环画

《无辜儿》以后才这样做的。

一年前，辽宁省的一个小镇上也发生过一件事。一个个体户收到一封信，信上说：拿一万元买你的命，明晚 8 点用黑皮包装好钱，放在你家门前的台阶上，不准回头，不准出声，不准报警，否则有去无回。下面还画着一个倒卧的人，喉头插着一把尖刀。这家人吓坏了，一夜没睡，最后还是决定报案。

公安部门决定用"钓鱼"的办法来破案。第二天晚上 8 时多，这家人把塞满纸的黑皮包放到门外，一个十几岁的小女孩来了，是初中二年级学生，她带来一封信，信上说："昨晚的信收到了吧，请把钱如数交给这小崽子，并另给她 57 元作为奖赏，这是我们的规矩。"

问她谁给的信，她说："前天晚上我放学回家，一辆摩托车拦住我，车上有两男一女，女的把信给我，男的用刀逼我，说不捎信就宰了你！"个体户推说，钱凑不齐，让她明天来取。第二天，公安部门找这个女孩了解两男一女的情况，她把高矮黑白形容了一番。又问她，要她送信时那两男一女还说了什么，她说："要我拿到钱后带在身上，明天下午在路上向我要钱。"公安部门要事主按恐吓信要求装好钱交给她，同时派人跟踪。整整一天未见有人接近她。但下午 4 时多，她却拿着空的黑包找到个体户说，包里的东西已交给那个女的，又带来一封信。信上说：个体户要钱不要命，我先把你的邻居干掉，让他们知道你为了钱而不惜别人的生命。矛盾出来了，明明没有人接近她，但她怎么说有人来取过东西，又送了一封信呢？

这时，她的父亲来到公安部门，交来一张纸条，写着：小崽子，你竟敢把送信的事告诉别人，念你年少，放过这一回。她父亲觉得这些字像是女儿写的，怀疑女儿参加了黑社会。

公安部门马上传讯女孩，把三封信和字条放在她面前，她承认全是她写的，整个敲诈计划是她一个人策划的。公安人员问她作案动机，这个 13 岁小女孩说"好玩"，"有意思"，"够刺激"，具体做法是从武侠小说和武打录像片中看来的，问她你要这么多钱干什么用，她说："这个我还真没想过。"

这里可见坏书、坏影片的祸害。对这个小女孩来说，中毒太深不是受害一辈子，也要受害半辈子。至少对她身心的影响是严重的。这样的小孩，当然还可以进行教育，但他们是要进入 21 世纪的，那么他们带给新世纪的是什么呢？是红色、灰色，还是黑色呢？现在难以判断。有人说，在少儿读物中搞凶杀、暴力、色情，实际上是教唆犯罪，这话虽然很刺耳、很严厉，但并非没有道理，可见少儿读物编辑工作者责任的重大。

还有一个搞儿童读物豪华本、高档化的问题，这主要是指印装。这个问题要分析，搞一点豪华本、高档次的精美图书是必要的，这反映我国出版发展的形象，有利于对外交流。到博览会上你拿几本新闻纸印的小本本去，还不及人家的宣传品像样，恐怕是拿不出手的，所以要搞一点豪华本，但只能是少量的，多数的还是应该大众化印装本。再说豪华本多了，读者也买不起，特别是从我国目前经济发展水平看，也没有必要，豪华本太多，也是浪费。不能因为我国经济有所发展，就忘记了节约。节约的问题，无论在什么时候，我们也不能忘记，不要说我们国家现在还不富裕，即使相当富裕了，我们还是要强调节约，节约不光是一个经济性口号，而且是一种美德，少儿读物中如果有一些永恒的主题的话，节约应该是很重要的一个，它是中华民族的传统美德之一。

当然，还有一些其他问题，不一一列举了。

总之，我觉得做编辑工作，最重要的是要有创造性，这就靠动脑筋。当然动脑筋也不是无边无际的胡思乱想，要靠调查研究，要靠实践。任何创造不是凭空从天上掉下来的，它应该像科学发明一样，站在巨人的肩上不断前进。过去商务印书馆出《辞源》，后来中华书局出《辞海》，这是一种创造，开明书店又出《辞通》，也是一种创造；把二十五史标点出版，便利读者，也应该说是创造。深入生活，善于站在读者的立场考虑问题，编辑工作中能创造的东西是很多的。

在社会主义市场经济条件下，不是说出版工作面临着大量的新情况和新问题吗？对编辑工作来说也不例外。如编辑部门搞经济承包，编辑不仅要编书，而且要卖书，跑销售，这是过去没有的，这给编辑工作也带来不少问题。听说有的出版社，明年开始，不再要编辑室搞经济承包，这样可以减少编辑人员的经济压力，应该说这是一种符合编辑工作自身发展规律的进步，是几年来实践经验的总结。有的出版社还没有这种体会，可以由他们继续实践，也许会找到更好的方法。

最后，还要提一下编辑职业道德的问题。编辑的职业道德问题，报刊上已讲过很多，我觉得最重要的是：站在读者的立场，认认真真地为他们服务。编辑是人类灵魂的工程师，是读者不见面的教员，他的工作特点，就是不断地影响别人的精神世界。作为一个少年儿童读物的编辑更要讲职业道德，如果自己没有道德，他用什么去影响读者呢？所以，编辑必须讲究职业道德，这是社会对编辑的根本要求。近几年来，我们有的编辑出版工作者犯了这样那样的错误，首先是在这一点上做得不好。可见，编辑的职业道德是非常重要的。

我的看法不一定对，请大家指正。

1992 年 9 月

《出版学编辑学漫议》P86，河南教育出版社 1995 年 9 月版；《一切为了读者》P107，首都师范大学出版社 2010 年 7 月版

祝中国编辑学会成立

中国编辑学会成立了，这是中国出版界的一件大事，子野同志说，"成立全国性的编辑学会在中国出版史上也是第一次"。^①这是千真万确的。从国际上说，日本、韩国有出版学会，但是没有编辑学会，我孤陋寡闻，其他国家有编辑学会的，似乎也未所闻，这也是中国人的一个创造。而且这种创造不是偶然的，是与我国古代的文化传统，编辑出版的成就分不开的；也是和我国现代编辑工作的实际状况有密切的关系；更重要的是和我国近十年来出版科研、编辑学研究的发展密不可分的，也是编辑学发展过程中的一个里程碑。从"编辑无学"到编辑学会的成立，也是一种历史的转折。这种变化正是由于建国以来，尤其是改革开放以来，我国出版事业有了巨大的发展。随之而起的是出版研究事业也取得了很大的进展。据估计已经发表的论文、文章、调查报告、资料，数以几千计；已出版的有关出版的专著、工具书、文集、史料集等有七八百种。其中有关编辑方面的书籍，总数已接近 200 种，而书名上有"编辑学"字样的书籍，也有 25 种之多。^②我们可以毫不夸张地说，近 10 年来，我国的出版研究，无论在广度或者在深度上，都是站在世界前列的；而编辑学的研究，又是走在世界各国前面的。这就是原因之所在，这就是历史发展的必然结果，所以说不是偶然的。

编辑学研究的这种发展，它必然要求组织起来，要求更加有计划有领导地开展研究活动，以期学术研究更加深化。这种发展趋势，也正好反映了编辑出版工作者遵照党的基本路线，为建设有中国特色的社会主

---

① 中国编辑学会于 1992 年 10 月 13 日在北京成立，国家出版委员会主席王子野同志到会祝贺。

② 以上数字，均不含在港澳、台湾出版的读物。

义出版事业，积极研究出版工作中实际问题和理论问题的迫切需要。所以，中国编辑学会也就应运而生了。

但是，话得说回来，80 年代的出版科研、编辑学研究，虽然取得了一定的成绩。但是和建设有中国特色的编辑出版事业相比较，与学科建设相比较，只能说是初步的，还有很大的距离，已经走过的路程和尚未走过的路程相比较是微不足道的。特别是在党的十四大以后，社会主义市场经济必将蓬勃发展。在新的条件下，如何更进一步做好编辑出版工作，必将提出许多新的课题，诸如编辑出版工作如何以经济建设为中心走向社会主义市场经济，社会主义市场经济对编辑出版工作有什么要求和影响，如何评估当前图书市场的特点和发展趋势，怎样认识坚持图书质量和市场经济的关系，怎样认识潜在的图书市场，等等，都需要进行研究，而且实践中还会不断提出新的问题。这说明，社会主义市场经济的发展，为我们编辑出版的理论研究、编辑学的研究，开辟了更加广阔的天地，我们的研究工作将是大有可为的。

祝中国编辑学会成功！

1992 年 10 月

《出版学编辑学漫议》P263，河南教育出版社 1995 年 9 月版

给《新闻出版天地》编辑部的一封信

　　谢谢你们给我寄来每一期《新闻出版天地》（以下简称《天地》），我虽不能篇篇细读，但也大体翻过一些。总的印象是，由《信息与思考》改为《新闻出版天地》是成功的，我觉得改刊以后的《天地》有特色。所谓特色，当然是和同类刊物相比较而言的。其表现主要是：

　　一、联系当前实际比较好，文章所提出的经验、反映的问题，都是当前出版工作中的一些重要问题，实际问题，可以使人看到出版工作者对这些事的议论、主张，即使有的主张未必可行，也引人以思考。

　　二、这个刊物涵盖的面比较宽，不仅仅是出版、发行（我们不少刊物只停留在这些方面），《天地》包括出版的各方面各环节，包括如出版物资供应、版权贸易和政治思想工作。其实，出版作为一个门类，作为一个系统工程，其内部诸方面是不可分割的。因为出版工作是意识形态工作，图书的本质属性是精神产品，尽管建立起适应社会主义市场经济体制的出版体制以后，图书的商品属性将越来越突出，对出版工作的要求将越来越高，出版研究也不能不涉及出版领域的诸方面。

　　三、这个刊物不仅立足在本省，而且时时刻刻在考虑走向世界。在我看来，这一点是很重要的，因为只有精品才能走向国际市场，只有各方面都好的书，在国际图书市场上才有竞争力。这实际上就为出版工作提出了更高的要求，要出高标准的图书。

　　四、没有长文章，这一点在当前我认为也是一种特色。我们现在有的文章实在太长，七八千字起码，万把字不奇怪，从理论到理论，架势很大，转来转去，转了半天也不知所云，读起来实在乏味。文章当然短小精干好，简练点好。做不到这一点，至少是不要太长的。能做到这一点也是一种长处。

　　说到不足，我觉得《天地》的版面设计整个看是好的，但目录页上的栏目名称不易看清，是否可以改进（当然，这种做法不限于贵刊，有些全国性的大报也是如此，看起来较费劲）。

　　我的看法不一定对，仅供参考。总之，我是希望《天地》越办越好！而现在的发展趋势是很好的。写这几句话，算拜年。

1992 年 12 月

《出版学编辑学漫议》P245，河南教育出版社 1995 年 9 月版

为苏镇、吴石忠主编《编辑出版系统论》序

由苏镇、吴石忠先生主编的《编辑出版系统论》今天与读者见面了。这是出版科研领域里新近取得的一个成果，是这个花园里的一支新葩，是一本具有特色的出版研究读物。

特色在哪里？

特就特在它是一本用新的方法论来研究编辑出版工作的读物。它以编辑活动为对象，用系统论的原理进行多角度、多层次的分析探讨，并且构成了自己的体系。尽管全书字数不多，在有些问题的议论上，正如目前学术中常见的那样，可能会引起不同的看法。但这是所有学术著作不可避免的，而且是正常的，不同意见的争鸣，是学术发展的动力所在，重要的是提出见解，科学只向勇士开门，在学术问题上，不去涉及，不去闯练，是不能前进的。正像学游泳一样，不下水，永远只能望洋兴叹，隔岸观火而已。在学术问题上，或者说在出版研究上，也要像奥林匹克运动所提倡的那样，"贵在参与"；也要像地质队员的口头禅那样，"重在发掘"。

人们过去总是说，用系统论研究编辑出版工作是可行的，应该试试。遗憾的是没有拿出东西来。近几年来，人们发现已经有人试图用系统论等方法论来研究编辑出版工作，有见之于文章，有反映在一些书籍的某些篇章中，引起人们的注意。但是，作为一种专著，恕我孤陋寡闻，尚不多见。今天，《编辑出版系统论》出版了，可以说，是在这方面迈出新的一步。我们希望有第二步、第三步……而且越走越矫健。

江泽民同志最近号召大家学习唯物辩证法，他说："要做好工作，学习和掌握唯物辩证法十分重要"。应该认真理解马克思主义理论与实践的深刻联系，理解科学的世界观和方法论对于搞好改革和建设的巨大

作用。可见，方法论对于实际工作的重要性。对于研究工作，方法论的重要意义就更突出了。

唯物辩证法认为：自然界和人类社会都是一个复杂的大系统，其内部构成和外部环境都处在相互联系和互相作用之中，不可能绝对孤立、完全封闭地自我存在。这个论断也有助于运用系统论来观察和研究事物。

出版工作、编辑活动、印刷生产、图书发行……都是各种大大小小的系统。我们应该用唯物辩证法去观察它们、研究它们、认识它们，这是我们根本的研究方法。同时，我们也可以用在自然科学研究方面已经证明行之有效的那些方法，来研究编辑出版工作，运用得好，可以相辅相成，从不同侧面印证研究成果，真理不怕重复、不怕磨炼。

写书是一桩苦差使，有许多人为它付出了代价，在不同环境里，也许还会引起某种冷落和非议。前几年，有人还说，在日本的出版社内，是不允许编辑业余写书的，似乎在中国也应回到过去的年代，编辑写书写稿就应予以"批判"。为此，笔者曾向几位日本朋友做调查。他们的回答是：日本的出版社一般不让编辑写与作者同一选题的书稿，目的是避嫌。但他们又说："近几年这类状况已经不强调了。"在我国出版界经过几年的提倡，出版研究写作的环境和条件已经有了很大的改善，"引起非议"之类的事已很少见。高等学校当然比出版界要好得多，因为高等学府本身就有科研的任务。高校学报的许多编辑人员都在研究编辑出版理论并且已经取得了许多成果，就是一个最好的证明。当然，有了条件，并不等于就能出成果，因为条件毕竟是客观的，还需要主观的努力，还要抓住一些可以抓住的时间，像鲁迅那样，把别人喝咖啡的时间都用上，也就是还要下苦功夫。

出版研究近几年有了一些收获，出了一些成果。但离出版科学理论体系的形成还很远。还需要有志于此道的人作出艰苦的努力。10年、20年……地搞下去，而且特别要抓住90年代，因为现在是科学技术突飞猛进、信息瞬息万变的年代，不进则退，迟滞就会落后。何况，在80年代，我们已经走了开头的几步，有了一点基础，为我们提供了一跃的可能性。只要努力，这种可能性是可以变为现实的。

有人认为，写一本出版研究的小册子，印数不大，稿费不多，弄不好还要倒贴，无名无利，是干傻事，冒傻劲。其实，许多学科的建立，许多发明创造的成功，离不开许多人为它付出心血和汗水。在编辑出版研究领域中，只要持之以恒，乐此不疲，就一定能够攀登新的高峰！

航道已经打开，船舶已经启动。相信出版界内外会有更多的人，为它冒更多的"傻劲"，付出更多的辛劳，同时取得更多的硕果。

1992 年 12 月 26 日

《出版学编辑学漫议》P233，河南教育出版社 1995 年 9 月版

《第六届国际出版学研讨会论文集》编后

《第六届国际出版学研讨会论文集》出版了，这是一件值得高兴的事。

由中国编辑学会主办的这次研讨会[①]，于 1993 年 8 月 26 日—28 日在北京举行。这是一次推动出版研究、促进出版繁荣的盛会。来自国内外的 84 位出版专家和学者参加了这次研讨会。日本出版学会和韩国出版学会分别派出了近 20 人的代表团，菲律宾、马来西亚、新加坡等国和港、台地区均有代表与会。全国人民代表大会常务委员会副委员长雷洁琼、新闻出版署署长于友先给大会发来了贺词，中国编辑学会会长刘杲致开幕词。我主持了开幕式。23 位中外专家、学者在大会上宣读了论文（另有 10 篇论文以书面形式交流）。最后刘杲会长主持了闭幕式。

第六届国际出版学研讨会是 1989 年东京第四届国际出版学研讨会和 1991 年汉城第五届国际出版学研讨会的继续。

"国际出版学研讨会"是由日本出版学会和韩国出版学会在 10 年以前发起的。每逢两年举行一次，已分别在东京和汉城轮流举行过五次。参加者以亚洲的出版学者为主，有时也邀请少量欧美出版学者与会。从 1989 年第四届研讨会起，邀请我国出版研究工作者出席，戴文葆和我曾两次应邀赴会。

我国是一个出版大国，目前，又正处在改革开放时期，亟需吸收和借鉴国外进步的学术思想和先进的管理经验，以利于有中国特色社会主义出版事业的建立。会议正好给我们提供了学习交流的机会。

这次会议的宗旨是：活跃出版学术交流，增进相互间的了解和友谊，提高出版科研水平，促进出版繁荣，为人类和平和发展服务。

---

① 本次会议是我国轮值主办的第一次会议。

它的主题是：出版业的现状与发展前景的探讨；90 年代的出版开拓及其发展趋势的研究。论文的内容，大都着墨于分析国际出版业的状况，研究促进出版业发展的有效途径和方法，探讨出版业未来的发展前景；也不乏就出版的某一方面或某一种类出版物的出版情况和发展趋势进行分析和研究的论文。

在友好热烈的闭幕会议上，继续就一些问题开展了讨论。最后，中国编辑学会会长刘杲发言，他把大家共同研讨的问题归纳为 10 个方面，也作为今后继续研究的课题提供给大家参考。

与会者普遍认为这次会议开得很成功。首先是中外与会者人数之多，超过了前五届中的任何一届，这说明出版学的研究，在国际范围内，正在迅速发展，研究队伍正在不断壮大。

这次研讨会的与会者畅所欲言，所有论文既讲了理论，又讲了实际，所提出的问题非常广泛，许多见解已涉及出版发展中更深层次的问题，为今后进一步深入研究奠定了很好的基础。

从讨论问题的广度和深度看，此次会议必将有利于国际出版业的发展，更重要的是：它在国际出版学发展过程中将具有重要的历史意义。

我们汇编的这本论文集，收集了会议代表交来的全部论文，并按会议发言先后排序，分别用中文与英文两种文字刊出。原稿未附相应译文的则由会议组织者约请工作人员译出。在文字整理过程中我们只做了个别字句的润饰和适当的精简。

最后，我们要感谢海南省国际新闻出版中心、中国少年儿童出版社和高等教育出版社，他们为这个论文集的出版作出了重要的贡献。

1993 年

《第六届国际出版学研讨会论文集》P255，高等教育出版社 1995 年 9 月版

我不该把羊角安在牛头上

——为徐柏容著《书评学》序

徐柏容先生的《书评学》出版了，作为柏容先生的学生和朋友，我是非常高兴的。他为我国图书研究的花坛，又增添了一支奇葩。但是，徐老要我为这本书的出版写"序"，则使我感到非常为难。首先，一般说来，世界上只有先生给学生、前辈给晚辈的作品写序，而现在却要倒过来，要学生给先生、晚辈给前辈的著作写"序"，这实在是一桩不敢做、不好做的事；其次，对于书评学，我实在接触不多，一窍不通，要我说这方面的事，实在是一项不能完成的任务；再次，徐老是国内知名的散文家、编辑家，笔下的功力深厚，把我的东西塞进去，就会相形见绌，极不协调，实在是一件不应做、不该做的事。但是，徐老是前辈，他要我做的事，又不能不做。尽管我千方百计地拖，也仍然拖不过去。这才出现目前这种羊角长在牛头上的怪现象。

徐老的《书评学》成稿以后，我有幸较早地得以拜读。当我打开书稿以后，我一下子被它吸引住了，而且短短几天就把它读完了。深感读这本书，是一种享受，是一次学习，给人以很大的启发和教益，所受的启迪远远地越出了书评学的范围。尽管它讲的是书评学的性质、地位、任务、对象、标准、作用、规律和方法，包括用逻辑的方法告诉你："什么是，什么不是"，把界限给你分得清清楚楚，使人难以置疑。同时，作者透过书评学基本原理的阐述，使读者意识到这些原理的背后、侧面，还有许多不可忽略的东西，而这些，正是一般的书评论述中很少见到的。

首先，写书评和文艺创作一样，需要对书对人的感情。这本书作为书评的学术著作，正是作者用自己深厚的感情写出来的，是作者用自己在人生道路上经历过的磨难和遭遇写成的，它记述了作者感情中最珍贵、最难忘的因素。有时，我似乎看到作者眼里噙着泪水，告诉读者，写书评不是一件随随便便、马马虎虎的事。书评要写好，也是"心生而言立，言立而文明，自然之道也"。

其次，写书评也和理论著述一样，需要有丰富的社会经验。这本书所以成功，正在于它是用作者自己丰富的切身经验写成的。尽管它构筑了书评学全新的框架，对有关书评和书评学的各种问题，阐明了自己的观点，提出了许多创造性的见解。但令人感到它不是空论泛说，都是从实践中提出问题，再用自己的实践经验和古今中外的书评经验做基础来回答问题，因而是令人信服的。令人信服是不容易的，那就是这些原理、规律、结论，必须具有真理性。这种原理的成立或者说真知的发现，至少具有两个条件：其一，是实践，主要是社会的实践；其二，是要思索，要善于正确的思索。简言之，即科学的实践，正确的思维方法，两者缺一不可。正因为如此，有些原理的成立，真知的发现，往往是从某个人或某些人开始。但是，发现者不能据为己有，不能私有，而必须公诸于众，成为大家所公有。这就是写书人的任务，用丰富的实践经验来回答各种问题，而取得令人信服的结果，就是在认识真理的道路上迈出了新的一步。从另一方面说，每个人又必须争夺真理，要努力使真理成为个人所掌握，即把它据为己有，也就是要为自己所真正理解，成为指导自己行动的准则，并努力在实践中有所发现、有所创造。这就是读书人的任务。可见，写书人和读书人在发现真理的道路上，是完全一致的。书评成败的关键，就是在如何更好地做到完全一致这一点上作出自己的努力。徐柏容先生的《书评学》正是在这一点上给人以新的启迪，作出了新的贡献。

复次，写书评也和其他著书立说一样，需要有丰富的知识。徐老这本书所以吸引人，就在于它有丰足的知识。写书评不容易，就在于需要知识。所谓"观天下书未遍，不得妄下雌黄"。就是说，要想评一本书，先要读许多书、做许多比较。也就是徐老所说的"书评者的学识"，"不读书，无以评"。从这个意义上说，徐老这本书也是在这个方面，为书评文章示了范。说实话，出版研究方面的著述，我多少猎涉过一些，但总觉得就事论事、就出版谈出版的多，涉及其他方面的知识则少（这也许正是出版学研究深入不下去的原因之一）。但徐著旁征博引，遣典举证，非常自然地和他想说明的观点、问题，妥帖地糅和在一起，秋水共长天一色，落霞与孤鹜齐飞，显得那么协调、和谐。令人感到作者的论证既合理又科学。讲的是原理、原则，但不是一般的讲义；说的是书评学，但读者所得到的远远地超越了书评学的范围。这大概就是徐老在《书评学》中所说的"品位"和"气度"吧！

"夫学者，犹种树也，春玩其华，秋登其实"。正是徐老勤读苦学，长期积累，达到了学广而闻多，博观而约取，才能完成《书评学》这样醒人耳目的著作，这是我作为读者而要感谢作者的。

徐老的《书评学》问世了，它是在社会迫切需要书评的时候出版的，是在读者非常需要导读的时候问世的。它的应运而生，必将为书评的时代推出更多更好的时代的书评。

1993 年 2 月

《出版学编辑学漫议》P235，河南教育出版社 1995 年 9 月版

这是一种开拓

——评陶同的《编辑思维学》

中国编辑学会会长刘杲先生最近在学会第二次常务理事会上讲话指出，"编辑学的研究，一要注重外部联系，即研究编辑工作与经济、文化、政治等外部环境的关系；二要研究内部联系，如业务活动、编辑技能和编辑工作的技术手段等问题。没有外部联系的研究，不好定位定向；没有内部联系的研究，不能保证提高编辑质量。"陶同先生的《编辑思维学》正是从编辑的外部行为转向内部思维活动的一种研究成果。从这个意义上说，它正是贯彻刘杲先生讲话内容的一个具体实践，是符合当前编辑学研究的发展大趋势的，是和改革开放的时代脉搏相适应的。

我参加了1990年9月在北京召开的《编辑思维学》课题论证会。会上，一致认为这个课题"在这一领域具有开创性意义"。这是因为从思维科学来说，过去的研究还没有具体到像编辑思维这样的问题上来，更没有把编辑思维作为一门学科来加以研究，现在陶同先生的研究，扩展了思维科学原有的领域，建立了思维科学的一个新的分支学科，这当然是一种开创性的工作。同时，从编辑学研究来说，也是一件新的事情。过去，在这方面，有人研究编辑工作的指导思想，有人研究编辑活动。但是，还很少有人研究编辑的思维活动，特别是把编辑的思维活动当作一门学科来加以研究。现在陶同先生的研究，为编辑学开拓了新的领域，因为这种研究是相当系统的、全面的。因而，我认为这个研究成果，也为编辑学构筑了新的分支学科。这当然同样具有开创性的意义。

陶同先生的这个研究成果，对编辑研究来说，在理论上也有新的开拓。因为，它大量地吸收了当代大众传播学、思维科学、信息论、控制论和系统论等学科的研究成果，来丰富编辑学的理论内容。近几年来，由于编辑学研究者的提倡，在这方面已经作出了一些成绩。但总的来说，还是不多的。因而，陶同先生的研究成果，从编辑学吸收其他学科的养分来说是有意义的，而且做得比较成功。所以，我仍然认为是一种开拓，或者说，是在这方面进行科研实践，而且取得成果的少数几个人之一。

陶同先生的成果，对编辑学的方法论来说，也增加了新的因素，中国的编辑学术研究，从历史上看，有过实验、演绎、思辨、考据等方法，直到后来以马克思主义辩证唯物主义作为自己的指导原则和根本方法，从而使编辑理论和编辑学的研究，开创了历史上从未有过的新局面。当然，辩证唯物主义是涵盖一切学科的根本方法，也是研究各种学科的指导原则。但是，它并不排斥一种具体的学科有自己特定的研究方法，或者说在方法论方面的特殊性。尤其是在当代科学技术突飞猛进的时代，许多学科在研究方法方面取得了很大的进展。这种进展，只要是真正的进展，正是这些学科的学者（不管他们自觉不自觉，或者承认不承认）运用唯物辩证法所取得的方法论方面的成果。虽然，有时候，对某一学科来说，在一定条件下，它的表现形式，可能被某些人误解为游离于唯物辩证法之外，但就其实质来说，仍然是这样。正因为如此，在当代自然科学、思维科学方面取得成功的研究方法，对出版研究、编辑研究来说，都具有借鉴、参考的意义。应该让它们为出版、编辑研究所用，以促进编辑、出版研究的进一步繁荣昌盛。

陶同先生的《编辑思维学》，从 1990 年 9 月进行课题论证，到 1992 年底基本完稿，仅仅二年多一点时间，就完成了 24 万字的著作，是很不容易的。这又一次表明陶同先生是一个勤奋的学者、刻苦的学者，这正是他能够在短短的几年内，取得一个又一个成果的根本原因。

1993 年 3 月

《出版学编辑学漫议》P229，河南教育出版社 1995 年 9 月版

治书者先要读书

最近，和几位编辑同志聊天，谈到现在在忙什么，大家异口同声地说：一是搞选题，抓一些热门的、读者有兴趣的选题；二是忙推销，希望把印数搞上去；三是看点稿子。问他们读些什么书。他们说，现在要完成全社全室承包的经济指标，这是硬任务，几乎要全力以赴，很少有时间读书。有的说，想读书，但实在没有这个时间。

听了这些议论，很有一些感触。文学家说，爱情是文学创作的永恒主题；出版家说，多出好书是出版工作的永恒主题。那么，编辑工作的永恒主题是什么呢？我看就是读书。编辑要选题、组稿、看稿，就一定要读书。可以说，读不读书，是能不能做好编辑工作、能不能提高出版物文化品质的根本保证。

编辑是治书的，治书的人不读书那就会出现危机。编辑正像韩愈在《进学解》中所说的那样，是"口不绝吟于六艺之文，手不停披于百家之编"的人。当然，这里的"六艺"，不能只限于儒家的"六经"。应该包括现在所需要的马克思列宁主义、毛泽东思想、邓小平同志建设有中国特色的社会主义理论和其他老一辈无产阶级革命家的著作，党的路线、方针和政策，各科尤其是与本职工作相关的各种学科的基本理论和基础知识，以及古今中外许多传世之作。所以，编辑要读的书是很多很多的。不然，他就不能完成"手不停披于百家之编"的任务。编辑要读书，是因为编辑要审稿、要把关，要为社会、为读者多出好书。这里，我觉得颜之推在《颜氏家训·勉学篇》中的几句话，是很值得当编辑的人好好品味的。他说："观天下书未遍，不得妄下雌黄，或彼以为非，此以为是，或本同末异，或两文皆欠，不可偏信一隅也。"当然，要看遍天下书不容易，尤其是书越来越多的现在。但是，要求编辑比一般读书人多读一些书，则是完全必要的。因为评论一种学说之价值，判断一种观点之是非，"不得妄下雌黄"，先要认真地读许多书，掌握许多材料，了解社会上各种不同的看法，知道它的来龙去脉。否则，仅仅满足于一得之见，就难免有片面性。宋代著名史学家、《通志》作者郑樵，在修史方面讲过"会通"的方法。对编辑为什么必须认真读书，很有参考借鉴的意义。他说："天下之理，不可以不会，古今之道，不可以不通，会通之义大矣哉！仲尼之为书也，凡典、谟、训、诰、誓、命之书，散在天下，仲尼会其书而为一书。举而推之，上通于尧舜，旁通于秦鲁，使天下无逸书，世代无绝绪，然后为成书。""史家据一代之史，不能通前代之史；本一分而修，不能会天下之书而修……诸家之书散落人间，靡所底定，安得谓成书乎？"可见，当编辑的人，在审读一本书稿的时候，必须认真阅读同类书和相关书的内容。这就是说，编辑必须认真读书，才能做好审稿工作，这可以说是一条定律。

有人说，审稿就是读书，这话有一定道理。但是，审稿不等于读书，因为编辑在审一部稿子的时候，往往是从自己的编辑指导思想、编辑方针出发，对稿子进行审读、鉴别，甚至是挑剔。看它在整个主题、框架、结构上有无不妥之处；看它的观点是不是正确，能不能成立；看它的政治倾向、艺术特色、逻辑的力量等等。所以，编辑审稿，往往重在一个"审"字，它和一般读书不一样，尽管通过审稿，编辑也可以提高认识，增长知识，如果日久天长，有意识地积累，也可以成为一个学问家。至于我们平常读书，首先是抱着学习的态度，去了解这本书的内容，领会它的观点，研究这本书的内容和它所提出的结论，从中得到思想、知识，得到启示和收获。平常读书主要是从吸收知识和养料的角度来阅读的，所以，往往看重在一个"学"字。当然也有例外，如为了批评或批判这种特定的目的去读书。但即使这样，也要先从了解它的全部内容、观点入手。所以，它不同于编辑看稿，至于有人读书是为了消遣，当然更不能等同视之了。

说编辑必须认真读书，还因为我们现在是处在科学技术空前发展的时代，处在信息社会之中，也就是所谓信息"爆炸"的年代。有人估计过去信息量的增加是 30 年左右翻一番，后来是 15 年左右翻一番，而现在已经可能到了七八年翻一番的时候。所以，在这种情况下，编辑必须掌握更多的信息、知识，尤其是新的科学技术知识。为此，更需要认真读书。

有人说，我已经读过不少书。这可能是事实。但是，时代在前进，停滞就意味着落后，更何况在改革开放的年代，社会在发展，新事物层出不穷，观念也在起变化，真理岂有穷期，即使读书再多的人，也不能自叹"观止"。

拿编辑学研究来说，人们常常提出如何深化的问题。这是非常中肯的。编辑学研究如何进一步深化，许多同志都在思考、议论。问题和解决的办法也许可以找出很多条。但是，我觉得关键之一，也有一个认真读书的问题。别的暂且不说，现在我们已经出版的编辑学著作（不包括非公开出版物和书名上没有"编辑学"三个字的讨论编辑工作的著作），已经有 24 本。[①] 这些书提出了许多新的见解，采用了不少新的研究方法，读起来很有新意，给人以许多启发。此外，有些专业刊物，在一些问题上开展了学术争鸣，很热烈，也有不少进展。但是，对这些书、文，真正翻阅过的人，可能为数不多，连我自己在内，也不能说一一加以认真的研读过。所以，编辑学研究要深化，首先需要我们认真地把已经出版的书、文，好好地读一读，研究一番，总结一下。这样也许可以帮助我们找到更好的深化的路子。

再说，现在大家都觉得图书质量滑坡，常识性的错误，也不鲜见，错别字也相当多，竟至有人称之为"无错不成书"。当然，这种状况的造成，原因可能是多方面的，有思想认识问题，有经济问题，有是不是坚持制

---

① 这是当时 1993 年初的统计，到 2009 年已达到 130 多种。

度的问题，也可能还有其他。但是，有一条，编辑读书不够，或者没有时间读书，可能是一个很重要的原因。如果编辑能够认认真真地坚持读书，至少可以避免一些显而易见的常识性错误，可以大大减少错别字，可以从更多的角度来鉴别书稿的内容，使图书质量进一步得到提高。

读书重要性问题，其实是一个最起码、最普通的问题，也是老生常谈，只是现在说得少了。特别是在目前许多人想"下海"做生意的时候，来提出读书的问题，似乎有点近乎迂。不过生活总是丰富多彩的，应该是"下海"的"下海"，读书的读书，不能把两者对立起来。最近，在报上看到一位有一定影响的理论工作者也"下海"了，办了一个什么公司。这个问题应该怎么看，说法不一，可以研究。但是，一个有一定贡献、一定影响的学者，去办一个公司，即使成为百万富翁，应当如何估计它的意义呢？如果这位学者不办公司，而以他的功力继续做学问，在学术上作出新的贡献。两者比较起来，究竟是何者对国家的贡献更大一点，究竟是哪一种更有利于人民？这个问题是值得认真考虑的。

当前，我国的经济体制正在转轨，出版行业正在进一步走向市场经济。在这种情况下，有些同志多考虑一些经济问题，是必要的，可以理解的。所以也不能不做分析，不问实际情况，贸然地反对有些编辑"下海"。但是，从根本上看，只要你还是一个编辑，或者继续想当一个编辑，那么，无论你下到东海、黄海、或者太平洋，你仍然不能放弃读书，也不能放松读书。不认真读书，也不用心选题、组稿、看稿，"以其昏昏，岂能使人昭昭"。这样编出来的书，怎么可能在质量上不滑坡呢？又怎么能保证出好书呢？结论只能是：教育者先要受教育，治书者先要读书。

1993 年 3 月

《编辑之友》1993 年第 3 期；《一切为了读者》P273，首都师范大学出版社 2020 年 7 月版，1994 年 1 月 15 日；《出版学编辑学漫议》P289，河南教育出版社 1995 年 9 月版

编辑工作是整个出版工作的中心环节

1983 年 6 月，中共中央、国务院《关于加强出版工作的决定》明确指出："编辑工作是整个出版工作的中心环节。"这是新中国出版事业的经验总结。多少年来，已经成为中国出版工作者的共识，是新中国出版事业健康发展的根本保证之一。但是最近一二年来，特别是提出出版社由生产型转变为生产经营型和建立适应社会主义市场经济体制的出版体制以后，有些人认为"编辑工作中心环节论"过时了，不适用了。他们主张出版工作要以经营为中心，以市场为中心，认为编辑不应再坐在编辑室做案头工作，不要再被雕虫小技的文字工作所困扰，应该到市场中去找营生，认为编辑工作的魂在市场。事情真是这样吗？"编辑中心环节论"真的过时了吗？对于这个问题，我们应该从多方面来加以探讨。

一、改革开放，开创了我国出版事业前所未有的新局面

党的十一届三中全会以来，我国出版事业得到了空前的繁荣和发展。这 10 多年中所取得的进展，是我国现代出版史上所从来没有过的，也是中国几千年出版史上所从来没有过的。发展的速度、规模和势头，以及这种发展的持续性，在国际上和几个出版大国相比也是可以相伯仲的。这种发展为中国出版现代化奠定了重要的基础，它使中国步入了世界出版大国的行列。

据 1992 年底统计，我国现有出版社 520 家，期刊 6486 种，音像出版社 200 多家，共有书刊编辑人员 7 万余人。与 1987 年（十一届三中全会前一年）相比，图书品种已由 1987 年的 12842 种上升到 1992 年的92910 种，增加了 78068 种，增长了 608%。印数由 33.1 亿册（张）上

升到 63.74 亿册（张），增加了 30.64 亿册（张），增长了 92.6%。印张由 117.7 亿张上升到 280.5 亿张，增加了 162.87 亿张，增长了 138.4%。期刊由 628 种上升到 6435 种，增加了 4807 种，增长了 765%。印数由 5.6 亿册上升到 23.17 亿册，增加了 17.57 亿册，增长了 313.8%。印张由 18.8 亿张上升到 60.81 亿张，增加了 42.01 亿张，增长了 223.5%。一些图书的骨干工程已经或正在完成，列入"八五"规划的数以千计的图书，也正在陆续问世，图书发行方面各种展销会喜报频传，仅新华书店华东、华北、西北、西南四个片会上今年初的订货已成交的就有 1.36 亿元。商务印书馆一家就订货 1000 多万元。印刷和物资供应方面也取得了很大的成绩。特别是电子计算机汉字照排系统的发明和迅速、广泛地推广应用，实现了我国印刷工业的又一次重大革命，对我国出版事业的发展，作出了具有划时代意义的贡献。激光彩印技术的研制、开发和应用方面也取得了创造性的成就，而且已经在国内外报纸印刷中开始运用。发明印刷技术的古代中国，在落后了 500 多年以后，在印刷技术领域中的某些方面又逐渐走向世界的先进行列。这些成就都是在短短的十几年中取得的，这是贯彻执行党的基本路线的伟大胜利，是坚持党的出版方针的伟大胜利，是在马克思列宁主义、毛泽东思想和邓小平同志建设有中国特色社会主义的理论指导下所取得的巨大胜利，是改革开放的重大胜利，它又一次表明了我国社会主义制度的无比优越性。

邓小平同志视察南方的重要谈话和党的十四大精神，为深化出版改革指明了方向，加强了广大出版工作者的改革意识、市场意识，特别是质量意识。坚持优质服务的思想普遍得到了加强。新型的社会主义的图书市场正在培育和发展中，深化出版改革，加快建立适应社会主义市场经济体制的出版体制，为我国出版事业的更大发展提供了坚实的思想保证，为今后的出版繁荣开辟了更广阔的天地。

二、前进中出现的新情况和新问题

和任何事物都是一分为二的一样，我国出版工作在前进中、在取得巨大成就的同时，也出现了一些新的矛盾和问题。

第一个问题是，图书品种上升，平均印数下降。这几年图书平均印数不断下降，根据统计，从 1981 年到 1991 年书籍的平均印数下降的情况是这样的：1981 年 15 万册，1982 年 12 万册，1985 年 10 万册，1986 年 5 万册，1991 年 4.5 万册。这个 4.5 万册的平均印数，还包括学习文件、教参读物在内。如果仅按一般图书计算还是达不到的。现在有的书到新华书店一征订，订数只有一二千册，千把册是常事，只有几百册的也有，还有的书根本就没有订数。平均印数下降，使出版社的经济效益受到影响，就迫使出版社不出或少出这类书，或者就扩大图书品种，以求经济效益。而扩大图书品种又会带来二种后果：一是印刷力量紧张，出版成本加大，进而引起图书定价上涨。二是图书质量滑坡，因为图书品种过多地增加，就意味着写作队伍和编校力量任务加大。但是，一本真正有价值、有水平的著作的产生是需要时间的。而一个国家的著述力量、编辑力量的上升，先要有一个文化教育提高的过程。图书出版的增长应当和这个过程相适应。否则图书品种增长过快，就可能造成品种重复或者平庸书过多，图书结构失衡的问题。而平庸书过多的另一个结果，又可能挤掉学术著作的著述编校力量。这种情况，循环往复，将不利于文化教育的发展，也不利于出版物质量的提高和出版事业的繁荣。

第二个问题是，低层次、低品位的图书增多，高层次、高品位的图书减少的矛盾。几年来，我们出版了大量宣传马克思列宁主义、毛泽东思想和邓小平同志关于建设有中国特色社会主义的理论的图书，出版了许多宣传党的基本路线，学习贯彻十四大精神和论述党的方针政策的读物，大量出版了传播有益于经济和社会发展的科学技术、文化知识、丰富人民精神文化生活的好书，宣传了爱国主义、集体主义和社会主义思想，反映了建设中国特色社会主义的理论和实践。这几年我们出版了不少有全国影响，甚至国际影响的高品位图书，弘扬了中华民族的优良文化，促进了国际的科学技术、文化学术交流，有不少是传世之作，使中国出版界扬眉吐气，在世界出版业中争得重要的地位。湖南出版的《水稻育种栽培学》，总结了先进经验，使几亿亩水稻增产，被世界上称为绿色革命。《锑》这本书研究探讨了开采冶炼锑的最新经验，被国际上锑的冶炼界奉为经典。一本讲计算机《随机服务系统》的书，为国际上有关专家所叹服。这种好书，许多地区、许多出版社都有。但与此形成鲜明对照的是那些"不好不坏""无益无害"的平庸书，在图书品种总数中，也占了相当大的比例。从揭"内幕"，透秘闻，到占卜、算卦、相面、看风水、看手相的书常有发现，还有带有这种那种黄色、黄气、黄味的图书和公然宣扬色情、淫秽的下流图书。如以讲性知识为名，具体描绘性行为的书，也不止一次地出现。如北京一家出版社居然出了这样两本书，一本叫《妓女培训班》、一本叫《幼童面首》，这在建国以来恐怕是没有过的。还有政治上反动、思想观点错误的书刊，也不时出笼。

这几年每年出书的品种不少，有八九万种之多。但是，好书，真正有保留价值的究竟有多少？我问过几位省里来的老总，他们有的说10%，有的说20%，那么乐观一点，也不过20%，还是少数。坏书、不健康的读物当然也不会多，估计是1%左右。当然是个很小数。大量的则是不好不坏的东西，当然不排斥其中相当部分还是可以发挥某些作用的。

第三个问题是，出版社、书店的管理跟不上社会主义市场经济对图书出版发行的要求。市场经济就是为顾客服务，图书市场也就是为读者服务，在西方国家，一谈到市场、经营，就是强调服务第一，信誉第一。我国社会主义图书市场，当然更应该为读者服务，做到服务第一，信誉第一。所以就应该向读者提供优秀的图书，就是要考虑读者的根本需要、长远需要，青少年的成长需要，国家民族的政治经济、科学技术、文化艺术、教育卫生等发展的需要。出版社、杂志、书店和各种类型的图书市场，都应是社会主义的文化阵地，这一点决不会因为社会主义计划经济向社会主义市场经济转轨而有所改变。就是从市场竞争的角度看，也要提供真正符合读者需要的精品。那种低档劣质的图书，迟早要被读者所抛弃，而且出版者还可能信誉扫地，更不要说那些坏书了。但是，现在有一种误解，认为既然搞市场经济，就是以盈利为目的，因而可以不问方向，不谈方针，只要什么能赚钱就出什么、销什么；什么销得动、赢利高就出什么、销什么。结果不是从读者的真正需要出发，不是为读者健康成长服务，不是为社会主义精神文明建设服务，当然也不是为建设有中国特色的社会主义事业服务，而是从中间商的需要出发，为个体书摊牟利服务。在任何社会里，群众精神生活的需要和物质生活的需要一样，都需要得到满足。物质生产者提供的产品有优劣、真伪，多数群众还能够识别，精神生产者提供的精神产品和物质产品有相同的一面，如明显的坏书，有的读者是能够识别的；但也有不同的一面，如有的书内容不健康，但由于读者的欣赏水平不同，不容易识别，就会贻害读者。再说，一本书，有的不仅一个人看，还给周围人看，留给后来人看；有的看过的人，还要教育后代，继续贻害后人。所以，一本书的好坏，影响很大，好的影响、坏的影响都很大。所以，出版社、书店要有强烈的责任感。现在政府改变职能，权力下放，迫使出版社、书店的微观管理要加倍加强，不要上面一放，下面撒手，有的甚至乘放权的时候钻空子，为不好的图书开绿灯，造成了不好的后果。如新闻出版署下放选题审批权以后，在短短的 4 个月时间内，有 18 家出版社出版了 30 种人体摄影画册，经专家鉴定已有 27 种裸体画册被认定为"夹杂淫秽色情内容，低级庸俗，有害于青少年身心健康"，被停售封存，有的被处以罚款。这些画册被群众批评为"只要人体，不要艺术"，道地的文化垃圾，指责这些画册的出版者是"财迷心窍，唯利是图"，是社会主义出版界的耻辱。可见出版社对出书的管理必须加强。

书店同样要加强发行工作的管理，现在图书的印数主要是靠发行数决定的。但是，如果你注意一下，就可以看到，印数高的书往往是被称之为通俗文化的东西，这是好听的说法，说白了多半是庸俗文化，包括封建迷信，甚至低级的东西。从中国女人的大腿，到外国的性感演员，统统彩照精印，肉麻吹捧。而那些高雅文化、学术著作，不是不能开印，就是三五百册，有时简直就是一个"0"。图书不管是商品也罢，是特殊商品也罢，是完全彻底纯粹的商品也罢，它终究是一种精神产品，要影响人们的精神世界，指导人们的实践活动；它终究是文化的重要组成部分。而文化是一个民族的全部创造，是这个民族开化、进步的标志。出版社和书店在出版发行每一本书的时候，难道不要考虑一下我们民族的形象？市场经济是充满竞争的，是有选择的。但是你拿什么东西让读者选择呢？"文革"期间所有的电影、戏剧、图书全部是样版戏，那就无所谓选择了。反过来，现在如果都是人体摄影之类的东西，只有迎合某些读者低级趣味的东西，那么，广大读者的选择性又在哪里呢？商品总是离不开推销的，事实上许多商品是通过推销才出售的。那么，出版社如果多出一点高雅文化，不出庸俗低级的东西；书店如果多推销一些高雅的图书，少推销一些平庸书，总可以多推销一点好书，让读者的文化氛围干净一点，至少27种被封存的人体摄影，会销得慢一点、少一点吧！

总之，社会主义的图书市场需要好书，需要精品，这里，首先要强调"编辑工作是整个出版工作的中心环节"。同时，出版社和发行所、书店，都要加强出书和卖书的管理，既要敢于管理，又要善于管理。在多出好书的前提下，保证社会主义图书市场健康发展，以适应社会主义市场经济的需要。加强图书市场的管理，是建立社会主义市场经济的重要举措。图书市场如果不能纳入建立有中国特色的社会主义的轨道，我国社会主义市场经济将蒙受重大损失。

第四个问题是，编辑人员的经济压力和过高的发稿字数使图书质量受到很大的影响。在改革大潮中，有的出版社实行了把每个编辑人员利润承包的办法，或者实行编辑个人发稿字数的承包。这就给编辑人员带来了两大压力，即经济指标的压力和过高字数指标的压力。据了解，一些出版社编辑人员，一般每年都担负一两万、三五万的利润指标，有的甚至更多一些；或者是一般编辑低一点，资深编辑高一点。结果是大家都为完成利润指标而奋斗，完不成的不仅拿不到奖金，还可能影响其他福利和工资收入。于是有的人就不择手段，不顾方向、不问质量，只要能赚钱就出。或者以"协作"名义卖书号，这种事此起彼伏，怎么也刹不住。甚至手上拿着准印单，口袋里装着图章，到处兜售，还派出人员东奔西跑，或者把派出机构设到东南西北，就地组稿，就地编校，就地印制，就地发行，就地分利，而且屡禁不止。结果，弄得图书的文化品位越来越低，编校质量越来越次，差错越来越多。

经济压力，还带来过高的发稿字数压力。现在，有的出版社编辑人员的发稿字数，一般在人均 150 万字以上，有的甚至在二三百万字以上。一个科技出版社的副总编，年终审稿件字数在 1000 万 ~1200 万，这就是说除去星期天、节假日，这位老总每天要终审 3~4 万字。更不用说他还有许多会议和行政工作在等待他去完成。以一个编辑一年发稿 150 万字算，加上起码看二次校样，这样就是 450 万字，除去节假日，他一天就要审读、加工、修改 1.5 万字。每天平均这么多字，即使审改小说稿件，也不容易。至于其他理论、科技、知识读物的稿件，就更紧张，就算其他什么事都不干，也难完成。哪里还谈得到精雕细刻，精益求精。何况还免不了与社外作者、读者的联系，与社内各部门之间打交道，有的还要外出推销，征集订数。不然即使编好了，也无法开印。这种状况，看来似乎很重视编辑的工作，实际上是使编辑人员无法正常地工作，当然不符合"以编辑工作为中心环节"的原则。编辑人员对这种状况很苦闷，完不成任务不好，马马虎虎完成任务，又怕对不起读者，出了错误又有愧于出版社的牌子，给社会造成危害。有的青年编辑说："大学毕业，分配到出版社当编辑，是很高兴的，觉得可以，为祖国文化建设施展才能，不虚此生，可是现在天天摆弄文化方便面（指平庸图书），虽然经手编了不少书，但没有影响，没有特色，登不上大雅之堂，即使能赚一点钱，也很有限，与其如此，还不如干脆'下海'去。""现在是事业心、责任感使我留在编辑这个工作岗位上，总希望有一天也像有的同行一样，能够搞出一点有特色、有影响的好书，搞出一点称得上是高雅文化的东西，能够传之后世，至少是有益于文化积累、科技发展的东西。才能不辱没自己曾经搞了一辈子的编辑的历史。"

在一些出版单位，忽视编辑工作的重要性，经济、利润的导向，超过了政治思想文化的导向，编辑人员超负荷的工作量不可避免地造成出版物质量"滑坡"！

一些编辑人员肩上经济指标的压力，不可避免地影响出版物文化品位的下降！！

三、出版工作者只有多出好书的义务，没有降低出版物文化品位、忽视图书质量的权利

这个矛盾，那个矛盾，当前在诸多矛盾中，最主要的是社会主义精神文明建设的需要和出版物文化品位下降、质量"滑坡"的矛盾。

坚持党的基本路线，贯彻邓小平同志视察南方的重要讲话和全面落实党的十四大精神，我们必须贯彻两手抓的精神，既要抓物质文明建设，又要抓精神文明建设。我们出版工作的重要任务，就是要有成效地为经济建设和改革开放提供精神动力、智力支持、舆论环境和思想保证。它是社会主义精神文明建设的重要组成部分，又是物质文明建设的重要条件。我们搞好出版工作，提供优秀的精神食粮，就是体现两手抓的精神，就是为建设有中国特色的社会主义作出了贡献。作为出版工作者，尽管这个矛盾那个矛盾，这个压力那个压力，编辑作为祖国文化的积累者和传播者、社会主义精神文明的建设者，必须坚持质量第一的原则。任何时候、任何条件下，只有多出好书，向读者提供优秀精神食粮的义务。任何时候、任何条件下，都没有降低出版物的文化品位，忽视图书质量，

把格调低下、错误百出的图书送给读者的权利。任何时候都必须坚持把社会效益放在首位的原则，那种把坚持社会效益放在首位和解放思想对立起来，好像强调社会效益就是阻碍冲破思想禁锢，就是"左"了，就是要妨碍解放思想，甚至影响改革开放的看法是错误的、有害的，是和坚持"两手抓、两手都要硬"的精神背道而驰的。如果按这种逻辑推论下去，那么什么乌七八糟的东西都可以出笼，"扫黄""打非"也不要搞了，否则就是"妨碍解放思想"，"影响改革开放"。出版改革的根本目的，是要多出好书，要为社会主义精神文明建设服务，为我国社会主义现代化建设服务，为建设有中国特色的社会主义事业作贡献。这个改革目的是不能动摇，也不能篡改的。

还有一种看法，认为现在是搞市场经济，扩大出版单位的自主权，就可以为所欲为，我愿意怎么搞就怎么搞，既不要法规和秩序，又不要民主集中制，也不要组织性、纪律性，什么宣传纪律、社会效益、精神文明建设，统统置诸脑后，就是一句话"一切向钱看"，有的目的很明确，就是"乘机捞钱"。社会主义市场经济在一定意义上说就是法制经济，是有序化的经济，不是尔虞我诈、坑蒙拐骗、投机倒把、巧取豪夺的市侩们的赌博场所。扩大自主权，要依法行事，照章办事，不是无法无天，不要方向，不要出版方针，不要宣传、财经和出版纪律。你违法乱纪总不行吧！你出《妓女培训班》这种书总不行吧！你散布悲观情绪，使人丧失信心总不行吧！出版物如果不能振奋人心，催人奋进，不宣传建设有中国特色社会主义的理论，不传播有益的科学文化知识，不能丰富人们健康的精神生活，这样的出版物究竟是为谁服务？

四、坚持社会效益第一，坚持质量第一，是出版繁荣的根本保证

要克服当前出版物文化品位下降和图书质量"滑坡"的严重状况，

我们需要坚持两个第一的方针，即社会效益第一和质量第一的方针，并且切切实实地落实到实际工作中去。其实，这两个第一，并不是什么新创造，这里只是把两者放在一起，说得简单、明确一点罢了。

邓小平同志在 1985 年 9 月就说过："思想文化教育卫生部门，都要以社会效益作为一切活动的唯一准则，它们所属的企业也要以社会效益为最高准则。思想文化部门要多出好的精神产品，要坚决制止坏产品的生产、进口和流传。"[①]在出版工作中，我们只能把社会效益放在第一位，在社会效益和经济效益发生矛盾的时候，经济效益要服从社会效益，这是不能动摇的原则。如果不顾社会效益，只讲经济效益，把出版社当作摇钱树，结果贻害读者。那不如去开餐馆、办旅社、卖百货。这样，钱来得快，也可以不因出不健康书刊而害人。至于要办出版，那就要出好书，要出高质量的书刊。

1983 年 6 月 6 日公布的在我国出版界具有权威性的文件《中共中央、国务院关于加强出版工作的决定》中明确指出："出版部门坚持质量第一，尽最大努力，把最好的精神文化食粮供给人民。"可见，出版物要坚持质量第一的原则，不是一个新问题，是我们党和国家的既定方针。

什么是质量？就是各类图书要力求做到选题对路、内容充实，政治倾向好，要有较高的思想性、科学性或艺术性，有的图书还要注意实用性。在图书质量问题上，目前也有一些不同的看法，有人认为发行量大的书就是质量好的书，这种看法是不正确的。因为现在有些迎合某些读者低级趣味的书，黄色、灰色甚至淫秽读物，一时间发行数量可能并不小，能说这些书是高质量的吗？这正如那种认为"多数人赞成的意见就是真理"一样，是不科学的。还有一种意见，说大部头的书就是好书，这也不一定。比如有些内容荒诞或打斗为主的书，篇幅并不小。再说现在有的工具书，东抄西搬，七拼八凑，尽管部头很大，印得很华丽，其实里

---

① 《邓小平文选》第三卷 145 页。

面常识性的错误很多，不该抄的东西也抄在里面，谬误百出，能说是高质量的图书吗？总之，图书质量好不好，不在于销量多少、部头大小。归根到底，要看它在两个文明建设中起什么样的作用，起积极作用还是消极作用。

出版物文化品位的高低，书刊质量的好坏，是国家、民族形象的反映，是人民文化素养的标志，我们的出版物的质量和数量如何，直接反映并影响着我国的经济、政治、文化和教育的发展水平。是一个国家、一个民族、一个地区、一个时期历史的写真，也是这个出版社在一定时期美或丑的形象写照。任何一个编辑出版工作者都不能疏忽大意，掉以轻心。因此，必须坚持"两个第一"的原则，把书出好，把出版社搞好。

有人认为，社会效益第一和质量第一，这两个概念含义是一样的，是同义语，似乎不必两者都提。换句话说，也就是不必提"两个第一"。应该说，这种看法并不完全反映客观实际。社会效益和质量两者有相同的地方，也有不同的地方，质量是指出版物达到的水平，社会效益是指出版物功能所达到的效果。并非完全是一码子事。一般说，社会效益好的书，质量应该也是好的，但是，质量是多方面的，有内容质量、编校质量、设计质量、美术质量，还有印刷质量、装订质量。社会效益好的书，内容一般应该是好的，但其他方面就不一定都好。再说，质量好的书，社会效益应该是好的。但世界上的事情并不总是绝对的，有时也有例外，如《金瓶梅词话》这部书，似乎没有人说它的艺术质量不高。但也历来没有人敢把它大量印刷，敞开供应。为什么？就是怕社会效益不好，在历史上留下骂名。

再说，在文化、出版领域中，讲社会效益，往往是和经济效益相对应而说的，而且是就一个出版单位所取得的社会效益和经济效益而说的。小平同志的原话就是指"思想文化教育卫生部门"和"它们所属的企业"。这就是说要求每个出版社、书店在经营活动中，要把社会效益放在首位，让本单位的经济效益放在低于社会效益的地位。小平同志这里是对企业的要求，对于事业性质、企业化管理的出版社来说，当然更应该如此。

可见，社会效益第一，有它自己的内容和特定的含义，它和"质量第一"这个原则，不完全是一回事。

反之，也有人认为，只要讲"质量第一"就够了，不必再强调把社会效益放在首位了。这个看法似乎也不全面。因为，第一，这里说的社会效益是与经济效益相对应而提出的，而不是与质量好或不好相对应而提出的。第二，只提"质量第一"，往往容易仅仅从图书的质量好或坏考虑，容易从一本书具体的生产角度来考虑，而忽略图书出版以后总体上的社会效果。

可见，"两个第一"，即社会效益第一和"质量第一"，从某些方面上看，虽有一些共同的或相类似的方面，但不是平面几何中的全同。因而，用"两个第一"的提法，似乎显得更全面、更广泛、更完善一些，也避免了任何片面性或这样那样的误解。

五、"编辑工作是整个出版工作的中心环节"是社会主义出版工作内在规律的客观反映

一个出版社要把书出好，要提高出版物文化品位和图书质量，提供优秀的精神食粮，靠什么，靠发行吗？发行对于图书销售的数量，起相当重要的作用，有时甚至起关键的作用，但它不能决定图书的质量。靠设计吗？美术设计对图书的外观形象起重大作用，对于吸引读者，给读者以美感，也是一种精神动力，但同样不能决定图书内容的质量。靠印制吗？印制是图书的物质生产过程，印制质量是图书质量的重要组成部分，如果印得不好，根本看不清楚，还有什么质量可谈，再说读者也不会要这样的书。但印制质量也不能决定图书的内容质量。所以，在整个出版工作中决定出版物文化品位和图书质量的中心环节是编辑工作。可见，编辑工作在出版工作中居于中心环节的地位，这一条不是什么人任

意决定的，是出版工作客观规律的反映，是近现代出版工作最重要的经验总结，是不以人的意志为转移的。

贯彻"两个第一"的原则，正确认识编辑工作的地位和作用，重视编辑工作的重要意义，坚持编辑工作的"中心环节"论，是全部出版工作内部矛盾的集中表现。所以中央《决定》中曾经明确指出："编辑工作是整个出版工作的中心环节，是政治性、思想性、科学性、专业性很强的工作，又是艰苦细致的创造性劳动。"编辑人员的政治思想水平、知识水平和业务能力的高低，直接影响着出版物的质量，他们对于能否提供健康有益的精神养料，巩固和扩大社会主义思想文化阵地，负有重大的责任。因为书刊是一种主要传播手段，书刊一经出版，必然要在政治上、思想上起这样那样的导向作用，影响人们的精神世界、现实的政治态度和思想倾向。好的书籍可以造成安定团结，蓬勃向上，勇于开拓，催人奋进的氛围；可以提高人们的智能水平，包括科学技术、管理经验，提高人们认识世界和改造世界的能力，促进社会生产力的发展。不好的书籍也可以破坏安定团结，散布灰色情绪和黄色影响，造成不好的气氛，甚至危害社会的进步和发展，总之，书刊出版对于培养有理想、有道德、有文化、有纪律的社会主义新人，对于我国社会主义制度的不断完善和发展，具有十分重大的意义。这说明编辑在我国社会主义现代化建设中，占有十分重要的地位。

中央《决定》十分强调编辑的作用，着重指出："应当肯定编辑人员的重要作用和贡献，尊重编辑人员的创造性劳动。"在当前特别要注意这样几点：

（一）编辑出版工作，首先是宣传教育工作，具有鲜明的思想性，这一点不会因为出版物走向市场而发生什么变化。相反，按照"两手抓""两手都要硬"的精神，编辑工作者要更加自觉地用党的基本路线和邓小平同志建设有中国特色社会主义的理论指导自己的工作，为社会主义的思想建设作出贡献。书刊的编辑出版应当有力地促进马克思主义理论的研究、发展和普及。要持久、广泛、深入地宣传爱国主义、集体主义和社会主义的思想，在自己的书刊中反对资产阶级的反动思想和腐朽的生活方式，清除黄色、淫秽、封建迷信和其他不健康的东西。

（二）编辑出版工作，是一项科学文化工作，具有很强的知识性和科学性，这一点也不会因出版物走向市场而发生什么变化。相反，遵照科学技术是第一生产力的观点，编辑工作者要把自己的工作做得更加精当细致，促进科技的发展，要积极积累和传播科学文化知识，要有选择地整理出版中外优秀的文化遗产和各种思想资料，为社会主义的文化建设、为社会进步作出贡献。应当自觉地贯彻党的"百花齐放，百家争鸣""古为今用，洋为中用"、推陈出新的方针，促进科学文化事业的繁荣，培养和造就现代化建设所需要的各种人才，提高全民族的科学文化水平。

（三）编辑出版工作，是为最广大的人民群众服务的，要给城乡广大读者提供多方面的、适应各种不同文化程度的、丰富多彩的图书。这一点同样不会因为出版物走向市场而发生什么变化。相反，按照活跃市场的原则，编辑工作者应当尽最大努力，把最好的精神文化食粮供给人民。保证读者健康有益的精神生活，陶冶他们的情操，从而促进社会生产力水平的提高、经济建设的飞跃和精神文明建设的发展。

编辑工作的重要性，说到底，就是在五花八门、形形色色的精神成果、文化成就面前，代表读者进行选择，代表社会进行把关。

出版物走向市场，在社会主义市场经济条件下搞出版，对图书的文化品位和质量的要求，不是低了，而是更高了。因为读者的选择余地大了，择优的可能性多了。在计划经济条件下，这个选题那个选题，只按计划出一种、出二种，出版社分工明确，这个出版社能出，那个出版社不能出，读者挑选的余地不大。现在不同了，同一选题的书，你出，我也出，你有我优，你优我特，所以更要强调做好编辑工作，更要以编辑工作为中心，尤其是要走向国际市场，你没有质量、特色，就根本谈不到外向型出版，面向国际市场。那种认为走向市场，就可以不讲质量，不做编辑工作，只要口袋里装着书号、图章，来者不拒，有求必应的做法，是一种误解，说严重一点，这不是搞出版，而是对出版的犯罪。这种做法，即使在某种场合、某些特殊条件下，钻了空子，得利于一时，迟早也是要出问题的。这样的出版社十个有十个要倒霉，想图侥幸是靠不住的。

有人说，现在是搞市场经济，应该以"经营为中心"，这个话乍听起来，有一定道理。但仔细一琢磨，也不完全是那么回事。出版社由生产型向生产经营型转化，加强经营管理，对一个自负盈亏的出版社来说，具有十分重要的意义。所以，现在的出版社十分重视经营，把它放在十分重要的地位，这无可厚非。但是要研究一下，经营的内容是什么？如果你还是经营出版，或者以出版为主，即主要还是经营书刊，那么，还是要依靠好书，依靠图书质量，才能最终取胜。因此，还是要靠编辑工作，就算你以书为主，搞以副养书，从其他地方赚了钱来办出版，那当然就更应该出好书，更应该重视编辑工作了。

与这个差不多的一种意见，认为搞出版要"以发行为龙头"。在社会主义市场经济条件下，发行工作无疑是重要的，而且越来越重要。但是，发行能不能成为龙头，关键在于你有没有好书，有没有适销对路的书，如果没有好书，想发行也发行不了，怎么能成为龙头？就算你把发行搞上去了，把大量不好不坏、无益无害的书推出去了，即使能取得某种经济效益，恐怕也只能是暂时的。如果把不好的书拼命地推出去，那就贻害读者，即使发行得再多，也是不足取的，到头来可能还是一种错误。所以，要以发行为龙头，必须以好书为前提，以众多的高质量图书为基础，而出好书还是要取决于编辑工作。所以，出版社的工作，要想以发行为龙头，也要坚持以编辑工作为中心环节。

有人说，出版社的工作要以读者为中心。这和以编辑工作为中心是不矛盾的，书刊所以要出版，就是为满足读者需要，为读者服务。读者是出版社的服务对象，出版社要服务好，就是要出好书，而书好不好则取决于编辑工作。所以，以读者为中心，也就是出版社的工作必须坚持以编辑工作为中心环节，两者是一致的，不能把它们对立起来。但是，这里要注意一点，有人打着以读者为中心的口号，实际上是搞迎合读者低级趣味的勾当，凡是读者要的，不论是黑的、灰的、黄的，统统都予以满足，这只能说是贻害读者，与以读者为中心丝毫没有任何共同之点。一切有责任感的编辑出版工作者，切不可走入这个误区。

我国的出版改革已经取得了很大成就，今后还将进一步深化改革，扩大开放。当前出版工作中存在的一些问题，正是需要依靠深化改革来解决。特别是在建立适应社会主义市场经济和社会主义民主法制，精神文明建设需要的出版体制的过程中，原有的某些体制需要改革，某些观念需要转变，目的在于进一步繁荣和发展社会主义出版事业。但是有一些基本的方针、原则、观点不会变，也不能变，如坚持以马克思列宁主义、毛泽东思想和邓小平同志建设有中国特色社会主义的理论为指导不能变，坚持为人民服务、为社会主义服务的出版方针不能变；百花齐放、百家争鸣、古为今用、洋为中用的方针不会变；出版工作要全心全意为读者服务的工作态度不能变；出版社要以社会效益为最高准则，坚持质量第一，多出好书的原则不能变；编辑工作是整个出版工作的中心环节同样不能改变；等等。目的都是为了进一步繁荣和发展社会主义出版事业。在建立社会主义市场经济体制的过程中，可能受到这种或那种思潮的冲击，经济利益的诱惑，甚至遇到这样那样的压力，但是，在关系到那些有利于多出好书的方针原则问题上，我们决不能有任何动摇。

1993 年 3 月 28 日

《出版学编辑学漫议》P55，河南教育出版社 1995 年 9 月版

毛泽东同志编辑思想初探

——为纪念毛泽东诞辰 100 周年而作

毛泽东同志是伟大的马克思主义者，伟大的无产阶级革命家，也是卓越的宣传家。在他忘我地为中国人民、为国际无产阶级命运而斗争的岁月中，无论在军阀残酷统治下的白色恐怖环境里，在硝烟弥漫的革命战争年代里，或者是在社会主义建设时期，都十分关心编辑出版工作，把它当作整个革命事业的一个重要组成部分，并且亲自参加编辑出版的实践活动，一手拿枪，一手拿笔；打倒敌人，克服困难，胜利地完成党领导的革命和建设的任务。

由于毛泽东同志的编辑思想和编辑实践十分丰富，直到今天，还没有人来得及对它进行全面、系统、深入的研究和探讨，作出科学的概括。这里，我只就一些具体问题提出一些不成熟的看法，不当之处，在所难免，请批评指正。

一、编辑工作为革命和建设事业服务

毛泽东同志一生，编过许多报刊和图书，他的编辑思想始终很明确，即在革命的年代是为革命事业服务，革命胜利后是为建设事业服务。早在1915年，青年毛泽东面对袁世凯复辟舆论的高潮，毅然编辑印发《梁启超等先生对时局之主张》的小册子，广为散发，公开反袁。1919年，五四运动以后，"世界革命的呼声大昌，'人类解放'的运动猛进"。毛泽东同志遽起主编《湘江评论》，在"创刊宣言"中明确指出："本刊以宣传最新思潮为宗旨"，职责"不受一切传说和迷信的束缚，要寻着什么是真理"。他以革命的大无畏精神，倡言"从前吾人所不置疑的问题，所不遵取的方法，多所畏缩的说话，于今都要一改旧观"。[①]开宗明义地宣传新文化、新思想，为当时的革命斗争服务。1925 年，第一次国共合作时期，毛泽东同志担任代理国民党中央宣传部长以后，提出编辑出版《国民运动丛书》，宣传革命的理论和策略，计划中要编辑出版《帝国主义侵略中国史》《中国国民革命与世界革命》《苏维埃制度》《殖民地最近的革命运动》《马克思论东方民族革命》，还包括了《二七运动始末记》《五卅惨案之前后》《沙基惨案与省港罢工》，传播革命理论，教育革命群众，为革命斗争服务的编辑目的，十分明确。同年，他创办《政治周报》，也是鉴于帝国主义、军阀和国民党右派"咒诅、污蔑、中伤"革命，所以要"向反革命宣传反攻，以打破反革命宣传"。

中华人民共和国成立以后，毛泽东同志的编辑实践更加丰富，他的编辑思想也发展到更精湛的地步。最具有代表性的活动，就是编《毛泽东选集》《哲学小辞典》和《中国农村的社会主义高潮》等书。尤其是后者，他收集选材、审读加工、写按语、做注释、写序言、读校样，参加了编辑工作的全过程。编书的目的同样十分明确，就是推进农业合作化事业，为当时的社会主义建设服务。

毛泽东同志的这种编辑思想，在他的著作中有着明确的体现。他在《〈中国工人〉发刊词》中指出：《中国工人》的出版是必要的，它的任务就是为了"团结人民，反对帝国主义和封建主义，为建立新民主主义的新中国而奋斗"。[②] 他在《〈共产党人〉发刊词》中也说，"为了建设一个全国范围的广大群众性的、思想上、政治上、组织上完全巩固的……党，这样一个刊物是必要的"，为了中国革命的胜利"必须有专门的党报，这就是《共产党人》出版的原因"。[③] 可见，毛泽东同志的

---

① 周世钊："我所认识的毛主席"，《新湖南报》1950.7.1。
② 《毛泽东选集》，第 721 页。
③ 《毛泽东选集》，第 593 页。

为革命事业服务的编辑思想，不仅十分明确而且是始终如一的。这一点，他在 1925 年撰写的《〈政治周报〉发刊理由》一文中，说得再明白不过了。他说："为什么出版《政治周报》？为了革命。为什么要革命？为了使中华民族得到解放，为了实现人民的统治，为了使人民得到经济的幸福。"在这里毛泽东同志旗帜鲜明地表述了他的编辑思想，就是为革命和建设事业服务，为人民的幸福服务。他在早年是这样说的，而且毕生是这样做的。

二、重视评述、序、跋，注重导向

毛泽东同志办报刊十分重视抓评论，编图书总是注重写序、跋。他常常亲自动手写评论，作序、跋，现在收入《毛泽东选集》的不少著作，就是他当年为报刊写的社论、评论，为图书写的序和跋。他就是通过社论、评论和序、跋，来揭露敌人的阴谋，剖析问题的实质，提高读者的认识，统一群众的思想，从而把革命和建设事业推向前进。早在 1919 年，他主办《湘江评论》的时候，就专门开辟了"东方大事评述""西方大事评述"和"世界杂评"等专栏。每一期刊物中都有评论文章，有许多是经过他修改的，有不少更是他亲自执笔写的。有时出一期刊物，他自己往往要写好几篇评论。他就是通过编报刊评论时局，宣传革命，指点江山，痛斥方遒，教育群众，团结朋友，排除惊涛骇浪，指明前进方向，旗帜鲜明地保护人民、打击敌人，达到革命的目的。党的主张，国家的方针政策，许多就是通过评论来传播和扩大宣传的。

毛泽东同志在编辑工作中，十分重视导向。1941 年，当著名的"农村调查"编成小册子出版时，他亲自作序写跋，写明调查的背景和出版的目的，批判了当时党内存在的一些错误思想，坚持了正确的思想导向。也是在 40 年代初期，他领导编选《整风文献》，特别是主编《马克思、恩格斯、列宁、斯大林的思想方法论》《六大以前》和《六大以后》等书，对于胜利完成延安整风，统一全党思想，为"七大"的胜利召开奠定了思想基础，也为中国新民主主义革命的胜利铺平了道路。全国解放后，毛主席曾经编过好几本书，最典型的就是前面说过的《中国农村的社会主义高潮》，全书共收文章176篇，90万字。这部书毛泽东同志先后编过两次，写过两次"序言"，并且为其中104篇文章写了按语，对其中不少文章做过加工修改，并且指导助手写了298条注释，做了《本书编者按语索引》《本书内容分类索引》，同时还编辑出版了"简编本"。这本书的编辑工作，从指导思想、选材、框架的形成和定书名、改篇目、文字加工直至校对，都是毛泽东同志自己动手，或者是在他的具体指导下由助手完成的，他的编辑思想和编辑意图在这里也得到了充分的反映。这就是：把握导向、慎订框架、规范全书、注意文风、依靠作者、方便读者、精雕细刻、字酌句斟、反复审读、一丝不苟。毛泽东同志作为党和国家的领袖，亲自做一部书的编辑工作，给编辑工作者树立了光辉的榜样，他的编辑思想和编辑经验，是我们取之不尽、用之不竭的力量源泉。

三、团结老作家，支持"小人物"

团结老作者、支持"小人物"，是毛泽东同志编辑思想的重要方面。还在解放以前，他为了动员吴亮平同志做翻译工作，曾经写信给当时主持中宣部工作的何凯丰同志，说："为全党着想，（吴亮平同志）与其做地方工作，不如做翻译工作，学个唐三藏及鲁迅，实是功德无量的。"建国以后，他曾经亲自写信给臧克家同志，关心《诗刊》的编辑工作，为我国当代诗坛留下了一段佳话。他还写信给何其芳同志，安排何其芳同志撰写的《不怕鬼的故事》一书的序文在报刊上发表，他说："出书的时候，可将序文在《红旗》和《人民日报》上登载。另请着手翻成几种外文，先翻序，后翻书。序的英文稿先翻成，可登在《北京周报》

上。""文革"期间，毛泽东同志还和周恩来同志一起保护了一批老专家、老学者，让他们参加《辞海》的修订工作。并且发出指示，要为老作家姚雪垠提供创作条件，让他把小说《李自成》写完。对俞平伯这样的老学者，毛泽东同志在指出他错误观点的同时，也要求对他采取团结的态度。

另一方面，毛泽东同志历来重视青年，他曾经对青年说，"世界是你们的，也是我们的，但归根结底是你们的。你们青年人朝气蓬勃，正在兴旺时期，好像早晨八九点钟的太阳。希望寄托在你们身上。"[①]他在编辑工作中也十分重视青年，积极支持年轻人的创造性。他曾经批示把徐寅生《关于如何打乒乓球》一文发给参加中央工作会议的全体同志，说："这是小将们向我们这一大批老将挑战了，难道我们不应该向他们学习一点什么东西吗？讲话全文充满了辩证唯物论，处处反对唯心主义和任何一种形而上学。多年以来，没有看到过这样的作品。他讲的是打球，我们要从他那里学习的是理论、政治、经济、文化、军事。"并且要求各地将这篇文章"再加印发，以广宣传"。1954年10月，他曾经为扶持"小人物"的作品，亲自给中共中央政治局委员和其他有关同志写信，批评有人"阻拦'小人物'的很有生气的批判文章"，他认为这是值得我们注意的"奇怪的事情"，旗帜鲜明地扶持青年。长江后浪推前浪，新陈代谢是事物的客观规律。人类总是要前进的，历史总是要发展的，世界归根到底是属于青年的，扶持青年是符合历史发展规律的。但是在一些编辑人员的习俗中，往往容易把目光集中在有权威、有名望的作者身上，而忽视那些"小人物"和年轻人的作品。世有伯乐而后有"千里马"。如果编辑不去发现、扶持优秀的青年作者，那么即使有真知灼见、真才实学的年轻人也可能被忽视。如果没有编辑家鲁迅、叶圣陶的赏识和扶持，我国当代有些著名作家早年也许不会走上文艺创作的道路。有权威、

① 《在莫斯科会见我国留学生和实习生时的谈话》（1957年11月7日）见《毛主席在苏联的言论》（人民日报出版社14—15页）

有名望的作者，是应该尊重的，他们往往是编辑工作的重要支柱，但仅仅依靠少数有权威、有名望的作者是不够的，更何况有权威、有名望的作者也都是从无权威、无名望的"小人物"转化过来的。在这种转化过程中编辑又往往起过发现、扶持或引路的作用。所以毛泽东编辑思想中扶持"小人物"，支持青年的创造性、进取心这一点，是非常值得我们悉心体会的，是我们应该进行认真的研究和探索的。

四、改进文风，加强注释

改进文风，加强注释，是毛泽东编辑思想的又一个重要方面。毛泽东同志历来重视文风，曾经把反对党八股作为延安整顿党风的重要内容之一。曾经严厉批评那些"言必称希腊"的教条主义者，并且给党八股开列罪状，说他们"空话连篇，言之无物""装腔作势，借以吓人"等。在编辑工作中，他更是狠抓文风。1941年延安《解放日报》改版后，他不仅为它写文章、改文章，还亲自动手拟写了《征稿办法》，指出稿件"须加以选择修改，务使思想上无毛病，文字通顺，并力求通俗化"。在《〈中国工人〉发刊词》中，他更明确要求："我希望这个报纸好好地办下去，多载些生动的文字，切忌死板、老套，令人看不懂，没味道，不起劲。"[1]1948年，他还对《晋绥日报》编辑人员说：我们党所进行的一切宣传工作，都应当是生动的、鲜明的、尖锐的，毫不吞吞吐吐……用钝刀子割肉，是半天也割不出血来的。"[2]在编《中国农村的社会主义高潮》一书时，他又反复叮嘱，要求文字通顺、生动、活泼。并再次强调："我们的许多同志，在写文章的时候，十分爱好党八股，不生动，不形象，使人看了头痛。""哪一年能使我们少看一点令人头痛的党八股呢？这就要求我们……的编辑同志注意这件事，向作者提出写生动和通顺的文章的要

---

① 《毛泽东选集》，第 722 页。
② 《毛泽东选集》，第 1321 页。

求，并且自己动手帮作者修改文章。"他说到做到，对于不满意的稿件，他都亲自修改，有的甚至修改好几遍。他说："本书中所收的一百七十多篇文章，有不少篇是带有浓厚的党八股气的。经过几次修改，才使它们较为好读。"毛泽东同志在编辑工作中，不仅注意文风，而且重视注释，他根据读者的实际水平，对于一些难懂的掌故、民俗、土话俚语，都要求一一加以注释，以帮助读者更好地理解书籍的内容。在编《毛泽东选集》时，他多次提出增加某些人物、事件、战役……的注释，并且要求将注释稿送请其他中央领导同志审阅，反复征求意见后，再送他审阅。毛泽东同志在编辑工作中认真做注释的做法，既是我国古代编辑工作优良传统的继承和发展，又是全心全意为人民服务思想在编辑工作中的反映。

五、精雕细刻，一丝不苟

精雕细刻，一丝不苟，这是毛泽东同志编辑思想的一个基本点，也是他编辑作风的根本点。他审读稿件总是反复琢磨推敲，一遍又一遍地修改，精益求精，一丝不苟。他的这种编辑作风早已闻名全党，传为佳话。他强调办报纸、出书刊，要"保证不出一个错字"，标点也"不要弄错一个"。1938 年 6 月，他的名著《论持久战》①发表以前，他亲自做了校对，在退校样的时候，还给有关同志写信，说："都校了。第三部分请再送来看一次"，"第一、第二部分，请你们过细作最后校对，勿使有错"。《抗日游击战争的战略问题》②发表时，他发现有一个错字，立即写信给有关同志说：文章中"'集中兵力使用于一个重要方面'这一句，兵字是主字之误""请于印小册子时改一下"。1941 年，《改造我们的学习》发表时，他要求"好好排，好好校对，同时好好拼版，保

① 《毛泽东选集》，第 722 页。
② 《毛泽东选集》，第 1321 页。

证一字不错"。1943 年，毛泽东同志为揭露胡宗南军队妄图进攻陕甘宁边区，写了一篇社论。但《解放日报》发表时把胡军的数目搞错了。毛泽东同志当即严肃批评说：这是对敌斗争，一个字也不能错，错一个字就是政治问题。1950 年 2 月，毛泽东同志访苏期间，反复修改了新华社的社论《中苏友好合作的新时代》，把修改稿传回北京时，他还在电报中提出：以上删改，请乔木负责改好校正无讹，并请少奇同志精校一遍，务使毫无遗憾。最后又加重语气说：务请注意，至要至要。在《对〈晋绥日报〉编辑人员的谈话》中，为了消灭错字，他提出："报上常有错字，就是因为没有把消灭错字认真地当做一件事来办。如果采取群众路线的方法，报上有了错字，就把全报社的人员集合起来，不讲别的，专讲这件事，讲清楚错误的情况，发生错误的原因，消灭错误的办法，要大家认真注意。这样讲上三次五次，一定能使错误得到纠正。"①范长江同志在回忆毛泽东同志时说：他审读修改稿件，认真细致。"这种认真与求精的精神完全推翻了我过去十几年来所认为的最高的'认真'的标准。一篇社论，一个谈话，一条新闻，往往要改好几遍，甚至重写几遍。"毛泽东同志在编辑工作中这种精雕细刻，一丝不苟的思想、态度和作风，实在令人感动。这是编辑工作者最重要的修养，是我们每个编辑工作者都应该孜孜以求的忠于职守的高尚境界。

毛泽东同志作为党和国家的主要领导人，亲身参加编辑实践，编辑了如此众多的报刊和图书，是马克思主义经典著作家中所罕见的，在 20 世纪以来社会主义各国的党和国家的主要领导人中更是非常难得的。他把马克思主义理论和编辑实践结合起来，继承和发展了我国古代编辑的优良传统，总结了当代编辑的丰富经验，形成了符合中国革命和建设实际的编辑思想和编辑作风，这是毛泽东同志留给我们的一笔宝贵的文化遗产，是整个毛泽东思想中不可分割的一个组成部分，对于我们今天的

---

① 《毛泽东选集》，第 1318 页。

编辑工作，具有十分重大的理论意义和实践意义，我们应该认真地加以总结，并把它发扬光大，把我们的编辑工作做得更加有声有色。

1993 年 5 月 20 日

《河南师范大学学报》1993 年第 6 期；《出版学编辑学漫议》P7，河南教育出版社 2995 年 9 月版

对这个问题的研究仅仅是开始

——在《第八届全国出版科学学术讨论会》闭幕式上的发言

　　以研讨毛泽东、邓小平同志出版思想为主题的第八届全国出版科学学术讨论会马上就要闭幕了。这次会议是在这样的情况下召开的。首先，今年是毛泽东同志诞生 100 周年，这是一个具有伟大历史意义的时刻，是一个值得纪念的日子。同时，我们又面临着计划经济开始向社会主义市场经济体制实现历史性转轨的新形势。我国的出版工作也正面临着加快改革开放的步伐，为建立适应社会主义市场经济体制和符合社会主义精神文明建设和出版自身规律要求的出版体制的新时期。这样的形势和条件为我们这次会议提供了理论和实践相结合的极好机会，为我们出版科学研究开拓了广阔的天地。正因为这样，这次会议时间不长，但涉及的理论和实际问题十分广泛，内容非常丰富。大家认真地探讨问题、交流思想，并且在一些问题上取得了共识，为今后进一步研究这些问题打下了良好的基础。许多参加会议的同志认为这次讨论会有收获、有提高。所以，可以说，我们这次会议在大家的努力下已经达到了预期的目的。

　　一、我认为这次会议有这样三个特点：

　　（一）这次会议是一次理论结合实际的会议，或者说是一次发扬了我们党的理论联系实际的优良传统的会议。

　　今年是毛泽东同志诞生 100 周年，这是国内外瞩目的一个重要时刻，党和国家将隆重纪念这个伟大的节日，全国人民和全世界革命人民的心中，将缅怀毛泽东同志的光辉一生，重温他老人家伟大的革命理论和革命实践，我们今天在这里开会也是为了纪念这个光辉的日子。但是，纪念毛泽东同志不仅要研究毛泽东思想，而且要研究毛泽东思想在新的条件下的继承和发展。所以，同时要研究邓小平同志建设有中国特色社会主义的理论，探讨当前社会主义市场经济条件下的出版工作，这就是我们要把这次会议的主题定为研究毛泽东、邓小平同志的出版思想的原因和根据，目的在于进一步推进出版的改革开放，更好地建设有中国特色的社会主义出版事业。

毛泽东同志和邓小平同志都是伟大的马克思主义者、伟大的无产阶级革命家，毛泽东思想是马克思主义与中国革命和建设实践相结合的产物，是中国革命和建设取得胜利的根本保证。邓小平同志作为党的第二代集体领导的核心，当代改革开放的总设计师，继承和发展了马克思列宁主义、毛泽东思想，把马克思主义和当代中国社会主义建设实际结合起来，形成了有中国特色社会主义的理论，被党的十四大确定为我们全党各项工作的指导思想，当然也是我们出版工作的指导思想。我们今天来讨论毛泽东、邓小平同志的出版思想，在研究理论的同时，注重实际，有的放矢，积极探讨深化出版改革、出版物走向市场以后新的形势和任务，正是贯彻了毛泽东、邓小平同志历来倡导的实事求是、一切从实际出发的思想路线，坚持了理论和实际相结合的原则。所以，我们这次讨论会是开得好的，方向是正确的。

（二）这次会议是一次交流思想，提供信息的会议。

80年代初以来，我国出版理论研究应该说是相当活跃的，专著、论文、研究资料、史料，问世颇多，成果不少。但从研究和撰写的情况来看，还是分散的各自为战的比较多，再加上实际工作比较忙，或者信息不灵，有些书籍、论文即使出来了也很难买到，买到了也不一定有时间阅读，这种情况当然会影响学习和收获。特别是学习研究毛泽东、邓小平同志出版思想的论著，虽然过去发表过一些，但总的来说，数量还不是很多，至于对社会主义市场经济条件下出版工作的研究还刚刚起步，彼此间的看法、观点，除了散见在报刊上以外，也缺少交流的机会。今天，通过这样一个讨论会，大家从四面八方聚到老根据地延安，一起坐下来讨论一些问题，有利于对当前各种观点的了解，有利于扩大视野，从更多的角度来认识问题，加深理解，可以突破自己原来认识的局限性。所谓"我生而也有涯，知而也无涯，以有涯逐无涯，殆矣！"对研究工作来说，这种有涯、无涯的矛盾，在科学技术突飞猛进、信息量激增的年代，只会更加突出。所以，越是知识爆炸、信息量加大的时候，就越需要交流信息，加强学习，以有涯逐无涯。

更重要的是这次会议，对毛泽东、邓小平同志出版思想的研究，是比较集中的一次。在全国范围来说，以这样的规模来研讨这个问题还是第一次，开了一个好头。尽管，我们目前收到的论文、研究资料还很有限，对有些问题的讨论也有待深入，但它毕竟为我们打开了出版研究的一个重要领域奠定了一些基础。社会主义市场经济条件下出版工作是一个新事物，有很多问题需要研究，这次许多同志就这个问题发表了见解，对不少问题有了新的认识，可以说是迈出了新的一步。这些都为我们今后的研究工作提供了条件，拓宽了路子。

（三）这是一次解放思想、畅所欲言、集思广益，学术气氛很好的会议。

这次会上的发言，从内容看，大体上可以分为三个方面，一是阐述毛泽东同志的编辑出版思想，二是阐述邓小平同志的出版思想，三是运用毛泽东、邓小平同志的出版思想，讨论当前社会主义市场经济条件下的出版实践。大家畅所欲言，气氛很活跃。我认为，学术讨论会不是行政工作会议，也不是学校的课堂，只能听老师的，能不能形成畅所欲言的学术空气十分重要，只有真正做到解放思想、畅所欲言、百花齐放、百家争鸣，才能有利于学术研究的深入发展，有利于不同观点的争鸣，有利于学术难点的突破。要防止那种在学术上不允许有不同观点，不允许有不同见解的状况，只要不违反四项基本原则，都应该允许其发表。有个别老同志、老专家，对年轻人发表不同于自己学术观点的见解，认为是"骄傲"，"不尊重自己"，这是不符合"双百"方针的。出版学术研究，只有在坚持四项基本原则的前提下，百花齐放、百家争鸣，才能真正达到为实际工作服务，为繁荣和发展出版事业服务，为建设有中国特色的社会主义出版体制服务的目的。

二、讨论中，大家对当前实际工作中的问题，表现出极大的关注。十几年来，我国的出版工作，在改革开放的大潮中，首先是取得了极大的发展，成绩巨大。同时也出现了一些突出的问题。一方面是迅速发展，一方面是在前进的道路上也出现了一些新的情况和问题。对于已经发生的问题，我们如果忽视它，认为没有什么了不起，是不对的；同样，如果被这些问题所吓倒，表示无能为力，也是不对的。会上，延安时期的老出版工作者、出版界的前辈常紫钟同志，为坚持出版工作的正确方向大声疾呼，老编辑工作者戴文葆同志为编辑工作"招魂"慷慨陈词，一些有责任感的出版工作者都义正词严地批评我们队伍中少数人买卖书号，或出版一些低级庸俗读物牟取暴利，那种只要金钱不要社会主义阵地的拜金主义行为。大家认为：对于实际工作中的问题，我们要采取积极态度，认真地研究解决。也认为，从总体上说，这些问题的解决，需要依靠毛泽东、邓小平同志的出版思想，要依靠出版改革的不断深化。我们要遵照"一个中心，两个基本点"的基本路线，坚持为人民服务、为社会主义服务的方向，把我们的出版工作做好。

我认为在出版理论研究中，有这样几个观点是始终不能动摇的：

（1）图书是精神产品，或者说它的本质属性是精神产品

以交换为目的的图书是商品，但是图书的商品性并不改变它的本质是精神产品。图书是商品，哪怕是完全商品，百分之百的商品，甚至是百分之二百的商品，仍然不改变图书影响人们的精神世界、指导人们实践活动的功能。

（2）出版要"以社会效益为最高准则"，在以社会效益为最高准则的前提下，正确处理社会效益和经济效益的关系

正确处理两个效益的关系，从道理上讲，谁都懂得。但在实际工作中有些出版发行单位往往忽视社会效益，把本单位的经济效益放在头里。

有人说现在搞市场经济，搞企业化，自负盈亏，当然要先考虑经济效益，似乎是理所当然。其实，邓小平同志关于"以社会效益为最高准则"的指示，正是对企业讲的，不仅包括出版社，也包括书店、印刷厂，决不能因你是企业化管理或者是百分之一百的企业，而不遵守这个原则。

（3）"编辑工作是整个出版工作的中心环节"

这一点是中央决定中明文规定了的，但从出版社由生产型向生产经营型转化以来，尤其是当前要建立适应社会主义市场经济体制的出版体制，出版物走向市场以后，有的人对以编辑工作为中心这一条发生疑问，认为应该以经营为中心、以发行为中心，尤其目前发行上不去，不仅发行部门的人要搞发行，编辑也要花许多时间去搞发行。因此，以编辑工作为中心这一条在实际工作中有所动摇，有人认为已经失落。

这里有几点需要说明：

（1）出版物要走向市场，发行工作无疑是重要的，现在有的书征订数上不来，就是最好的证明。发行工作是出版工作的一个重要组成部分，没有发行工作出版再生产就不能延续。可见，发行工作在一定条件下，也可以起到关键性的作用，任何人任何时候都不能忽视。强调以编辑工作为中心，决不是要忽视发行工作，而是保证发行工作者有好书可发，使他们的辛勤劳动能对两个文明建设，对读者的学习起更大的作用。

（2）搞社会主义市场经济，出版物走向市场，归根结底，要靠高品位的优质图书，依靠精品。只有优质图书才能最后占领市场，在读者中取得信誉。反之，格调不高、品位低下的图书，即使发行再多、赚了不少钱，对教育读者究竟有什么好处？那些热衷于出低格调读物的人，或者被迫出不健康读物的人，为什么不想一想，邹韬奋在白色恐怖下，经济拮据，尚且不出低格调的东西，而作为社会主义出版工作者，为了多赚几个钱，反倒甘于堕落吗？要出好书，出精品，首先要依靠编辑工作，就必须坚持以编辑工作为中心，这是毋庸置疑的。

（3）要坚持以编辑工作为中心，就要加强对编辑人员的培训，他们至少要懂得编辑工作意义，具有社会责任感，要精通业务，有好的工作作风和讲究职业道德。不要为了挣超编费而忘了自己的神圣职责。同时，出版社也要为编辑创造条件，保证他们能把主要精力用于编辑工作中去。

以上是简单地说，这里就不展开了。

三、这次会议马上就要结束了，但不等于我们的研究任务已经完成了。毛泽东、邓小平同志出版思想的研究，只能说刚刚开始，有待继续深化、提高，这就需要结合工作实际，通过实践来理解理论，又使理论研究为做好社会主义市场经济条件下的出版工作服务。建立新的出版体制，有许多问题需要研究。希望大家共同努力，不断取得新的成果，为出版事业的繁荣发展作出新的贡献。

1993 年 5 月

《出版学编辑学漫议》P254，河南教育出版社 1995 年 9 月版

"二为"方针的思想基础及其实质

为人民服务、为社会主义服务的出版方针，不是从天上掉下来的，而是时代的产物，是中华人民共和国成立以来，特别是开始进入社会主义建设以后，在实践中逐步形成的，是建国以来出版工作历史经验最基本的总结。

一、为人民服务、为社会主义服务的出版方针，是党的性质决定的。我们党的指导思想是马克思主义。按照列宁的教导，出版工作应该是整个无产阶级革命事业的一个组成部分。因此，党必须按照自己的性质、宗旨来要求出版工作。我们党是工人阶级先锋队，是代表工人阶级和最广大人民群众根本利益的党，除了工人阶级和人民群众的根本利益以外，没有自己的任何私利。党的宗旨既然是全心全意为人民服务，毫无疑义，党领导的出版工作，也应该是为人民服务的。党的最终目的，是在中国实现共产主义制度，现阶段的根本任务是团结各族人民建设有中国特色的社会主义现代化强国。作为党的统一事业一部分的出版工作，当然应该为建设社会主义服务。可见，贯彻执行为人民服务、为社会主义服务的出版方针，是党的要求，时代的要求，也是工人阶级和广大人民群众根本利益所要求的。所以，江泽民同志在谈到新闻事业时，也同时明确地阐明了出版事业应该遵循的方针，他说，"社会主义的新闻事业同社会主义的文学、艺术、出版等事业一样，虽然各有自己的特点和具体的发展规律，但是它们作为意识形态领域的组成部分，都要为社会主义服务、为人民服务。尽管服务的具体形式、内容、方法不尽相同，但都必须遵循这个基本方针"。① 他又说："我们的文化必须坚持为人民服务、

---

① 江泽民：《关于党的新闻工作的几个问题》（1989 年 11 月 28 日）。

为社会主义服务,充分体现人民的利益和愿望,满足人民不同层次的、多方面的、丰富的、健康的精神需要,激发人民建设社会主义的积极性。"① 可见,我们党领导的出版工作只能是按照为人民服务、为社会主义服务的方针办事,而不可能是其他。

为人民服务和为社会主义服务这个方针是不可分割的。党在各个历史阶段的任务是不同的,但都是贯穿着为人民的最高最根本利益服务的宗旨,都是为实现党的最终奋斗目标,在现阶段就是要建设社会主义。胡乔木同志说:"为社会主义服务是一个广泛的概念。只要有益于培养社会主义新人的世界观、理想、道德、品质、信念、意志、智慧、勇气、情操和整个精神世界,都是为社会主义服务。在今天,为社会主义服务就是为人民服务。人民正在建设社会主义,正在把社会主义推向前进。"② 在当前,我们就是要沿着建设有中国特色的社会主义道路,按照以经济建设为中心,坚持四项基本原则,坚持改革开放的基本路线,集中力量发展社会生产力,逐步完善社会主义制度,不断改善人民的物质文化生活。这既符合人民的根本利益,又符合社会发展的需要。可见为人民服务,为社会主义服务是高度统一的,是完全一致的。

贯彻为人民服务、为社会主义服务的出版方针,说到底是一条捍卫工人阶级和广大人民群众的根本利益,坚持四项基本原则,坚持改革开放,不调和地反对腐朽的资产阶级思想和生活方式,保证民族振兴、社会主义在中国胜利的方针。要搞社会主义,要为工人阶级和广大人民群众谋福利,就不可能不反对资本主义。所以,坚持为人民服务、为社会主义服务的出版方针,实际上是在出版工作中保证实现社会主义最终代替资本主义的历史任务。因而不可能是和平的,没有斗争的。相反,斗争有时是很激烈的,建国几十年来,党的出版方针往往受到这样那样的干扰,实际工作中经常出现这样那样的问题,特别是前几年有的编辑出版工作

① 江泽民:《在庆祝中国共产党成立七十周年大会上的讲话》(1991年人民版)。
② 胡乔木:《当前思想战线上的若干问题》(1981年8月8日)。

者有令不行，有禁不止，置国家法令于不顾，结果被送进监狱、送上审判台的事实，就是最好的证明。

现在，阶级斗争虽然已经不是我国社会的主要矛盾。但是，它在一定范围内还将长期存在，并且在一定条件下还可能激化。而这种斗争，大量的经常的是在意识形态领域里，在思想斗争中表现出来。这几年，资产阶级自由化思潮多次泛滥，就充分说明了这一点。尤其在今天的改革开放条件下，就更需要引起我们的重视。邓小平同志早在 1986 年就说过：反对资产阶级自由化，"还要讲十年二十年。这个思潮不顶住，加上开放必然进来许多乌七八糟的东西，一结合起来，是一种不可忽视的，对我们社会主义四个现代化的冲击"。[①] 可见，我们要改革开放，要建设社会主义，不能不反对资产阶级自由化，开放、建设都不能是和平的，我们应该警钟长鸣。值得引起我们警惕的是帝国主义亡我之心不死，国外的敌对势力正在处心积虑地妄图颠覆社会主义中国，妄图实现和平演变，他们以国内坚持资产阶级自由化的人为内应力量，兴风作浪。党内少数腐败现象，实际上就是敌对势力推行和平演变战略打开的缺口。所以，和平演变与反和平演变就成为当前我国意识形态领域里阶级斗争主要的表现形式。出版工作者作为意识形态领域里的战士，为了贯彻党的出版方针，完成自己的历史使命，必须提高反对和平演变、反对资产阶级自由化的自觉性，必须自觉地旗帜鲜明地始终不渝地坚持马克思列宁主义、毛泽东思想。社会主义出版工作的实践经验（包括正面经验和反面经验）都告诉我们，在出版工作中反对和平演变，反对资产阶级自由化和资产阶级生活方式的斗争不仅要设防，而且要战斗、要反击，我们如果忽视或者不进行反和平演变、反资产阶级自由化的斗争，那就会违反人民的根本利益，违反社会主义必将代替资本主义的客观规律，背离广大人民要求搞社会主义的愿望。所以也就不能很好地贯彻为人民服务、为社会

---

① 《邓小平同志在党的十二届六中全会上的讲话》（1986 年 9 月 28 日）。

主义服务的出版方针，甚至走到背离或反对"二为"方针的邪路上去。

（二）坚持为人民服务、为社会主义服务的出版方针是我国社会主义制度决定的，也是建设社会主义现代化国家的基本要求。70年来，我们党领导全国各族人民完成了新民主主义革命的任务，建立了社会主义制度，找到了建设有中国特色的社会主义道路，正在为逐步实现社会主义现代化而奋斗。这里，我们不仅要建设有中国特色的社会主义经济和政治，而且要建设有中国特色的社会主义文化，包括出版，以适应和促进社会生产力的不断发展和社会全面进步的需要。社会主义经济的建立和发展，必然要求有与之相适应的社会主义政治和文化。不然，社会主义经济也就很难得到巩固。这就是上层建筑必须与经济基础相适应。出版作为意识形态，作为上层建筑，当然要与经济基础相适应。所以，我们的出版工作，按照社会主义的要求，搞得好，就可以促进社会主义经济基础的发展、社会生产力的发展，这就是为社会主义服务，归根到底也是为人民的根本利益服务。反之，如果搞得不好，不能适应社会主义经济的要求，背离了社会主义方向，那么不是阻碍或者破坏社会主义经济基础的发展，就是被社会主义经济所淘汰、所抛弃。因为一切与社会主义经济基础不相适应的上层建筑，包括文化、出版，不可能与社会主义经济基础长期并存，它迟早会通过国家政权、法律进行干预，甚至制裁。所以，社会主义出版工作者，应该自觉地使出版工作为人民服务、为社会主义服务，力求我们出版事业能够适应和促进社会主义经济基础的巩固和发展，也就是要捍卫社会主义制度，为社会主义制度的巩固和发展竭尽全力。根据上层建筑必须适应并促进经济基础的马克思主义基本原理，我们出版工作者必须时时刻刻注意社会主义方向，坚持为人民服务、为社会主义服务的出版方针，并且在任何时候都毫不动摇。

1993年6月

《出版学编辑学漫议》P26，河南教育出版社1995年9月版

世界出版现状透视

一、最近 50 年来，出版发展很快，总趋势是直线上升的

二战以后的半个世纪中，尽管世界长时间处于冷战状态，局部战争也常在这个地区或那个地区发生。但总的说来，是一个和平发展时期，经济、文化、科学、教育都有很大的进步，也为出版的发展提供了肥沃的土壤，创造了十分有利的条件。世界各主要地区的出版业在这个时期的发展，可以说是直线上升的。请看表 1 世界主要地区图书出版量分布。事实证明，这 50 年间出版发展的幅度和速度，是以往历史上所没有过的，是世界出版历史上的"黄金时期"。出版业的这种发展不是偶然的，它正好说明人类社会需要出版。

从表 1 中，可以看出，从 1955 年到 1986 年 30 多年中，世界各大洲出版发展的进程，品种的总产量增加了 300% 以上，而且发展中国家比发达国家上升的比例并不少，这一点，只要把欧洲的增长数和其他各洲的增长数做比较就可以看得很清楚，发达国家和发展中国家增长数对比，同样说明这一点。这大概是发展中国家原来的基数比较低的缘故。这个时期的出版发展状况，可以让人们得出这样的看法：如果社会稳定，经济能够逐步增长，出版的发展不会很慢，相反是可以比较快的。这说明人类对文化的需求与物质生活一样是十分强烈的，也表明出版物对社会的影响正在日益加深。我们从表 2 一些国家的图书出版品种统计中同样可以看到：出版发展依赖社会稳定和经济发展的情况。其中，大多数比较稳定的国家，出版业的发展是相当快的；相反，有的国家（地区）因为社会动荡，经济停滞，出版发展也就受到明显的影响。如苏联 1989 年前后的数字，形成了鲜明对照就是有力的说明。

表 1　世界主要地区图书出版量分布

单位：种

地区 \ 年代 种数	1955	1960	1965	1965占1955的%	1970	1975	1975占1955的%	1980	1986	1986占1955的%
世界总产量	269000	332000	426000	158.36	521000	572000	212.64	715000	819500	304.65
非洲	3000	5000	7000	233.33	8000	11000	366.67	12000	13500	450
美洲	25000	35000	77000	308	105000	121000	484	142000	159000	636
亚洲	54000	51000	61000	112.96	75000	88000	162.96	138000	189000	350
欧洲	186000	239000	260000	139.78	317000	343000	184.41	411000	447000	240.32
大洋洲	1000	2000	5000	500	7000	9000	900	12500	11000	1100
发达国家	225000	285000	366000	162.67	451000	484000	215.11	570000	293000	130.22
发展中国家	44000	47000	60000	136.36	70000	88000	200	145500	226500	514.77
非洲（阿拉伯国家除外）	1600	2400	4300	268.75	4600	8300	518.75	9000	10000	625
亚洲（阿拉伯国家除外）	53200	49900	59700	112.22	73700	85800	161.28	134500	186000	349.62
阿拉伯国家	2200	3700	4000	181.82	4700	4900	222.73	6500	7000	318.18
北美洲	14000	18000	58000	414.29	83000	92000	657.14	99000	106000	757.14
拉美及加勒比地区	11000	17000	19000	172.73	22000	29000	263.64	43000	53000	481.82

资料来源：《联合国教科文组织年鉴》（1988 年刊）。

表2 一些国家的图书出版品种统计

地区 种数 年	1980	1981	1982	1983	1984	1985	1986	1987	1988	1989	1990	1991	1985占1980之%	1988占1980之%	1991占1980之%
中国	21621	25601	31784	35700	40072	45603	51789	60213	60961	74973	80224	89615	210.92	218.95	414.48
日本	27891	29362	30034	31297	32357	31221	37016	37010	38297	39698			111.94	137.31	
韩国	20985	23983	29190	33321	33156	33743	37411	38301	38454	38837	41712			183.25	
美国	42377	48793	46935	53380	51058	50070	52637	56072	55483	53446	46743	41223	118.15	130.93	97.82
英国	48158	43083	48307	51071	51555	52994	57845	54746	56514	61195	63980	68348	110.04	117.35	141.92
法国	26635	25602	26348	27348	28974	29068	30424	30982	31720				109.13	119.09	
联邦德国	67176	59168	61332	60598	51733	57623	63679	65680	68611	65980			85.78	102.14	
苏联	80676		80674	82589	82790	83976	83472	83011	81600	76711	约50000	约50000	104.09	101.15	61.98

1. 材料来源：据《联合国教科文组织统计年鉴》、《中国出版年鉴》、英国《书商》杂志、美国《出版商周刊》、韩国出版文化协会统计等。

2. 由于各国统计方法不同，有的数字不包括教科书和儿童读物，有的不包括小册子。因此上列材料只是大体上的统计，以此了解这些国家发展的大致情况。

二、对出版物文化高品位的要求与追求利润之间的对立日益加剧

近半个世纪来，出版业虽然得到迅猛的发展，但是出版物文化品位的提高，并不总与这种发展势头成正比例。有时甚至恰恰相反，出现了忽视出版物文化品位或出版物质量的问题。在中国，近几年来，书刊出版发展空前，无论发展速度和规模都是中国出版史上所从来没有过的。仅图书出版品种已达到年产 9 万余种。但图书文化质量"滑坡"，也成了中国出版界的热门话题之一。有人估计，在年出 8 万~9 万种书中，能够保留下来的（就是品位高、质量好的），恐怕也只有 2000~3000 种。这个估计可能偏低，但即使加两倍，也不过一万种而已。在"出版王国"日本，这种现象同样存在。虽然一些出版社仍然注意文化高品位书籍的出版，想尽办法出学术性著作，但处境同样艰难。为了生存，大量出版销路广、赚钱多的消闲书、生活实用书，而忽视高品位图书的出版问题，始终困扰着日本的出版业。重杂志、轻图书和不断加大通俗读物比重的状况日益突出，他们不得不花力气去出版通俗的"文库本"和登载大量图片、连环画的杂志。那些写电视人物和做电子游戏等消闲、娱乐书，也在日本日益走俏。但即使如此，有的出版社仍难逃厄运，罗克出版社和大陆书房终因大量负债而倒闭，原因就是借以维持财源的广告收入大幅度减少。这对日本出版界是一次很大的震动。美国前几年曾闹过一场"万神殿"风波，也说明了这个问题。万神殿是一家出版公司的分支公司，它的总编辑施林夫以精于选材、宁愿亏损也要出高质量读物著称，结果因长期无法盈利，终于被出版商解职。这件事引发了该社许多高级编辑辞职抗议，包括几位著名作家在内的 150 名作家发表声明支持施林夫，几百名读者也自动集会声援施林夫，形成轩然大波。这充分暴露出美国出版业潜在已久而又难以解决的"出版物文化质量与商业利益的矛盾"。环绕这一风波，有人公开批评现在美国的出版，"面向消费者的书籍太多，

面向读者的书却很少"，书籍出版向娱乐、广告靠拢，出版商不问作品品位的高低，盲目追逐票房价值高的畅销书。一些有文化学术价值却要赔本的作品，出版无望。社会舆论认为：出版业正在殷勤地"服侍"财神，而冷落了文化女神。现在看来，这种对立，无论在发达国家或发展中国家都不同程度地存在，而且在继续发展，已经成为一种带有普遍性的倾向，是值得认真的出版工作者警惕的。忽视文化高品位的出版趋势，如不及时得到扭转，将对读者特别是青少年读者，以致对整个人类的文化继承和文化发展带来不良的后果。我们应该大声疾呼！

三、出版业之间的兼并频仍，出版资本日益集中和出版商经营出版以外的商业活动的趋势在激剧发展

近几年来，一些国家和地区的出版公司，出现了不断兼并国内外出版企业的现象。这种兼并，金额不等，范围不同，高额的达几十亿美元。1989 年英国出版巨头马克斯韦尔用 26.4 亿美元，兼并了美国麦克米伦出版公司。到了 1991 年 11 月 5 日，马克斯韦尔在西班牙加那利群岛度假时，从私人游艇上落水身亡，马克斯韦尔的出版企业也宣布倒闭。初步调查结果表明：马克斯韦尔家族负债达 14 亿英镑，超过了他的全部资产。他的两个儿子和前顾问都受到了指控。子公司——英国的麦克唐纳出版公司也在 1992 年被美国利特尔—布朗出版公司所收购。法国的阿歇特出版公司在 1989 年也用 11.66 亿美元兼并了美国的两家出版公司。前面提到的日本两家出版社的倒闭，也属于这一类。

与此同时，一些大的出版公司把经营之手伸向出版业之外，目前世界上年营业额超过 30 亿美元的出版公司有 7 家，如年营业额 76.4 亿美元的美国时代沃纳公司和 66 亿美元的德国贝特尔斯曼公司。这些出版公司的经营范围已经扩展到电影、电视、娱乐、教育等领域。中国香港的大出版公司还经营房地产和股票。中国出版业在走向社会主义市场经济

的同时，有的也已开始经营出版以外的商业活动（如出租房屋、经营其他商业活动），国际上还有一些出版社正在联合起来组成跨国公司，结成财力比较集中的出版集团，开始向国外谋求发展。美籍澳人鲁珀特·默克多，不仅控制着澳大利亚 60% 的出版市场，而且拥有年营业额 47 亿美元的澳大利亚新闻有限公司和 60% 的澳大利亚电视市场。同时占有 33% 的英国出版、电视市场。此外，还是有名的《泰晤士报》《星期日泰晤士报》的发行人，并且拥有美国哈珀与罗出版公司一半的股份。目前，正在向加拿大发展，目标是建立"全球型出版王国"。这种状况说明，一些国家出版资本和商业资本是混一的或者正在走向混一。资本垄断在一些国家的出版业中正在迅速发展，使得作为文化的出版业和完全以盈利为目的商业活动之间正在紧密地结合起来，甚至合而为一，出版业和工商业结合的趋势正在加剧。这种趋势可以出现两种可能：一、使经常亏损的重视文化的出版社获得强大的经济支柱，得以维持经营活动，或者可能使出版得到某种程度的支持，因而有利于文化品位较高的图书的出版；尤其是一些具有优良出版传统的国家，实现跨国兼并以后，还可以弘扬优良的文化传统，促进国际文化交流。二、可能使出版进一步走上以盈利为目的的道路，导致出版物文化品位的更大下降，文化质量的更大"滑坡"，甚至发生"泥石流"现象，不利于出版作为文化事业的发展。这两种可能性，究竟如何发展，尚需做进一步的观察，也可能在不同国家不同地区出现完全不同的结果。

四、电子出版物开始与印品书刊相互竞争又互相促进，是近几年出版业发展的又一重要趋势

自从 1940 年美国人弗纳瓦·布什提出"超级媒介"的概念，希望创造一种机器能够随心所欲地阅读、查找所需的作品和图表以来，45 年以后，激光唱片开始流行。后来，荷兰的菲利普公司和日本索尼公司掌

握了更先进的技术，把《大不列颠百科全书》录制在微型软盘上。1986年日本岩波书店把《广辞苑》制成了光盘。到80年代末90年代初，日本、欧美一些国家的出版公司研制、推出电子出版物已经成为一种时髦的潮流。韩国、中国香港等地也急起直追。电子出版物也开始崭露头角，在我国北京、上海等地，也跃跃欲试。从国际上看，目前，以CD—ROM（只读光盘）、CD—1（交互式光盘）和multi-media（多媒体）为代表的"电子图书"蓬勃发展，已成为当代世界出版业发展中的一种重要趋势。自从1986年日本电子出版协会成立以后，韩、美、法等国的电子出版协会也相继成立，中国也已成立了一个类似的机构，并将召开电子出版国际研讨会。应该说电子出版正开始成为整个出版业的一个重要组成部分。

电子出版物的发展正在形成一种强大的势头，并在一定范围内开始与印品书刊开展竞争，甚至争夺读者。电子出版物的产生和发展是对传统出版业的一次伟大变革，它从无到有，从小到大，从少到多，从低级到高级，将越来越兴旺。至于它是不是会取代印品书刊的地位，对这个问题的估计和看法，国内外目前很不一致。一种意见认为，电子出版物的发展，因为它可以使读者随心所欲地反复查找需要阅读的作品，给读者带来极大的方便，因而将给印品书刊造成严重的威胁，甚至是一种致命的打击。另一种意见认为，电子出版物的出现和发展、壮大，对传统的印品书刊确实是一种挑战，但不至于动摇现在印品书刊的根本地位。正像以前电影、广播、电视的出现和发展，虽然在某些时间内可能影响一部分读者，但并不影响印品书刊的存在和发展。相反，受到广播、电视等节目影响的读者，还可能转向印品书刊获得更多的满足。笔者是持这种看法的。因为在一些国家和地区，许多印品书刊的内容是与影视人物、故事、电影明星有密切关系的。有些书还因为拍摄成电影、电视剧而大量发行。美国作家米歇尔·布莱克的小说《与狼共舞》，1988年出版以后受到冷落，总共才印了5.7万册，后来影片《与狼共舞》问世以后，书也由冷变热，到1991年上半年已连续重印34次，发行量高达150万册，还出版了精装本和由布莱克本人朗读的有声读物（磁带）。在中国，著名作家钱锺书的小说《围城》和据此改编的同名电视剧放映后，也起着互相扩大影响的作用，这种情况在其他国家也不少见。可见，过去，新的媒体的出现，对传统的印品书刊并未构成一种打击。现在电子书刊的问世，也未必对印品书刊的发展带来重大的威胁，实际上在近几年电子出版物迅速上升的同时，印品书也同样是上升的。至于在某些领域内（如随时备查的信息中心），电子出版物具有一定的优势也许是可能的。但这不影响印品书的出版，并满足读者便于长期保存的需要。

总之，半个世纪来，世界出版业的发展是非常快的，发展的趋势是出版品种增加、规模扩大、技术进步。特别是电子书刊的出现和发展是科学技术上的伟大创造，是出版业的重大进步，也可以说是活字印刷发明以来的最伟大成就，在出版发展史上将占有重要地位，对今后的出版发展也将起着巨大的作用。预计，前面所提到的一些趋势，将进一步得到发展。出版物文化品位下降的问题，除了在我国，由于加强宏观调控，致力于向优质高效为主要特征的方向转移，可以收到相应的效果，以及一些国家的出版商出于需要对图书质量问题也较为重视，并取得一定的成效以外，对另一些国家来说，可能难以很快地得到有效的控制。与此同时，一些新的情况和问题，也还会不断地出现，需要做进一步的观察和分析。但出版业将取得更大的发展，出版手段将更加现代化，出版物进一步影响读者的总趋势将会大大加强，人类社会对出版的依赖程度必将进一步加深，这是毋庸置疑的。

1993 年 6 月

《编辑之友》1993 年第 6 期；《出版学编辑学漫议》P115，河南教育出版社 1995 年 9 月版

从个案入手是编辑学研究的又一条新路子

——在李频著《龙世辉的编辑生涯》一书座谈会上的发言

河南大学出版社这几年在编辑学研究方面出了不少书。这些书社会效益很好，但在经济上可能是负效益。在当前形势下，很不容易。这是应该感谢的，因为许多出版社做不到这一点。

编辑学研究在中国真正兴起，是在 20 世纪 80 年代初期。它是在改革开放大潮的鼓舞下，编辑出版界为了推动出版事业的迅速发展，关心编辑队伍的教育提高，在编辑业务研究已经取得相当成果的基础上发展起来的。迄今已发表论文千余篇，著作 130 多种，仅以"编辑学"命名的专著已有 25 种。还在一些高等校开办了编辑学专业和研究生班。这些都为编辑学的进一步研究打下了基础。目前，虽然远不能说编辑学的学科理论体系已经形成，但这种理论体系的雏形已经开始呈现出来，它的轮廓已日趋清晰。这些成果的取得，首先当然是由于出版界和教育界的一些专家、学者共同努力的结果。

李频同志的《龙世辉的编辑生涯》一书，正是这些成果中很有特色的一种。这本书的出版可以说是拔了两个头筹。一是由他人为一个普通编辑写"编辑生涯"，这是一种首创。过去写"编辑生涯"的书，总的说不多，也就十几种。它们大体上是两类情况：一类是编辑工作者自己写的工作体会、心得和回忆；一类是他人写著名编辑家的编辑活动，如写鲁迅、茅盾、叶圣陶、巴金、郑振铎等。至于由他人来写一个普通编辑的编辑生涯，文章可能有，专著似未尝闻也，恕我孤陋寡闻，李著应该是第一本。二是已有写"编辑生涯"的书，大多是纪实性的，有理论色彩的很少，把具体的编辑工作和编辑学联系起来，特别是从编辑学的角度去考察具体的编辑工作，从具体的编辑实践升华为编辑学理论的著作，还没有见到过，李著大概也是第一本。所以，我说他拔了两个头筹。

李著从个案出发，通过一个编辑的实践活动来研究编辑学，很有好处。首先，他根据一个编辑的具体的实践活动，总结经验，上升到理论，把编辑的"术"与"学"结合起来，这种从具体实践经验开始研究理论的做法，符合从个别到一般的辩证法的规律。这样，个案多了，实践就丰富了，在这样基础上建立起来的理论，就会更加坚实。所以，李频同志的创作给编辑学研究提出了一条新的路子，是可喜的。其次，以具体实践为依据，可以对编辑工作的性质、编辑的地位和作用，作出客观而合乎实际的评价。既不至于把编辑工作说得玄而又玄，也不会把编辑工作仅仅看成雕虫小技；对编辑的地位和作用，也可以得出恰当的估计，既不至于把编辑看得高不可测，似乎编辑都是学者、文豪；反过来也不会把编辑看成可有可无，什么人都可以干的"剪刀加糨糊的干活"。编辑就是编辑，他是社会文化的设计师和工程师，他们有自己专门的理论和实践，编辑不一定都是学者、作家。但当一个合格的编辑不容易，要当一个好的编辑更难，编辑不一定能当学者、作家；学者、作家也不一定能当好编辑。可是反过来说，编辑干长了，书编多了，有了丰富的知识积累和生活积累，就有可能成为学者、作家，这是已在实践中证明了的，这种实例是非常多的。同时，也要明白，并不是每个老编辑最后都能当学者、作家，这种实例也是非常多的。所以，编辑学者化、编辑应该成为学者，作为要求，不是不可以提，因为，它确实有客观的条件和现实的可能性。但可能性不等于必然性，也就是并非每个编辑都能做到。编辑可以成为学者、作家，因为他有很有利的条件，但首先要把编辑工作做好。否则，就不是由编辑成为学者、作家了。当然，编辑的奋斗目标，不一定是学者、作家，也不能因为没有成为学者、作家，就认为编辑的地位就低了。编辑的奋斗目标，应该是成为一个好编辑，一个好编辑的地位、作用，决不会低于或小于学者、作家；一个学者、作家的地位、作用，也不一定高于、大于一个编辑，这里只好具体人具体分析了。

1993 年 6 月 25 日
《出版学编辑学漫议》P192，河南教育出版社 1995 年 9 月版

把编辑学、出版学推向世界更广阔的地区
——为韩国出版家闵丙德先生花甲寿辰而作

收到荆山闵丙德博士花甲纪念论丛刊行委员会委员长李正春先生的《原稿请托书》，得知闵丙德教授已进入耳顺之年，使我感到十分惊讶。因为在我的印象中，闵先生温文尔雅，英俊潇洒，几乎和年轻人相似，我怎么也无法把他的形象和花甲之年联系起来。可是，李正春教授的委托书毕竟是个事实。于是，我就先把这点直觉记述下来。

我和闵先生 1989 年初识于东京①，那时候由于时间仓促，我们接触不是很多。1991 年再遇于汉城②，俗话说，一回生，二回熟。这时我们已经是老朋友了。我们谈到过韩国出版学研究的情况，我也向他介绍过中国编辑学研究的兴起。承蒙他的台爱，把力作《出版学概论》赠我，后来，我也把拙作《编辑学研究在中国》送他教正。同行相近，志同道合，闵先生的仪表、学识和严谨的治学态度，给我留下了深刻的印象，一直也没有消失。

20 年来，经过 1—6 届国际出版学研讨会的召开，尤其是 1989 年东京、1991 年汉城和 1993 年北京这三届研讨会举行，出版学、编辑学在国际上已被越来越多的人所承认。尤其是中、韩、日三国的出版学者和编辑学者之间的联系有了加强。在这种形势下，我曾经想，有这样三件事是可以做的，也是正在做的。

第一件事是"发动"，就是各自发动本国出版界、教育界、知识界更多的人，来研究出版学、编辑学，使这些学科的理论更加精深，更加系统化、科学化，使它屹立于百科之林，分外鲜艳。

① 第四届国际出版学研究讨会在东京举行，我们都是参加者。
② 第五届国际出版学研究讨会在东京举行，我们又都是参加者。

第二件事是"推动"，也可以说是传播，把编辑学、出版学推向世界更广阔的地区，扩大其影响。无可讳言，现在把出版工作当做业务、工艺来考虑的人，在世界上，可以说许多地方都有。但是，把编辑、出版当做科学、理论、学术来研究的，在世界各地还不是很多，或者说主要还集中在中国、日本、韩国等亚洲地区。一种学科发源于一二个地区并不奇怪，孔子、释迦牟尼、耶稣的学说、教义，都是从一国一地发展起来的。历史只是对这些发源地的人们提出了更高的要求而已。不仅要求他们提出思想、学说，而且要求他们去着力地传播推广。

第三件事是"著述"，这是最重要的。无论发动也好，推动也罢，必须有关于这门学科的著述。也正是在这个意义上，我珍惜闵先生的《出版学概论》，闵先生也正因为这部著作，为国际出版学研究提供了力量。闵先生的《出版学概论》从 1985 年问世以来，已近 10 年，相信随着出版学研究的发展，他的作用将愈来愈被同行们所认知。在闵先生耳顺之年，我祝他长寿，祝他的著作不断发出光彩，并希望他不断有新著问世，为出版学的发扬光大作出更大的贡献。荆山华诞，我谨以小诗一首致贺。

其一
荆山花甲期，添我心中喜。
欢歌祈百岁，宏论扬四海。

其二
耳顺鬓未苍，莫道君已老。
重挥添花笔，再著锦绣章。

1993 年 9 月 8 日
《出版学编辑学漫议》P141，河南教育出版社 1995 年 9 月版

当前坚持"二为"方向要研究的几个问题

为人民服务，为社会主义服务的方向，是一条马克思主义出版方针，我国的出版工作者在过去的几十年中，尽管历经坎坷，但是在这条方针的指引下，我们仍然取得了巨大的成就。今后，我们仍将在这条方针的指引下，去拼搏，去战斗，去兢兢业业地工作，为多出好书，为建设具有中国特色的社会主义出版事业建功立业，努力奋斗。

调查表明，当前我国广大出版工作者坚持"二为"方针的自觉性，比起前几年来有很大的提高，近年来出版物面貌的改变和图书质量的提高，就是最好的证明。

同时，另一方面，在我们的实际工作中，也还有一些问题可以提出来研究。

（一）要积极做好出版宣传马克思主义理论读物这篇大文章；要大力出版当前迫切需要的政治思想教育读物，要努力出版宣传党的基本路线的读物。

当前，世界社会主义事业遇到挫折，马克思主义的学习和实践运动，在世界范围内处于低潮。所以，我们必须有坚定正确的政治方向，在重大原则问题上保持清醒头脑。那么，我们靠什么，首先就要靠有正确的指导思想，要靠马克思列宁主义、毛泽东思想和邓小平同志建设有中国特色社会主义的理论。江泽民同志说："有必要把学习和研究马克思主义基本理论，在马克思主义指导下研究和探讨当代重大的政治、经济和社会理论问题，作为一项紧迫任务。"[1]

为了加强马克思主义的基本理论教育，为了在思想战线上建立起钢

---

[1] 江泽民：《在庆祝中华人民共和国成立四十周年大会上的讲话》（1989年人民版）。

铁长城，我们首先编好出好宣传马克思主义的书刊。这是贯彻"二为"方针的首要工作。

坚持宣传马克思主义是我国社会主义出版工作者首要的根本的任务。在这方面，我们过去做了许多工作，仅就近二年来说，我们出版了《列宁全集》中文第二版、《毛泽东选集》第二版，出版了《邓小平文选》和许多老一辈无产阶级革命家的文集，江泽民同志等新一代党的领导人的著作都能及时地出版发行。同时，我国还出版了大量的宣传马克思主义的理论读物，尤其是围绕着重大事件、重大节日出版了大量的宣传马克思列宁主义、毛泽东思想和其他政治理论读物，可谓琳琅满目，令人喜不自禁。

今后，我们要进一步加强出版宣传马克思主义的读物，出好政治思想教育读物，还应注意这样几点。

（1）在我们的出版物中，宣传坚持马克思主义，发展马克思主义。首先我们要坚持马克思主义，忠诚于马克思主义，坚持反对那种所谓马克思主义是一种"空想"、已经"过时"，马克思主义"只是许多学派中的一个学派"等的陈词滥调，坚决反对在所谓"发展""创新"等幌子下，否定马克思主义的种种谬论。坚信马克思主义是放之四海而皆准的普遍真理，是发展的科学，只有在坚持马克思主义的实践中，才能丰富和发展马克思主义理论。

（2）我们要十分强调理论联系实际，确立起以解决实际问题为中心区分优劣的思想，强调用马克思主义之"矢"，射中国实际问题之"的"。小平同志说，要建设有中国特色的社会主义，"这就更要求我们努力针对新的实际，掌握马克思主义基本理论"。[①] 我们要把马克思主义与中国社会主义建设的实际，改革开放的实际，各项工作的实际和读者的思想实际紧密地结合起来，认真研究广大读者普遍关心的重大问题，增强

---

① 《邓小平同志在党的十二届二中全会上的讲话》（1983 年 10 月 12 日）。

理论读物的针对性、科学性和战斗性。不仅要宣传学习马克思主义基本原理，而且要用马克思主义去解决读者思想中的深层次问题。一本书如果能够解决一个问题，就算有了几分成绩。能不能解决实际问题，是我们在出版宣传马克思主义书刊时能不能坚持"二为"方针的一个根本问题。

（3）必须做到是非清楚，界限分明，切不可是非混淆，黑白颠倒。首先，我们要坚持马克思主义，反对反马克思主义的东西；坚持有中国特色的社会主义，反对资本主义；坚持科学社会主义，反对民主社会主义。这里必须界限分明，不可有任何模糊和动摇。我们每一个编辑出版工作者，任何时候都必须立场坚定，是非分明。决不能含糊其词，更不能掉以轻心。这也是我们能不能坚持"二为"方针的重大问题。

（4）形式要多样化，厚本、薄本、大部头、小册子都应该有，不能只有大，没有小；也不能只有小，没有大。对于宣传马克思主义的书刊和政治思想教育读物，要特别注意方便读者，要讲究形式，本子不妨薄一点，部头不妨小一点，这样定价也可以低一点。现在，有些政治理论读物，部头太大，本子太厚，一本书有好几斤重，这种大书，除了坐办公室的、到图书馆阅览室的人还可以阅读以外，对一般的工人、农民、士兵、学生、教员、干部来说，想随身携带，很不方便。一本书好几十元、上百元，一是买不起，二是即使买了也拿不动。谁能老捧着几斤重的书在那里看。书的内容再好，不便于读者经常地阅读，也会影响这本书的社会效果。我们每个出版社都要搞自己的重点书、拳头产品，这是必要的。但是，重点书不一定就是书的分量重，拳头产品也不在于它的本子厚、部头大，而在于真正解决实际问题。实际上，大家回忆一下，建国40年来，真正在社会上、在读者中有影响的书，不一定都是大部头。当然，大部头的书要出，有时候大部头书材料比较集中，便于研究问题，对文化积累也有好处。这里提出这个问题，并不是说不要出大部头书，只是强调出书要解决实际问题，要方便读者。这也是一个更好地坚持"二为"方针需要注意的问题。

（二）落实以经济建设为中心的指导思想，积极出好科学技术和其他知识的读物。

我们党制定的基本路线是以经济建设为中心，也就是要建设社会主义现代化强国，这是当代中国共产党人和全国人民庄严的历史使命。为此，我们一定要出好社会主义经济建设需要的图书。能不能巩固地树立起以经济建设为中心的思想，是关系我国社会主义建设成败的重大问题。我们进行反对和平演变、反对资产阶级自由化的斗争，归根到底是要增强综合国力，为此一定要把经济建设搞上去。江泽民同志说："在社会主义现代化建设中，我们始终要以经济建设为中心。党和国家的各项工作都必须服从和服务于经济建设这个中心，而不能离开这个中心，更不能干扰这个中心。"① 这方面的图书，过去有关的出版社已经出了一些，也颇有成效，今后要进一步结合经济建设的实际，从发展社会生产力水平的迫切需要出发，大力出版服务于社会主义经济建设这个中心的图书。同时，要本着洋为中用的原则，翻译、出版对社会主义建设有用的国外的先进科学技术读物。更要考虑大多数人的需要，发展多层次多方面的科技读物，注意做好科学普及读物的出版工作。总之，要着眼于提高整个中华民族文化科学知识的水平，要为社会主义经济建设服务，为贯彻执行党的基本路线服务，更多更好地出版科学技术和其他知识读物。这是"二为"方针的一个基本内容，也是我们贯彻执行"二为"方针的一个根本出发点。

（三）做好农村读物的出版发行工作，是坚持为绝大多数人服务的问题，因而也是坚持"二为"方针中一个十分重要的问题。

（1）做好农村读物出版发行工作的必要性。

我们党历来重视农村工作，毛泽东同志曾一再教导我们：农民问题是中国革命和建设的根本问题。在中国，如果把"农民"两个字忘记了，

---

① 江泽民：《在中国共产党成立七十周年大会上的讲话》（1991 年人民版）。

就是读 100 万册马克思主义的书，也没有用处。而且指出：严重的问题在于教育农民。党的十一届三中全会以来，农业生产有了很大的发展，农民的生活水平有了大幅度的提高。这是我国社会稳定、社会主义建设能够顺利进行的重要因素。

我国是一个人口众多的国家，而其中 80% 以上的人口在农村。我们要建设社会主义现代化强国，不仅要建设好城市，而且要建设好农村；社会主义要共同富裕，当然离不开占总人口 80% 以上的农民。所以，一定要出好发好农村读物，提高农民的社会主义觉悟，提高他们的科学文化水平，发展农村的社会生产力，建设好现代化的社会主义新农村。

这几年，由于农村的经济体制改革促进了农业生产，许多农村不仅抓了社会主义物质文明建设，而且抓了社会主义精神文明建设，出现一批"双优"村、"双优"乡，体现了社会主义农村的新面貌。可是另一方面也要看到，在有些农村里，封建迷信活动比比皆是，赌博盛行，盗窃诈骗活动时有发生。这说明，在一个时期里，农村中社会主义和资本主义、封建主义思想的斗争是很激烈的。"思想宣传阵地，社会主义思想不去占领，资本主义思想就必然会去占领"。[1] 这是一个颠扑不破的真理。当前，农村迫切需要社会主义文化，需要社会主义书刊，这关系到农村这个广阔的思想阵地能不能很好占领的大问题，应该引起我们出版发行工作者的高度重视。

（2）加强农村读物出版发行工作的可能性。

这几年由于农业生产水平的提高，农村教育事业也有了发展，农村识字的人多了起来，农民的整体文化水平也相应地得到了提高。

据湖南一个县的不完全统计，这几年不断增加的不同文化程度的人的数字大体是这样的：1976 年，增加的大学生是 6 个，中专生是 8 个，高中生是 36 个；可是到了 1990 年，增加的大学生是 18 个，中专生是 53 个，

---

[1] 江泽民：《在中国共产党成立七十周年大会上的讲话》（1991 年人民版）。

高中生是 145 个。至于初中和小学文化水平的人，每年增加的数量就更大。从这些统计中，我们可以看出近十几年来我国农村识字人口数的增长速度是很快的，图书的需要率显然也会有相应地增加。

由于农民生活的改善，农村发展生产的需要，图书的购买力显然要比 10 年前高得多，这说明农村读物的发展前景可能会比我们估计的强得多。

从我们出版工作的实际情况来看，最近几年来，农村读物虽然出了一些，对有些出版社来说，也占有一定的品种比例，但大多数是帮助农民致富的科技读物和生活实用图书，这些当然是需要的，但是，已有的品种还是远为不够的。更重要的，现在迫切需要加强的是思想教育读物的出版和发行。总的来说，农村读物的出版是薄弱的，但是政治思想教育的读物显得更为贫乏，应该提到我们出版发行部门的重要议事日程上来。对整个农村读物的出版，需要认真调查，作出规划，强调出书的针对性和实用性。要做好这项工作，从思想认识到干部的配备上都应予以重视和加强。

（3）农村读物的发行工作需要认真加强。我们搞农村图书发行的同志很辛苦，有的同志告诉我：我们一个县的全部发行人员，根据县的大小不同，是 20~60 人，一般是 50 人左右，个别的也有上 100 人的，如果与全县的人口总数相比，一般一个人要面对一万到二万人，有的甚至更多一些。所以，搞农村图书发行的同志，不仅工作量很大，还要爬山涉水，很不容易。应该说，我们有些地区，农村发行工作是搞得不错的，也有许多成功的经验。但总的看来，还是一个薄弱环节。这方面的问题比较多。有些地方由于批销环节过多，或者交通不便，一些重要图书迟迟不能送到农村读者手中。有些地方因为搞农村发行无利可图，甚至要亏本，也就听之任之，甚至放任自流。这方面应该认真研究解决。

首先解决思想认识问题，要把农村图书发行工作提高到走社会主义道路，坚持为人民服务、为社会主义服务的方向上来认识，切切实实地把这项工作放在图书发行工作的重要议事日程上来，一个问题一个问题地研究，要帮助基层解决实际困难，认认真真地加以落实。

要解放思想，制定出一些有利于农村图书发行的倾斜政策，首先要保证做到好书能够多发，做到县店及其下伸网点经济上不仅能够不亏，而且还有微利。试想一个县书店或下伸门市部，利润本来就有限，要亏，那就要承受不了。这个问题不解决，农村图书发行的局面就很难有大的改观。同时，还要改进管理体制，理顺农村发行渠道，尽可能简化批销环节，缩短发行时间，更重要的是书店的同志更要本着为人民服务、为社会主义服务的精神，发挥光荣传统，积极主动地推销好书，不要因为出租店面、出租柜台，卖百货，经济效益来得多、来得快，而忘记了自己的神圣职责，丢掉本来应该占领的社会主义思想文化阵地。

农村图书发行的问题是当前出版发行工作中的一个重要问题，必须有切实的措施来加以解决。不然，为占总人口 80% 以上的农民服务就成为一句空话。农村人口是大多数，农村读物的出版发行工作能不能做好，社会主义书刊能不能占领农村这个广阔的天地，实际上是我们坚持为人民服务、为社会主义服务的出版方针的一个大问题。

1993 年 10 月

《出版学编辑学漫议》P31，河南教育出版社 1995 年 9 月版

出版三思

思之一，多出好书为什么？

"多出好书"这句话，对于搞出版的人来说，是再熟悉不过的了。可以说，它是出版界的追求，出版改革的目标，编辑工作者的座右铭。无怪乎有人说，多出好书是出版家永恒的主题，可见其分量。对此，本来似可不必再费唇舌。可是在一次编校质量座谈会上，正当人们沸沸扬扬地谴责差错的时候，一个年轻人提了一个问题。他问："多出好书为什么？"这下沸腾的锅熄火了。倒不是这个问题有多么深奥，而是因为人们没有思想准备，或者有的就压根儿没有想过这个问题。正像对路人突然提出一个"人为什么每天要吃饭"的问题一样，可能顿时使有的人愕然。然而，"多出好书为什么"这个问题毕竟带有常识性，或者说每个人都可以从自己的出版观出发来加以回答。于是又开锅了。有的说多出好书是为创造出版社的光辉形象，有的是为了教育读者，有的认为要创造两个效益双丰收，个别的认为可以获重奖，还有的说因为现在不好不坏的书，又多又快，所以要强调出好书，真是各有各的见解，各有各的道理。其实，这个问题很清楚，出版作为精神生产，属于上层建筑，它应该为经济基础服务，也就是为发展社会生产力服务。在当前，就是要坚持党的工作大局，为改革开放和经济建设服务，为社会主义现代化、为整个社会进步服务。这也是我们鉴别好书、衡量社会效益大小的根本标准，或者说是深化出版改革，多出好书的根本目的。"多出好书"的口号是正确的必要的，是带有方针性的，我们应该把它喊得更加响亮，这是社会的需要、读者的需要，更是出版界本身的需要，也是杜绝坏书和不健康书刊的生产和流传的需要。我们不是为出书而出书，也不是为出好书而出好书，是为现实服务，为两个文明建设服务，也就是为人民服务、为社会主义服务。总之，好书要多出，目的要明确，我们不能只记住本行业具体的方针、口号，更应该记住党的总路线、总目标；把出版放到全党工作的大局中来考虑，这样，出版工作才能有更大的作为，好书也必然会增多。

思之二，优质高效是什么？

今年初，全国新闻出版局长会议提出的出版工作由规模和数量的增长向优质高效转移的战略决策，现在已越来越深入人心，在实际工作中也取得日益明显的效果。可以想见，随着这个战略思想的全面贯彻，我国的出版事业必将出现一个崭新的局面。但是，任何一种正确的思想、方针、口号，在有些持有不同的出版价值观的同行面前，都可以有不同的理解？比如，对优质高效中的"高效"，理解就不尽相同，有的认为是指社会效益，有的认为是指经济效益，有的则认为是两效的结合，个别的还认为是指工作效率。坦白地说，这里的"高效"，如果单指经济效益，显然是不合适的，因为它和出版作为精神生产的目的不相符合。至于"高效"是不是指工作效率，似乎也不合逻辑，因为"工作效率"无非是指速度快、质量高、数量多，那就和这个战略思想的根本精神相背离，显然是难以成立的。"高效"究竟如何理解？其实，这个问题并不费解，于友先同志在讲话中早已说得明明白白，出版首先是要讲社会效益，社会效益是出版的本质要求，是出版者的根本目的。当然，出版社也要讲经济效益，这是因为经济效益好有助于事业的发展，这也是邹韬奋说的，出版的事业性与经济性的关系，事业性是追求、是目的，经济性是求生存，求生存也是为了发展事业。其实，作为出版，既有精神生产，又有物质载体的生产，同时包含着文化性和经济性。但是，没有文化性，没有精神内容，就没有使用价值，没有使用价值的东西，也就没有价值。所以，出版的精神内容，它的文化性高于经济性，出版的经济性只能从属于文化性，也就是经济效益必须服从社会效益。这是不以人的意志为转移的。

思之三，奖励的标准是什么？

现在，许多出版部门，强化了奖励机制，奖励写好书、编好书，这十分必要。奖励出版优秀作品是邓小平同志出版思想中的重要内容之一，不仅要奖作者也要奖编者。这是对优秀精神产品生产者应有的激励，目的为了奖优拔萃，多出人才，为了推动科学、文化、艺术，最终是整个社会的发展。但是，现在有些单位，他们不是奖励编好书、写好书，而是以创利多少为标准，谁创利多就奖得多。如创利10万者安装家用电话一部，创利50万者优先分住房一套，有的还可以破格晋升专业技术职称。反过来，有的编辑虽然编出了好书，有一定的学术价值，但不创利，甚至要亏本，因而也就与奖金无缘。诸如此类的标准，不仅公布于单位内部，有的还见诸报刊，窃以为这样的奖励，未必能达到好的效果，甚至会有悖于初衷。因为存在决定意识，现在有的编辑自觉不自觉地"向钱看"，所谓"书中自有黄金屋，书中自有'脱力风'（电话）"，恐怕与这种奖励办法不无关系。最近，几次见到《新闻出版报》发表文章，呼吁"淡化奖金意识"，颇具见识。大凡优秀的精神产品生产者，须有相当高的精神境界，编创者的境界不高，怎能希望他生产出高雅的作品。俗话说，床底下放鹞子，大高而不妙。我们很难要求在钱眼里翻筋斗的人，能搞出不带铜臭的东西来。难怪有人说，那种以创利为标准，奖房、奖官、奖电话的人，是在有意无意地唆使别人向钱看，这种做法，其实只能干扰出版方向，腐蚀队伍。轻者使不好不坏的书出得又多又快，低品位低质量的书刊甚嚣尘上；重者大出不健康读物，甚至放政治倾向不好的书出笼。更严重的，还可能养成一些鼠目寸光的"编辑"，贻害他们一辈子。

对这些人来说，出版根本不是国家的事业、民族的形象，而只是他们手中的摇钱树，这样的人，一时里也许能够侥幸得手，到头来恐怕还是难免自食其果的。历史的经验是：搞出版的人还是老老实实在思想文化科学方面，在两个文明建设上做文章的好。

1994 年 10 月 3 日

《出版学编辑学漫议》P143，河南教育出版社 1995 年 9 月版

认识市场特性，掌握市场规律

一、出版大发展中的思索

改革开放十多年来，我国出版界在邓小平同志建设有中国特色社会主义理论的指引下，解放思想，实事求是，坚持党的基本路线，坚持为经济建设服务，不断深化改革，为我国出版事业创造了极好的机遇，取得了很快很大的发展。以 1993 年与 1978 年相比，图书品种由 14987 种上升到 97606 种，印数由 37.59 亿册（张）上升到 64.09 亿册（张）；杂志由 930 种上升到 6810 种，印数也由 7.62 亿册上升到 24.31 亿册。在这个时期里，我们出版了像《中国大百科全书》《中国美术全集》《汉语大词典》和《汉语大字典》等许多在国内外获得很高声誉的传世之作。15 年改革开放，尤其是党的十四大提出建立社会主义市场经济体制，为出版工作带来了勃勃的生机，使我国出版事业无论在事业规模、设备更新、技术手段现代化和队伍建设方面都实现了新的飞跃，已经成为世界上少数几个出版大国之一，举世瞩目。这是新中国出版史上从来没有过的，它开创了中国出版史上新的纪元，也为出版事业的更大发展开辟了广阔的天地。当然也出现了一些曾经或正在引起人们注意的情况和问题，有的还相当突出。

在大发展的进程中，要没有一点问题是不可能的。从 80 年代初开始，改革大潮迭起，在前进道路上新情况和新问题不断出现。再早的不说，就说 1985 年，先是裸体画、裸体挂历上市，接着又有所谓"法制文学"出笼，这些"作品"详细地描写犯罪经过，实际上是"犯罪文学""教唆文学"。到了 1986 年，不仅非法出版物抬头，以宣传性知识为名的性感图书，也一起又一起地发生。1986 年到 1987 年，淫秽、色情作品的问题突出起来。差不多同时，宣传资产阶级自由化思想的图书也逐渐增多。以协作为名，买卖书号的活动日趋频繁。80年代的最后几年，淫秽、色情读物，包括所谓"人体艺术"等画片画册屡见不鲜，宣扬封建迷信的图书，也公然出笼。再说90年代的头4年，"人体艺术"、淫秽色情图书，胡编乱造地描写党和国家领导人的生活，包括所谓"揭内幕""透秘闻"、谈"轶事"的书刊以及宣传封建迷信的图书，等等，等等，轮番上市，宣传资产阶级自由化观点和有政治错误的图书，也不止一次地出现。

上述问题，虽然都得到出版领导机关的及时制止、纠正，作了必要的处理，保证了我国出版事业的健康发展。但是，不能认为，只要一处理就能一劳永逸。灰色、黄色、黑色的东西顽强地表现自己，不会轻易销声匿迹。正如当前仍然存在某些情况和问题一样。

那么，当前比较突出的问题是什么呢？

1. 高品位、高质量的图书少，低品位、低质量的图书多。这几年，我们确实出了不少品位和质量都很高的书，有的还为生产、科技和文化教育事业的发展作出了很大的贡献，在国内外都有很大影响，应该充分肯定。但是，也有不少图书，品位和质量都很低，还有一些坏书，包括政治倾向不好的书。总起来看，在整个图书品种中，低品位、低格调图书所占的比例相当大。图书品位和质量的提高，已成为出版工作中关键的关键。

2. 非法出版物猖獗，买卖书号曾经严重地危害了出版事业的健康发展，成为出版界受到社会舆论指责的一个突出问题。低品位的读物所以增多，黄色、淫秽的图书，宣传封建迷信和传播资产阶级自由化思想的读物，所以能够迅速出笼，除了非法出版以外，许多就是通过买卖书号这个渠道出来的。它使一些不法书商轻易地获得出版权，借以获利，如鱼得水。非法出版中还有一个"盗版"问题，目前正日益猖獗起来。特别是买卖书号被取缔之后，非法出版商很可能搞"盗版"活动，把经济效益好的正式出版物拿去印刷，掠夺出版发行部门本来可以获得的正当收入。这实际上是一种明目张胆的盗窃、抢劫行动，与盗窃、抢夺他人财物并无本质上的区别，理应按刑法规定的盗窃、抢夺罪量刑判罪，印刷者也视同同谋犯论处。坚决打击非法出版物，取缔"盗版"，禁止买卖书号的非法行为，已成为当前出版管理中坚持党的出版方向的重要问题。

3. 一般图书订货下降，新华书店营业面积萎缩和个体书摊增多。近二三年来，新华书店出租店面，或者转向经营其他商品的比比皆是，使书店正常的售书活动受到严重影响；而另一方面，大街小巷的个体书摊大量涌现，在那里自由自在地销售低级庸俗、封建迷信、色情、淫秽、不堪入目的黄色、灰色甚至黑色的书刊。某些主渠道萎缩转向，甚至通过租赁把阵地拱手让给别人，给了不法书商以可乘之机。让他们大搞低品位、不健康的东西，兴风作浪，扰乱图书市场。主渠道能不能扩大一般图书的销售，保证图书市场健康、有序的发展，已成为当前整个出版事业顺利发展的"瓶颈"。

总之，提高图书的质量和品位，扩大一般图书的销售，已成为保证整个出版业进一步向前发展所必须解决的问题。

其他问题也许还有，但是这些问题特别值得注意；矛盾当然不少，但这些矛盾不容忽视。

现在我们要提出的问题是：为什么10多年来，这样一些问题会反反复复地出现，高一阵、低一阵，此起彼伏，屡禁不止，连绵不绝，有的还愈演愈烈。这究竟是什么原因？值得认真思索。

二、曾经或正在引起人们注意的那些问题，其原因是什么

原因可能很多，首先，从思想方面说，是社会主义社会的初级阶段，国际国内意识形态里两种思想、两种文化的斗争在出版工作中的反映，这是当前思想文化领域具有共性的问题，不仅仅在出版工作中是这样。

其次，从经济方面说，大体有三种情况。一是我们的社会主义市场经济体制还刚刚开始建立，正在孕育之中，还没有达到法制化、有序化、规范化的程度。市场的作用还没有得到充分的发挥，管理、监督机制也没有配套。二是市场本身有消极的一面，就是它的自发性、盲目性和滞后性，如果宏观调控一时不能跟上，就可能出现这样那样的问题。三是对于出版界的某些人来说，既有"向钱看"的思想作祟，又有一个对社会主义市场经济条件下出版工作性质的认识问题。

三、如何认识市场和社会主义市场经济条件下的出版工作

对于出版工作的性质，党和国家早有明确的规定，社会主义的出版工作，是重要的意识形态工作，是宣传教育工作，是科学文化工作，它是为最广大的人民群众和社会主义现代化建设服务的。要十分重视出版物影响精神世界和指导实践活动的效果。具有重大历史意义的党的十四大，在提出建立社会主义市场经济体制的同时，又指明了社会主义物质文明和精神文明"两手都要抓、两手都要硬"的方针，强调了精神文明建设包括出版工作的重要任务，是更有效地为经济建设和改革开放提供精神动力、智力支持、舆论环境和思想保证。这说明社会主义市场经济条件下的出版工作仍然是意识形态工作，要把社会效益放在首位，要毫不犹豫地坚持正确的舆论导向。任何否定、忽视出版工作的意识形态性质，忽视社会效益和舆论导向的认识和做法，都是不符合党的十四大精神的，是与邓小平同志建设有中国特色社会主义的理论相悖的。

但是，有的同志不是这样认识，或者在实践上证明他们不是这样认识出版工作的。这些同志认为，搞市场经济了，就要以市场为导向，就要一味迎合市场。为了多赚钱，可以不问社会效益，不讲社会主义精神文明建设的要求。有的说，市场的天平是衡量我们出版工作好坏的唯一标准，市场是评估编辑学识、能力的根本尺度。就是要一切以市场为转

移，凡是市场上需要的、卖得俏的，出版社就得满足，书店就应该供应。有的还进一步把读者和市场等同起来。他们说，没有市场的书刊就是没有读者的书刊，是没有生命力的。书刊出版不迎合市场的需求，也就是不适应读者的需求。在他们看来，市场需要就是读者需要，而且只要读者需要，不管是正当需要还是不正当需要都应该迎合。这里有三个问题，需要加以分析。

1. 市场需要是不是就是读者需要，两者之间能不能划等号。照理说，读者需要是图书市场的基础，市场应该反映读者的需求。但是，在市场经济条件下，市场应该反映读者需求是一回事，市场能不能正确反映读者的需求那是另一回事。因为市场在反映读者需求的时候，已经注入了利润的因素，因而它往往比较多地反映利润率高的商品的需要，容易忽视群众对利润率低的商品的需要。这样，就不能正确地、如实地反映群众的需求。再说，市场有时可以被垄断，可以被操纵。在这种情况下，它所反映的往往不完全是读者的需要，而是某些书商的需要。正如目前，有些好书，经营者因利薄不愿销售，订数上不来，读者买不到；而另一些低品位的书，因有利可图，却可以大量推销。

2. 读者的需要是多方面的，市场能不能确切地反映这种多方面的需要，两者之间是有差异的。首先，读者有不同的类型，不同的文化层次，不同的兴趣爱好。其次，读者的需要有明显的，也有比较潜在的，有眼前的，也有长远的，有即兴需要，也有根本需要。再次读者还有正当的需要和不正当的需要。这些都要求广泛深入地调查和认真细致地分析，才能去伪存真，获得比较接近真实的状况。可见，要掌握读者需要并不容易，要把读者的需要正确地反映到市场上去，更不容易。如果再带上某种主观因素，那就更难满足读者的真正需求了。比如说，低档劣质图书，充斥书摊，琳琅满目，我们不能说不是一种图书市场。但这种图书市场究竟反映了多少读者的真实需要，那只有天知道了。

3. 出版工作负有宣传教育的任务，作为传播思想文化的手段，还有坚持正确导向的要求。这绝不是书摊上什么好销，我们就出什么所能解决的，更不能把"读者当做上帝来崇拜"，须知菩萨也是人造的。

综上所述，市场需要和读者需要决不能划等号。我们要观察市场的动向，但重要的是引导市场，就是要掌握读者的真正需要，引导和支持读者的正当需要，给读者以正确的导向。

社会主义市场经济在我国还是一个新的事物，特别是社会主义市场经济条件下的出版体制、文化体制、教育体制还有待逐步形成，许多思想、理论上的问题还有待探讨。有一些同志，在认识上产生这样那样的看法，甚至发生一些误解或错觉，或者在实践上犯这样那样的错误，都是难免的，可以理解的。但是，对这一类问题，我们应该有一个标准，不能公说公有理，婆说婆有理，各执一端。这个标准是什么？就是党的基本路线，邓小平同志建设有中国特色社会主义的理论。具体说来，就是党的出版方针，就是为人民服务、为社会主义服务，就是为改革开放和经济建设提供精神动力、智力支持、舆论环境和思想保证。任何出版物，凡是符合这个路线、方针、原则的，应该予以肯定；凡是有悖于这个路线、方针、原则的，就应该加以否定。包括那些生活用书、消闲读物，也不能散布不健康的东西。文艺读物更要以宣传党的路线，激励人民团结奋斗、振奋精神为己任，不能堕落到去搞那些黄色、灰色的东西。出版工作归根到底，要以科学的理论武装人，以正确的舆论引导人，以高尚的精神塑造人，以优秀的作品鼓舞人，不断培养和造就一代又一代"四有"新人，为建设有中国特色社会主义的伟大事业服务。

四、做好社会主义市场经济条件下的出版工作要坚持些什么

现在我们已经有了邓小平同志关于建设有中国特色社会主义的理论，这是我们各项工作的指导思想，当然也是我们做好出版工作的指导思想和有力武器，又有了 15 年改革开放的实践经验，我们应该而且有可

能研究一些规律性的东西，这是我们出版界的一个重大课题，需要花大力气进行研究。我们要研究市场经济的一般规律，要研究社会主义市场经济的固有规律，更要研究社会主义市场经济条件下出版工作的特殊规律，为出版繁荣服务。

从上面谈到的情况中，我们是不是应该坚持这样几点。

1. 繁荣出版事业与坚持"扫黄""打非"相结合。在社会主义市场经济条件下，我国的出版事业应该得到不断的繁荣，而且也可以得到繁荣，正像近10多年来出版发展的实践所证明的那样。但另一方面也要看到，在社会主义市场经济条件下，有的人可能出于对市场经济的误解，或者为了某种个人或小集团的利益把出版当做单纯牟取暴利的工具，出笼一些不健康的东西，甚至出版一些坏书，也是一种客观存在。为此，要确保图书市场的健康繁荣，坚持正确的舆论导向，必须坚持周期性的"扫黄""打非"工作。这种周期，可长可短，要从各个不同时期的实际情况出发。但是必须长期坚持，毫不放松，决不手软。房子是要天天打扫的，只有这样才能保持它的整洁。图书市场也需要天天清理，看来这是符合社会主义市场经济条件下出版发展的实际的。

2. 开放搞活，发挥市场作用必须与加强宏观调控、加强微观管理相结合。在社会主义市场经济条件下，通过深化出版改革，积极发挥市场作用是理所当然的。目前，为实现政企分开，行政机关的许多权力已经下放，为出版工作进一步开放搞活创造了条件。但是历史的经验告诉我们，往往容易"一放就乱"。正如1993年初，行政机关下放了选题审批权限以后，在短短的四个月内，有18家出版社出版了30种人体摄影画册，引起读者的强烈批评，认为这些画册是"只要人体，不要艺术"；是有关的出版发行单位"财迷心窍，唯利是图"。结果被停售封存，有的还被处以罚款。为了真正做到放而不乱，在充分发挥市场作用的同时，出版领导机关要加强宏观调控，及时掌握出版动向，做好出书的总体规划，通过各种法规和政策（包括理论研究），加以正确的引导，指导并监督出版社、书店加强管理工作。出版社和书店更要自觉坚持社会主义方向，贯彻出版方针，积极加强管理，严格自律，真正把社会效益放在首位，保证多出多卖好书，不出不卖坏书，不出不卖不健康的读物。这也是近几年出版发展实际告诉我们的一种客观要求。

3. 深化出版改革必须和加强全行业的出版理论研究相结合。出版改革是一件新事，也是一件很复杂的事情，历史上没有现成的经验，也不能照搬外国的做法，甚至不能套用我国经济改革的许多具体举措，必须根据中国出版工作的实际情况，逐步进行。10多年来，在出版改革上，我们是"摸着石头过河"，不断前进的。在这种形势下，加强出版理论研究就显得十分必要。出版理论研究有两个方面：一方面是基础理论研究，即出版学、编辑学、图书发行学等的研究，这里先不说它。另一方面是应用研究，即实际工作中重大问题的研究。这要靠全行业广大从业人员一起来做，也就是要开展群众性的出版理论研究。这方面，10多年来，我们讨论过许多重要问题，诸如，出版社的性质问题，图书的商品属性问题，在出版工作中正确对待价值规律和精神生产规律的问题，编辑的地位、作用和职业道德问题，出版社的专业分工问题，图书发行体制改革问题，出版的经济政策问题，社会效益和经济效益问题，坚持社会主义出版方针、深化出版改革问题，等等。尽管这些讨论发展很不平衡，有的不够深透。但是，它是从实际中提出问题，使各种不同的意见开展争鸣，为出版改革制造了舆论，消除了一些思想障碍；对实际工作中的一些问题，在一定程度上也起到了明确是非、提高思想认识的作用；对于提高出版的学术水平，加强出版队伍的思想建设，提高广大从业人员执行党的出版方针自觉性，促进出版事业的繁荣，有一定的实际意义。实践证明：群众性的出版理论研究是为深化出版改革鸣锣开道、排除干扰、总结经验、进行自我教育的必要手段，有利于所有参与者互相取长补短，改进工作。再说，听听不同的意见，可以开阔视野，避免坐井观天，囿于一端，犯这种那种片面性错误。说白了，实际上是自我教育，是培训干部、提高思想认识的过程，是一场不断学习邓小平同志建设有中国特色社会主义的理论，并且用它来指导出版实际的学习活动。有时虽然要花点钱，但这是一件好事，而且是千金难买的好事。

最后，我想应该强调，计划经济和市场经济都是手段，都是为社会主义现代化建设服务的。由前者向后者过渡，建立社会主义市场经济体制是我国经济体制改革的大事，出版工作当然要按照社会主义市场经济体制的需要，建立起与之相适应的出版体制。但体制的适应，并不是笼统地要求出书也简单地迎合市场，这是有区别的。出书也要面向市场，但同时要引导市场，这种面向不是消极的，是积极的。所以，首先要了解市场、认识市场，进而才能掌握社会主义市场经济的客观规律，并且运用这种客观规律，来为我国社会主义物质文明和精神文明建设服务，这也就是引导市场。就是说，我们不仅仅是消极地面向市场，一切以市场为导向被市场牵着鼻子走。反过来，应该由我们来引导图书市场，使图书市场为发展出版事业服务，为贯彻党的出版方针服务，为传播和积累社会主义文化服务，为培养"四有"新人服务，为我国社会主义现代化建设服务。而落实1994年全国新闻出版局长会议精神，实现出版工作从总量增长型向质量效益型转移，就是达到这些根本目的的最重要的保证。

1993 年 11 月 5 日

《出版学编辑学漫议》P39，河南教育出版社 1995 年 9 月版

出版科研工作要一代胜过一代

——中国编辑学会首届年会开幕词

　　中国编辑学会首届年会今天开幕了。这次年会是在我国改革开放和现代化建设蓬勃发展新阶段的形势下召开的，是在加快建立社会主义市场经济体制，促进经济持续、快速、健康发展的形势下召开的，也是在深化出版改革，建立适应社会主义市场经济的出版体制取得很大进展的形势下召开的。特别是在《邓小平文选》第三卷正式出版发行的大好时机召开的。新的形势向我们提出了崭新的课题，也寄予我们很大的期望。党的十四大提出建立社会主义市场经济体制，为我国出版事业的繁荣发展开辟了广阔的前景，保证了出版改革进一步向纵深发展，为我国出版工作带来了勃勃生机，取得了巨大成就。当然在前进的道路上，也会出现一些新的情况和问题，在两种经济体制转轨的过程中这是不足为怪的。我们相信，有邓小平同志建设有中国特色社会主义的理论做指导，进一步沿着有中国特色社会主义的道路前进，我国的出版事业必将取得更大的成就。现在摆在我们面前的任务，就是如何建立一个既适应社会主义市场经济又符合社会主义精神文明建设和出版自身发展规律要求的出版体制，这是一个需要不断实践、不断探讨的重大实际问题，也是一个重大的理论问题，是我们中国出版工作者的共同任务和光荣职责。我们这次年会就是要以建设有中国特色社会主义理论为指导，研究社会主义市场经济条件下的编辑出版工作，探讨编辑学学科建设中的基本理论，为建立新的出版体制尽一点应尽的责任。这是符合当前我国加快改革开放，建立社会主义市场经济体制的需要的，也是和深化出版改革、促进出版事业繁荣发展的根本目标相一致的。

　　正是基于这样一种考虑，学会常务理事会于今年2月召开会议，决定了首届年会的主题，并且向会员单位发出征文通知，得到会内外许多出版同行的广泛响应和积极支持。

这次年会是浙江省新闻出版局、浙江省出版总社、浙江省出版工作者协会和本会共同举办的。浙江的同志在人力、物力上给予了很大的支持。这是我们首届年会能够开成开好的重要保证。我们向他们表示衷心的感谢。

这次年会，秘书处先后收到应征论文 111 篇，经过专家评议，共评选出 55 篇论文。这些论文，大体包括了三方面的内容：一是讲当前出版工作如何适应与引导社会主义市场经济的；二是讲进一步深化改革的；三是关于编辑学与编辑业务研究方面的。这些论文有一个显著的特点，就是比较贴近主题，紧密地结合实际。

为了更好地贯彻百花齐放、百家争鸣的方针，在评选中评选委员会有意识地选了一些各种不同观点的论文，便于开展争鸣，深化学术讨论。我们的事业是要持续发展的，出版科学研究不仅要一代一代地继承下去，而且要一代胜过一代。这是一个具有重要战略意义的问题，我们必须正视，并且把它放到实际工作的重要位置上来。所以，在评选中比较注意中青年同志写的论文，并且邀请他们来参加会议，目的在于共同学习、共同研讨、共同提高，希望他们在社会主义市场经济条件下，把出版工作和出版科学研究工作做得更好、更有成绩。这样，我们才能不辜负先人，也无愧于后人。

为更广泛地听取各方面的意见，我们还专门邀请了一些出版部门的专家和领导同志来参加首届年会，共商社会主义市场经济条件下的编辑出版工作。对于他们的到来，特别是有些同志年事已高，我在这里表示热烈的欢迎和诚挚的感谢，并祝他们健康长寿。

参加学术会议是一件苦差使，但也可以听到各种不同意见，交流彼此之间的观点，实际上也是一次总结经验，用邓小平同志建设有中国特色社会主义的理论指导出版改革和出版实践，进行自我教育的好机会。

同志们，我们来自祖国的四面八方，感谢浙江的同志为我们提供了很好的条件，使我们有机会在这里讨论新形势下编辑出版工作的理论和实践。

让我们共同努力，把这次会议开好，使得我们在富春江畔短短几天的聚会，更加难忘，更加具有深远的意义。

1993 年 11 月

《出版学编辑学漫议》P263，河南教育出版社 1995 年 9 月版

不曾忘却的纪念

——边春光同志与《编辑实用百科全书》

《编辑实用百科全书》正式出版了，这对广大编辑人员来说无疑是一件大好事，对我国出版事业的发展也是一件很有益的事情。

书对人类社会的进步，历史的发展，有着不可估量的作用。书籍的意义，全在于它的精神力量；在于它指导社会实践、影响人们精神世界的功力，在于它文化的高品位和内容的高质量，而这一切全部取决于著者和编者。著者是作品的创作者，是精神产品的主要劳动者；编者是精神成果的组织者、把关者、加工者和美化者，是作品转化为出版物过程中主要的脑力劳动者。

中国的编辑工作如果以一般人认为的始于孔子，至今也有 2300 多年的历史。由此而始，我国历代有许多知识分子默默地献身于编校事业，为国家和民族做出了卓越的贡献。正是由于历代编辑家的努力，中国古代文化才能够比较完好地保存下来，绵延不绝，青史永垂。他们功不可灭，是后世编辑工作者的榜样。

当代中国，书刊编辑工作者加上报纸、广播、音像等出版物的编辑人员，不下 10 万人。他们在社会主义精神文明和物质文明建设中发挥了重要的作用，已经成为我国社会主义现代化建设的一个重要方面军。

在社会主义市场经济体制条件下，进一步提高编辑人员的思想、业务素质，更是具有特殊重要的意义，因为他们对于提高图书的文化品位和内容质量起着关键的作用。正是基于上述事实和认识，编纂《编辑实用百科全书》这样一部工具书，对于建设有中国特色社会主义的出版事业就显得格外重要和及时。我们也要敬佩编纂这部书的倡议者和主持人、我们的主编——边春光同志。遗憾的是，边春光同志已于 1989 年 12 月 29 日因心脏病猝发，与世长辞，没有能够看到这部书的出版。今天，睹书思人，倍感惆怅！

边春光同志一辈子忠诚于党的出版工作。还在 80 年代中期，当时编辑队伍新手激增，不熟悉编辑工作基本理论和基本业务知识的问题相当突出，尤其是当时商品经济大潮的掀起给编辑出版工作提出了许多新的情况和问题。这就亟需提供一部思想性、理论性、知识性、实用性兼具的编辑业务工具书，帮助编辑人员解决一些工作中的理论问题和实际问题。边春光同志有鉴于此，在 1987 年 8 月就任中国出版发行科学研究所（1989 年改为中国出版科学研究所）所长以后，即提出为编辑人员提供下述三部案头书的建议：《现代汉语词典》《编辑实用百科全书》和《编辑必备 500 例》。当时除《现代汉语词典》已由商务印书馆出版外，其他两书均需另行编纂出版。据此，1988 年初，中国出版科学研究所开始筹编这部《编辑实用百科全书》。经新闻出版署同意，建立了以边春光同志为主编的编纂工作领导班子。经过多次讨论，确定了这部书的编纂指导思想和框架，研究了样稿和第一、二批条目的释文。

由于作者和编者的共同努力，我们在通读全书后，得到一个深刻的印象，就是这本书的编撰和出版，不仅阐明了许多实际工作中的问题，而且为编辑学概念系统的建立和基本理论体系的阐释作出了重大贡献，也为编辑学学科建设的奠基做了很重要的工作。

《编辑实用百科全书》从筹备到出版，历时 10 载，现在书出版了，主编却不在了。令人情不自禁地再一次缅怀边春光同志对本书首倡、筹划和开拓的功绩和辛劳！

最近得知，这部书的初版 3000 册早已售罄，可见它的生命力的所在。在边春光同志逝世 10 周年之际，重新发表这篇短文，也算是一种力所能及的纪念吧！

1994 年 12 月

《20 世纪中国的编辑学研究》P191，河北教育出版社 2000 年 1 月版

写在《编辑实用百科全书》的前面

《编辑实用百科全书》的问世，对广大编辑人员来说无疑是一件好事，对我国出版事业的发展也是一件很有益的事情。

书是思想文化之舟，精神文明之镜，科学技术之库，道德伦理之碑，意识形态之剑。它对人类社会的进步，历史的发展，有着不可估量的作用。书籍的意义，全在于它的精神力量，在于它指导社会实践、影响人们精神世界的功力，在于它文化的高品位和内容的高质量，而这一切全部取决于著者和编者。著者是作品的创作者，是精神产品的主要劳动者；编者是精神成果的组织者、把关者、加工者和美化者，是作品转化为出版物过程中主要的脑力劳动者。

中国的编辑工作起于何时？目前，学界意见尚不一致。如果以一般认为的始于孔子算起，也有 2300 多年的历史。由此而始，我国历代有许多知识分子默默地献身于编校事业，为国家和民族做出了卓越的贡献。正是由于历代编辑家的努力，中国古代文化能够比较完好地保存下来，绵延不绝，一直闪耀着灿烂的光辉。这在世界文化史上是罕见的。他们功不可灭，青史永垂，是后世编辑工作者的榜样。

当代中国，书刊编辑工作者加上报纸、广播、音像等出版物的编辑人员，不下 10 万人。他们辛勤劳动，开拓进取，在宣传先进思想、阐释理论政策、坚持舆论导向、传播科学技求、积累文化成果、弘扬优秀传统、启迪群众智慧、提供精神动力、促进精神文明、加快改革开放、推动生产力发展等方面发挥了重要的作用，已经成为我国社会主义现代建设的一个重要方面军。

社会主义市场经济体制的建立，为我国出版工作带来了勃勃生机，其所取得的重大成就，为出版事业的繁荣和发展开辟了广阔的前景。当然，今天的出版事业也面临着新的挑战。在这种形势下，我们必须坚持党的基本路线，用邓小平同志建设有中国特色社会主义的理论武装头脑，坚持出版的正确方向，加快出版立法，深化出版体制改革，促进出版繁荣。同时，还必须加强出版队伍的思想建设和业务建设。

什么工作都是要靠人做的。从业人员的思想、知识和业务水平，对于事业的成败，具有决定性的意义。毛泽东同志说：政治路线决定以后，干部就是决定一切的因素。正因为这样，各行各业具有远见的领导者，总是把提高从业人员的素质作为自己工作中的一件大事。对于出版工作来说，和其他一切精神生产一样，提高从业人员，特别是编辑人员的思想、业务素质，更是具有特殊重要的意义，因为他们对于提高图书的文化品位和内容质量起着关键的作用。正是基于上述事实和认识，编纂《编辑实用百科全书》这样一部工具书，对于建设有中国特色社会主义的出版事业就显得格外重要。

在社会主义市场经济条件下，编辑出版工作正面临着许多新的情况和问题。因此，《编辑实用百科全书》的出版，更显得十分必要和及时。在此，我们更加敬佩这部书的编纂发起人的远见卓识。遗憾的是，编纂本书的倡议者和主持人、我们的主编——边春光同志已于1989年12月29日因心脏病猝发，与世长辞，没有能够看到这部书的出版。今天，睹书思人，倍感惆怅！因而，也就不得不由我来向读者交代这部书的编纂经过了。

边春光同志一辈子忠诚于党的出版工作。还在80年代中期，当时编辑队伍新手激增，不熟悉编辑工作基本理论和基本业务知识的问题相当突出，尤其是当时商品经济大潮的掀起给编辑出版工作提出了许多新的情况和问题。这就亟需提供一部思想性、理论性、知识性、实用性兼具的编辑业务工具书，帮助编辑人员解决一些工作中的理论问题和实际问题。边春光同志有鉴于此，在1982年8月就任中国出版发行科学研究所（1989年改为中国出版科学研究所）所长以后，即提出为编辑人员提供下述三部案头书的建议：《现代汉语词典》《编辑实用百科全书》和《编辑必备 500 例》。当时除《现代汉语词典》已由商务印书馆出版外，其他两书均需另行编纂出版。据此，1988 年初，中国出版科学研究所开始筹编这部《编辑实用百科全书》。经新闻出版署同意，建立了以边春光同志为主编，以王耀先、申非、叶佐群、孙培镜、陈仲雍、邵益文、林穗芳、阙道隆（按姓氏笔画为序）等同志为副主编的编纂工作的领导班子。经过多次讨论，确定了这部书的编纂指导思想和框架，研究了样稿和第一批条目的释文。

由于作者和编者的共同努力，我们在通读全书后，得到一个深刻的印象，就是这本书的编撰和出版，不仅阐明了许多实际工作中的问题，而且为编辑学概念系统的建立和基本理论体系的阐释作出了重大贡献，也为编辑学学科建设的奠基做了很重要的工作。

这部书的具体编纂工作主要在分支。各分支提出初稿以后，曾请孙培镜、申非、叶佐群三位同志审读、研究，并提出修改意见，然后请各分支安排修改。这三位同志做了认真细致的工作，是很辛苦的。1991 年下半年，全书的稿件再度集中，由于孙培镜等三位同志身体状况欠佳，或羁于其他事务，难以及时通读全稿并进行必要的加工。而这件事又是非做不可的，后遂委托陈仲雍同志担当此任。他辛勤劳动，审读了全书的稿件，并做了必要的加工，为这部书的出版做了大量细致的工作。研究所的苏振才同志，除了参加一个分支的编纂工作以外，在前期还参加了一些编务工作。孙鲁燕同志和我，算是从头至尾参加这部书的工作的。不过，我除了看稿以外，主要是打杂。本书的责任校对由张家璋、洪光仪、智福和、黄小敏等同志担任，他们认真细致的负责精神给我们留下了深刻的印象。这部书今天能够推出，是与各位副主编、各分支负责人，以及其他以各种方式参加过工作的同志们的努力分不开的。在这里谨向大家表示诚挚的感谢。

书出版了，主编却不在了。令人情不自禁地再一次缅怀边春光同志对本书首倡、筹划和开拓的功绩和辛劳！值此边春光同志逝世四周年之际，谨以此志念。

1993 年 12 月 29 日

《出版学　编辑学漫议》P223，河南教育出版社 1995 年 9 月版

市场经济更需要优质图书

一

改革开放以来，我国出版工作出现了空前繁荣的局面。几年来，我们出版了大量宣传马克思列宁主义、毛泽东思想和邓小平同志关于建设有中国特色社会主义的理论的图书，出版了许多宣传党的基本路线，学习贯彻党的十四大精神和论述党的方针政策的读物，大量出版了传播有益于经济和社会发展的科学技术、文化知识、丰富人民精神文化生活的好书，宣传了爱国主义、集体主义和社会主义思想，反映了建设有中国特色社会主义的理论和实践。有不少高质量高品位的好书，不仅有全国影响，甚至有国际影响，弘扬了中华民族的优秀文化，促进了国际间科学技术、文化学术的交流。这是中国出版工作得以自豪的。它们也将成为社会主义图书市场的重要基石。

二

与上述情况形成鲜明对照的是，近几年来，那些"不好不坏""无益无害"的平庸书，在图书品种总数中也占了一定的比例。如揭"内幕"、透秘闻、占卜、算卦、相面、看风水、看手相的书，时有所闻；带有这种那种黄色、黄气、黄味的图书，也在书摊上屡见不鲜；近来，还出现了那种追求方框效应的"怪书"，可能起到一般平庸书起不到的作用。还有一些政治上反动、思想观点错误的图书，也不止一次地出现。

为什么会出现出版物文化品位下降、图书质量不高的现象呢？原因之一，恐怕是和编辑人员肩上的经济压力太大有关。现在有些出版社，为了打破大锅饭和平均主义的分配办法，施行了一种把利润指标落实到人的办法。据了解，一些出版社的编辑人员，一般每年都担负一二万元，甚至四五万元的利润指标，有的甚至更多一些；或者是一般编辑少一点，资深编辑多一点。这就给编辑人员带来了沉重的经济压力。结果是大家都为完成利润指标而奋斗，完不成的不仅拿不到奖金，还可能影响福利和其他收入。于是有的人就不择手段，不顾方向，不问质量，只要能赚钱就出，或者以"协作"名义卖书号。这种事此起彼伏，怎么也刹不住。甚至手上拿着准印单，口袋里装着图章到处兜售。有的被不法个体书商所利用，他们花几千元钱买一个书号，利用当地的人财物，就地编校，就地印制，就地发行，就地分利。然后易地再印、再售，如此到处流窜作案。既攫取了出版发行利润，偷漏了国税，又腐蚀了出版队伍。更严重的是造成图书的品位越来越低，编校质量越来越次，差错越来越多。一些出版社卖书号出的书在全年出书总量中占的比重很高，大有喧宾夺主之势，这种把出版权轻易让给他人的做法，是和党要求建设社会主义精神文明的方向完全背离的。孔子说：为君者，慎器与名，不可以假人。一个出版社的社长、总编辑，怎么可以为了几千元钱，把出版大权拱手让人呢？何况，卖书号看来是出卖社长、总编的权，实际上出卖的是社会主义国家的出版大权。这样的事可以做，还有什么样的事不可以做呢？

经济压力，还带来字数压力。现在，有的出版社编辑人员的发稿字数，一般每年在人均150万字以上，有的甚至在二三百万字以上。一个科技出版社的副总编，年终审稿字数在1000万～1200万字，这就是说，除去星期天、节假日，这位老总每天要终审3万～4万字。更不用说他还有许多会议要开，许多行政工作要做。以一个编辑一年发稿150万字算，加上起码看二次校样，这样就是450万字，除去节假日，他一天就要审读、加工、修改1.5万字。每天平均这么多字，即使审改小说稿件，也不容易；至于其他理论、科技、知识读物的稿件，就更紧张。就算其他什么事都不干，也难完成。哪里还谈得到精雕细刻、精益求精？何况还免不了要与社外作者、读者联系，与社内各部门之间打交道，有的还要外出推销，征集订数。不然即使编好了，也无法开印。编辑人员对这种状况很苦恼，完不成任务不好；马马虎虎完成任务又怕对不起读者，出了错误又有愧于出版社的牌子，给社会造成危害。所以有的青年编辑说："大学毕业，分配到出版社当编辑，是很高兴的，觉得可以为祖国文化建设施展才能，不虚此生。可是现在天天摆弄文化方便面（指缺乏艺术价值、文化品位不高的图书），虽然经手编了不少书，但没有影响，没有特色，登不上大雅之堂，即使能赚一点钱，也很有限。与其如此，还不如干脆'下海'去。"有的说："现在是事业心、责任心使我留在编辑这个工作岗位上，总希望有一天也像有的同行一样，能够搞出一点有特色、有影响的好书，搞出一点称得上是高雅文化的东西。能够传之后世，至少是有益于文化积累、科技发展的东西。才能不辱没自己曾经搞过编辑工作的这段历史。"

每个编辑人员肩上利润指标的压力不可避免地影响出版物文化品位的下降！编辑人员超负荷的工作量，不可避免地造成出版物质量的"滑坡"！要提高出版物的文化品位，坚持图书质量，也许有许多办法，但是减轻编辑肩上的压力已经成为当务之急，需要认真研究，下大决心加以改进。

三

有人认为，目前图书质量滑坡，低品位读物上升，是市场经济形成过程中不可避免的现象，这种看法我是不能苟同的。因为，谁都知道，市场经济就是为顾客服务，图书市场也就是为读者服务，即使在西方国家一谈到市场、经营，也总是标榜"服务第一""信誉第一"。我们要建立社会主义市场经济体制，社会主义的图书市场，当然更应该认真为读者服务，做到服务第一，信誉第一。所以，就应该向读者提供优质的图书，就是要考虑读者的根本需要、长远需要，青少年的成长需要，国家民族的政治经济、科学技术、文化艺术、教育卫生等发展的需要。出版社、杂志社、书店和各种类型的图书市场，都应是社会主义的文化阵地，这一点决不会因为社会主义计划经济向社会主义市场经济转轨而有所改变。就是从市场竞争的角度看，也要提供真正符合读者需要的精品，那种低档劣质的图书迟早要被读者抛弃，而且出版者还可能信誉扫地，更不要说那些坏书了。但是，现在有一种误解，认为既然搞市场经济，就是以盈利为目的，因而可以不问方向，不谈方针，只要什么能赚钱就出什么、销什么；什么销得动、赢利高就出什么、销什么。结果不是从读者的正当需要出发，不是为青少年健康成长服务，不是为社会主义精神文明建设服务，当然也不是为建设有中国特色的社会主义事业服务，而是从中间商的需要出发，为个体书摊牟利服务。

在任何社会里，群众精神生活的需要和物质生活的需要一样，都需要得到满足。物质生产者提供的产品有优劣、真伪，有的还比较容易识别。精神生产者提供的精神产品和物质产品有相同的一面，有的读者是能够识别的；但也有不同的一面，如迎合读者低级趣味的，有的读者就难以识别，明明上了当，可能还很"痛快"。人们常说图书有影响人们的精神世界和指导实践活动的功能，能潜移默化，好的影响、坏的影响都很大。可见出版社、书店负有很大的社会责任和历史责任。现在政府改变职能，权力下放，迫使出版社、书店的微观管理要进一步加强。不能上面一放，下面撒手，有的甚至乘放权的时候钻空子，为不好的图书开绿灯，让文化垃圾出笼，造成很坏影响。这完全是一种误解，如果社会主义市场经济条件下的图书市场是这副样子，那是和党的十四大要求建立的社会主义市场经济体制完全相悖的。可见，社会主义市场经济与乱出书是极不协调的。每个出版社对自己的出书管理，必须加强。

书店同样要加强发行工作的管理。现在图书的印数主要是靠发行数决定的，但是如果你留心注意一下就可以看到，那些印数高的书往往是被称之为通俗文化的东西（这不过是"好听"的说法，其实有许多是庸俗的东西）；而那些高雅文化、学术著作，一征订，往往就是三五百册，有时甚至是一个"0"，根本无法开印。图书的本质是精神产品、知识产品，它的知识产权受到法律的保护，就是最好的说明。以交换为目的图书是商品，但不能因为交换可以盈利而否认它是精神产品。退一步说，图书不管是商品也罢，是特殊商品也罢，是完全、彻底、纯粹的商品也罢，是百分之二百的商品也罢，它不可能不影响人们的精神世界，不指导人们的实践活动，这一点是无法改变的，是不能忘记的。再说，它终究是文化的重要组成部分。而文化是一个民族的全部创造，是这个民族开化、进步的标志。我们在出版发行每一本书的时候，难道不要考虑一下我们民族的形象吗？市场经济是充满竞争的，是有选择的。但是你拿什么东西让读者去选择呢？"文革"期间，所有的电影、戏剧、图书全部是样板戏，那就无所谓选择了。反过来，现在如果都像有些个体书摊那样"只见人体，不见艺术"，那读者的选择性又在哪里呢？商品总是离不开推销的，许多商品正是通过推销才得以出售的。那么，出版社如果多出一点高品位图书，不出庸俗低级的东西；书店如果多推销一些高雅的东西，少推销一些平庸书，总可以多推销一点好书，让读者周围的文化氛围更干净一点。即使出了乌七八糟的东西，也可以少销一点，或者推销得慢一点吧！

总之，社会主义的图书市场需要好书，需要精品，出版社和发行所、书店，都要加强出书和进销书的管理，以适应社会主义市场经济的需要。加强图书市场的管理，是建立社会主义市场经济的重要举措，图书市场如果不能纳入建立有中国特色的社会主义的轨道，我国社会主义市场经济将难免会蒙受重大的损失。

1993 年 12 月

《编辑之友》1994 年第 1 期；《20 世纪中国的编辑学研究》P304，河北教育出版社 1995 年 9 月版

加强编辑学的学科建设

有人说,目前编辑人员正在千方百计地抓钱,大学教授也在忙着"下海",学术研究受到冲击,哪里还有人来研究编辑学。言外之意,编辑工作被忽视,编辑学研究似乎也遭受冷落。情况真是这样吗?不。社会主义市场经济大潮掀起以后,编辑队伍中确有一些人,一时里方向不明,眼睛盯着"孔方兄",为所欲为,有的还因此喝了几口水,但这毕竟是极少数。编辑队伍中绝大多数人还是心明眼亮,专心致志地做编辑工作,努力为读者提供优秀精神食粮的,出版工作所以有今天的健康繁荣,主要是靠他们。

其实,编辑工作被忽视,编辑学研究遭冷落,那只是某种表面现象。现在正是研究编辑学的大好时机,而且可以说是 80 年代初编辑学研究起步以来难得的大好时机。为什么这样说呢?

首先,让我们回顾一下编辑学产生发展的历史。编辑学研究在中国真正兴起是在 1980 年初。为什么编书这行当在中国已经存在 2000 多年,编辑作为一门职业独立存在也已有 100 多年,但是长期以来编辑学没有兴起。只是到了 80 年代初,编辑学科才应运而生,形成了一股不可阻挡的势头呢?这不是偶然的。因为这个时候,中国实行了改革开放,各种思潮、学说、方法,纷至沓来,作为传播渠道的编辑出版业,处身于新旧交替、中外交流的激浪之中,面临着严峻的挑战,编辑这种活动也就不可避免地要作为一门学问来加以研究,而且在短短的 10 多年中形成热潮,这不是一些文人的闲情逸致,也不是好事之徒的故弄玄虚。从根本上说,一切主张和人物的出现,都是时代造成的,编辑学研究也毫不例外。现在,我国进入了加快改革开放、建立社会主义市场经济的新时期,客观形势、社会环境的转变,必将对我们的编辑出版工作提出新的要求,你不想研究、不去解决也不行；即使你不研究、不解决，也有别的人去研究解决。鉴于此，我认为当前正是我们研究编辑学、出版学的极好时机，这是社会环境所使然。

其次，现在研究编辑学应该说已经有了一些基础，比如，我们已经出版了一批专著和专论。去年 8 月我在报上发表一篇短文，提到书名上有"编辑学"字样的书是 27 种。可是，时隔不到一年，已经变成了 30 多种，其中如云南人民出版社出版的《编辑学概览——编辑学理论观点选辑》，是很有参考价值的。此外还有《编辑社会学》《编辑思维学》等一大批书。再比如，我们有一批富有理论修养、渊博知识和实践经验的老编辑，他们已经退居二线，或者离休退休。这些人有一个共同的体会，在工作岗位上的时候，忙于事务，没有时间抓理论研究，现在一旦退下来，才意识到这个问题的重要性，有的很后悔，甚至认为是一种失职。亡羊补牢，他们感到自己有责任补上这一课，同时，一批年轻人也正在成长，去年 11 月在浙江富阳召开的中国编辑学会首届年会，有 70 余人开会，其中年轻人占了一半，这些人一般都具有大学文化水平和几年、十几年编龄，如果读一读他们的论文是很有味道的。这种情况，是近 10 年来全国性的编辑出版研讨会上所少见的。又比如，在编辑学研究队伍中，有一支不断崛起的生力军，那就是高校的同行们。前面提到的 30 多种专著，有一半就是高等学校和科研单位的教授、专家和学者们著的。有 10 多种是高等学校出版社出版的，其中最早的几种的作者和出版者也都是高等学校的。可见，高等学校的学者在我国编辑学研究工作中的地位和作用，不容忽视。没有他们，编辑学的发展不可能如此之快，也不可能取得今天这般显著的成就。更可喜的是，目前编辑学研究在高等学校方兴未艾，正在不断高涨，队伍不断扩大，成果日益增多。当然，编辑学研究不能脱离编辑工作实际，高校的学者必须和实际出版工作者结合起来，掌握他们的实际经验加以系统化理论化，而不是照搬照抄其他学科的公式和结论。从出版研究历史看，被有些人奉为出版"圣经"的《出版概论》

的作者英国人斯坦利·安文和英语世界第一本用出版科学做书名的《书籍出版的艺术和科学》的作者 H.S. 贝利，就是不折不扣的第一线的出版工作者，当代日本著名的出版学者清水英夫、箕轮成男，曾经也是实际的出版工作者。编辑学、出版学本来就是一门实践性很强的科学，不接触实际出版工作的人，不要说根本写不出来，恐怕是连门道也很难摸到的。世界各国有许多出版工作者总结经验，著书立说，正是编辑学、出版学得以常青常绿的活力和源泉，是避免空谈泛论、坐而论道的根本保证。

再次，随着国际出版学术交流的发展，编辑学正在走向世界、走向海外。日本和韩国的出版学研究，起步于 60 年代，它们的成果当然是可观的，日本出版学的结构中，有一个支脉，叫编辑论，但没有把它作为一门独立的学问来加以研究。编辑学这个名词，有专家考证，最早是在中国出现的。经过 10 多年努力，取得了令人振奋的成果。美国的《福兰克富旗帜报》在二年以前，就著文介绍过中国的编辑学研究，说"有一批中国人在研究编辑学"，并且介绍了中国的编辑学著作。日本出版影视伦理评议会议长、日本出版学会前会长清水英夫在"祝贺湖北省编辑学会成立"的信中说："中国的编辑学在短时间里得到如此大的发展，使我深受感动。我认为，这是与中国悠久的文学文化传统分不开的。"日本出版学会会长箕轮成男在祝贺中国编辑学会成立的信中说："最近十余年中，中国的出版研究取得了令人瞩目的发展。"有一次他在谈到中国出版研究迅速发展时说："中国出版界的工作者和研究者们，为适应新时期社会发展的需要，继承中国出版的伟大传统，做了大量富有成效的工作，我为此深受感动。""你们的努力，对我们日本同行有一定的影响。"韩国出版学会会长尹炯斗，去年 8 月来华参加国际出版学研讨会时，也认为中国的编辑出版研究取得了很大的成就。就连台湾的报纸，也不得不承认，大陆几年时间就上市了 20 余部书名中带有"编辑学""出版史"字样的著作，出现了"出版学热"。可见，中国的编辑学研究这个创举，影响已远及海外，甚至大洋彼岸，目前正和国际上的出版学研究互为影响，起着某种促进的作用。

此外，在今年年初的全国新闻出版局长会议上，新闻出版署署长于友先和其他领导同志都强调了加强出版理论建设的重要意义。我们党和政府历来都是重视出版科研的。但是，在这样重要的会议上，正式把理论建设作为深化出版改革的重要课题提出来，应该说还是第一次。确实为编辑学学科建设指明了方向，创造了良好的环境。

当前我们应该着重研究哪些问题呢？最重要的是要研究出版物的精神产品特性，研究社会效益的本质、影响人们精神世界、指导社会实践的功能和市场经济追求经济效益的根本目的之间的关系。研究社会主义市场经济条件下，出版工作的性质、任务、体制，包括出版社的领导体制；研究建立适应社会主义市场经济的出版体制，多出好书是为了贯彻出版改革促进社会生产力发展的根本目的，为建设社会主义精神文明和物质文明服务的根本要求，落实一个指导方针和四项任务；研究社会主义市场经济条件下，编辑工作的地位、作用、新的特点，以及与出版、发行、经营管理的关系，研究编辑活动及市场的关系，如何认识、掌握和运用市场规律，达到适应市场和引导市场的目的；研究社会需要，著述和编校力量和出版物文化品位，质量的关系，以及可能和合理的图书结构；研究社会主义市场经济条件下，出版管理既要大力促进优质高效的精神产品出世，又要"扫黄""打非"、抑制低质量出版物泛滥的双重任务；研究编辑的职责和现实生活中的各种编辑观；等等。当然，总的是要从实际出发，深化改革，繁荣社会主义的出版事业，是要用科学的马克思主义的立场、观点、方法，用邓小平同志建设有中国特色社会主义理论为指导使编辑学的学科建设成为时代精神和优良传统的紧密结合和正确体现。

山西《新闻出版交流》1994 年第 2 期

国际出版学发展史上的又一次重要会议

——第六届国际出版学研讨会侧记

一、这次研讨会的召开及其背景

由中国编辑学会主办的第六届国际出版学研讨会，于 1993 年 8 月 26—28 日在北京举行。这是一次推动出版研究、促进出版繁荣的盛会。来自国内外的 84 位出版专家和学者参加了这次研讨会。日本出版学会和韩国出版学会分别派出了近 20 人的代表团，菲律宾、马来西亚、新加坡等国和港、台地区均有代表与会。全国人民代表大会常务委员会副委员长雷洁琼、新闻出版署署长于友先给大会发来了贺词，中国编辑学会会长刘杲致开幕词。国内外 23 位专家、学者在大会上宣读了论文（另有 10 篇论文以书面形式交流）。最后，刘杲主持了闭幕式，并做了归纳性发言，整个研讨会胜利结束。

这次研讨会是继 1989 年东京第四届国际出版学研讨会和 1991 年汉城第五届国际出版学研讨会之后召开的。

"国际出版学研讨会"是由日本出版学会和韩国出版学会在 10 年以前发起的，每逢两年举行一次，已分别在东京和汉城轮流举行过五次，参加者以亚洲的出版学者为主，有时也邀请少量欧美出版学者与会。从 1989 年第四届研讨会起，邀请我国出版研究工作者出席，戴文葆先生和我曾两次应邀赴会。

我国是一个出版大国，近年来在出版科研方面已有一定的进步。目前，又正处在改革开放时期，亟需吸收和借鉴国外进步的学术思想和先进的管理经验，以利有中国特色的出版事业的建立。这是我们举办这次会议的主要出发点。

这次会议的宗旨是：活跃出版学术交流，增进相互间的了解和友谊，提高出版科研水平，促进出版繁荣，为人类和平和发展服务。

它的主题是：出版业的现状与发展前景的探讨；90年代的出版开拓及其发展趋势的研究。论文的内容，大多着墨于分析国际出版业的状况，研究促进出版业发展的有效途径和方法，探讨出版业的发展前景；也不乏就出版的某一方面或某一种类出版物的出版情况、发展趋势，进行分析和研究的论文。

二、学术观点撷要

这次研讨会涉及的出版学术问题相当广泛，这里仅就以下几个方面做一些简单的叙述。

（一）出版发展的趋势及其前景

这个问题是此次研讨会的中心问题，也是与会者发言最集中的问题。中国学者认为：近半个世纪以来，世界各国的出版业有很大的发展，在图书优质化、系列化、多样化和出版手段现代化等方面，都取得了很大的成就。中国学者谈德颜认为：当代科学已逐步形成一个多层次、综合的统一整体，学科之间的空隙在逐渐填补，界限在逐渐消失。目前，很多方面的科学研究必须多学科相互配合才能完成，它要求科学家掌握更广泛的知识，特别是专业之外的知识，这种需求的主要支持者是科技书刊，科技书刊也经常是科学研究的最终表现形式，这类书刊的出版已成为整个科技发展链条中不可缺少的一环。中国学者胡光清认为社会变迁是推动社会科学出版物发展的主要动力。社会震荡对出版物的发展产生着深刻的影响，"和平与发展"已成为当今社会发展的主题，它决定了社会科学出版物的发展趋向，即经济类出版物比重加大，文化类出版物日趋增加，"现代化理论"出版物将悄然升起。日本学者、出版学会会长箕轮成男说，西方文明已显露出老化现象，政治多极化已开始出现，世界在摸索、寻求着曙光，日本和东方国家应履行自己对国际社会的责任，把真正具有创造性的知识推向世界。韩国学者李钟国认为，在韩国，一直存在"不学习就无立身之地"这种对知识极端崇拜的思想，促成了学习参考书（辅助教科书）的出版量剧增，使出版业得到了很大的发展。新加坡学者苗耀华指出，从1980年政府统一部署中小学课程开始，所有学校都以英文为教育媒介语，出版商公会73家会员，也以出版英文为多，英文出版物由1963年的133种到1987年达到1652种，占出版品种总数的69.7%，增长很快；华文出版虽有增长，由1963年的43种到1987年的551种，但从比例上已由1973年占总数的29.7%跌为1987年的23.3%。马来西亚语言研究和文化发展局的出版局长阿布·巴克尔·默罕穆德介绍了该国多种语言教科书的出版情况，并且指出98%的费用全由政府负担，引起了与会者的很大兴趣。中国学者阙道隆分析中国的情况认为，80年代是中国出版业从恢复到大发展的重要时期，90年代将会获得新的更大的发展。他预计追求图书的高质量和门类、题材、知识的多层次、多样化将成为中国出版的一种发展趋势，出版业将进一步趋向现代化。中国学者、天津市书刊编辑学会副会长徐柏容也指出：中国期刊发展的总趋势是重视质量，加剧竞争，缩短刊期，追求特色，印制趋于精美，图文走向并茂。认为中国期刊"万紫千红总是春的局面已跃然欲出了"。中国学者、湖北省编辑学会会长蔡学俭在调查了中国农村图书市场以后指出：改革开放，社会稳定发展，使农民的生活改善，教育普及，脱盲比率激增，大大提高了中国农民的文化要求。当前农业现代化迫切需要出版业的支持，他以有5000万人口的湖北省为例，谈到1992年、1993年上半年图书发行量增加20.5%，以此类推，10亿农民需要的图书量是一个急剧发展的市场，必将刺激中国出版业的迅猛发展。中国学者沈念驹、梅中泉认为前几年出版的严肃小说销售量大幅度下降的趋势，正在出现转机，读者对中外文学名著的追求如饥似渴，外国文学的出版呈现空前的繁荣，文学名著重新受到青睐，"珍藏本""豪华本"

也应运而生，这对中国文艺出版工作来说是机遇也是挑战。通过讨论，与会者普遍感到尽管各国、各地区情况不同，但出版发展总的趋势是积极的，社会环境对出版发展是有利的，令人鼓舞的。

（二）出版与国际文化交流问题

这是出席此次研讨会的代表共同关心的问题之一。箕轮成男认为：60年代起，日本学术界恢复了与外国的联系，进入80年代，日本的经济发展突出起来，到处招致经济摩擦和文化摩擦才注意到向各国传送信息的必要性。他说，日本用英文写作的论文占全世界的4.8%，与德法相比毫不逊色。他认为"文化交流"实际上是"文明的渗透""文明的对抗"。所以用"文化交流"这个温吞水似的不鲜明的用语，不过是回避对抗，带上调和色彩罢了。他说，日本向各国传送学术信息，意味着对抗西方文明的渗透和传播，意味着坚持、维护日本文明，意味着一个文明和另一个文明之间的激烈斗争，尽管文化是等价的，文明却有优劣，也许文化多少可以交流，文明却是单向流动的。它是渗透，是传播。实际上西方学者并不赞美文化交流这类事情，他们不仅心里想而且明确地说："科学，不仅是自然科学，也包括人文科学和社会科学，都是西方的思想，尽管它现在停止不前，可是还有什么能取代它呢？"他们顽固地维护自己，依靠现代科技称霸世界，即使今天西方文明已出现灾难性的后果，即资源枯竭、污染扩散，社会被破坏已如此明显。他认为由于西方文化和西方文明所具有的根本上的破坏性，要想改弦易辙也不容易。箕轮回顾了东京大学出版社30年来出版的600种英文版学术著作，认为这项工作虽然是艰辛的、不平坦的，但仍然是很有意义的。当然，如果不是用英语而是用日语，而且能使西方人不再轻视用日语传播的信息，那么这种信息传送就更有意义。因为通过英语来交流日本文明，无异于用他人的逻辑来进行辩论，用他人的武器来打仗，是不可能公平的。日本学者牧野正久也认为，在欧洲国家理解邻国语言并没有什么太大的困难。可是亚洲人要理解用欧洲语言写的著作则需经过大量的训练，反过来欧洲人理解任何一种亚洲语言写的著作也极其困难。所以，他认为科学是国际性的，但语言障碍使这种国际性受到严重的影响。中国学者宋原放认为学术著作出版难的问题，至今没有解决，这不是某一国的现象，而是国际出版界应该承担的责任，不然就可能出现"经济发达、文化衰退"的现象，也谈不到进行真正的国际学术交流。菲律宾学者朱塞·马·洛伦佐·谭认为菲律宾出版业近几年有很大发展，国际交流和出版合作应大力加强，这样可以互相学习，使出版得到更大的繁荣。中国学者戴文葆认为交流是人类智慧的扩大器，是创造发明和普及推广的催化剂。中国文化并非全都是土生土长的，有着各种各样的外来影响，这是交流的结果。阙道隆认为图书出版活动将进一步国际化，这是和中外文化的交流、融合过程相一致的。中国台湾和香港的学者何志韶、陈万雄一致强调：中国大陆、台湾、香港的出版业者应该紧密团结起来，发展出版事业，并且有力地推动东亚、东南亚的出版合作与交流。因为他们有文化交流的悠久历史、共同的文化传统和心理素质，与西方国家相比，有更多的共同点。

（三）出版物与社会伦理、青少年教育问题

与会者认为宣传社会伦理、加强青少年教育，本来是出版物应该坚守的目的。但是，近几年来，由于出版物经济价值的趋向日益上升，平庸的作品不断增多，出版者应有的职业道德在一些地方被弃之不顾。出版物中性表现问题，本来是许多国家、地区都有相应的法令规定，明确予以"禁止"或"限制"的。但是，现在一些西欧国家和世界其他地区，这种禁限正在被忽视、被宽容，从而造成所谓出版物中性表现问题，引起社会有识之士的关注和青少年家长的不安。中外学者一致认为，保护青少年健康成长，使他们免受污染，是出版业者必须自重自律的行为准则。

日本学者、日本出版伦理协会议长清水英夫认为，在日本，负责限制性表现的公共机关有警方、海关、地方公共实体以及法院。法律赋予这些机关权限，对于某种性表现是否属于淫秽性质或者是否有害于青少年作出判断。但是近几年来，海关的审查正在大大放松。警方也放宽了它所实施的限制措施。法院也很少对警方或海关起诉的那些色情图像事件给予惩罚。只有地方自治体仍坚持加以限制。他认为，大众传播媒介如果把追求经济利益置于优先地位，忽视他们的社会责任，就避免不了受到公众的批评，而这将招致政府当局的干涉。他认为，保持言论自由是社会关心的问题，但性表现的自由即使得到充分的承认，也并不意味着可以不分场合、地点，而不加限制地去做。人们批评说，与其他国家比较，日本过于宽容。他强调指出，"当我们想到每天一清早电视就播放有色情的镜头，在一般书店里陈列着色情书刊，我们就很难使日本处在健康状态。"有的学者认为，一味用生殖器和裸体画去招揽读者，不是正直出版业者应有的做法，也是和伦理教育、社会教育不相容的。

（四）新媒体的发展和印品书的前景

韩国学者、新闻放送大学院院长李正春认为，由于多媒体竞争，明显地挤占了青少年业余时间读书的机会，依赖电视的倾向加剧，可以把现代的年轻人叫做"映象的一代"。他据有关方面通过对 3485 名日本和韩国的大学生调查表明，韩国学生一天平均学习 153 分钟，日本学生为66 分钟；而看电视的时间韩国学生一天平均为 49 分钟，日本学生则为99 分钟。日本男生 70% 有自己的电视机，80% 的人每月平均看 5 次录像片，每个月自觉看书的学生不过 3%。他认为电视对青少年的知识增长有决定性的影响。他说，有人统计，青少年从 6 岁到 18 岁这 13 年共有 113880 小时（包括食宿时间），而消磨在电视、收音机、录像机和电影的时间为 20000 小时，比他们与父母对话或在校学习的时间还多。中国学者胡建中也认为电视使得孩子与父母对话的时间减少了。李正春还认为西欧国家，国民业余时间依赖电视，产生了读书文化的衰退。他说，青少年读书能力减退的倾向，不仅带来个人和社会问题，而且还将对出版业的未来带来暗淡的结果。也有学者认为电视普及会促进出版物的销售量，电视与读书有互补的关系。戴文葆认为尽管新媒体崛起，电子书的时代已经到来，书籍的外部形态可以变化，但书籍是不会消失的！出版业越来越成为国民经济中的重要部门。他和其他一些中国学者都认为，90 年代，出版手段将进一步现代化，电子书刊将纷纷推出，编辑人、设计者的案头等待处理的文字稿和磁盘将越积越多，迫切要求迅速处理，出版业将成为人们尊敬和艳羡的行业。

（五）著作权和国际合作、国际版权贸易问题

韩国学者、出版学会副会长韩胜宪介绍韩国保护著作权的情况说，韩国从 1987 年先后施行伯尔尼公约和世界版权公约以后，国外翻译韩国人的著作比以前增多，1978 年以前的 40 年共出版 122 种，1978 年后的 5 年中就出版了 113 种；同时，韩国出版外国出版物也呈急剧上升趋势，1988 年 96 种，1989 年 159 种，1990 年 365 种，1991 年 526 种，年平均的增长率是 179%。他认为这是一种初步的进展。同时，他指出，由于知识产业发展程度不同，先进国家和发展中国家之间的利害也往往不同。美国为了改变贸易逆差，70 年代以后，加强了对知识产权的保护，使亚洲国家的著作权受到美国和一些欧洲国家的压迫，对韩国影响很大。如美国运用其通商法特别 301 条款，制造所谓特别监视对象或监视对象国，从 1989 年开始，韩国、沙特阿拉伯、墨西哥等几乎每年被指定为优先监视对象国，受到相当大的压力。目前世界知识产权势力的三个支点，是美国、西欧和日本。其中唯独美国要保护比伯尔尼公约更高的经济权利。还有一个加入伯尔尼公约时的追溯保护问题，不但使出版业者丧失了既得的经济权益，而且给学术、文化、艺术等各方面带来恶劣的影响，从而使韩国陷入困境。他认为知识产权的保护，如果被大国实力理论所控制，有可能影响文化的正常交流和知识产业的发展。

中国学者阙道隆认为近十年来，中国出版界加强了和各国出版界的联系和接触，版权贸易和合作出版有很大发展，1991 年又加入了《伯尔尼公约》和《世界版权公约》，将进一步加快出版活动国际化的进程。中国学者认为海峡两岸和香港，应该以繁荣中华文化为共同目标，发挥

各自的优势推动中西文化交流和出版活动国际化的进程。从文化背景考虑，与东亚、东南亚各国的出版合作，应是中国出版界优先考虑的目标，中国出版活动国际化，可以东方文化圈诸国为中介，进一步扩展到欧美各国。苗耀华认为新加坡国内市场很小，出版商唯有向外发展，新中可以加强出版合作，利用双方的优点，开拓国外的华文书和英文书市场，同时提升两国出版物的质量。彼此互相学习，赶上世界先进出版业的水平。中国学者徐诚认为中国出版界应该考虑更大的市场，走向世界，使中国图书在国际市场上占有一席之地，要从图书特色、人员素质、外语能力、信息交流、国际法规、广告宣传等方面作出相应的有成效的工作。

（六）出版学编辑学的学科建设和出版教育问题

日本出版学校校长、出版学会副会长吉田公彦，着重介绍了日本出版学界对建立出版学所涉及的各种观点。他说，1969 年日本出版学会刚成立时，提出把出版学建成一门独立的学科。但是，当时学会的主要领导人清水英夫指出："老实说，这门学科的方法乃是今后的问题。"清水认为出版研究是大众交流的一部分，只要人们努力去研究出版学的综合功能（或意义），包括大众现象，建立其本身的学科就是绝对必要的。他认为研究的目标应该在交流的范围之内，并用哲学（基础）的、历史的和功能的三种认识方式来掌握它。箕轮成男认为我们应当建立这门学科，它把所有的出版现象和形式分类成几种社会功能。他又说："只要我们把出版工作看作一个综合体（可碎割为过多的分支），这一学科就不会深化，或者不可能深化。"日本著名学者岳寿文章曾经从经济、社会、法律、道德、美学等学科提出过出版学的跨学科依据。他说，作为出版工作目标的一本书的性质本身就需要是跨学科的。日本另一位著名学者、前日中文化交流协会会长中岛健苣认为，出版学是某种应称之为一门混合学科的东西，它不像精确科学中一门界线分明的学科。在提到出版学的跨学科问题时，箕轮成男还提出，"如果在学科范围内而不是在出版范围内论述出版工作的情况越来越多，虽然这种将出版工作作为历史、文学史和哲学史学科一部分来加以论述的研究论文，从其学术研究方法来看是十分可靠的，它们对丰富和扩大出版学历史的研究起了重大作用。但是，只要它们仍然仅仅作为各种知识领域的周边部分，起补充作用，它们将不可能在将出版学建成一门完整学科方面直接发挥作用。对于出版学来说，通过这种论点得到大力发展似乎是困难的。"

中国学者林穗芳认为明确研究对象及与此有关的基本概念，是一门新学科创立的必要条件，出版科学也不例外，现代对"出版""编辑"等概念，国内外有不同理解，有时甚至存在概念混乱的现象，探讨和解决这方面存在的问题是出版科学研究者的一个重要课题。他认为社会传播是出版的本质。出版学是研究读者（视听人）、出版物和出版业及其相互关系以揭示出版的规律与社会作用的综合性社会科学。林穗芳在谈到编辑学研究时，"编辑学"一词始于50年代中期的中国。这个术语可能是汉语中最先始用的。不少中国学者认为，编辑学的研究，80年代在中国得到了大力的推动，产生了丰硕的成果，有关的理论、历史、教材、工具书和研究学科发展的著作相继问世，填补了一个重要学术领域的空白，已在诸社会科学中占有一席之地。现在正方兴未艾，大步前进。有的学者认为中国编辑学会的成立，表明编辑学已在中国得到社会的公认，第四、五、六届国际出版学研讨会的召开，表明编辑学正在由中国走向世界。

中国学者庞家驹、向新阳根据清华大学、武汉大学编辑学专业办学的经验，认为教育与科学的发展是互相促进的，中国有几千年编辑实践的历史，而积淀在这一悠久的社会文化活动中的丰富经验，一直没有升华到系统的理论高度加以概括和总结，从而严重地限制了编辑实践的深入发展。10年来编辑学的研究支持了专业的开办，今后随着编辑学理论研究的开展、编辑学的逐步成熟，迫切需要以研究生方式培养高层次编辑人才的日子即将到来。但目前所采用的本科第二学位制教育，是适应社会需要，符合学科发展实际的。中国每年需要补充编辑人员1000多人，这样巨大的人才市场正在为编辑学专业的发展提供广阔的舞台。李钟国还主张把出版专业教育列为韩国最高一级学府的课程，并在初高中两级学校设置编辑课程。

（七）研讨的归结和展望

最后，中国编辑学会会长刘杲，把这次会议共同研讨的问题归纳为10个方面，也作为今后继续研究的课题提供给大家。这些问题是：1. 崇高的道德理想。这是出版活动应该提倡的，不只是讲出版自由，还要讲道德规范；2. 繁荣科学文化。历史证明，没有出版的发展，就不可能有科学文化的发展；3. 团结依靠作家。出版的能动和作用，表现在对作家的支持和推动上，两者是不可分离的朋友；4. 博采古今中外。一切人类的优秀文化都应该加以积累和传播；5. 积极开拓经营。出版活动要适应和开拓市场，但决不会因追求市场而牺牲原则；6. 任何时候都要为读者服务。读者的正当需要是对出版无声的命令，满足他们的正当需要，是出版的责任和义务；7. 迎接技术革命。要发展电子出版物，但不认为它会完全取代纸张图书；8. 研究出版理论；9. 培养出版人才。培养一代又一代的接班人；10. 开展出版的国际交流和合作。

三、这次研讨会给我们的启示

第六届国际出版学研讨会在北京举行，中外与会者人数之多，超过了前五届中的任何一届，这说明出版学的研究正在国际范围内迅速地发展，研究队伍正在不断壮大。

研讨会的与会者畅所欲言，所有论文既讲了理论，又讲了实际，所提出的问题非常广泛，许多见解已涉及出版发展中更深层次问题，为今后进一步深入研究奠定了很好的基础。

从中国兴起的编辑学研究，已经引起国际出版学术界越来越大的兴趣。形势的发展表明，编辑学正在推向世界更广阔的地区。

最后，根据此次会议讨论问题的广度和深度，我们可以毫不夸张地说，这次研讨会，在国际出版学发展过程中将具有重要的历史意义。

1994 年 1 月 15 日

《出版学编辑学漫议》P129，河南教育出版社 1995 年 9 月版